लोक जागरण और हिन्दी साहित्य

लोकजागरण और हिन्दी साहित्य

आचार्य रामचन्द्र शुक्ल

सम्पादक

रामविलास शर्मा

वाणी प्रकाशन

वाणी प्रकाशन
4695, 21-ए, दरियागंज, नयी दिल्ली 110 002
शाखा
अशोक राजपथ, पटना 800 004
फ़ोन : +91 11 23273167 फ़ैक्स : +91 11 23275710
www.vaniprakashan.in
vaniprakashan@gmail.com
sales@vaniprakashan.in

LOKJAGARAN AUR HINDI SAHITYA
by Aacharya Ramchandra Shukl
Edited by Ramvilas Sharma

ISBN : 978-93-5072-042-4
Criticism

संस्करण 1999, 2004
आवृत्ति 2018

मूल्य : ₹ 595

एम.एस. प्रिंटर्स, दिल्ली-110 093 में मुद्रित

वाणी प्रकाशन का लोगो मक़बूल फ़िदा हुसेन की कूची से

विषय-सूची

जबकि प्रत्येक देश का साहित्य वहाँ की जनता की चित्तवृत्ति का संचित प्रतिबिम्ब होता है तब यह निश्चित है कि जनता की चित्तवृत्ति के परिवर्तन के साथ-साथ साहित्य के स्वरूप में भी परिवर्तन होता चला जाता है। आदि से अन्त तक इन्हीं चित्तवृत्तियों की परम्परा को परखते हुए साहित्य परम्परा के साथ उनका सामंजस्य दिखना ही 'साहित्य का इतिहास' कहलाता है।

आचार्य रामचन्द्र शुक्ल

भूमिका

१. प्रस्तुत संकलन

आलोचक रामचन्द्र शुक्ल के कृतित्व का परिचय देने के लिए उनके लेखन के कुछ अंश यहां संकलित हैं।

'आधुनिक चिन्तन और विकासवाद' **विश्व प्रपंच** की भूमिका से लिया गया है। प्राणिविज्ञान सम्बन्धी हैकल की पुस्तक की भूमिका में शुक्ल जी ने लिखा था कि मनोविज्ञान, इतिहास, समाजशास्त्र, आदि सभी विद्याओं पर विकासवाद का प्रभाव पड़ा है। **हिन्दी साहित्य का इतिहास** लिखने से बहुत पहले शुक्ल जी इस भूमिका में यह मत प्रकट कर चुके थे : "आजकल ऐसा ही कोई होगा जो इतिहास लिखने में इस बात का ध्यान न रखता हो कि किसी जाति के बीच ज्ञान, विज्ञान, आचार, सभ्यता इत्यादि का विकास क्रमशः हुआ है।" (**विश्व प्रपंच**, पृ० ६१) शुक्ल जी ने पहली बार हिन्दी साहित्य का श्रृंखलाबद्ध इतिहास लिखा, यह बात सभी लोग जानते हैं। उनकी इतिहास विवेचना विकास सिद्धान्त से प्रभावित है, इस बात पर भी ध्यान देना ज़रूरी है। उनकी विवेचना पद्धति की समीक्षा के लिए **विश्व प्रपंच** की भूमिका की जानकारी आवश्यक है।

उक्त भूमिका में शुक्ल जी ने धर्म के लिए लिखा था, "समाज के आश्रय से ही उसका क्रमशः विकास हुआ है।" (उप०, पृ० ६४) मानो इस सूत्र की व्याख्या करने के लिए उन्होंने **सूरदास** पुस्तक में 'भक्ति का विकास' शीर्षक अध्याय लिखा। सतयुग से कलियुग तक भारतीय समाज निरन्तर पतन की ओर नहीं बढ़ता गया, उसने विकास किया है, उसकी संस्कृति एक विकासमान समाज की संस्कृति है। असभ्य दशा से निकली हुई जातियों की देवभावना एक प्रकार की थी, सभ्य जातियों की देवभावना दूसरी प्रकार की। सभ्य जातियों का द्रव्य यज्ञ 'पूजा' है, इसके आगे 'उपासना' की मंज़िल है। द्रव्य यज्ञ का स्थान ज्ञान यज्ञ ने लिया। इससे कर्मपरक ज्ञान मार्ग और निवृत्तिपरक ज्ञानमार्ग की दो शाखाएँ विकसित हुईं। भक्ति के विवेचन में शुक्ल जी का मूल सूत्र यह है : "इसी कर्मपरक ज्ञानमार्ग से, जिसमें कर्म

के साथ बुद्धि और हृदय दोनों का योग आवश्यक ठहराया गया था, आगे चलकर भक्ति का विकास हुआ।" (**सूरदास**, पृ० १५)। इस सूत्र से **हिन्दी साहित्य का इतिहास** में यह वाक्य तुलनीय है : "कबीर तथा अन्य निर्गुणपंथी संतों के द्वारा अन्तस्साधना में रागातिमका 'भक्ति' और 'ज्ञान' का योग तो हुआ, पर 'कर्म' की दशा वही रही जो नाथपंथियों के यहाँ थी।" (**इतिहास**, पृ० ७९)। बुद्धि और हृदय—ज्ञान और रागात्मिका भक्ति—के साथ कर्म का योग भी होना चाहिए।

'भक्ति का विकास' में शुक्ल जी ने बताया है कि कल्पना या भावना द्वारा विज्ञात का—जानी हुई वस्तु का—भीतरी साक्षात्कार होता है; भाव या रागात्मिका वृत्ति से आनन्दानुभूति होती है। ये दोनों मनुष्य की स्वाभाविक वृत्तियाँ हैं। "बस इन्हीं दो स्वाभाविक वृत्तियों के सहारे भक्ति रस की निष्पत्ति हो जाती है। इसके सीधे-सादे विधान में न इला-पिंगला नाड़ियाँ हैं, न सहस्रार चक्र, न आसन, न प्राणायाम।" (**सूरदास**, पृ० ४६)। भक्ति मनुष्य की स्वाभाविक वृत्तियों के अनुकूल है, हठयोग उनके प्रतिकूल है। कबीर ने हठयोगियों के लिए ही कहा था—

जोगी पड़े बियोग, कहैं घर दूर है।
पासहि बसत हजूर, तू चढ़त खजूर है।

यह खजूर की चढ़ाई वही योगियों के षट्चक्रों वाली चढ़ाई है।

गोरख अटके कालपुर कौन कहावै साहु—

कबीर की इस उक्ति से तुलसीदास का मत

गोरख जगायो जोग भगति भगायो लोग—

तुलनीय है। भक्ति काव्य के विवेचन में कबीर और तुलसी की योगविरोधी सामान्य भूमि ध्यान में रखनी चाहिए।

'भक्ति का विकास' निबन्ध का एक अंश यहाँ दिया गया है। इससे सम्बद्ध है 'लोकजागरण और भक्ति काव्य'। यह शुक्ल जी के इतिहास में भक्तिकाल का 'सामान्य परिचय' है। इस परिचय में उन्होंने बताया है कि हिन्दी साहित्य के आदि काल में कर्म तो अर्थशून्य विधि-विधान, तीर्थाटन और पर्वस्नान आदि के संकुचित घेरे में पहले से बहुत कुछ बद्ध चला आता था। "इनकी निस्सारता नाथपंथी योगियों ने दिखाई। पर जनता की दृष्टि को आत्मकल्याण और लोककल्याण विधायक सच्चे कर्मों की ओर ले जाने के बदले उसे वे कर्मक्षेत्र से ही हटाने में लग गए थे।" (**इतिहास**, पृ० ७४)। आत्मकल्याण और लोककल्याण करने वाले कर्मों की ओर जनता को भक्त कवि ले गये। इसलिए भक्तिकाल को लोकजागरण काल कहना उचित होगा। कबीर ने "मनुष्य की सामान्य भावना को आगे करके निम्न श्रेणी की जनता में

आत्मगौरव का भाव जगाया ।" (उप०, पृ० ७८-७९)। उनका लक्ष्य "एक ऐसी सामान्य भक्ति पद्धति का प्रचार था जिसमें हिन्दू और मुसलमान दोनों योग दे सकें।" (उप०, पृ० ८५)। जायसी के समय तक "साधारण जनता 'राम और रहीम' की एकता पहचान चुकी थी।" (**जायसी ग्रंथावली**, पृ० १) कबीर ने परोक्ष सत्ता की एकता का आभास दिया था। "प्रत्यक्ष जीवन की एकता का दृश्य सामने रखने की आवश्यकता बनी थी। वह जायसी द्वारा पूरी हुई।" (उप०, पृ० २) तुलसीदास की "वाणी की पहुँच मनुष्य के सारे भावों और व्यवहारों तक है।" (इतिहास, पृ० १६७) किन्तु श्रृंगार और वात्सल्य के क्षेत्र में जहाँ तक सूरदास की दृष्टि पहुँची "वहाँ तक और किसी कवि की नहीं।" (उप०, पृ० २०५)

कबीर, जायसी, सूर और तुलसी का युग लोकजागरण का युग है। यह जागरण पश्चिमी एशिया के कई देशों के लोकजागरण से जुड़ा हुआ है। धर्म सम्बन्धी बाह्याचार के विरोध में सूफी मत का प्रसार हुआ। इस मत ने भारतीय कवियों को प्रभावित किया था। इनमें सबसे लोकप्रिय जायसी थे। जायसी को हिन्दी साहित्य के इतिहास में कवि रूप में प्रतिष्ठित करने का श्रेय आचार्य रामचन्द्र शुक्ल को है। **जायसी ग्रंथावली** की भूमिका में उन्होंने भारतीय अद्वैतवाद से सूफी मत के सम्बन्ध पर भी विचार किया है। 'मत और सिद्धान्त' वाला यह अंश प्रस्तुत संकलन में 'सूफी मत और अद्वैतवाद' शीर्षक से दिया गया है। इसे 'भक्ति का विकास' के साथ पढ़ने से भक्ति आन्दोलन और जायसी के आन्तरिक सम्बन्ध का ज्ञान होगा।

ये सारे कवि वीरगाथा काल और रीति काल के कवियों की परिपाटी से अलग हटकर रचनाएँ करते हैं। इन्हीं की तरह वीरगाथा काल और रीति काल के अन्य रूढ़िमुक्त कवि हैं। पर वे सीमित अर्थ में 'भक्त' नहीं हैं। ऐसे रूढ़िमुक्त कवि भक्ति काल में भी हुए। वीरगाथा काल के खुसरो और विद्यापति, भक्ति काल के नरोत्तमदास, रहीम और सेनापति तथा रीति काल के आलम और घनआनन्द यहाँ उल्लेखनीय हैं। ये कवि रीतिवादियों से दूर हैं, भक्त कवियों से जुड़े हुए हैं। इनका विवरण 'लोकजागरण के अन्य कवि' के अन्तर्गत यहाँ दिया गया है। इन्हें एक साथ पढ़ने से लोकजागरण के प्रसार और उसकी विविधता की जानकारी होगी। यह बात स्मरणीय है कि खुसरो से घनआनन्द तक लोकजागरण के समानान्तर रीतिवादी काव्यधारा का प्रवाह बना रहता है। रीतिवादी काव्यधारा को सामने रखकर ही लोकजागरण वाली धारा का महत्व समझा जा सकता है। शुक्ल जी ने **इतिहास** के आरंभ में ही 'काल विभाग' के बारे में लिखा था, "यद्यपि इन कालों की रचनाओं की विशेष प्रवृत्ति के अनुसार ही इनका नामकरण किया गया है, पर यह न समझना चाहिए कि किसी विशेष काल में और प्रकार की रचनाएँ होती ही नहीं थीं। जैसे भक्ति काल या रीति काल को लें तो उसमें वीर रस के भी अनेक काव्य मिलेंगे जिनमें वीर राजाओं की प्रशंसा उसी ढंग की होगी

जिस ढंग की वीरगाथा काल में हुआ करती थी।" यदि भक्ति काल या रीति काल में राजाओं की प्रशंसा **उसी ढंग** से होती थी जिस ढंग से वीरगाथा काल में, तो इन तीनों कालों में प्राप्त होने वाले **इस ढंग**—अथवा रीति—का अध्ययन एक साथ करना उचित होगा।

इसी तरह श्रृंगार रस की कविता वीरगाथा काव्य से लेकर केशव, मतिराम, बिहारी तक अपने खास ढंग से रची जाती रही। अतिशयोक्तिपूर्ण वर्णन, अलंकरण-प्रियता, चमत्कारवाद इस कविता की विशेषताएँ हैं। ये विशेषताएँ वीर और श्रृंगार दोनों रसों के काव्यों में हैं, इसलिए दोनों को रीतिवादी काव्य कह सकते हैं। दूसरा ढंग विद्यापति और सूरदास का है। दोनों ने श्रृंगार रस की कविता रची है और यह कविता रीतिवादी श्रृंगार से भिन्न स्तर की है। **भ्रमरगीत सार** की भूमिका में शुक्ल जी ने लिखा था, "जयदेव की देववाणी की स्निग्ध पीयूष-धारा, जो काल की कठोरता से दब गई थी, अवकाश पाते ही लोक-भाषा की सरसता में परिणत होकर मिथिला की अमराइयों में विद्यापति के कोकिल कंठ से प्रकट हुई और आगे चलकर ब्रज के करीलकुंजों के बीच फैल मुरझाए मनों को सींचने लगी। आचार्यों की छाप लगी हुई आठ वीणाएँ श्रीकृष्ण की प्रेमलीला का कीर्तन करने उठीं, जिनमें सबसे ऊँची, सुरीली और मधुर झनकार अंधे कवि सूरदास की वीणा की थी।" (**सूरदास**, पृ० १५७) सूरदास विद्यापति से जुड़े हुए हैं, बिहारी और देव से नहीं। सूरदास भक्त थे, विद्यापति भक्त नहीं थे। "विद्यापति को कृष्णभक्तों की परम्परा में न समझना चाहिए"—**इतिहास** में शुक्ल जी सावधान कर गये हैं। इसलिए रीतिवादी श्रृंगारकाव्य से भिन्न रीति-मुक्त श्रृंगारकाव्य की धारणा आवश्यक है। इस धारणा के अनुसार विद्यापति से लेकर घनआनन्द तक काव्य की एक ही प्रशस्त काव्यधारा दिखाई देगी। तुलसीदास की **बरवै रामायण**, **रामचरितमानस** और **कवितावली** के अनेक श्रृंगारपरक अंश इस धारा से जुड़े हुए हैं।

लोकजागरण में रीतिमुक्त श्रृंगार है, सूफियों की प्रेममार्गी साधना है, तुलसीदास की भक्ति है, कबीर की "बड़ी चुटीली और व्यंग्य चमत्कारपूर्ण बातें" हैं और रहीम के 'वचन' हैं। "तुलसी के वचनों के समान रहीम के वचन भी हिन्दी भाषी भूभाग में सर्वसाधारण के मुँह पर रहते हैं।" (**इतिहास**, पृ० २६३)—तब तुलसी और रहीम का अध्ययन एक साथ क्यों न किया जाय? **लोकजागरण** नाम की यह सार्थकता है; उसके अन्तर्गत हम हिन्दी के समस्त रीतिमुक्त काव्य का अध्ययन एक साथ कर सकते हैं। इस अध्ययन का रास्ता शुक्लजी दिखा गये हैं।

सूरदास के प्रसंग में उन्होंने सूर और तुलसी दोनों की सामान्य विशेषता यह बताई है : "जो तन्मयता इन दोनों भक्त शिरोमणि कवियों की वाणी में पाई जाती है वह अन्य कवियों में कहाँ?" (उप०, पृ० २०४) आगे आलम के लिए लिखा है,

"प्रेम की तन्मयता की दृष्टि से आलम की गणना 'रसखान' और 'घनआनन्द' की कोटि में होनी चाहिए।" घनआनन्द ने अपनी प्रेमिका सुजान की ओर मुंह करके और बादशाह की ओर पीठ करके "ऐसा गाना गाया कि सब लोग तन्मय हो गये।" एक ओर चमत्कारपूर्ण कौशल है, दूसरी ओर रूढ़िमुक्त कवियों की तन्मयता है। यह तन्मयता कहीं घनआनन्द को सूर और तुलसी जैसे भक्त कवियों से जोड़ती है।

प्रस्तुत संकलन में रीतिवादी काव्यधारा का परिचय देने वाले अंश नहीं हैं। अधिकांश पाठक उससे परिचित होंगे। जिस काव्यधारा पर विशेष ध्यान देना है, वह लोक जीवन से सम्बद्ध, विभिन्न मानव सम्बन्धों को प्रतिबिंबित करने वाली, रीतिमुक्त धारा है। हिन्दी काव्य की सबसे बड़ी उपलब्धि वही है; हिन्दी भाषी भूभाग में सर्वसाधारण की चेतना का सबसे प्रकाशमान रूप इस काव्य में है। यह काव्य हमारी लोकसंस्कृति का अभिन्न अंग है।

भारतेन्दु हरिश्चन्द्र से लेकर सूर्यकान्त त्रिपाठी निराला तक का साहित्य उसी लोकजागरण का अगला विकास है। बानगी के तौर पर आधुनिक काव्य से सम्बन्धित एक अंश शुक्ल जी के इतिहास से यहाँ दिया गया है। आधुनिक काल के तृतीय उत्थान में काव्यधाराओं का 'सामान्य परिचय' है। शुक्ल जी समकालीन काव्य का परिचय लिख रहे थे। उन्होंने छायावाद के प्रति अन्याय किया, इस प्रवाद के खंडन के लिए यह अंश—'लोकजागरण और आधुनिक काव्य'—पर्याप्त है। जो लोग छायावाद के विरोधी हैं, अधिकतर वे ही शुक्ल जी के विरोधी भी हैं। ऐसे लोगों ने वास्तव में लोकजागरण की प्रशस्त काव्य परम्परा को, उससे छाया-वाद के सम्बन्ध को कभी समझा नहीं। शुक्ल जी ने छायावाद की और उसके समस्त सामाजिक-साहित्यिक परिवेश की अनेक विशेषताओं का उल्लेख किया है; इनका अध्ययन हमारे लिए आज भी उपयोगी है।

चिन्तामणि के पहले भाग में अन्तिम अध्याय 'रसात्मक बोध के विविध रूप' की सामग्री **रसमीमांसा** के चार प्रकरणों—'रसात्मक बोध', 'प्रत्यक्ष रूप-विधान', 'स्मृत रूप-विधान' और 'कल्पित रूप-विधान'—में है। 'रसात्मक बोध' और 'प्रत्यक्ष रूप-विधान' की सामग्री प्रस्तुत संकलन में 'लोकहृदय और रसदशा' में **रसमीमांसा** के आधार पर दी गई है। शुक्ल जी के दर्शन-विज्ञान सम्बन्धी चिन्तन के अनुरूप उनकी साहित्य सम्बन्धी मान्यताएँ हैं। इन मान्यताओं को और उनके दार्शनिक-वैज्ञानिक स्वरूप को समझने में इस अंश से सहायता मिलेगी। जैसे रीतिवादी काव्य से लोकजागरण काव्य भिन्न है, वैसे ही रीतिवादी काव्यशास्त्र से शुक्ल जी का काव्यशास्त्र भिन्न है।

चिन्तामणि के निबन्ध की शुरुआत इस वाक्य से होती है : "संसार सागर की रूप तरंगों से ही मनुष्य की कल्पना का निर्माण और इसी की रूपगति से उसके

भीतर विविध भावों या मनोविकारों का विधान हुआ है।" पहले रूप तरंगों पर ज़ोर है, फिर संसार सागर पर ज़ोर है। यह ज़ोर तब सार्थक होगा जब इस संसार सागर के बारे में पहले कुछ कहा गया हो। जो कहा गया था, वह **रसमीमांसा** में है : "ज्ञानेन्द्रियों से समन्वित मनुष्य जाति जगत् नामक अपार और अगाध रूप समुद्र में छोड़ दी गई है। न जाने कब से वह इसमें बहती चली आ रही है। इसी की रूप तरंगों से···और इसी की रूप गति से···हुआ है।" (**रसमीमांसा**, पृ० २५९)। संसार सागर की पहले व्याख्या कर दी गई है। वह रूप समुद्र है। उसी की रूप तरंगों से मनुष्य की कल्पना का निर्माण होता है, उसी की रूप गति से भावों का विधान होता है। शुरू के दो वाक्य पढ़ने पर तीसरे वाक्य में **इसी** या **ही** का ज़ोर सार्थक हो जाता है।

'प्रत्यक्ष रूप विधान' में, "किसी काव्य का श्रोता या पाठक" से लेकर "'साधारणीकरण' का अभिप्राय यह है" के पहले तक, लगभग दो पृष्ठों की महत्त्वपूर्ण सामग्री **चिन्तामणि** में छोड़ दी गई है। साधारणीकरण की व्याख्या समझने के लिए इस अंश की जानकारी आवश्यक है। "सच्चा कवि वही है जिसे लोकहृदय की पहचान हो"—यह सूत्र इसी अंश में है। शुक्लजी का साधारणीकरण यथार्थ जीवन की समझ और उसके चित्रण से जुड़ा हुआ है। रहीम के सन्दर्भ में कहे हुए इस वाक्य से वह सूत्र मिला कर देखें : "जीवन की सच्ची परिस्थितियों के मार्मिक रूप को ग्रहण करने की क्षमता जिस कवि में होगी वही जनता का प्यारा कवि होगा।" (**इतिहास**, पृ० २६३)।

रसमीमांसा के मूल अंश में दूसरा सूत्र यह है : "लोकहृदय में हृदय के लीन होने की दशा का नाम रसदशा है।" शुक्ल जी का 'रस' पुराने काव्यशास्त्र के रस से भिन्न है, वह अनेक आधुनिक विचारकों के कलावाद से भिन्न है। "कविता का लक्ष्य बहुत नीचा कर दिया गया", तब "वह अमीरों के शौक की चीज़ समझी जाने लगी", कलावादियों ने कविता को "सजावट या तमाशा" बना दिया, उसका उद्देश्य रह गया "मनोरंजन या मन बहलाव"। (**रसमीमांसा**, पृ० २६५)। साधारणीकरण के संदर्भ में ये सब बातें कही गई हैं। वे **चिन्तामणि** में भी हैं। उनसे पता चलेगा कि शुक्ल जी का लोकहृदय सजावट प्रेमी अमीरों की 'सहृदयता' से बहुत दूर है।

अंग्रेज़ी राज में जिस तरह के 'सहृदय' फल-फूल रहे थे, उनका सजीव विवरण शुक्ल जी ने इस प्रकार दिया है : "अर्थागम से हृष्ट, 'स्वकार्यं साधयेत्' के अनुयायी काशी के ज्योतिषी और कर्मकाण्डी, कानपुर के बनिये और दलाल, कचहरियों के अमले और मुख़्तार, ऐसों को [अर्थात् कवियों को] कार्य भ्रंशकारी मूर्ख, निरे निठल्ले या खब्तुलहवास समझ सकते हैं। (उप०, पृ० २२)। **रसमीमांसा** में जो कुछ लिखा जा रहा था, उसकी चर्चा शुक्ल जी काशी के विद्वानों में अवश्य करते रहे होंगे। ज्योतिषी और कर्मकाण्डी पण्डितों ने पुस्तक के प्रकाशित होने से पहले

ही उसके विरुद्ध 'कोलाहल' आरम्भ कर दिया; परिणाम यह हुआ कि पुस्तक शुक्ल जी के जीवन काल में प्रकाशित न हुई। उसकी भूमिका में विश्वनाथ प्रसाद मिश्र ने लिखा है : "अरोचकी वृत्ति वाले पण्डितों को उनकी बहुत-सी बातें न रुचेंगी, वे स्वयं भी पण्डितों के कोलाहल की चर्चा किया करते थे। उन्होंने कदाचित् अपनी यह पुस्तक बहुत पहले संवर्द्धित और परिष्कृत रूप में प्रकाशित करा दी होती, यदि पण्डित मंडली ने विलायती माल कहकर उनकी चिन्तना की चर्चा न चलाई होती।"

उस कोलाहल में नये-नये पण्डित बराबर शामिल होते रहे हैं—यह शुक्ल जी के चिन्तन की जीवन्त गतिशीलता का प्रमाण है। इस चिन्तन का महत्त्व मूलतः उसकी पद्धति में है, किन्हीं विशेष नपे-तुले निष्कर्षों में नहीं। पदार्थविज्ञान, समाजशास्त्र, दर्शन, मनोविज्ञान, भाषाविज्ञान—ज्ञान की ये सभी शाखाएँ परस्पर संबद्ध हैं। इनसे बहुज्ञानसमन्वित दृष्टि प्राप्त करके शुक्ल जी ने आलोचना कार्य संपन्न किया। उन्होंने **हिन्दी साहित्य का इतिहास** के आरम्भ में ही जनता की चित्तवृत्ति का सम्बन्ध सामाजिक परिस्थितियों से जोड़ा था। जो लोग साहित्य को, मनुष्य की चित्तवृत्तियों को, समाज से पूरी तरह स्वतन्त्र मानते थे, उनसे शुक्ल जी का रास्ता अलग था। उन्होंने सामाजिक परिस्थितियों से साहित्य रचना का सम्बन्ध यांत्रिक ढंग से नहीं जोड़ा, यह बात उनके इतिहास के हर प्रकरण में देखी जा सकती है। उन्होंने हिन्दी साहित्य के अध्ययन के लिए अखिल भारतीय परिप्रेक्ष्य निश्चित किया था। सूरदास के प्रसंग में जयदेव और विद्यापति की परम्परा और वल्लभाचार्य की भूमिका का उल्लेख, माधुर्यभाव के विवेचन में आण्डाल और 'तिरुप्पवइ' की चर्चा, गुजरात में मध्वाचार्य की ओर बहुत से लोगों के झुकने की बात—यह सब उनके अखिल भारतीय परिप्रेक्ष्य का सूचक है। जब-तब वह भारत के बाहर पड़ोसी देशों के सांस्कृतिक आन्दोलनों की ओर भी ध्यान देते हैं। ईरान के सूफी कवियों के लिए उन्होंने लिखा था, "खलीफा लोगों के कठोर धर्मशासन के बीच भी सूफियों की प्रेममयी वाणी ने जनता को भावमग्न कर दिया।" (**जायसी ग्रंथावली**, पृ० १६३)।

भक्ति काव्य के विकास के सिलसिले में शुक्ल जी ने लिखा था कि देश में मुसलमानों का राज्य प्रतिष्ठित हो जाने पर जनता में उदासी-सी छाई रही; हताश जाति के लिए भगवान की शक्ति और करुणा की ओर ध्यान ले जाने के अतिरिक्त दूसरा मार्ग ही क्या था ? उन्होंने सुसंगत रूप से इस सूत्र के अनुसार इतिहास नहीं लिखा। इससे उल्टी दिशा में चलते हुए उन्होंने बार-बार इस बात पर जोर दिया कि "प्रेमस्वरूप ईश्वर को सामने लाकर भक्त कवियों ने हिन्दुओं और मुसलमानों दोनों को मनुष्य के सामान्य रूप में दिखाया और भेदभाव को हटाकर पीछे कर दिया।" (**इतिहास**, पृ० ७५-७६)। इस स्थापना पर सबसे अधिक जोर जायसी

की भूमिका में है।

शुक्ल जी ने तुलसीदास के लिए लिखा था कि उन्होंने कबीर, दादू आदि के लोकधर्म विरोधी स्वरूप को पहचाना था। यह बात सही नहीं है। इसी संदर्भ में उन्होंने ज्ञानसंपन्न शास्त्रज्ञ विद्वानों, प्रजा का पुत्रवत् पालन करने वाले शासकों, स्वामी की सेवा में मर मिटने वाले सच्चे सेवकों की चर्चा करते हुए आदर्श वर्ण-व्यवस्था की कल्पना की थी। ऐसी वर्णव्यवस्था इतिहास में कभी नहीं थी। शुक्ल जी इतिहास का विवेचन करते हुए यथार्थ को इसके विपरीत पाते हैं। वल्लभ संप्रदाय के लिए उन्होंने लिखा था, "इस संप्रदाय के मन्दिरों में बराबर भोगविलास की सामग्री का प्रदर्शन होता रहता है तथा एक न एक उत्सव लगा रहता है जिसमें चमक-दमक, सजावट, नाचरंग का कुतूहल 'बलिहारी है' कहने वाले बहुत से स्त्री-पुरुषों को आकर्षित करता है। इस संप्रदाय के जो मुख्य स्थान हैं उनकी बड़ाई यही सुनाई पड़ती है कि 'यहाँ केसर की चक्कियाँ चलै हैं'।" (सूरदास, पृ० १२६)। जनता की श्रद्धा से लाभ उठाने वाले समाज के विशेषाधिकारी समुदाय की यह ठोस आलोचना है। रामभक्ति शाखा की विकृति के लिए उन्होंने लिखा था कि उसमें सखी संप्रदाय निकल पड़े हैं और "राम की भी 'तिरछी चितवन और बाँकी अदा' के गीत गाए जाने लगे हैं।" (इतिहास, पृ० ८०) "एक धनाढ्य महंत जिस गाँव में छापा डालते हैं, वहाँ के मजदूरों को बुलाकर उनसे दो-तीन घण्टे राम-राम रटाते हैं और जितनी मजदूरी उन्हें खेत में काम करने से मिलती, उतनी गाँव वालों से वसूल करके दे देते हैं।" (तुलसीदास, पृ० १७३)। शुक्ल जी ने आचार्य कवि केशवदास की कठोर आलोचना की थी, छायावादी कवियों में एक समय सबसे कठोर आलोचना का लक्ष्य निराला थे। शुक्ल जी रवीन्द्रनाथ के रहस्यवाद से असहमत थे और शंकराचार्य के मायावाद से भी असहमत थे। उन्होंने जिसकी भी आलोचना की, सिद्धान्त के आधार पर की; वर्ण या संप्रदाय के आधार पर किसी की निन्दा या प्रशंसा नहीं की।

वह ब्राह्मण धर्म से अधिक क्षात्र धर्म के कायल थे। किन्तु वीरगाथा काल के राजाओं के लिए उन्होंने लिखा था कि "किसी कन्या के रूप का संवाद पाकर दलबल के साथ चढ़ाई करना और प्रतिपक्षियों को पराजित कर उस कन्या को हर कर लाना वीरों के गौरव और अभिमान का काम माना जाता था।" (इतिहास, पृ० ३८-३९)। रीतिवादी काव्य के पोषक राजाओं को लक्ष्य करके लिखा था, उनके लिए "कर्मण्यता और वीरता का जीवन बहुत कम रह गया था।" (उप०, पृ० २९१)। "एक प्रकार के कविराज तो रईसों के मुँह में मकरध्वज रस झोंकते थे, दूसरे प्रकार के कविराज कान में मकरध्वज रस की पिचकारी देते थे।" (रसमीमांसा, पृ० २८)। यह एक वर्ग और उसकी संस्कृति की आलोचना है, उसका आधार वंश और जन्म नहीं है। कबीर के सम्बन्ध में उनकी धारणाओं की आलोचना करते

समय उन्होंने कबीर के पक्ष में जो बातें कही हैं, उन्हें भुला न देना चाहिए। नाथ-पंथियों के प्रभाव से जनता का एक बड़ा भाग भक्तिरस से शून्य पड़ता जा रहा था। कबीर ने उसे सँभाला। "उनके द्वारा यह बहुत ही आवश्यक कार्य हुआ।" (**इतिहास**, पृ० ७८) निर्गुणपंथी संत-महात्माओं ने निम्न श्रेणी की जनता में "आत्मगौरव का भाव उत्पन्न" किया, "इन्होंने उसे ऊपर उठाने का स्तुत्य प्रयत्न किया।" (उप०, पृ० ७८)। कबीर पढ़े-लिखे न थे पर "उनकी प्रतिभा बड़ी प्रखर थी जिससे उनके मुह से बड़ी चुटीली और चमत्कारपूर्ण बातें निकलती थीं।" (उप०, पृ० ६६)।

शुक्ल जी ने भाषा और साहित्य दोनों के विकास में अलिखित लोक परम्पराओं की ओर ध्यान दिया था। साहित्य में ब्रजभाषा का व्यवहार हुआ, खड़ी बोली एक कोने में पड़ी रही। "पर किसी भाषा का साहित्य में व्यवहार न होना इस बात का प्रमाण नहीं है कि उस भाषा का अस्तित्व ही न था।" (उप०, पृ० ४८५)। **सूरसागर** चलती हुई ब्रजभाषा में पहली साहित्यिक रचना है। वह किसी गीत-काव्य परम्परा का विकास-सा जान पड़ता है। जनता कैसे अपने गहरे भाव प्रकट करती है, इसका पता मौखिक गीतों से लग सकता है। "किसी देश की काव्यधारा के मूल प्राकृतिक स्वरूप का परिचय हमें चिरकाल से चले आते हुए इन्हीं गीतों में मिल सकता है।" (उप०, पृ० २०१)। शुक्ल जी ठेठ भाषा के लोकरस के बहुत बड़े पारखी थे। "जायसी की भाषा बहुत ही मधुर है", "उसमें अवधी अपनी निज की स्वाभाविक मिठास लिए हुए है", "अवधी की खालिस, बेमेल मिठास के लिए 'पदमावत' का नाम बराबर लिया जायगा।" (**जायसी ग्रंथावली**, पृ० २०६-२०७)।

शुक्ल जी का आलोचना कार्य केवल हिन्दी साहित्य को नहीं, भारतीय संस्कृति को उनकी अनुपम देन है। प्रस्तुत संकलन से उसका संक्षिप्त परिचय मिलेगा। विस्तृत परिचय के लिए उनके समस्त लेखन कार्य का अध्ययन करना आवश्यक है।

२. भक्तिकाव्य की सामाजिक-सांस्कृतिक पृष्ठभूमि

हजारीप्रसाद द्विवेदी ने अपने लेखन काल के आरम्भ से ही शुक्ल जी का अध्ययन किया था। अपनी पहली पुस्तक **सूरसाहित्य** के रचना काल का स्मरण करते हुए उन्होंने उसके दूसरे संस्करण की भूमिका में लिखा था, "उस समय साहित्य क्षेत्र में कुछ नया देने की उमंग थी और ऐसा विश्वास था कि जो कुछ लिख रहा हूँ, सब प्रकार से नवीन और ग्राह्य है। इसीलिए भाषा में जहाँ एक प्रकार का गुण था, वहीं थोड़ा-बहुत आक्रामक भाव भी आ गया था।" इस आक्रामक भाव के लक्ष्य थे रामचन्द्र शुक्ल। **कबीर** की भूमिका में उन्होंने लिखा था, "जिन

लोगों के मत का कहीं-कहीं विरोध करना पड़ा है उनके प्रति मेरी गम्भीर श्रद्धा है।" यहाँ भी विरोध का प्रधान लक्ष्य हैं रामचन्द्र शुक्ल। **कबीर** में उनका आक्रामक भाव कम नहीं हुआ। "फिर बड़े नामी गरामी पण्डित किस मुँह से कहा करते हैं···"। (४/२३०)[1]। जिस मुँह से भी कहते हों, नामी-गरामी पण्डित हैं रामचन्द्र शुक्ल। **हिन्दी साहित्य : उसका उद्भव और विकास** में उन्होंने लिखा, "यह बात अत्यन्त उपहासास्पद है कि जब मुसलमान लोग उत्तर भारत के मन्दिर तोड़ रहे थे, तो उसी समय अपेक्षाकृत निरापद दक्षिण में भक्त लोगों ने भगवान् की शरणागति की प्रार्थना की।" (३/३०७)। यहाँ भी उपहास के आलंबन हैं पण्डित रामचन्द्र शुक्ल। द्विवेदी जी जो कुछ लिख रहे हैं, वह नवीन और ग्राह्य है, यह विश्वास (विश्वास नहीं तो आग्रह) उनके मन में सदा रहा। नामवरसिंह ने इसकी पुष्टि करते हुए लिखा, "वे अपने निर्माण काल में काशी से दूर रहे—शुक्ल जी आदि की छाया से। इसलिए न उन्हें हिन्दी की यह महान परम्परा विरासत में मिली, न इस परम्परा से ख़ामख़ाह उलझने की कड़वाहट ही महसूस हुई।" (**दूसरी परम्परा की खोज**, पृ० १९)।

हिन्दी आलोचना की परम्परा को महान् बनाने वालों में सबसे ऊपर नाम है रामचन्द्र शुक्ल का। द्विवेदी जी इस परम्परा से अच्छी तरह परिचित थे। उसका सहारा लिए बिना न वह **सूरसाहित्य** लिख सकते थे, न **हिन्दी साहित्य की भूमिका**, न अपनी अन्य पुस्तकें। जहाँ वह इस परम्परा से उलझे हैं, वहाँ नुकसान उन्होंने अपना ही किया है। सबसे पहले भक्ति काव्य की सामाजिक-सांस्कृतिक पृष्ठभूमि के बारे में उनकी और शुक्ल जी की कुछ स्थापनाओं की तुलना शिक्षाप्रद होगी :

शुक्ल जी—देश में मुसलमानों का राज्य प्रतिष्ठित हुआ, जनता में उदासी छाई रही। हताश जाति के लिए भगवान की ओर ध्यान ले जाने के अतिरिक्त दूसरा मार्ग ही क्या था? (**इतिहास**, पृ० ७२)।

द्विवेदी जी—(**सूरसाहित्य** में) सूरदास का काल "भारतीय संस्कृति के पराजय का काल है।" (४/५१)। "विदेशी संस्कृति से आत्मरक्षा के लिए अब प्रधानतः दो शक्तियाँ काम करने लगीं। पहली कबीर आदि की निर्गुण साधना और दूसरी सूरदास आदि की सगुण साधना।" (४/५५)।

(**कबीर** में) इस्लाम के प्रवेश ने "भारतीय धर्ममत और समाजव्यवस्था को बुरी तरह से झकझोर दिया था।" (४/३३०)। भक्ति ने दो रूपों में आत्मप्रकाश किया—एक सगुण साधना, दूसरी निर्गुण साधना। "पहली साधना ने हिन्दू जाति की बाह्याचार की शुष्कता को आन्तरिक प्रेम से सींचकर रसमय बनाया और दूसरी साधना ने बाह्याचार की शुष्कता को ही दूर करने का प्रयत्न किया।" (४/३३४)

---

1. अर्थात् द्विवेदी ग्रन्थावली, खण्ड ३, पृ० २३०

(**सिक्ख गुरुओं का पुण्य स्मरण** में) "जनता निराश थी, उसमें किसी प्रकार का आत्मसम्मान नहीं रह गया था। अत्याचार और अनाचार को उसने भाग्य का दोष कहकर स्वीकार कर लिया था। ऐसे ही लोगों में उन्होंने (गुरु गोविन्दसिंह ने) महान् शूरवीर पैदा किये।" (६/२६१)।

हिन्दी साहित्य की भूमिका में द्विवेदी जी ने लिखा, "अगर इस्लाम नहीं आया होता तो भी इस साहित्य का बारह आना वैसा ही होता जैसा आज है।" (३/३४)। इसका यही अर्थ हो सकता है कि हिन्दू जाति पराजित होकर भी बारह आने अपनी संस्कृति को सुरक्षित बनाये रही।

आगे उनका आशय स्पष्ट हो गया है। "एक जीवित जाति के स्पर्श में आने पर दूसरी पर उसका प्रभाव पड़ना स्वाभाविक है।" (३/५८)। जीवित जाति अर्थात् मुसलमान जाति का प्रभाव हिन्दू जाति पर पड़ा। उनका मत है कि भारतीय साहित्य के सुवर्णकाल (गुप्तकाल) में कालिदास पर ग्रीक प्रभाव पड़ा था। उसे देखकर "यह नहीं कहा जा सकता कि यह दुर्बल जाति की प्रतिक्रियात्मक मनोवृत्ति का निदर्शक है, उसी प्रकार हिन्दी साहित्य में भी यह प्रभाव 'प्रभाव' के रूप में ही स्वीकार किया जाना चाहिए, प्रतिक्रिया के रूप में नहीं।" (३/५९) **सूरसाहित्य** में यही बात उन्होंने यों कही थी, सूरदास का काल "भारतीय संस्कृति के पराजय का काल है", फिर भी "भारतवर्ष अपने आत्मरूप में निस्तेज नहीं हुआ था।" (४/५१-५२)। वास्तव में द्विवेदी जी तै न कर पाये थे कि भारत कितना पराजित हुआ था और उसमें कितना आत्मतेज बचा था। **सूरसाहित्य** में एक ओर भारतवर्ष आत्मरूप में निस्तेज न हुआ था, दूसरी ओर पहले (गुप्तकाल में) जब बाहर से जातियाँ आई थीं, तब हिन्दू जाति में एक क्षीण जीवनी शक्ति वर्तमान थी, पर "मुसलमानों के आने से वह शक्ति स्तंभित सी हो गई।" (४/५२)।

गुरु गोविन्दसिंह के प्रसंग में उन्होंने भक्ति को इस्लाम की प्रतिक्रिया दिखाया। गुरु नानक के प्रसंग में उन्होंने भक्ति को बारह आने और चार आने वाला मिश्रण बताया। "गुरु नानक के सामने महान् इस्लाम धर्म था।···उन्होंने शक्तिशाली इस्लाम के उत्तम सिद्धान्तों को सहज भाव से अपनाया है।" (६/२४५)।

शुक्ल जी के विवेचन की महत्त्वपूर्ण विशेषता यह है कि वह आम तौर से भक्ति को हिन्दुओं और मुसलमानों दोनों का सामान्य मार्ग मानते हैं। "प्रेमस्वरूप ईश्वर को सामने लाकर भक्त कवियों ने हिन्दुओं और मुसलमानों दोनों को मनुष्य के सामान्य रूप में दिखाया और भेदभाव के दृश्यों को हटाकर पीछे कर दिया।" (इतिहास, पृ० ७६) "नामदेव ने हिन्दू-मुसलिम दोनों के लिए एक सामान्य भक्ति-मार्ग का भी आभास दिया।" (उप०, पृ० ७७-७८) कबीर का "लक्ष्य एक ऐसी भक्ति पद्धति का प्रचार था जिसमें हिन्दू और मुसलमान दोनों योग दे सकें और

भेदभाव का कुछ परिहार हो।" (उप०, पृ० ८५)। सूफी कवियों ने "दिखला दिया कि एक ही गुप्त तार मनुष्य मात्र के हृदयों से होता हुआ गया है जिसे छूते ही मनुष्य सारे बाहरी रूपरंग के भेदों की ओर से ध्यान हटाकर एकत्व का अनुभव करने लगता है।" (**जायसी ग्रंथावली**, पृ० २)।

द्विवेदी जी ने सूफी कवियों को "हिन्दू प्रभावापन्न मुसलमान साधकों का दल" कहा है। (४/५६)। बंगाल की योगी जाति का जिक्र करते हुए लिखा है, "कबीर. दादू और जायसी ऐसे ही नाममात्र के मुसलमान थे, जिनके परिवार में योगियों की साधना पद्धति जीवित रूप से वर्तमान थी।" (३/६०) एक स्थिति यह है कि कबीर नाममात्र के मुसलमान हैं अर्थात् वह वास्तव में हिन्दू हैं। दूसरी स्थिति यह है कि उनकी जाति 'ना हिन्दू ना मुसलमान' थी (४/२०६), इसलिए उन्होंने दोनों धर्मों के अस्वीकार का साहस दिखाया। तीसरी स्थिति यह है कि उनमें दोनों के तत्त्वों का मिश्रण था, योगियों के अक्खड़पन के अलावा वह "मुसलमानी उत्साह और भक्तगण की निरीहता के सम्मिलित रूप थे।" (७/१७१)। मुसलमान उत्साही, हिन्दू निरीह, दोनों का समन्वय कबीरदास। तीनों ही स्थितियाँ शुक्ल जी के सामान्य भक्तिमार्ग से दूर हैं।

द्विवेदी जी ने **हिन्दी साहित्य की भूमिका** में कल्पना की थी कि शुक्ल जी भक्ति को इस्लाम की प्रतिक्रिया मानते थे। इसलिए कालिदास का उदाहरण दिया था कि ग्रीक प्रभाव के कारण यह नहीं कहा जा सकता कि यह दुर्बल जाति की प्रतिक्रियात्मक मनोवृत्ति का निदर्शक है। **हिन्दी साहित्य : उसका उद्भव और विकास** में अपनी उक्त कल्पना के आधार पर शुक्ल जी का मज़ाक उड़ाते हुए उन्होंने लिखा, "यह भी बताया गया है कि जब मुसलमान हिन्दुओं पर अत्याचार करने लगे तो निराश होकर हिन्दू लोग भगवान् का भजन करने लगे। यह बात अत्यन्त उपहासास्पद है कि जब मुसलमान लोग उत्तर भारत के मन्दिर तोड़ रहे थे, तो उसी समय अपेक्षाकृत निरापद दक्षिण में भक्त लोगों ने भगवान् की शरणागति की प्रार्थना की। मुसलमानों के अत्याचार के कारण यदि भक्ति की भावधारा को उमड़ना था तो पहले उसे सिन्ध में और फिर उत्तर भारत में प्रकट होना चाहिए था, पर हुई वह दक्षिण में।" (३/३०७)।

शुक्ल जी बहुत अच्छी तरह जानते थे कि भक्ति इस्लाम से, और भारत में इस्लाम के प्रवेश से, पुरानी है। उन्होंने लिखा था, "धर्म की भावात्मक अनुभूति या भक्ति, जिसका सूत्रपात महाभारत काल में और विस्तृत प्रवर्तन पुराण काल में हुआ, कभी कहीं दबती, कभी कहीं उभरती, किसी प्रकार चली भर आ रही थी।" (**इतिहास**, पृ० ७४)। भक्त कवि "दबी हुई भक्ति को जगाने लगे।" (उप०, पृ० ७५)। भक्ति की शुरुआत न हुई थी, उसका प्रसार हुआ था। "क्रमशः भक्ति का प्रवाह ऐसा विस्तृत और प्रबल होता गया कि उसकी लपेट में केवल

हिन्दू जनता ही नहीं, देश में बसने वाले सहृदय मुसलमानों में से भी न जाने कितने आ गए।" (उप०, पृ० ७५-७६)। द्विवेदी जी ने शुक्ल जी के "क्रमशः" की व्याख्या दो तरह से की। **सूरसाहित्य** में लिखा, "ग्रियर्सन साहब का यह कहना बिल्कुल ठीक है कि 'अचानक बिजली के समान यह बात भारतीय अन्तरीप के इस छोर से उस छोर तक चमक गई।' परन्तु इसके लिए चार सौ वर्ष से मेघ पुंजीभूत हो रहे थे।" (४/७६)। **हिन्दी साहित्य : उसका उद्भव और विकास** में उन्होंने लिखा, "असल बात यह है कि जिस बात को ग्रियर्सन ने 'अचानक बिजली की चमक के समान फैल जाना' लिखा है वह ऐसा नहीं है। उसके लिए सैकड़ों वर्ष से मेघखंड एकत्र हो रहे थे।" (३/३०७)। अचानक बिजली के समान चमकना एक जगह सही है, दूसरी जगह नहीं है; सामान्य बात यह है कि इसके लिए कई सौ वर्ष से मेघ एकत्र हो रहे थे। यह बात शुक्ल जी "क्रमशः भक्ति का प्रवाह" द्वारा बता चुके थे।

जहाँ तक हिन्दू समाज के अपने अन्तर्विरोधों का प्रश्न है, शुक्ल जी ने लिखा था, "हिन्दी साहित्य के आदिकाल में कर्म तो अर्थशून्य विधि-विधान, तीर्थाटन और पर्वस्नान इत्यादि के संकुचित घेरे में पहले से बहुत कुछ बद्ध चला आता था।" (**इतिहास**, पृ० ७४)। **सूरसाहित्य** में द्विवेदी जी ने यह मत प्रकट किया, "मुसलमानों के आगमन के पहले हिन्दू सभ्यता प्रधानतः तीर्थों, व्रतों, अनुष्ठानों और विविध प्रतीकों की पूजा पर ही केन्द्रित थी।" (४/५४)। पुनश्च : "जनसाधारण में उस समय व्रत, पूजा, उपवास, तीर्थ आदि की महिमा खूब प्रतिष्ठित थी। (४/५८)।

आदमी जब निराश होता है, तब संसार छोड़कर भागता है। आन्तरिक कारणों से हो या बाह्य कारणों से, समाज में भाग्यवाद, वैराग्य भाव का प्रसार व्यापक था, यह बात अनेक विद्वान् स्वीकार करते हैं। यह संसार मिथ्या है, यह धारणा वैराग्य भाव को बढ़ावा देती थी। शुक्ल जी ने बताया था कि उपनिषदों का ज्ञानकाण्ड "कर्मों का सर्वथा त्याग, रागों या मनोविकारों का पूर्ण दमन, आवश्यक ठहराता है और ब्रह्म की केवल अव्यक्त और निर्गुण सत्ता लेकर चलता है।" (**सूरदास**, पृ० १५)। मनोविकारों का पूर्ण दमन, यह हुआ योग; केवल निर्गुण सत्ता लेकर चलना, यह हुआ निर्गुणपंथी ज्ञानमार्ग। निर्गुण ब्रह्मवाद का प्रचार किया शंकराचार्य ने। उनके मायावाद के अनुसार भक्ति भी एक भ्रान्ति थी। इस संदर्भ में :

शुक्ल जी—"जगत् प्रसिद्ध स्वामी शंकराचार्य जी ने जिस अद्वैतवाद का निरूपण किया था वह भक्ति के सन्निवेश के उपयुक्त न था।" (**इतिहास**, पृ० १४०)।

द्विवेदी जी—"बारहवीं शताब्दी के आसपास दक्षिण में सुप्रसिद्ध शंकराचार्य के दार्शनिक मत अद्वैतवाद की प्रतिक्रिया शुरू हो गयी थी। अद्वैतवाद में जिसे बाद के

विरोधी आचार्यों ने मायावाद भी कहा है, जीव और ब्रह्म की एकता भक्ति के लिए उपयुक्त न थी।" (३/७३)।

शुक्ल जी—"रामानुज से लेकर वल्लभाचार्य तक जितने भक्त दार्शनिक या आचार्य हुए हैं सबका लक्ष्य शंकराचार्य के मायावाद और विवर्तवाद से पीछा छुड़ाना था जिनके अनुसार भक्ति अविद्या या भ्रान्ति ठहरती थी।" (**इतिहास**, पृ० १८८)

द्विवेदी जी—"चार प्रबल संप्रदाय अद्वैतवाद के विरोध में आविर्भूत हुए, जो आगे चलकर संपूर्ण भारतीय साधना के रूप को बदल देने में समर्थ हुए। इन चारों संप्रदायों के दार्शनिक मत में भेद है, परन्तु एक बात में वे सब सहमत हैं। वह बात मायावाद का विरोध है।" (३/७३)।

सूरदास से पहले निर्गुणपंथी भक्त और सूफी साधक काव्य-रचना कर चुके थे पर वे निराशा और वैराग्य का भाव दूर न कर सके थे।

शुक्ल जी—"राम और रहीम को एक बताने वाली बानी मुरझाए मन को हरा न कर सकी।" (**सूरदास**, पृ० १५६)।

द्विवेदी जी—(**सूरसाहित्य में**)—"यह बात स्मरण रखने की है कि न तो सूफी मतवाद और न यह निर्गुण उपासना पद्धति ही उस विपुल वैराग्य के भार को कम कर सकी जो बौद्ध संघ के अनुकरण पर प्रतिष्ठित था।" (४/५५)।

शुक्ल जी—"निर्गुण उपासना की नीरसता और अग्राह्यता दिखाते हुए ये [सूरदास आदि सगुणोपासक कवि] उपासना का हृदयग्राही रूप सामने लाने में लग गए। इन्होंने भगवान् का प्रेममय रूप ही लिया; इससे हृदय की कोमल वृत्तियों के ही आश्रय और आलंबन खड़े किये।" (**सूरदास**, पृ० १५७)

द्विवेदी जी (**सूरसाहित्य में**)—"एक तरफ हैं सहस्राधिक संप्रदायों के साधुओं के उपास्य नीरस, निष्काम, निर्गुण ईश्वर और दूसरी तरफ है यह प्रेम का उद्गम, माधुर्य की सरिता, भक्ति का समुद्र, सौन्दर्य का सर्वस्व, राधा-माधव की युगल मूर्ति। आपको पसंद हो तो पहले को लेकर वैराग्य साधना कीजिए। ब्रजभाषा के कवियों और रसिकों को वह पसंद नहीं।" (४/१३८-३९)।

मुसलमानों का राज्य कायम हुआ, इससे जनता निराश हुई, यह स्थापना शुक्ल जी और द्विवेदी जी दोनों की है। इसके बाद शुक्ल जी ने जहाँ भक्ति को हिन्दुओं और मुसलमानों का सामान्य मार्ग माना, वहाँ द्विवेदी जी ने उसे हिन्दू संस्कृति का सुरक्षात्मक प्रयत्न कहा अथवा उसे इस्लाम प्रभावित हिन्दू संस्कृति माना। हिन्दू-धर्म अर्थशून्य विधि-विधान में फँसा हुआ था, यह स्थापना शुक्ल जी और द्विवेदी जी दोनों की है। भक्तिकाव्य मायावाद का विरोधी था, शुक्ल जी की इस स्थापना को भी द्विवेदी जी ने दोहराया है किन्तु सूरदास और कबीर के प्रसंग में हम देखेंगे कि शुक्ल जी भक्ति को तंत्रवाद और योग का विरोधी मानते हैं, द्विवेदी जी उसे तंत्रवाद और योग से संबद्ध मानते हैं।

शुक्ल जी का एक सूत्र अत्यन्त सारगर्भित है और उसका महत्व पुस्तक में दिये हुए प्रसंग से बाहर भी है और व्यापक है। सूत्र यह है : "अपने पौरुष से हताश जाति के लिए भगवान् की शक्ति और करुणा की ओर ध्यान ले जाने के अतिरिक्त दूसरा मार्ग ही क्या था?" (**इतिहास**, पृ० ७३) भक्ति अपने सीमित अर्थ में निराश मन की पुकार है। 'दुख में सुमिरन सब करैं, सुख में करै न कोय'—यह पंक्ति उसी सत्य को व्यंजित करती है। शुक्ल जी के अनुसार सामान्य स्थिति यह होनी चाहिए कि मनुष्य अपने पौरुष का भरोसा करे। किन्तु सामंती उत्पीड़न में श्रमिक जनता की कमर टूट जाती है, तब वह राम-राम पुकार उठती है। इसीलिए भक्ति यूरुप में थी, भारत में थी; दक्षिण भारत में थी, उत्तर भारत में थी। किन्तु भक्ति, व्यापक अर्थ में, पीड़ित जनता का विद्रोह भी है, उल्लास और सुखी जीवन की आकांक्षा की अभिव्यक्ति भी है। इसके एक प्रमाण हैं सूरदास।

३. सूर सम्बन्धी विवेचन

सूरदास कृष्ण की बाललीला के वर्णन के लिए प्रसिद्ध हैं।

शुक्ल जी—"जितने विस्तृत और विशद रूप में बाल्यजीवन का चित्रण इन्होंने किया है, उतने विस्तृत रूप में और किसी कवि ने नहीं किया।" (**सूरदास**, पृ० १६६)।

द्विवेदी जी—"हिन्दी के कितने ही लब्धप्रतिष्ठ समालोचकों को सन्देह है कि संसार के दूसरे कवि ने इस प्रकार की लीला का वर्णन किया है या नहीं। इन पंक्तियों का लेखक संसार की बात तो नहीं जानता—वह बहुत बड़ा है—पर इस बात में तो उसे भी सन्देह ही है कि भारतवर्ष—उत्तर भारतवर्ष के—किसी वैष्णव कवि ने इतनी सफलता से इस पूर्णता के साथ बाललीला का चित्रण किया होगा।" (४/१२८)

बाललीला क्रमशः विकसित होकर यौवन की प्रेमलीला बनी।

शुक्ल जी—"बालक्रीड़ा के सखा-सखी आगे चलकर यौवनक्रीड़ा के सखा-सखी हो जाते हैं···बालक्रीड़ा इस प्रकार क्रमशः यौवनक्रीड़ा के रूप में परिणत होती गई है कि सन्धि का पता ही नहीं चलता। रूप का आकर्षण बाल्यावस्था से ही आरम्भ हो जाता है। (**सूरदास**, पृ० १७३-७४)।

द्विवेदी जी (**सूरसाहित्य** में)—"उस बारी वय में एक गाढ़ प्रेम का आभास पाया जाता है जो खेल में, हँसी में, मान में, अपमान में, रोदन में विचित्र भाव से विकसित हो उठा है।" (४/९०)। पुनश्च : "भारतवर्ष के किसी कवि ने राधा का वर्णन इस पूर्णता के साथ नहीं किया। बालप्रेम की चंचल लीलाओं की इस प्रकार की परिणति सचमुच आश्चर्यजनक है।" (४/९९)।

शुक्ल जी—"कृष्ण कौमार अवस्था की स्वाभाविक चपलतावश उनसे छेड़-छाड़ करना आरम्भ करते हैं। हास-परिहास और छेड़छाड़ के साथ प्रेम-व्यापार का

अत्यन्त स्वाभाविक आरम्भ सूर ने दिखाया है।" (**सूरदास**, पृ० १७३)।

द्विवेदी जी (**सूरसाहित्य में**)—"प्रेम गाढ़ से गाढ़तर होता जाता है। पनघट पर ठठोली होती है, रास्ते में छेड़छाड़, पर कहीं भी यह प्रेम उच्छ्वास के रूप में फूट नहीं पड़ता। मानो इन सारी लीलाओं में कोई विचित्रता नहीं, मानो ये इतनी स्वाभाविक बातें हैं कि कभी किसी से कहने की कोई आवश्यकता नहीं।" (४/६४)।

श्रृंगार रसराज है, व्यापक है।

शुक्ल जी—"इस दृष्टि से यदि सूरसागर को हम रससागर कहें तो बेखटके कह सकते हैं।" (**सूरदास**, पृ० १८४)।

द्विवेदी जी (**सूरसाहित्य में**)—"इस प्रकार का अपने आप में भरपूर प्रेम सूरदास की ही लेखनी की करामात है। प्रेम के सवा लाख गानों का समुद्र एक बार भी उद्वेलित नहीं हुआ, कहीं भी निर्मर्याद नहीं हुआ!" (४/६४)।

कृष्णभक्त कवियों का श्रृंगार-वर्णन कहीं-कहीं विलासिता का भाव जगाता है, अश्लील हो गया है।

शुक्ल जी—"जहाँ श्रद्धा या पूज्य बुद्धि का अवयव—जिसका लगाव धर्म से होता है—छोड़कर केवल प्रेमलक्षणा भक्ति ली जायगी वहाँ वह अवश्य विलासिता से ग्रस्त हो जायगी।···वैष्णवों की कृष्णभक्ति शाखा ने केवल प्रेमलक्षणा भक्ति ली, फल यह हुआ कि उसने अश्लील विलासिता की प्रवृत्ति जगाई।" (**इतिहास**, पृ० ८०)।

द्विवेदी जी (**सूरसाहित्य में**)—"यहाँ इस प्रकार की भी विलासिता राधा-कृष्ण और गोपियों के नाम पर आ घुसी है कि उसे अनुचित कहने को जी चाहता है। प्रस्तुत प्रबंध श्रृंगार रस के नाम पर की गई अश्लील कविताओं की वकालत करने के लिए नहीं लिखा जा रहा है।" (४/१३४)। पुनश्च : "आप कहेंगे इस साधना में अश्लीलता है। जरूर है। लोकधर्म बन जाने पर कौन-सी ऐसी साधना है, जिसमें कलुषवृत्त पुरुष न आ घुसे हों?" (४/१४२)।

यह श्रृंगारपरक 'लोकधर्म' ऐसा है कि वह भक्त कवि को सामाजिक रूढ़ियों के प्रति तटस्थ और उदासीन बना सकता है।

शुक्ल जी—"सूरदासजी अपने भाव में मग्न रहने वाले थे, अपने चारों ओर की परिस्थिति की आलोचना करने वाले नहीं। संसार में क्या हो रहा है, लोक की प्रवृत्ति क्या है, समाज किस ओर जा रहा है, इन बातों की ओर उन्होंने अधिक ध्यान नहीं दिया है। तुलसीदासजी लोक की गति के सूक्ष्म पर्यालोचक थे। वे उसके बीच पैदा होने वाली बुराइयों को तीव्र दृष्टि से देखने वाले थे।" (**सूरदास**, पृ० २११-१२)।

द्विवेदी जी (**हिन्दी साहित्य की भूमिका में**)—"सूरदास सुधारक नहीं थे,

ज्ञानमार्गी भी नहीं थे, किसी को कुछ सिखाने का भान उन्होंने कभी किया ही नहीं। वे कहीं भी संप्रदाय, मतवाद या व्यक्ति विशेष के प्रति कटु नहीं हुए।…वे तुलसीदास की भाँति दृढ़चेता सेनानायक नहीं थे जो समाज की कुरीतियों से कुशलतापूर्वक बाहर निकल कर उस पर गोलाबारी आरम्भ कर दें।…वे केवल श्रद्धालु और विश्वासी भक्त थे जो झगड़ों में पड़ने के ही नहीं।" (३/११६)।

कृष्णभक्तों ने भगवान् के मधुर रूप पर अधिक ज़ोर दिया; उनके लोकरक्षक रूप की भूमिका गौण रखी।

शुक्ल जी—"सब संप्रदायों के कृष्णभक्त भागवत में वर्णित कृष्ण की ब्रजलीला को ही लेकर चले क्योंकि उन्होंने अपनी प्रेमलक्षणा भक्ति के लिए कृष्ण का मधुर रूप ही पर्याप्त समझा। महत्व की भावना से उत्पन्न श्रद्धा या पूज्य बुद्धि का अवयव छोड़ देने के कारण कृष्ण के लोकरक्षक और धर्म संस्थापक स्वरूप को सामने रखने की आवश्यकता उन्होंने न समझी।" (**इतिहास**, पृ० १९१-९२)।

द्विवेदी जी (**हिन्दी साहित्य : उसका उद्भव और विकास** में)—"वल्लभाचार्य ने कृष्णभक्ति का प्रचार किया। इन्होंने लीलापक्ष पर बहुत अधिक ज़ोर दिया, इसीलिए इस संप्रदाय के भक्तों में भगवान् के धर्मरक्षक मर्यादापुरुषोत्तम और दुष्टदमन रूप गौण हो गये और निखिलानन्द सन्दोह प्रेममय रूप प्रधान हो गया।" (३/३१०)।

कृष्णलीला के गीत सूरदास से पहले भी प्रचलित रहे होंगे।

शुक्ल जी—"सूरसागर किसी चली आती हुई गीतकाव्य परम्परा का—चाहे वह मौखिक ही रही हो—पूर्ण विकास सा प्रतीत होता है।" (**इतिहास**, पृ० २००)

द्विवेदी जी—"पण्डित रामचन्द्र शुक्ल ने ठीक ही कहा है कि "सूरसागर किसी चली आती हुई गीतकाव्य परम्परा का, चाहे वह मौखिक ही रही हो, पूर्ण विकास-सा प्रतीत होता है।," (४/७९-८०)।

द्विवेदी जी ने यहाँ सूर पूर्व गीत परम्परा की बात जयदेव, विद्यापति आदि पूर्वी कवियों के प्रभाव को ध्यान में रखकर कही है। शुक्ल जी ने **सूरसागर** की भाषा और काव्यकला से ब्रज के लोकगीतों का सम्बन्ध जोड़ते हुए वह बात कही थी।

शुक्ल जी—"भिन्न-भिन्न लीलाओं के प्रसंग लेकर इस सच्चे रसमग्न कवि ने अत्यंत मधुर और मनोहर पदों की झड़ी-सी बाँध दी है। इन पदों के सम्बन्ध में सबसे पहली बात ध्यान देने की यह है कि चलती हुई ब्रजभाषा में सबसे पहली साहित्यिक रचना होने पर भी ये इतने सुडौल और परिमार्जित हैं। यह रचना इतनी प्रगल्भ और काव्यांगपूर्ण है कि आगे होने वाले कवियों की शृंगार और वात्सल्य की उक्तियाँ सूर की जूठी-सी जान पड़ती हैं! अतः सूरसागर किसी चली आती हुई… प्रतीत होता है।" (**इतिहास**, पृ० २००)।

शुक्ल ज़ी के वाक्य को उसके उचित संदर्भ से द्विवेदी जी ने **हिन्दी साहित्य की**

भूमिका में जोड़ा।

द्विवेदी जी—"इस ग्रंथ में हिन्दी, प्राकृत और संस्कृत के उद्‌भट काव्य का कोई भी उक्ति-चमत्कार अलंकारच्छटा और काव्य सौन्दर्य आने से नहीं रहा। भाषा ऐसी सरस और मार्जित है कि सहसा यह विश्वास नहीं होता कि ब्रजभाषा का यह पहला ग्रंथ है। पं० रामचन्द्र शुक्ल को 'सूरसागर किसी चली आती हुई···विकास' प्रतीत होता है।" (४/७८)।

जहाँ तक कृष्णलीला की जयदेव-विद्यापति परम्परा का सम्बन्ध है, शुक्ल जी ने **भ्रमरगीत सार** की भूमिका में लिखा था : "जयदेव की वाणी की स्निग्ध पीयूष-धारा, जो काल की कठोरता में दब गयी थी, अवकाश पाते ही लोकभाषा की सरसता में परिणत होकर मिथिला की अमराइयों में विद्यापति के कोकिल कंठ से प्रकट हुई और आगे चलकर ब्रज के करील कुंजों के बीच फैल मुरझाए मनों को सींचने लगी।" (**सूरदास**, पृ० १५७)। यह स्थापना उन्होंने **इतिहास** में दोहराई, "कृष्णचरित के गान में गीतकाव्य की जो धारा पूरब में जयदेव और विद्यापति ने बहाई उसी का अवलंबन ब्रज के भक्त कवियों ने भी किया।" (पृ० १९९)।

ब्रजभाषा कवियों पर जयदेव-विद्यापति प्रभाव के बारे में द्विवेदी जी का मत अनिश्चित-सा है। **सूरसाहित्य** में उन्होंने एक समस्या प्रस्तुत की : "एक ओर तो [ब्रजभाषा के] इन कवियों और रसाचार्यों पर गौड़ीय प्रभाव का कोई चिह्न नहीं दिखाई देता, दूसरी ओर इस प्रकार के प्रेमगानों के सभी पुराने रचयिता—जयदेव, विद्यापति, चंडीदास हिन्दी के किसी भी वैष्णव कवि से पूर्ववर्ती और पूर्वी प्रदेश के ठहरते हैं। राधा-कृष्ण की शृंगार लीला का अगर कोई सीधा सम्बन्ध कहीं से मिलता है तो इन्हीं पूर्ववर्ती भक्तों से।···इन दो परस्पर विरोधी बातों का समाधान क्या है?" (४/७५)। इस समाधान की चिन्ता न करके उन्होंने आगे लिखा, "इन पूर्वीय वैष्णवों के प्रेमगानों का प्रभाव ब्रजभाषा के शैशवकाल में ही पड़ा। केवल नाभादास या गुरु नानक ने जयदेव का नाम लिया हो, सो बात नहीं; सूरदास के भजनों में जयदेव के पदों का अनुवाद भी है। पण्डित रामचन्द्र शुक्ल ने ठीक ही कहा है कि 'सूरसागर···प्रतीत होता है।' अर्थात् सूरदास के बहुत पहले ही (और इसलिए वल्लभाचार्य के भी बहुत पहले) वैष्णव प्रेमधारा ने इस प्रदेश में अपनी जड़ जमा ली थी।" (४/७९-८०)। यदि पूर्वी वैष्णवों के प्रेमगानों का प्रभाव ब्रजभाषा के कवियों पर पड़ा तो इन में विद्यापति के पद अवश्य रहे होंगे। यद्यपि वह शैव थे "परन्तु प्रेमसाधन की ओर इतने आकृष्ट हुए कि शायद ही कोई वैष्णव कवि बंगाल में इतने दिनों तक इतना समादृत रहा हो।" (४/८०)। यह भी स्मरणीय है कि चैतन्यदेव वृन्दावन आये थे और वह "जयदेव, विद्यापति और चंडीदास इन तीनों कवियों के काव्यरसिक थे।" (४/७५)। शुक्ल जी ने सूर और विद्यापति के पद उद्‌धृत करते हुए कहा था, "कुछ पदों के तो भाव भी बिल्कुल

मिलते हैं।" (इतिहास, पृ० २०२) इसके सिवा उन्होंने 'सारंग' शब्द को लेकर रचे गये विद्यापति और सूरदास के कूट पदों का साम्य भी दिखाया था। (उप०, पृ० २०३)। शुक्ल जी के उदाहरणों पर विचार किये बिना द्विवेदी जी ने **हिन्दी साहित्य : उसका उद्भव और विकास** में ब्रजभाषा कवियों पर विद्यापति के प्रभाव को लगभग अस्वीकार किया। लिखा, "साधारणतः यह विश्वास किया जाता है कि श्रीकृष्णलीला से संबद्ध गेय पद के साहित्य की उत्सभूमि पूर्वी भारत ही है और वहीं से चलकर यह प्रथा पश्चिमी भारत में आयी है। बौद्ध सिद्धों के गान, जयदेव का गीतगोविन्द, चण्डीदास और विद्यापति के पद—सभी इस प्रकार के विश्वास को बल देते हैं।···विद्यापति के [कृष्णलीला सम्बन्धी] इन पदों ने ब्रजभाषा की कविता को कितना प्रभावित किया, यह कहना कठिन है। शायद बहुत कम। पश्चिमी भारत में भी कृष्णलीला-परम्परा पहले से ही वर्तमान थी, इसका प्रमाण मिल जाता है।" (३/३५१)।

पश्चिमी भारत में कृष्णलीला की परम्परा विद्यमान थी, इससे यह सिद्ध नहीं होता कि इस परम्परा के कवि विद्यापति से प्रभावित न हो सकते थे। भारत में कबीर का रहस्यवाद वर्तमान था, इससे यह सिद्ध नहीं होता कि रवीन्द्रनाथ शेली के रहस्यवाद से प्रभावित न हो सकते थे। जैसे पश्चिम में कृष्णलीला सम्बन्धी लोकगीत प्रचलित थे, वैसे ही मिथिला में भी प्रचलित रहे होंगे। विद्यापति की मैथिली, अपभ्रंश से दूर, ब्रजभाषा के निकट है। जिस हद तक वह बोलचाल की मैथिली से भिन्न है, उस हद तक वह पश्चिमी लोकगीतों की भाषा से प्रभावित हो सकती है। बंगाल के वैष्णव कवियों की 'ब्रजबुलि' इसी तरह बोलचाल की बँगला से भिन्न है, मैथिली और ब्रजभाषा के निकट है। कबीर की भाषा में पछाँही तत्वों पर ध्यान देते ही यह बात समझ में आ जायगी कि लोकगीतों की जिस परम्परा के पूर्वी छोर पर विद्यापति हैं, उसका दूसरा छोर ब्रजभूमि में है।

जयदेव-विद्यापति से भिन्न द्विवेदीजी ने सूरदास का सम्बन्ध वामाचारी सिद्धों के पदों से जोड़ा है। उनका मत है कि ऐसे पदों का प्रयोग निर्गुण उपासक करते आ रहे थे, इन्हें "सगुण रस से सरस करना सूरदास का ही काम था।" (४/१२८)। यदि ब्रज के लोग गीत गाना जानते ही न रहे हों, तभी यह संभव था कि सूरदास निर्गुण साँचे में सगुण रस भरें। निर्गुण साँचे की विशेषता यह थी, "इन पदों में संसार की अस्थिरता दिखाकर वैराग्य भावना पर ज़ोर दिया गया है।" (४/१२८)। पश्चिमी भारत में कृष्णलीला परंपरा पहले से वर्तमान थी, फिर सूरदास उन नीरस पदों का साँचा क्यों ढूंढ़ने जाते? हिन्दी के निर्गुणपंथी कवियों ने सिद्धों के पदों को अपनाया, यह धारणा भी ठीक नहीं है। इन कवियों की भाषा अधिकतर ब्रज है, उसमें भोजपुरी और अवधी की झलक जहाँ-तहाँ है। इस झलक की तुलना में खड़ी बोली के ठोस रूप, खास तौर से कबीर की रचनाओं में, काफी हैं।

जब कबीर का सम्बन्ध ही संदिग्ध है, तब सूरदास के प्रसंग में सिद्धों के पदों की चर्चा व्यर्थ है।

कृष्णलीला सम्बन्धी ब्रजभाषा काव्य के विकास में विद्यापति के साथ वल्लभाचार्य की भूमिका का भी अवमूल्यन हुआ है। उससे भिन्न द्विवेदी जी किसी दूसरी परम्परा की खोज कर रहे थे। वह मानते हैं कि "कृष्णभक्ति की धारा के प्रधान प्रवर्तक महाप्रभु वल्लभाचार्य हैं।" (४/७६)। फिर इस प्रधानता को कम करते हुए उन्होंने लिखा, "जो लोग कुछ दाक्षिणात्य आचार्यों के दार्शनिक और धार्मिक मतों का अध्ययन करके ही तुलसीदास और सूरदास के रहस्यों का उद्घाटन करते हैं, वे लोकमत के साथ अविचार करते हैं।" (उप०)। जो लोग—कौन लोग? सूरदास पर और हिन्दी साहित्य के इतिहास पर लिखने वाले लोग अभी बहुत थोड़े थे। अवश्य ही इन कुछ लोगों में शुक्ल जी भी होंगे। द्विवेदी जी ने 'लोकमत' की व्याख्या के लिए एक ओर सूरकाव्य का सम्बन्ध तंत्रवाद से जोड़ा, दूसरी ओर बौद्ध मत की महायान शाखा से। हीन कोटि के तंत्रवाद से अलग "तंत्र तत्ववाद का प्रवेश वैष्णव संप्रदाय में भी हुआ है।" (४/३८)। महायान में सहजयान की प्रधानता हुई (४/५७), सहजमत ने युगलमूर्ति को पूर्णता तक पहुँचाया (४/३८), बंगाल के बाउल कवि सहजवादी हैं, "रवीन्द्रनाथ की कविता और चिन्ताधारा बाउलों से अत्यधिक प्रभावित है", "कबीर और दादू सहजवादी थे", "वल्लभाचार्य और सूरदास में सहजमतवाद का अस्तित्व है।" (४/३९)। केवल सूरदास में नहीं, वल्लभाचार्य में भी! सबसे अधिक प्रभाव गोरखनाथ पर होना चाहिए। वह नाथ संप्रदाय के आचार्य थे, "नाथ संप्रदाय का सीधा सम्बन्ध महायान बौद्ध धर्म से है।" (४/७७)। द्विवेदी जी के अनुसार गोरखनाथ हिन्दी भाषी जनता का सम्बन्ध महायान बौद्धों से जोड़ते हैं, "दूसरी ओर बंगाल से भी सीधा सम्बन्ध जोड़ते हैं।" (४/७८)। महायान वैष्णव धर्म की माता है, वल्लभाचार्य उसके पिता हैं। पुत्र पिता के नाम से प्रसिद्ध होता है, "वैसे ही वैष्णव धर्म का सम्बन्ध महायान से अधिक होते हुए भी वह वल्लभाचार्य के नाम से ही पुकारा गया।" (उप०)। वल्लभाचार्य के प्रभाव को और भी क्षीण करते हुए द्विवेदी जी ने लिखा, "प्रसिद्ध डॉक्टर कर्न ने बताया है कि वैष्णव भक्तिवाद इन महायानों की भक्ति का ही विकसित रूप है।" (उप०)

हिन्दी साहित्य की भूमिका में महायान संप्रदाय के लिए लिखा है, "वह तंत्र-मंत्र, जादू-टोना, ध्यान-धारणा आदि से लोगों को आकृष्ट करता रहा।" (३/३६) शैव और बौद्ध साधनाओं के मिश्रण से नाथपंथी योगियों का संप्रदाय बना। "कबीरदास, सूरदास और जायसी की रचनाओं से जान पड़ता है कि यह संप्रदाय उन दिनों बड़ा प्रभावशाली रहा होगा।" (३/३७) जहाँ तक सूरदास का सम्बन्ध है, वह इससे प्रभावित नहीं, उसका विरोध करते हैं। सहजयान की साधना-प्रणाली

की चर्चा करते हुए द्विवेदी जी ने सूर साहित्य में लिखा है, "सूरदास इन सारी योग क्रियाओं और कृच्छ्र साधनाओं को अनावश्यक समझते हैं।" (४/५७) निर्गुण उपासना को भी वह "सगुण उपासना के सामने फीका समझते हैं।" (उप०) योग और निर्गुण उपासना—ये दो मतवाद उस समय ज़ोरों पर थे। "स्वयं सूरदास इनसे प्रभावित हुए थे।" (४/५८)। कैसे ? योग क्रियाओं को अनावश्यक समझते थे, सगुण उपासना को निर्गुण उपासना के सामने फीका समझते थे। फिर भी दोनों मतवादों से प्रभावित थे !

द्विवेदी जी के चिन्तन में जो कड़ी सूरदास को कबीर से जोड़ती है, वह है तंत्रवाद। आगे हम देखेंगे कि यह तंत्रवाद एक ओर बंगाल के धमाली गीतों से, दूसरी ओर पूर्वी प्रदेश के 'जोगीड़ा' और 'कबीर' कहलाने वाले गीतों से जुड़ा हुआ है। दोनों ही तरह के गीत अत्यन्त अश्लील होते थे। शुक्ल जी ने कृष्णलीला के लोकगीतों की परम्परा पर जोर दिया था, सूरकाव्य का सम्बन्ध जयदेव-विद्यापति की पदावली से जोड़ा था। द्विवेदी जी इस सम्बन्ध को पूरी तरह अस्वीकार न करके लोकगीत परम्परा के नाम पर धमाली-जोगीड़ा अश्लील गीत पद्धति को भक्ति से जोड़ते हैं। शुक्ल जी ने वल्लभाचार्य की भूमिका पर काफी ज़ोर दिया था; द्विवेदी जी ने उसे एक ओर हटा कर महायान, नाथपंथ और तंत्रवाद की भूमिका पर ज़ोर दिया। साथ ही उन्होंने स्वीकार किया कि सूरदास योग क्रियाओं को अनावश्यक मानते थे और निर्गुण उपासना को फीका समझते थे। इस तरह वह असंगतियों में फँस गये; इनसे बाहर निकलने का उनके सामने कोई मार्ग न था।

४. कबीर : तन्त्र, योग और सूफी मत

शुक्ल जी के अनुसार सामान्य जनता पर वज्रयानी सिद्धों और नाथपन्थी जोगियों की बानियों का यही प्रभाव हो सकता था कि भक्ति का सहज मार्ग छोड़कर वह "अनेक प्रकार के मंत्र, तंत्र और उपचारों में जा उलझे और उसका विश्वास अलौकिक सिद्धियों पर जा जमे।" (इतिहास, पृ० ७५)। द्विवेदी जी ने तंत्र-मंत्र और अलौकिक सिद्धियों वाली विद्या को शुद्ध करके कबीर की भक्ति से उसका समन्वय करा दिया। सहज साधना में उन्होंने लिखा, "बौद्धों, शाक्तों और शैवों की साधना पद्धति में जो सिद्धियों को प्राप्त करने का आडम्बर है, अनेक यंत्र-तंत्र की जटिल साधनाओं का विधान है, उसके मूल और वास्तव सत्य को कबीर और उनके अनुयायियों ने दृढ़ता से पकड़ लिया है और सिद्धियों के पीछे भागने की मनोवृत्ति का तिरस्कार किया है। परन्तु इतना करके ही वे विरत नहीं हुए। उन्होंने इस शब्द-साधना को प्रेमभक्ति के साथ जोड़ दिया है; इस प्रकार जो साधना नीरस और जटिल थी, उसे सरस और सहज बना दिया है।" (५/१५८)। तात्पर्य यह कि भक्ति का पुट देकर कबीर ने तंत्र-मंत्र-योग साधना को सरस बना दिया।

लोग कहते हैं, शंकराचार्य प्रच्छन्न बौद्ध थे। द्विवेदी जी के कबीर प्रच्छन्न तांत्रिक हैं!

लोकगीतों की एक विशेष परम्परा से तंत्रवाद का घनिष्ठ सम्बन्ध है।

शुक्ल जी ने सूरदास के प्रसंग में गीतकाव्य परम्परा की व्याख्या की थी। स्त्रियों के बीच चले आते हुए बहुत पुराने गीतों में एक ओर स्वकीया प्रेम की सरल गंभीर व्यंजना है, दूसरी ओर "परकीया प्रेम के जो गीत हैं वे कृष्ण और गोपिकाओं की प्रेमलीला को ही लेकर चले हैं, इससे उन पर भक्ति या धर्म का भी कुछ रंग चढ़ा रहता है। इस प्रकार के मौखिक गीत देश के प्रायः सब भागों में गाये जाते थे। मैथिल कवि विद्यापति (संवत् १४६०) की पदावली में हमें उनका साहित्यिक रूप मिलता है।" (**इतिहास**, पृ० २०१)। इस परकीया प्रेम वाले सूत्र को **सूरसाहित्य** में काफी पल्लवित किया गया है। खास बात यह है कि "देश के प्रायः सब भागों में" गाये जाने के बदले परकीया प्रेम के गीत मुख्यतः बंगाल में गाये जाते थे। "वास्तव में बंगाल की भूमि में परकीया भाव को ऊँचा रूप देने का उपकरण पहले से ही वर्तमान था, ब्रजभाषा-प्रान्तों में यह बात नहीं थी।" (४/८०)। परकीया प्रेम के कारण वैष्णव धर्म, शास्त्रीय की अपेक्षा, लोकधर्म अधिक है। "अन्य सभी अशास्त्रीय या लोकधर्मों—बौद्ध, जैन यहाँ तक कि उपनिषदों के धर्म की भाँति इसकी जन्मभूमि भी बिहार, बंगाल और उड़ीसा के प्रान्त हैं।" (४/८१)। **सूरसाहित्य** में दिनेशचन्द्र सेन का हवाला देते हुए द्विवेदी जी ने लिखा कि उत्तर बंग में धमाली गीत प्रचलित रहे हैं। "असल धमाली इतने अश्लील होते हैं कि वे गाँवों के बाहर ही गाये जाते हैं। इन्हें कृष्ण धमाली भी कह सकते हैं। 'यहकृष्ण-धमाली गाने ही किसी समय बंग देश के जन-साधारण की राधा-कृष्ण की प्रेमकथा सुनने की तृषा मिटा देते थे। इसमें कोई संदेह नहीं कि प्राचीन राजवंशी जाति और योगी जाति के लोग आज तक बंगाल के नाना स्थानों में इसकी यत्नपूर्वक रक्षा करते आये हैं।," (४/७६)। यहाँ अश्लील गीत गाने वाली योगी जाति का योग से दूर का भी सम्बन्ध नहीं है।

हिन्दी साहित्य की भूमिका में बंगाल की योगी जाति का उल्लेख करने के बाद कबीर, दादू और जायसी को इस जाति से सम्बद्ध करते हुए द्विवेदी जी ने यह दावा किया कि इनके "परिवार में योगियों की साधना पद्धति जीवित रूप से वर्तमान थी।" (३/६०)। **सूर साहित्य** में निर्गुण भक्ति को निकृष्ट बताया है। "चित् जगत् के अत्यन्त निम्न भाग में शान्त स्वरूप हरधाम या निर्गुण ब्रह्मलोक है···सबके ऊपर है मधुर रस, जहाँ परम पुरुष ब्रजांगनाओं के साथ क्रीड़ा करते हैं।" (४/५१)। जहाँ ब्रजांगनाओं के साथ परम पुरुष के क्रीड़ा करने की रस-चर्चा है, वहाँ योगी जाति में प्रचलित अश्लील गीत सार्थक हो सकते हैं। किन्तु

कबीर पर योग का प्रभाव है; योगी जाति से मधुर रस-विरोधी योग का सम्बन्ध भी जोड़ना है। द्विवेदी जी का सुझाव है कि गीत अश्लील तो थे पर अश्लीलता उलटवांसी की तरह थी, उसका वास्तविक अर्थ कुछ और था।

हिन्दी साहित्य की भूमिका में उन्होंने लिखा, "युक्त प्रान्त और बिहार में होली के अवसर पर जो अश्लील और अश्राव्य गाने गाये जाते हैं, उन्हें 'जोगीड़ा' कहते हैं। जोगीड़ा गा लेने के बाद लोग 'कबीर' गाते हैं, जो और भी भयंकर होते हैं। क्या इन जोगीड़ों और कबीरों के साथ योगियों और कबीरपंथियों की किसी प्राचीन प्रतिद्वंद्विता की स्मृति जुड़ी हुई है या ये अश्लील गान भी उलटवाँसियों की भाँति किसी युग में किसी अप्रस्तुत अन्तर्निहित सत्य की ओर इशारा करने वाले माने जाते थे?" (३/८५७)। यह बात उन्होंने **कबीर** में भी दोहरायी। (४/२२९)। अश्लील गीतों के अन्तर्निहित सत्य को उद्घाटित करने के लिए अनुसंधान के नये आयाम उद्‌घाटित किये जा सकते हैं। वैसे सूरसागर में "उद्धव को गोपियों ने जो संदेशा दिया है, वह इतना साफ है कि उसमें आध्यात्मिक गूढ़ताओं का ढूँढ़ना बेकार है।" (४/१३९)। अश्लील गीतों के संदेश भी काफी साफ होते हैं पर 'जोगीड़ा' और 'कबीर' गाने वालों से योग साधना का सम्बन्ध कायम करना है तो उनमें गूढ़ताएँ ढूंढ़नी ही होंगी। एक ओर योगी जाति के लोगों के जोगीड़ा और कबीर, दूसरी ओर उनकी योग साधना।

कबीर का चमत्कारी योगी रूप देखें।

"नामजप और सुमिरन को कबीरदास ने प्रेमभक्ति का साधन बनाया है। यह मंत्र साधना की महिमामयी परिणति है। उन्होंने उन सारी जटिल साधनाओं को अच्छी तरह से आत्मसात् किया है। मंत्र या शब्द साधना का सारा [illegible] उन्हें हस्तामलक की भाँति स्पष्ट था। अनहद शब्द की चिन्तना के लिए किस प्रकार पंच प्राण की साधना की जाती है और त्रिकुटी सन्धि में गगन ज्योति दिखाई देने लगती है और किस प्रकार वहाँ सूर्य, चन्द्र और पवन को बाँधकर निमज्जित कर दिया जाता है, उन्हें सब मालूम है। उन्होंने अनुभव किया था कि ऐसा करने से मन स्थिर हो जाता है। सहस्रार कमल प्रकाशित हो उठता है और उस कमल में निरंजन ज्योति दिखाई देती है। उन्हें आसन और मुद्राओं की साधना का बहुत अच्छा परिचय था, परन्तु वे मूल तत्व को पकड़ने के पक्षपाती थे।" (५/१५७)।

कबीर ने योग का मार्ग छोड़ा।

पहले "कबीरदास योग की ओर झुके हुए थे," फिर रामानन्द से सम्पर्क होने पर "उन्होंने सहज समाधि की दीक्षा ली, आँख मूंदने और कान रूँधने के टंटे को नमस्कार कर लिया, मुद्रा और आसन की गुलामी को सलामी दे दी।" (४/३१४-१५)। भक्ति की महत्वपूर्ण भूमिका यह थी कि उसने मनुष्य को आँख मूंदने और कान रूँधने के टंटे से मुक्त किया। द्विवेदी जी मानते हैं कि सगुण

भक्ति ने बाह्याचार की शुष्कता को आन्तरिक प्रेम से सींचा, निर्गुण भक्ति ने बाह्याचार की शुष्कता को दूर करने का प्रयत्न किया। इस बाह्याचार में योग भी है। "कबीरदास योगमार्ग की क्लिष्ट साधनाओं को भी बाह्याचार ही समझते रहे।" (४/२५०)। इसलिए शुक्ल जी की यह बात बिल्कुल सही है कि "कबीर ने ठीक मौके पर जनता के उस बड़े भाग को सँभाला जो नाथपंथियों के प्रभाव से प्रेमभाव और भक्ति रस से शुष्क और शून्य पड़ता जा रहा था।" (इतिहास, पृ० ७८)। द्विवेदी जी के समग्र लेखन को देखें तो उसमें नाथपंथ और योग की चर्चा खूब विस्तार से की गई है; उसकी तुलना में रामानन्द की चर्चा बहुत ही संक्षेप में की गई है। योगचर्चा के धुंध में रामानन्द की छवि अन्तर्धान है। वल्लभाचार्य की तुलना में रामानन्द का अवमूल्यन कम हुआ है किन्तु हुआ अवश्य है। यह अवमूल्यन रामानन्द का ही नहीं, भक्त कबीर का भी है।

कबीर के संदर्भ में द्विवेदी जी ने सूफी मत का जो मूल्यांकन किया है, वह भी विचारणीय है।

शुक्ल जी ने कबीर के लिए लिखा था, "उन्होंने भारतीय ब्रह्मवाद के साथ सूफियों के भावात्मक रहस्यवाद, हठयोगियों के साधनात्मक रहस्यवाद और वैष्णवों के अहिंसावाद तथा प्रपत्तिवाद का मेल करके अपना पंथ खड़ा किया।" (इतिहास, पृ० ६४)। सूरसाहित्य में द्विवेदी जी ने निर्गुण पंथ की संरचना पर भी विचार किया था। इस संरचना में पहला घटक है योग। पूर्व और उत्तर भारत में सबसे प्रबल संप्रदाय नाथपंथी योगियों का था। "कबीर, नानक, दादू आदि संतों की वाणियों पर इनका यथेष्ट प्रभाव है।" (४/५४)। निर्गुण पंथ की संरचना में दूसरा घटक है सूफी मत। इसकी भूमिका निर्णायक है। एक धारा यहाँ वर्णाश्रम विधानों के नीचे पहले से बह रही थी, फिर पश्चिम से आई सूफी साधना की धारा। पहली धारा "एकाएक इस सधर्मी को पाकर विशाल वेग से जाग पड़ी। निरंजन, नाथ आदि मार्गों की साधना पहले से ही निर्गुण, ब्रह्म की ओर प्रवृत्त थी। इन दो धाराओं के संयोग से एक अभिनव साधना ने जन्म लिया। कबीर, दादू आदि इसी मार्ग के यात्री हैं।" (४/५५)। योगपरक निर्गुण उपासना प्रबल वेग से जागती है सूफी मत के संपर्क से। पहले निर्गुण साधना ज्ञानमार्गी थी; सूफियों के प्रभाव से वह प्रेममार्गी बनी। यह भी कहा जा सकता है कि कबीर की साधना सूफी साधना का ही नया रूप है। सूर साहित्य में द्विवेदी जी ने लिखा था, "इसी समय पश्चिम के सूफी मत की एक साधना पद्धति भी इसी देश में आई थी और वह इस देश के कबीर आदि में स्वतंत्र रूप धारण कर गई।" (४/६४)। सूफी साधना ने कबीर में स्वतंत्र रूप धारण किया; अपना मूल रूप वह पश्चिम से लाई थी।

दक्षिण से आने वाली भक्तिधारा से कबीर यहाँ अलग हैं। उस साधना का

"केन्द्रबिन्दु था प्रेम। राम और कृष्ण का आश्रय लेकर इस भक्ति की साधना ने इस युग को एक नया प्रकाश दिया।" (उप०)। कबीर अभी इस नये प्रकाश से दूर थे। इसीलिए सूफी साधना और निर्गुण उपासना दोनों विपुल वैराग्य के भार को कम न कर सकीं। (उप०)। **हिन्दी साहित्य की भूमिका** में, शुक्ल जी का अनुसरण करते हुए, द्विवेदी जी ने निर्गुण पंथ के तीन घटक स्वीकार किये। "कबीर एक ही साथ तीन बड़ी-बड़ी धाराओं को आत्मसात् कर सके थे···(१) उत्तर पूर्व के नाथ पंथ और सहजयान का मिश्रित रूप, (२) पश्चिम का सूफी मतवाद, और (३) दक्षिण का वेदान्त भावित वैष्णव धर्म।" (३/७५)। **कबीर** में दूसरे घटक का महत्व क्षीण हो गया। **सूर साहित्य** के बहुत से वाक्य **कबीर** में समेट लिये गये हैं। सूफियों से सम्बन्धित एक वाक्य में द्विवेदी जी ने दिलचस्प परिवर्तन किया है।

सूरसाहित्य में : "यह बात स्मरण रखने की है कि न तो सूफी मतवाद और **न यह निर्गुण उपासना पद्धति** ही उस विपुल वैराग्य के भार को कम कर सकी जो बौद्ध संघ के अनुकरण पर प्रतिष्ठित था।" (४/५५)।

कबीर में : "यहाँ यह बात स्मरण रखने की है कि न तो सूफी मतवाद और न **योगमार्गीय निर्गुण परम तत्व की साधना** ही उस विपुल वैराग्य के भार को वहन कर सकी जो बौद्ध संघ के अनुकरण पर प्रतिष्ठित था।" (४,३३३-३४)।

इस पाठान्तर का रहस्य क्या है ?

'यह निर्गुण उपासना पद्धति' का **यह** बता रहा है कि इस पद्धति की चर्चा अभी-अभी हुई है। दो धाराओं के संयोग से **एक अभिनव साधना** ने जन्म लिया। **सूर साहित्य में यह निर्गुण उपासना पद्धति** वही **अभिनव साधना** है। वह **अभिनव** बनी सूफी मत के सम्पर्क से। सूफी मत की भूमिका को कम करके दिखाना है, इस लिए उस अभिनवपन को मिटाना ज़रूरी है। अत: पाठान्तर—**योगमार्गीय निर्गुण परम तत्व की साधना** ! इस योगमार्गी साधना का सम्पर्क हुआ रामानन्द की भक्ति से। तब कबीर पंथ शास्त्र-सम्मत, शत प्रतिशत, भारतीय पंथ सिद्ध हुआ।

कबीर में योगी जाति, अवधूत, नाथ पंथ, हठयोग, निरंजन, पारिभाषिक शब्दों, और उलटवांसियों पर सात अध्याय हैं। बाकी नौ अध्याय ब्रह्म और माया, निर्गुण राम आदि पर हैं। सूफियों के प्रभाव के बारे में चार वाक्य हैं। प्रभाव हो सकता है, नहीं भी हो सकता है ! बचाव के लिए रास्ता खुला रखा है। "पंडितों ने कहा है कि कबीरदास की भक्ति में सूफी साधना का प्रभाव है। उनकी प्रेम-विरह सम्बन्धी उक्तियों में इस प्रभाव का अस्तित्व दिखाया गया है। यह बात ठीक हो सकती है। यद्यपि कबीरदास के खुद के वचनों के बल पर कहा जा सकता है कि प्रेमभक्ति का बीज उन्हें अन्यत्र से मिला था, पर सूफी साधकों से उनका प्रभावित होना असम्भव नहीं है।" (४/३०३)।

जिन पण्डितों ने कहा था कि कबीर की भक्ति में सूफी साधना का प्रभाव है, उनमें **सूर साहित्य** के लेखक पंडित हजारीप्रसाद भी थे। केवल कबीर नहीं, पूरी निर्गुण धारा सधर्मी सूफी मत को पाकर विशाल वेग से जागी थी। अब स्थिति यह है कि सूफी साधकों से कबीर का प्रभावित होना असम्भव नहीं है। इस परिवर्तन का कारण जानना कठिन नहीं है। सूफियों का प्रभाव संदिग्ध है; असंदिग्ध सत्य यह है : "कबीर पंथियों का और कोई दावा ठीक हो या नहीं, उनका यह दावा सोलह आने संगत है कि कबीरदास मुसलमान नहीं थे, क्योंकि मुसलमानी वंश में जन्म और लालन-पालन होना ही किसी को मुसलमान नहीं बना देता।" (उप०)। सोचने की बात है, योगी जाति के लोग नाम मात्र के मुसलमान थे। कबीर पर एक ओर शिव के उपासक नाथपंथियों का प्रभाव था, दूसरी ओर राम के उपासक रामानन्द का प्रभाव था। मुसलमान कैसे हो जाते? उनके पूर्ण हिन्दू बनने में सूफी प्रभाव बाधक था। इस प्रसंग में कठिनाई यह थी कि सूफी मत का उल्लेख किये बिना कबीर के पदों की व्याख्या न की जा सकती थी। कबीर कहते हैं :

देख वोजूद में अजब बिसराम है
होय मौजूद तो सही पावै। (४/३८९)

वोजूद क्या? "वोजूद (अरबी वुजूद)=सत्ता, अस्तित्व।" (उप०)। और मौजूद? "मौजूद=परमात्मा की निकटता की अनुभूति।" (उप०)। फिर द्विवेदी जी की टिप्पणी : " 'वज्द', 'वजूद' और 'मौजूद' सूफी साधकों के पारमार्थिक शब्द हैं। 'वज्द' उल्लासमयी मत्तावस्था को कहते हैं। सूफी साधना में यह साधक के आरुरुक्ष भाव की पाँचवीं अवस्था का नाम है। इस अवस्था में साधक के चित्त में उल्लासजन्य मत्तता का भाव आता है। इसके बाद जो अवस्था शुरू होती है उसे 'वुजूद' या स्थितिरूपा सत्ता कहते हैं। इसमें साधक का चित्त निर्द्वन्द्व होकर अपने में आप ही स्थिति पा जाता है। इसके बाद वाली अवस्था का नाम 'मौजूद' है, जिसमें साधक परमात्मा का सान्निध्य अनुभव करता है और अपने को परमात्मा में स्थित पाता है।" (४/३८९-९०)। मानना चाहिए कि कबीर निश्चय ही सूफी साधकों से प्रभावित हुए थे।

हिन्दी साहित्य : उसका उद्भव और विकास में कबीर के व्यक्तित्व का निर्माण इस तरह हुआ, "उनका मन योगियों के संस्कार में सुसंस्कृत था। इसी क्षेत्र में इस काल के श्रेष्ठ गुरु स्वामी रामानन्द द्वारा प्रचारित भक्ति सिद्धान्त का बीज पड़ा। इस प्रकार कबीर में एक ओर यौगिक सिद्धान्तों की पूरी जानकारी है, तो दूसरी ओर भक्ति साधना की बलवती प्रेरणा।" (३/३२३)। सूफी मत वाला घटक यहाँ गायब है। **मध्यकालीन धर्मसाधना** के ३९५ पृष्ठों में 'सूफी साधकों की मधुर

साधना' पर चार पृष्ठ हैं । **नाथ संप्रदाय, अपभ्रंश साहित्य, सिक्ख गुरुओं का पुण्य-स्मरण** आदि में जायसी के प्रवेश की गुंजाइश नहीं है । **प्राचीन भारत के कलात्मक विनोद** में द्विवेदी जी ने उन्हें "सोलह बानी सोने" के प्रसंग में याद किया है। (७/४३७) । इस स्थिति में हिन्दी साहित्य के इतिहास लेखन-क्रम में जायसी पर शुक्ल जी के निबन्ध का महत्व सहज ही समझा जा सकता है । निबन्ध के विस्तार और उसकी गहराई के अलावा उसका महत्व इसलिए भी है कि हिन्दू-मुस्लिम सम्बन्धों के बारे में उससे शुक्ल जी के दृष्टिकोण का पता चलता है ।

निबन्ध की शुरुआत यों होती है : "सौ वर्ष पहले कबीरदास हिन्दू और मुसलमान दोनों के कट्टरपन को फटकार चुके थे । पण्डितों और मुल्लाओं की तो नहीं कह सकते, पर साधारण जनता 'राम और रहीम' की एकता मान चुकी थी ।" कबीर और जायसी में अन्तर यह है, "कबीर ने केवल भिन्न प्रतीत होती हुई परोक्ष सत्ता की एकता का आभास दिया था । प्रत्यक्ष जीवन की एकता का दृश्य सामने रखने की आवश्यकता बनी थी । वह जायसी द्वारा पूरी हुई ।" (**जायसी ग्रंथावली**, पृ० २) । हिन्दुओं और मुसलमानों के आपसी भेद मिटाने में कबीर और जायसी का योगदान सराहनीय था । द्विवेदी जी का मत है कि हिन्दू-मुस्लिम बाह्याचार के जंजाल "अपनी जड़ प्रकृति के कारण विशुद्ध चेतन-तत्व की उपलब्धि में बाधक हैं ।" (४/३७१)। कबीरदास का महत्व यह है कि उन्होंने विशुद्ध चेतन तत्व की उपलब्धि का मार्ग दिखाया । इस सिलसिले में उन्होंने बाह्याचारों की आलोचना की । "यह बात ही समाज सुधार और साम्प्रदायिक ऐक्य की विधात्री बन गयी है । पर यहाँ भी यह कह रखना ठीक है कि यह भी फोकट का माल या बाईप्रोडक्ट ही है ।" (उप०) । जो लोग भक्ति काव्य के सामाजिक मूल्य को उसका मुख्य मूल्य समझते हैं, वे सतह पर चक्कर काटते हैं । उनका मूल्यांकन सतही है । "जो लोग इन बातों से ही कबीरदास की महिमा का विचार करते हैं वे केवल सतह पर ही चक्कर काटते हैं ।" (उप०) । कबीर की बहुत-सी बातों से "समाज सुधार में सहायता मिल सकती है, पर इसीलिए उनको समाज सुधारक समझना गलती है । वस्तुत: वे व्यक्तिगत साधना के प्रचारक थे । समष्टि-वृत्ति उनके चित्त का स्वाभाविक धर्म नहीं था । वे व्यष्टिवादी थे ।" (४/३६८) । द्विवेदी जी के लिए कबीर की भक्ति मूल रूप में व्यक्ति-केन्द्रित है । भक्ति आन्दोलन "विराट् जन आन्दोलन" था (३/८१) किन्तु भक्त सब व्यष्टिवादी थे ! और जन आन्दोलन हिन्दू भक्तों का आन्दोलन है । "इसमें कोई संदेह नहीं कि हिन्दुओं के भीतर इस युग में जो विराट् जन आन्दोलन भक्तिवाद के रूप में बद्धमूल हो चला था, वह प्राचीन धर्म का आश्रय लेकर ही चला था ।" (उप०) ।

सूफी कवि इस आन्दोलन से बाहर हैं । द्विवेदी जी मानते हैं कि बहुत से सूफियों ने हिन्दुओं और मुसलमानों दोनों का विश्वास प्राप्त किया था, बहुतों की

समाधि पर हज़ारों हिन्दू-मुसलमान अपनी भक्ति निवेदन करने जाते हैं। जब "हिन्दुओं और मुसलमानों की लड़ाइयाँ आम बात थी," तब यह मिलन कैसे संभव हुआ? (उप०)। द्विवेदी जी कहते हैं, "मध्ययुग बहुत कुछ करामातों का युग था। उस युग के प्रत्येक साधु-सन्त के नाम पर दो-चार करामाती किस्से मिल ही जाते हैं। इन करामातों और उनकी ख्याति से लोग परस्पर एक दूसरे की ओर आकृष्ट होते थे।" (उप०)। कितने ऊँचे दर्जे का मूल्यांकन है!

जायसी ने **अखरावट** में लिखा था :

बिरिछ एक लागीं दुइ डारा। एकहिं ते नाना परकारा।
मातु के रकत पिता के बिन्दू। उपने दुवौ तुरुक औ हिन्दू।
(**जायसी ग्रंथावली**, पृ० ३१३)

यही करामात थी जिससे हिन्दू और मुसलमान एक दूसरे की ओर आकृष्ट हुए थे।

जायसी और कबीर में अन्तर यह है कि कबीर ने लोगों को चिढ़ाया, जायसी जीवन दशाओं को चित्रित करके हिन्दुओं और मुसलमानों का भेदभाव मिटाते रहे। शुक्ल जी के अनुसार "कबीर ने अपनी झाड़-फटकार के द्वारा हिन्दुओं और मुसलमानों का कट्टरपन दूर करने का जो प्रयत्न किया वह अधिकतर चिढ़ाने वाला सिद्ध हुआ।" (**इतिहास**, पृ० १२३)। द्विवेदी जी के अनुसार "कबीरदास ने स्थान-स्थान पर जनमत को काफी आघात भी पहुँचाया है जो उस युग की संस्कार-जन्य जड़ता को देखकर उन्हें करना पड़ा था।" (४/५५)। शुक्ल जी के अनुसार "नागमती का विरह वर्णन हिन्दी साहित्य में एक अद्वितीय वस्तु है।" (**जायसी**, पृ० ४०)। द्विवेदी जी के अनुसार "विरह का वर्णन करने में ये कवि कमाल करते हैं।" (३/८२)। शुक्ल जी के विचार से "गोपियों का एकान्त प्रेम…लोक और वेद दोनों की मर्यादाओं के परे है।" (**सूरदास**, पृ० ८५)। द्विवेदी जी के विचार से सूफी कवियों ने "प्रेम के जिस ऐकान्तिक रूप का चित्रण किया है, वह भारतीय साहित्य में नयी चीज है। प्रेम की इस पीर के सामने ये लोकाचार की कुछ परवा नहीं करते।" (३/८२)।

सूफी और निर्गुणपंथी कितना शास्त्र के अनुकूल और कितना प्रतिकूल थे, यह प्रश्न दिलचस्प है। **सूर साहित्य** में जो धारा पश्चिम से आई, वह "शास्त्रीय मुसलमानों (बा-शरा) की साधना धारा नहीं थी बल्कि बे-शरा (अशास्त्रीय) सूफियों की साधना थी।" (४/५४)। निर्गुण धारा इस सधर्मी को पाकर विशाल वेग से जागी इसीलिए थी कि वह भी बे-शरा थी। सूफी साधकों का दल "अपने समाज के शास्त्रकारों के निकट ठीक उसी प्रकार उपस्थित हुआ जिस प्रकार कबीर आदि के समान साधक हिन्दू शास्त्रकारों के निकट हुए थे।" (४/५६)। ज़ोर दोनों के शास्त्र-विरोध पर है। पर द्विवेदी जी ने एक वाक्य जोड़ दिया, "किसी-किसी

मुसलमान साधक को अपने को शास्त्रसम्मत सिद्ध करने का प्रयत्न करना पड़ा था।" (उप०) **हिन्दी साहित्य की भूमिका** में बा-शरा और बे-शरा सूफियों के भेद का उल्लेख करने के बाद द्विवेदी जी ने सूफियों की अशास्त्रीयता पर ज़ोर देते हुए कहा, "निर्गुण भाव के शास्त्र निरपेक्ष साधकों की भाँति इन कवियों में भी अधिकतर शास्त्रज्ञान विरहित थे, पर निस्सन्देह पहुँचे हुए प्रेमी थे।" (३/८२)। फिर कबीर के मत का प्रसार शास्त्र के सहारे हुआ। उन्होंने "गुरु रामानन्द से शिष्यत्व ग्रहण करके जनसाधारण में उनकी शास्त्रसिद्धता का विश्वास पैदा किया और राम नाम को अपनाकर जनसाधारण के परिचित भगवान् से अपने भगवान् की एकात्मता साबित की।" (३/७०)।

उनकी शास्त्र-सिद्धता का विश्वास पैदा किया—उनकी, किनकी? स्पष्ट ही रामानन्द की नहीं। तब कबीर ने **अपनी** शास्त्र-सिद्धता का विश्वास पैदा किया! मानो यह विश्वास पैदा करने के लिए ही वह रामानन्द के शिष्य बने हों! **सिक्ख गुरुओं का पुण्य स्मरण** में द्विवेदी जी ने शास्त्र-सिद्धता के महत्व की व्याख्या की: "मध्यकाल में भाष्यों-टीकाओं और मंत्रों से उपलक्षित भक्ति संप्रदायों का बड़ा ज़ोर था। कोई भी भक्ति-संप्रदाय तब तक मान्य नहीं होता था, जब तक किसी-न-किसी प्रस्थानत्रयी समर्थित संप्रदाय का आश्रय न ले लेता था। प्रस्थानत्रयी में उपनिषत्, भगवद्गीता और बादरायण व्यास के वेदान्त सूत्र माने जाते थे। गुरु नानक और उनके भक्त कवियों ने इस पराधीनता को अस्वीकार किया। नाभादासजी ने अपने **भक्तमाल** में उन्हीं निर्गुणमार्गी सन्तों को स्थान दिया जो प्रसिद्ध भक्ति संप्रदायों से संबद्ध माने जाते थे। कबीरदास को इसलिए स्थान मिला कि वे रामानन्द के शिष्य थे और इस प्रकार रामानुज-संप्रदाय से वे संबद्ध थे।" (६/२३८)। सबको अस्वीकार करने का साहस एक जगह दगा दे गया। कबीरदास को एक संप्रदाय विशेष की **पराधीनता** स्वीकार करनी ही पड़ी।

बेचारे क्रान्तिकारी कबीर! मोरी चुनरी में परि गयो दाग पिया!

५. रीति काल, वीरगाथा काल

भक्ति काव्य में जहाँ वैराग्य भाव प्रधान होगा, वहाँ श्रृंगार भाव क्षीण होगा या वर्जित होगा। शुक्ल जी वैराग्य भाव के विरोधी थे, जीवन और साहित्य में वह श्रृंगार भाव का महत्व पहचानते थे और उसे स्वीकार करते थे। किन्तु वह सूरदास जैसे भक्त कवियों के श्रृंगार भाव और रीतिवादी कवियों के श्रृंगार भाव में भेद करते थे। साथ ही वह श्रृंगार का लौकिक रूप भुलाकर उसकी आध्यात्मिक व्याख्या करने के विरोधी थे।

शुक्ल जी—"आध्यात्मिक रंग के चश्मे आजकल बहुत सस्ते हो गये हैं। उन्हें चढ़ाकर जैसे कुछ लोगों ने 'गीत गोविन्द' के पदों को आध्यात्मिक संकेत बताया है,

वैसे ही विद्यापति के इन पदों को भी। सूर आदि कृष्ण भक्तों के शृंगारी पदों की भी ऐसे लोग आध्यात्मिक व्याख्या चाहते हैं।" (**इतिहास**, पृ० ७१)।

द्विवेदी जी (**सूरसाहित्य** में)—"ब्रजभाषा के विपुल साहित्य में श्रीकृष्ण और राधारानी की अनन्त माधुर्यलीला तो है पर उसमें किसी आध्यात्मिक तत्व का निर्णय नहीं किया गया है। जो आलोचक उसमें आध्यात्मिकता पाते हैं उनकी बात हमारी समझ में नहीं आती।" (४/१३३-३४)।

शुक्ल जी ने नाथपंथियों की आलोचना इसलिए की थी कि "भक्ति, प्रेम आदि हृदय के प्रकृत भावों का उनकी अन्तस्साधना में कोई स्थान न था" (**इतिहास**, पृ० ७५), इसी तरह रीतिवादी कवियों की आलोचना उन्होंने उनके कृत्रिम भावबोध के कारण की थी। सूरदास के लिए उन्होंने लिखा था, "प्रेम नाम की मनोवृत्ति का जैसा विस्तृत और पूर्ण परिज्ञान सूर को था, वैसा और किसी कवि को नहीं। इनका सारा संयोग वर्णन लम्बी-चौड़ी प्रेमचर्या है जिसमें आनन्दोल्लास के न जाने कितने रूपों का विधान है।" (**सूरदास**, पृ० १७६-७७)। सूरदास से देव की भिन्नता बताते हुए आगे लिखा, "पीछे देव कवि ने एक 'अष्टयाम' रचकर प्रेमचर्या दिखाने का प्रयत्न किया; पर वह अधिकतर एक घर के भीतर के भोगविलास की कृत्रिम दिनचर्या के रूप में है। उसमें न तो वह अनेकरूपता है और न प्राकृतिक जीवन की वह उमंग।" (उप०, पृ० १७७)।

द्विवेदी जी ने सूरदास को वल्लभाचार्य से दूर खींचते हुए और देव-मतिराम के पास लाते हुए **सूरसाहित्य** में लिखा, "जिस भक्ति साधना ने देव, मतिराम और पद्माकर को पैदा किया, वह किसी आचार्य की ही साधना नहीं थी।"(४/७६)। भक्तों के भगवान्—नेति, नेति; रीतिवादी कवियों के नायक, नायिकाएँ—नेति, नेति! "ईश्वर क्या नहीं है? शृंगार रस का वह प्रेम जिसे नैतिकता के लक्षणों में नहीं ले आया जा सकता, देव, बिहारी, मतिराम की वे बातें, जिन्हें अश्लील कहने का प्रयत्न किया गया है, ब्रजबालाओं के मादक विरह का आश्रय, राधा का प्रेमी, सूरदास का श्याम क्या है? नेति, नेति, नेति!" (४/१३८)। **हिन्दी साहित्य की भूमिका** में उन्होंने कृष्णभक्ति और रीतिवादी शृंगार साहित्य का सम्बन्ध कायम रखते हुए लिखा कि इस युग की कविता में "प्रायः सभी शृंगारात्मक उत्तम पद्यों का विषय श्रीकृष्ण और गोपियों का प्रेम है, उन्हीं की केलिकथाएँ, उन्हीं की अभिसार-लीलाएँ और उन्हीं की वंशी-प्रीति आदि। बिहारीलाल की प्रसिद्ध **सतसई** जो संसार के शृंगार साहित्य का भूषण है, ऐसे गोपी-गोपाल की प्रेमलीलाओं से ही भरी है।" (३/१३०)।

सूरसाहित्य में द्विवेदी जी ने सूरदास का सम्बन्ध पूर्वी क्षेत्र के निर्गुणपंथी पदों और बंगाल के अश्लील धमाली गीतों से जोड़ा था, **हिन्दी साहित्य की भूमिका** में पूर्वी स्रोत को अपदस्थ करके उन्होंने पश्चिमी अपभ्रंश स्रोत को प्रतिष्ठित किया।

"प्राकृत और अपभ्रंश में तो बहुत प्राचीन काल से ही गोपियों के साथ गोपाल (यह गोपाल सदा कृष्ण नहीं हुआ करते थे) के प्रेम की चर्चा है, पर संस्कृत में इसका सर्वप्राचीन उल्लेख आनन्दवर्धन के 'ध्वन्यालोक' के एक उदाहरण में ही पाया जाता है। बाद में ग्यारहवीं शताब्दी में लीलाशुक के 'कृष्णकर्णामृत' की रचना हुई।··· उसके बाद ही जयदेव कवि···इसके बाद विद्यापति, चंडीदास और सूरदास की रचनाओं···।" (३/१३१)। इसी अपभ्रंश परम्परा से रीतिवादी कवि सम्बद्ध हैं। इन पर नाट्यशास्त्र और कामशास्त्र का प्रभाव भी है। संभवतः सूरदास इस प्रभाव से मुक्त हैं। इस प्रभाव के अलावा रीति काल का साहित्य "उस प्राचीन लोकभाषा के साहित्य का ही विकास था जो कभी संस्कृत साहित्य को अत्यधिक प्रभावित कर सका था।" (३/१३४)।

किन्तु **हिन्दी साहित्य की भूमिका** में रीतिवादी कवियों की गिनती भक्तों में नहीं की गई। 'रीतिकाव्य' पर अलग अध्याय है, 'सन्त मत', 'भक्तों की परम्परा' आदि पर अलग अध्याय हैं। द्विवेदी जी यह नहीं कह सकते कि रीति साहित्य लोक-साहित्य था क्योंकि "लोक की चित्तभूमि पर उसका संपूर्ण अधिकार भी नहीं था।" (३/१२९) इन कवियों का शास्त्रज्ञान भी अधूरा था।

शुक्ल जी—"हिन्दी के अलंकार ग्रंथ अधिकतर 'चन्द्रालोक' और 'कुवलयानन्द' के अनुसार निर्मित हुए।" (इतिहास, पृ० २८१)।

द्विवेदी जी—" 'कुवलयानन्द' और 'चन्द्रालोक' को आश्रय करके या किसी पूर्ववर्ती हिन्दी अलंकार ग्रंथ को उपजीव्य मानकर ये लोग कविता करने का बहाना ढूंढ़ निकालते थे।" (३/१२९-३०)।

हिन्दी साहित्य : उसका उद्‌भव और विकास में द्विवेदी जी ने भक्ति साहित्य को उसके पूर्ववर्ती और परवर्ती दोनों तरह के साहित्य से अलग किया। "इस साहित्य को प्रेरणा देने वाला तत्व भक्ति है, इसीलिए वह साहित्य अपने परवर्ती साहित्य से सब प्रकार से भिन्न था।" (३/३१९)। सत्रहवीं सदी में मुगल साम्राज्य "ह्रासोन्मुख हो चला था"; केन्द्रीय शासन के निर्बल होने पर "छोटे-छोटे रजवाड़े और नवाब स्वतंत्र हो गये"; "इस काल की श्रृंगार भावना में एक प्रकार का रुग्ण मनोभाव है।" (३/४१९)। भक्त कवियों से अलग किये जाने पर देव इस रूप में दिखाई देते हैं :

देव ने कहा है :

> कौन गनै पुर वन नगर कामिनि एकै रीति।
> देखत हरै विवेक कों चित्त हरै करि प्रीति॥

इससे इतना तो स्पष्ट है कि नारी की विशेषता इनकी दृष्टि में कुछ नहीं है, वह केवल पुरुष के आकर्षण का केन्द्र है।" (३/४२०-२१)।

रीतिवाद की आलोचना में शुक्ल जी के विवेचन की प्रतिध्वनि स्पष्ट है। किन्तु यह द्विवेदी जी का स्थायी भाव न था। नायिकाभेद का संसार संकुचित सही, पर उसमें, "मनुष्य की प्रकृति का खूब सुन्दर विश्लेषण किया गया है। नायक कितने प्रकार के हो सकते हैं; नायिकाएँ कितने प्रकार की हो सकती हैं···स्त्रियों का उनकी अवस्था, वय, मनोभाव और सामाजिक परिस्थितियों के आधार पर सूक्ष्म भेद किया गया है। यहीं से उस विचित्र और शक्तिशाली साहित्य का आरम्भ होता है जिसे नायिका भेद कहते हैं।" (७/१९६)। कुछ ऐसी ही बातें डा० नगेन्द्र ने देव पर अपने शोध प्रबन्ध में कही थीं।

प्राचीन भारत के कलात्मक विनोद में द्विवेदी जी ने लिखा है, "संसार के कम देशों के कामशास्त्रों ने काव्य-साहित्य को इतना प्रभावित किया होगा।" (७/३७६)। इस सूत्र के सहारे **सूर साहित्य** में तंत्रवाद का रहस्य समझने का प्रयत्न करें, "तंत्र में शक्ति का रसग्रहण शिव या आत्मा करता है।" (४/३८)। इसके साथ विचार करें कि "एक दूसरा और नया प्रमाण आविष्कृत हुआ जिससे वैष्णव कवियों की प्रेम-साधना का रहस्य प्रकट होता है।···उत्तर बंग के जिलों में··· असल धमाली गान इतने अश्लील होते हैं कि वे गाँव के बाहर ही गाये जाते हैं।" (४/७९)। पुन: **कबीर** में: "बंगाल के दिनाजपुर आदि जिलों में गोरक्षनाथ के अनुवर्ती कहे जाने वाले योगियों के 'धमाली' नाम से प्रचलित बहुतेरे अत्यन्त अश्लील गानों का पता लगा है।···पूर्वी उत्तर प्रदेश और बिहार में होली के अवसर पर जो अश्लील और अश्राव्य गान गाये जाते हैं, उन्हें 'जोगीड़ा' कहते हैं।··· 'जोगीड़ा' गा लेने के बाद 'कबीर' गाते हैं जो अश्लीलता में जोगीड़ों के भी कान काटने वाले होते हैं।" (४/२२९)। **प्राचीन भारत के कलात्मक विनोद** में रससिद्धि का यह विवरण देखें: "समृद्ध परिवारों के बाहरी बैठकखाने से लेकर अन्तःपुर तक नाचगान का जाल बिछ जाता था। स्थान-स्थान पर पण्य विलासिनियों (वेश्याओं) के नृत्य का आयोजन होता था।···उनके नीले, वासन्ती, चित्रक और कौसुंभ वस्त्रों के उत्तरीय जब नृत्यवेग के घूर्णन से तरंगायित हो उठते थे तो मालूम पड़ता था कि विक्षुब्ध शृंगार सागर की चटुल वीचियाँ तरंगित हो उठी हैं।" (७/४५९)।

द्विवेदी जी की अंतिम कथाकृति **अनामदास का पोथा** में ऋषि पुत्र रैक्व की स्थिति पर विचार करें कि वह शूद्र कन्या जाबाला को अपनी पीठ पर बिठाना चाहते थे पर वह न बैठी। पीठ में सनसनाहट हुई और वह बनी रही। "वे प्रायः उसे खुजला लेते।" (२/३२५) अब आप समझ गये होंगे कि द्विवेदी जी यह क्यों कहते थे कि नायिका भेदी साहित्य में "मनुष्य की प्रकृति का खूब सुन्दर विश्लेषण किया गया है।" (७/१९६)।

वामाचार और नायिकाभेदी साहित्य में सहज मैत्री है। सामंती संस्कृति की

इस मायापुरी से शुक्ल जी हिन्दी जनमानस को बाहर निकाल रहे थे, द्विवेदी जी उसे उसके भीतर ठेल रहे थे। दोनों में यह अन्तर था।

आदिकाल अथवा वीरगाथा काल का रीतिवाद इस नायिकाभेदी रीतिवाद से जुड़ा हुआ है। काव्य चाहे अपभ्रंश में हो, चाहे देशभाषा में, रस वीर हो चाहे शृंगार हो, चित्रण अतिरंजित होता है। तंत्र-मंत्र में चमत्कार, वीर शृंगार के चित्रण में चमत्कार, सामंती संस्कृति की यह सामान्य भूमि है।

हिन्दी साहित्य की भूमिका में आदिकाल की चर्चा अलग से नहीं है। **हिन्दी साहित्य : उसका उद्भव और विकास** में द्विवेदी जी ने लिखा कि शुक्ल जी मानते थे कि आदिकाल की अधिकांश साहित्यिक रचनाएँ वीरगाथाएँ हैं, इसलिए उन्होंने उसे वीरगाथा काल कहा। "यह नाम वर्तमान ज्ञान के आलोक में बहुत उचित प्रतीत नहीं होता। शुक्ल जी ने इन रचनाओं को प्रामाणिक मानकर इस काल का नामकरण किया था, इनमें से अधिकांश संदिग्ध और अप्रामाणिक हैं।" (३/३०४-०५)। पाठक को लग सकता है कि वीरगाथा काल नाम शुक्ल जी ने दिया था, द्विवेदी जी ने उसे आदिकाल कहा। शुक्ल जी ने हिन्दी साहित्य के इतिहास को चार कालों में बाँटा है। इनमें पहला है 'आदिकाल'। 'आदिकाल' के अन्तर्गत पहले प्रकरण में उन्होंने 'अपभ्रंश परम्परा' और 'देशी भाषा' के काव्य का परिचय दिया। दूसरे प्रकरण में अपभ्रंश काव्य पर विचार किया, तीसरे प्रकरण में 'देशभाषा काव्य, वीरगाथा' की चर्चा की। राजाश्रित कवियों की जो रचनाएँ सुरक्षित रहीं, वही "हिन्दी साहित्य के प्रारम्भिक काल में" मिलती हैं। "इसी से यह काल 'वीरगाथा काल' कहा गया।" (**इतिहास**, पृ० ३६)। शुक्ल जी के लिए समूचा आदिकाल वीरगाथा काल नहीं है; उसका एक हिस्सा वीरगाथा काल है। इससे पहले 'अपभ्रंश काल' है, और वह, 'आदिकाल' का ही एक भाग है। शुक्ल जी के लिए अपभ्रंश 'प्राकृताभास (प्राकृत की रूढ़ियों से बहुत कुछ बद्ध) हिन्दी' है। (उप०, पृ० ४)। इसलिए 'देश-भाषा काव्य' की चर्चा उन्होंने अलग की। 'आदिकाल' के अन्तर्गत वीरगाथा काल हिन्दी साहित्य का प्रारम्भिक काल है। द्विवेदी जी मानते हैं, "इस काल में वीर रस को सचमुच ही बहुत प्रमुख स्थान प्राप्त है।" (३/३०५)।

यदि उस काल में वीर रस को बहुत प्रमुख स्थान प्राप्त था तो उसे वीरगाथा काल कहना अनुचित क्यों है? द्विवेदी जी ने 'रीतिकाल' नाम स्वीकार किया है; उस काल में बहुत-सा रीतिमुक्त काव्य भी लिखा गया था। इससे वह नाम अनुचित नहीं हो गया। द्विवेदी जी का 'आदिकाल' शुक्ल जी के 'आदिकाल' से किस बात में भिन्न है? लूइपा, विरूपा, कुकुरिया आदि सिद्ध और हेमचन्द्र, मेरुत्तुंग आदि जैनाचार्य शुक्ल जी के अपभ्रंश वाले प्रकरण में हैं; **हिन्दी साहित्य : उसका उद्भव और विकास** में वे 'प्रस्तावना' में हैं! रासो ग्रंथों की चर्चा शुक्ल जी ने 'देशभाषा काव्य' वाले प्रकरण में की है, द्विवेदी जी ने उनकी चर्चा 'हिन्दी साहित्य का आदि-

काल' में की है ! फिर उन्होंने 'प्रस्तावना' और 'आदिकाल' का विभाजन मिटाकर अपभ्रंश और देशभाषा की चर्चा एक साथ की; अपने पाँच व्याख्यानों का नाम रखा **हिन्दी साहित्य का आदिकाल** ! शुक्ल जी ने हिन्दी और प्राकृताभास हिन्दी में भेद किया था। द्विवेदी जी ने इस भेद को मिटाने का प्रयत्न किया। "इस काल में दो प्रकार की रचनाएँ प्राप्त हुई हैं—एक तो···साहित्यिक अपभ्रंश की रचनाएँ हैं और दूसरी···लोकभाषा की रचनाएँ।" (३/२८३)। अपभ्रंश से लोकभाषा अलग है ! यह स्थिति **हिन्दी साहित्य : उसका उद्भव और विकास** में है। **हिन्दी साहित्य का आदिकाल** में—"अपभ्रंश या देश्य भाषा की ऐसी रचनाएँ···प्रायः नहीं मिलतीं।" (३/६००)। यहाँ उन्होंने अपभ्रंश और देशभाषा का भेद मिटाया है।

सबसे मजेदार तर्क यह है कि रासो ग्रंथों को प्रामाणिक मानकर 'वीरगाथा काल' नामकरण किया गया था। **हिन्दी साहित्य : उसका उद्भव और विकास** में द्विवेदी जी ने लिखा, "हिन्दी साहित्य के कुछ इतिहास लेखकों ने इस काल की कितनी ही ऐसी रचनाओं के नाम गिनाये हैं, जिनके विषय में अब सन्देह किया जाने लगा है। 'खुमान रासो', 'बीसलदेव रासो', 'हम्मीर रासो', 'विजयपाल रासो' आदि ऐसी ही रचनाएँ हैं। शुरू-शुरू में इन्हें प्रामाणिक ग्रंथ समझा गया था। यह विश्वास कर लिया गया था कि इन रचनाओं का सम्बन्ध जिन राजाओं के नाम के साथ है उन्हीं के समय में वे लिखी भी गईं थीं, पर अब इस विश्वास को सन्देह की दृष्टि से देखा जाने लगा है।" (३/२८५-८६)। आगे स्पष्ट रूप से : "शुक्ल जी ने इन रचनाओं को प्रामाणिक मानकर इस काल का नामकरण किया था, इनमें से अधिकांश संदिग्ध और अप्रामाणिक हैं।" (३/३०४-०५)।

शुक्ल जी ने रासो ग्रंथों को किस तरह प्रामाणिक माना, उदाहरण देखें।

खुमान रासो—"इस समय खुमान रासो की जो प्रति प्राप्त है, वह अपूर्ण है और उसमें महाराणा प्रतापसिंह तक का वर्णन है।···यह नहीं कहा जा सकता कि इस समय जो खुमान रासो मिलता है, उसमें कितना अंश पुराना है। शिवसिंह सरोज के कथनानुसार एक अज्ञातनामा भाट ने 'खुमान रासो' नामक एक काव्यग्रंथ लिखा था जिसमें श्रीरामचन्द्र से लेकर खुमान तक के युद्धों का वर्णन था।" (इतिहास, पृ० ४०-४१)।

बीसलदेव रासो—"बीसलदेव से सौ वर्ष पहले ही धार के प्रसिद्ध परमार राजा भोज का देहान्त हो चुका था। अतः उनकी कन्या के बीसलदेव का विवाह किसी पीछे के कवि की कल्पना ही प्रतीत होती है।" (उप०, पृ० ४२)। "यह पुस्तक न तो वस्तु के विचार से और न भाषा के विचार से अपने असली और मूल रूप में कही जा सकती है।" (उप०, पृ० ४५)।

पृथ्वीराज रासो—"शिलालेखों और दानपत्रों में जो संवत् मिलते हैं, उनके

अनुसार रासो में दिए हुए संवत् ठीक नहीं हैं।" (उप०, पृ० ५१)। "बात संवत् ही तक नहीं है। इतिहास-विरुद्ध कल्पित घटनाएँ जो भरी पड़ी हैं उनके लिए क्या कहा जा सकता है ? माना कि रासो इतिहास नहीं है, काव्यग्रंथ हैं। पर काव्यग्रंथों में सत्य घटनाओं में बिना किसी प्रयोजन के उलटफेर नहीं किया जाता। जयानक का 'पृथ्वीराज विजय' [संस्कृत काव्य] भी तो काव्यग्रंथ ही है, फिर उसमें क्यों घटनाएँ और नाम ठीक हैं ? इस सम्बन्ध में इसके अतिरिक्त और कुछ कहने की जगह नहीं कि यह पूरा ग्रंथ वास्तव में जाली है।" (उप०, पृ० ५३)।

शुक्ल जी ने इन रचनाओं को प्रामाणिक मानकर इस काल का नामकरण किया था !

शुक्ल जी के अन्धविरोध का यह ज्वलंत उदाहरण है। 'वीरगाथा' वाले प्रकरण की शुरुआत यों होती है : "पहले कहा जा चुका है कि प्राकृत की रूढ़ियों से बहुत कुछ मुक्त भाषा के जो पुराने काव्य—जैसे, बीसलदेव रासो, पृथ्वीराज रासो—आज-कल मिलते हैं वे संदिग्ध हैं। इसी संदिग्ध सामग्री को लेकर जो थोड़ा बहुत विचार हो सकता है, उसी पर हमें संतोष करना पड़ता है।" (उप०, पृ० ३५)। किन्तु इन रचनाओं के संदिग्ध होने का पता द्विवेदी जी ने लगाया है ! "इस प्रकार साहित्यिक कोटि में आने वाले ये ग्रंथ बहुत संदिग्ध हैं।" (३/२८९)। "शुक्ल जी ने इन रचनाओं को प्रामाणिक मानकर इस काल का नामकरण किया था, इनमें से अधिकांश संदिग्ध और अप्रामाणिक हैं।" (३/३०४-०५)।

वास्तव में कभी इन ग्रंथों को प्रामाणिक मानते थे स्वयं द्विवेदी जी। जब उन्हें विश्वास हो गया कि वे प्रामाणिक नहीं हैं, तब उन्होंने अपनी पूर्व मान्यता शुक्ल जी पर आरोपित करके उसका खंडन किया। मान्यता उन्हीं की थी, इसका प्रमाण वह स्वयं हैं। ध्यानपूर्वक सुनें : "आज से कोई बारह वर्ष पूर्व मैंने कहा था कि राजपूताने में प्राप्त कुछ काव्यग्रंथों के आधार पर इस काल का कोई भी नामकरण उचित नहीं है। उस समय मेरा विश्वास था कि जिन ग्रंथों के आधार पर उक्त काल का नामकरण किया गया है, वे अधिकांश प्रामाणिक हैं। आज लग रहा है कि इनमें से कई की प्रामाणिकता संदिग्ध है और कई नोटिस मात्र हैं।" (३/५६३)। यह बात द्विवेदी जी ने हिन्दी साहित्य के आदिकाल पर अपने पहले व्याख्यान में कही। किन्तु यहाँ भी रासो ग्रंथों को संदिग्ध मानने का श्रेय शुक्ल जी को नहीं है, "आज लग रहा है" पण्डित हजारीप्रसाद द्विवेदी को !—कि इनमें से कई की प्रामाणिकता संदिग्ध है !

शुक्ल जी ने उन ग्रंथों को संदिग्ध माना था, यह बात वह अब भी नहीं कहते। उसी व्याख्यान में उनकी निःशंक घोषणा है : "शुक्ल जी ने जिन पुस्तकों को प्रामाणिक रचना समझकर इस काल का नाम वीरगाथा काल रखा था, उनमें सबसे पहली 'ख़ुमान रासो' है जिसके कवि का नाम है—दलपति विजय।" (३/५५९)।

द्विवेदी जी इन पुस्तकों के बारे में क्या कहते हैं, वह हिन्दी साहित्य के विवेचन के लिए अप्रासंगिक है, किन्तु उनके मनोवैज्ञानिक अध्ययन के लिए अत्यन्त प्रासंगिक है। **खुमान रासो** के बारे में कहते हैं, "यद्यपि प्रताप सिंह तक का वर्णन देखकर उन्होंने यह तो अनुमान कर ही लिया था कि 'इसका वर्तमान रूप' विक्रम की सत्रहवीं शताब्दी में प्राप्त हुआ होगा, अर्थात् यह भी सन्देहास्पद रचना है।" (उप०)। बेचारे शुक्ल जी ! जिन रचनाओं को प्रामाणिक मानकर चले थे, उनमें पहली ही संदेहास्पद निकली। प्रतापसिंह तक का वर्णन देखकर यह तो अनुमान कर ही लिया था···! उनकी मोटी अक्ल में भी यह बात समा गयी कि रचना का वर्तमान रूप सत्रहवीं सदी का है !

फिर नरपति नाल्ह का **बीसलदेव रासो**। इसके "बारे में भी सन्देह प्रकट किया गया है।" (उप०)। मैनारियाजी ने इन्हें सोलहवीं सदी के नरपति से अभिन्न माना है। नरपति नाम के दोनों कवियों की पंक्तियाँ **राजस्थानी भाषा और साहित्य** से उद्धृत करने के बाद द्विवेदी जी : "शुक्ल जी ने भी लिखा था कि 'नाल्ह के 'बीसलदेव रासो' में, जैसा कि होना चाहिए था, न तो उक्त वीर राजा (बीसलदेव) की ऐतिहासिक चढ़ाइयों का वर्णन है, न उसके शौर्य-पराक्रम का।···' इस प्रकार शुक्ल जी को यह ग्रंथ बहुत अधिक ग्रहणीय नहीं मालूम हुआ था।" (३/५६०)।

इसके बाद **हम्मीर रासो**। इसे "नोटिस मात्र समझा जा सकता है।" (उप०)। शुक्ल जी ने इस पुस्तक का उल्लेख वीरगाथा प्रकरण में नहीं किया; अपभ्रंश प्रकरण में लिखा, "परम्परा से प्रसिद्ध है कि शार्ङ्गधर ने 'हम्मीर रासो' नामक वीरगाथा काव्य की भी भाषा में रचना की थी। यह काव्य आजकल नहीं मिलता—उसके अनुकरण पर बहुत पीछे का लिखा हुआ एक ग्रंथ 'हम्मीर रासो' नाम का मिलता है।" (इतिहास, पृ० ३०)। देशभाषा काव्य के प्रसंग में शुक्ल जी ने **हम्मीर रासो** को 'नोटिस मात्र' के योग्य भी नहीं समझा। **प्राकृत पिंगल सूत्र** से दो पद्य उद्धृत करने के बाद उन्होंने लिखा, "अपभ्रंश की रचनाओं की परम्परा यहीं समाप्त होती है।" (**इतिहास**, पृ० ३२)। शुक्ल जी को विश्वास था कि ये पद्य मूल **हम्मीर रासो** के हैं। विश्वास का कारण यह था कि हम्मीर के युद्धों के वर्णन वाले पद्य 'बहुत ही ओजस्वी' थे। (**इतिहास**, प्रथम संस्करण का वक्तव्य)। उनकी भाषा को अपभ्रंश मानकर उन्होंने उनका या **हम्मीर रासो** का उल्लेख देशभाषा काव्य में न किया था।

शुक्ल जी ने संदिग्ध और नोटिस मात्र के योग्य ग्रंथों की चर्चा एक परम्परा की रूपरेखा निश्चित करने के लिए की थी। एक **हम्मीर रासो** उन्नीसवीं सदी के दूसरे दशक में लिखा गया था। इसके रचयिता जोधराज के बारे में उन्होंने लिखा था, "इन्हें हिन्दी काव्य की ऐतिहासिक परम्परा की अच्छी जानकारी थी, यह बात

स्पष्ट लक्षित होती है।" (उप०, पृ० ४१६-२०)। शुक्ल जी के वीरगाथा काव्य-विवेचन का यही महत्व है कि उससे साहित्य की एक परम्परा का बोध होता है। द्विवेदी जी 'भक्ति साहित्य' और 'रीतिकाव्य' की धाराएँ स्वीकार करते हैं, वीर-गाथा काव्य की धारा स्वीकार नहीं करते। साथ ही यह भी कहते जाते हैं, "इस काल में वीर रस को सचमुच ही बहुत प्रमुख स्थान प्राप्त है।" (३/६००)। वीर गाथा काव्य से अलग वीर रस को यह प्रमुख स्थान कहाँ प्राप्त हुआ था ?

जयचंद प्रकाश और जयमयंक जसचंद्रिका का उल्लेख मात्र राठौड़ां री ख्यात में है। शुक्ल जी से आवश्यक अंश उद्धृत करने के बाद द्विवेदी जी : "अर्थात् ये दोनों भी नोटिस मात्र हैं।" (३/५६२)। शुक्ल जी का मत भी यही था। फिर जगनिक के बारे में शुक्ल जी : "जगनिक के काव्य का आज कहीं पता नहीं है, पर उसके आधार पर प्रचलित गीत हिन्दी भाषाभाषी प्रान्तों के गाँव-गाँव में प्रचलित सुनाई पड़ते हैं।" द्विवेदी जी की टिप्पणी : "सो यह भी नोटिस-मात्र से कुछ अधिक दाम का नहीं।" (उप०)।

निष्कर्ष : "अब यह स्पष्ट है कि जिन ग्रन्थों के आधार पर इस काल का नाम वीरगाथा काल रखा गया है, उनमें से कुछ नोटिस मात्र से बहुत अधिक नहीं हैं और कुछ या तो पीछे की रचनाएँ हैं या पहले की रचनाओं के विकृत रूप हैं। इन पुस्तकों को गलती से प्राचीन मान लिया गया है।" (३/५६३)। किसके द्वारा मान लिया गया है ? हिन्दी साहित्य का इतिहास लिखने वालों द्वारा ? क्या इनमें द्विवेदी जी भी थे ? "उस समय मेरा विश्वास था कि जिन ग्रन्थों के आधार पर उक्त काव्य का नामकरण किया गया है, वे अधिकांश प्रामाणिक हैं।" (उप०)। किन्तु जिस समय वह उन्हें प्रामाणिक मानते थे, उस समय भी शुक्ल जी का विरोध किये जा रहे थे—इस बिना पर कि वह उन ग्रंथों की प्रामाणिकता को लेकर विवाद खड़ा करते हैं ! हिन्दी साहित्य की भूमिका में उनका तर्क यह है कि भारतीय लोक कथाएँ किसी ऐतिहासिक व्यक्ति को आश्रय करके रची जाती हैं "पर ऐतिहासिक घटनाओं का उनमें नितान्त अभाव होता है।" (३/१२६)। बहुत से कवि आश्रयदाताओं का चरित लिखते समय उनमें अद्भुत चमत्कारात्मक कहानियाँ जोड़ देते हैं। "बहुत से इतिहास लेखक इस भारतीय परम्परा को ठीक-ठीक नहीं समझ सकने के कारण बहुत-सा व्यर्थ का वाद बढ़ाते हैं और किसी नतीजे पर न पहुँच सकने के कारण अटकल लगाया करते हैं। चन्द बरदाई के 'पृथ्वीराज रासो' में ऐसी बहुत-सी कल्पित घटनाएँ हैं जिनके कारण 'पृथ्वीराज रासो' को केवल जाली ग्रन्थ बता कर ही मौन धारण नहीं किया है, चन्द को जाली कवि भी कहा गया है। नरपति नाल्ह के 'बीसलदेव रासो' की घटनाओं ने भी इसी प्रकार पाण्डित्यगत झमेलों को खड़ा किया है।" (उप०)। पृथ्वीराज रासो को जाली कहने वालों में शुक्ल जी भी थे; बीसलदेव रासो की घटनाओं को लेकर पाण्डित्यगत झमेला उन्होंने

खड़ा किया था। यहाँ शुक्ल जी का दोष यह है कि वह रासो ग्रन्थों को संदिग्ध मानते हैं; कुछ दिन बीतने पर इन्हीं शुक्ल जी का दोष यह हो जाएगा कि वह रासो ग्रन्थों को प्रामाणिक मानते हैं ! कोई बहुत बलवती आन्तरिक प्रेरणा द्विवेदी जी को बाध्य करती है कि वह शुक्ल जी पर दोष आरोपित करें। कब कौन-सा दोष आरोपित करें, यह बात गौण है। मुख्य बात है दोषारोपण। अपना दोष भी उनके माथे मढ़ दें तो हानि नहीं। इस अभियान का विवेक से कोई सम्बन्ध नहीं है।

६. इतिहास लेखन की मौलिक परम्परा

रासो ग्रन्थों को प्रामाणिक माना द्विवेदी जी ने, दोष लगाया शुक्ल जी को। कबीर में मुसलमानी जोश की कल्पना स्वयं की, जिम्मेदार ठहराया शुक्ल जी को। कबीर के व्यक्तित्व का निर्माण कैसे हुआ था ? "कबीर एक ही साथ योगियों का अक्खड़पन, निचले स्तर में वर्तमान छोटी समझी जाने वाली जातियों का तीव्र असन्तोष भाव, मुसलमानी उत्साह और भक्तगण की निरीहता के सम्मिलित रूप थे।" (७/१७१)। मुसलमानी उत्साह की धारणा द्विवेदी जी की है—**साहित्य का साथी** में। इसके लिए दोषी ठहरा चुके हैं शुक्ल जी को **हिन्दी साहित्य की भूमिका** में : "कभी-कभी यह बताने का प्रयत्न किया गया है कि निर्गुणिया सन्तों की जाति-पाँति की विरोधी प्रवृत्ति, अवतारवाद और मूर्तिपूजा के खंडन करने की चेष्टा में 'मुसलमानी जोश' है।" (३/५८)। 'मुसलमानी जोश' की पदावली शुक्ल जी के इतिहास से ली गई है। इस 'जोश' की चर्चा से पहले शुक्ल जी ने कबीर के लिए लिखा, "इनका लक्ष्य एक ऐसी सामान्य भक्ति-पद्धति का प्रचार था जिसमें हिन्दू और मुसलमान दोनों योग दे सकें और भेदभाव का कुछ परिहार हो। [इस लक्ष्य की सिद्धि के लिए] बहुदेवोपासना, अवतार और मूर्तिपूजा का खंडन ये मुसलमानी जोश के साथ करते थे और मुसलमानों की कुरबानी (हिंसा), नमाज, रोजा आदि की असारता दिखाते हुए ब्रह्म, माया, जीव, अनहदनाद, सृष्टि, प्रलय आदि की चर्चा पूरे हिन्दू ब्रह्मज्ञानी बनकर करते थे।" (इतिहास, पृ० ८५)। द्विवेदी जी की भाष्य पद्धति अपनाई जाय तो कहना होगा—कबीर मुसलमानी जोश से भरे हुए पूरे हिन्दू ब्रह्मज्ञानी थे !

द्विवेदीजी ने कल्पना की कि शुक्ल जी कबीर द्वारा धर्म के बाह्याचार खंडन को मुसलमानी प्रभाव का परिणाम मानते हैं। शुक्ल जी को पता था कि "नाथ सम्प्रदाय के सिद्धान्त ग्रंथों में ईश्वरोपासना के बाह्य विधानों के प्रति उपेक्षा प्रकट की गई है।" (इतिहास, पृ० २०)। आगे उन्होंने ध्यान दिलाया, "अर्थशून्य बाहरी विधि-विधान, तीर्थाटन, पर्वस्नान आदि की निस्सारता का संस्कार फैलाने का जो कार्य वज्रयानी सिद्धों और नाथपंथी जोगियों के द्वारा हुआ, उसका उल्लेख हो

चुका है।" (उप०, पृ० ७४)। और भी—सामान्य भक्ति मार्ग के विकास के लिए "किस प्रकार वीरगाथा काल में ही सिद्धों और नाथपंथी योगियों के द्वारा मार्ग निकाला जा चुका था, यह दिखाया जा चुका है।" (उप०, पृ० ७७)। "जैसा कि पहले कहा जा चुका है, कबीर के लिए नाथपंथी जोगी बहुत कुछ रास्ता निकाल चुके थे। भेदभाव को निर्दिष्ट करने वाले उपासना के बाहरी विधानों को अलग रखकर उन्होंने अन्तस्साधना पर ज़ोर दिया था।" (उप०, पृ० ७८)। शुक्ल जी ने **इतिहास** के परिवर्धित संस्करण की भूमिका में भी स्पष्ट कर दिया था, "आदिकाल के भीतर वज्रयानी सिद्धों और नाथपंथी योगियों की परम्पराओं का कुछ विस्तार के साथ वर्णन यह दिखाने के लिए करना पड़ा कि कबीर द्वारा प्रवर्तित निर्गुण संतमत के प्रचार के लिए किस प्रकार उन्होंने पहले से रास्ता तैयार कर दिया था

किन्तु द्विवेदी जी ने, मानो किसी नई बात का पता लगाया हो, लिखा, "नाथ-पन्थ में स्मार्त आचारों को महत्त्व नहीं दिया जाता" (४/२२६), इस खोज के समर्थन में उन्होंने **गोरक्ष सिद्धान्त संग्रह** से लम्बा उद्धरण दिया, फिर शुक्ल जी की छाया को ललकारा : "क्या ये युक्तियाँ कबीरदास की युक्तियों की भाँति ही चकनाचूर कर देने वाली नहीं हैं? फिर बड़े नामी-गरामी पण्डित किस मुँह से कहा करते हैं कि भारतवर्ष में कबीरदास के पहले ऐसी युक्तियाँ अपरिचित थीं और कबीरदास में जो इस प्रकार की युक्तियाँ मिलती हैं वे विदेशी प्रभाव के कारण?" (३/२३०)। जिस 'मुसलमानी जोश' की चर्चा पहले हो चुकी है, यहाँ 'विदेशी प्रभाव' उसी का रूपान्तर है।

शुक्ल जी की स्थापनाएँ द्विवेदी जी के मानस में घुमड़ती रहती थीं। जैसे वह शुक्ल जी पर अपनी धारणाएँ आरोपित करते थे, वैसे ही उनकी स्थापनाओं को आत्मसात् भी कर लेते थे। **सूरसागर** किसी चली आती हुई परम्परा का विकास होगा, यह कल्पना शुक्ल जी ने इसलिए की थी कि ब्रजभाषा में 'पहली साहित्यिक रचना' होने पर भी उसके पद 'इतने सुडौल और परिमार्जित हैं' और यह रचना 'इतनी प्रगल्भ और काव्यांगपूर्ण, है कि और कवियों की श्रृंगार-वात्सल्य वाली उक्तियाँ सूर की जूठी लगती हैं (**इतिहास**, पृ० २००)। **हिन्दी साहित्य : उसका उद्भव और विकास** में द्विवेदी जी ने लिखा : "सूरदास ब्रजभाषा के प्रथम कवि हैं। उनके पद इतने सुन्दर और कलापूर्ण हैं कि सहसा यह विश्वास नहीं होता कि यह रचना ब्रजभाषा की पहली रचना है। निश्चय ही इसके पहले बहुत बड़ी परम्परा रही होगी। पण्डित रामचन्द्र शुक्ल ने तो एक बार यह भी अनुमान किया था कि **सूरसागर** दीर्घकाल से चली आती हुई किसी पुरानी परम्परा का विकास है।" (३/३५२)।

शुक्ल जी की यह स्थापना द्विवेदी जी के मानस में घुमड़ती रही, इसका प्रमाण

यह है कि उन्होंने उसका उल्लेख पहले **सूरसाहित्य** में किया। (४/७९-८०)। वहाँ उन्होंने शुक्ल जी की मौखिक ब्रजगीत परम्परा को जयदेव-विद्यापति की परम्परा समझ लिया था। **हिन्दी साहित्य की भूमिका** में उसका उल्लेख सही ढंग से किया। (४/७८)। **सूरदास : स्फुट रचनाएँ** में वही बात उन्होंने दोहरायी। (४/१५२)। नये ढंग से उसका उल्लेख किया **हिन्दी साहित्य : उसका उद्भव और विकास** में (३/३५२) और इस नये ढंग के उल्लेख को दोहराया **हिन्दी साहित्य का आदिकाल** में। (३/६६४)। उल्लेख के ढंग में नयापन यह है कि परम्परा सम्बन्धी निश्चयात्मक स्थापना द्विवेदी जी की है, अनुमान है रामचन्द्र शुक्ल का ! शुक्ल जी के लिए सूर के पद 'सुडौल' और 'काव्यांगपूर्ण' हैं, द्विवेदी जी के लिए वे सुन्दर और कलापूर्ण' हैं। इसलिए 'निश्चय ही' इसके पहले बहुत बड़ी परम्परा रही होगी; रामचन्द्र शुक्ल ने तो एक बार 'यह भी अनुमान किया था' इत्यादि।

सूरसाहित्य में द्विवेदी जी ने कबीर के ज्ञानमार्ग से रामानन्द के भक्तिमार्ग का सम्बन्ध न पहचाना था। इसकी पहचान कराई शुक्ल जी ने। **सूरसाहित्य** में देव, बिहारी, मतिराम भक्त कवियों की पाँति में हैं। इन्हें रीतिवादी कवियों की पाँति में बैठाना सिखाया शुक्ल जी ने। **कबीर** में तुलसीदास प्रतिद्वन्द्वी हैं, अद्वितीय व्यक्तित्व है कबीर का। "हिन्दी साहित्य के हजार वर्षों के इतिहास में कबीर जैसा व्यक्तित्व लेकर कोई लेखक उत्पन्न नहीं हुआ।" (४/३६७)। तुलसीदास का महत्व पहचाना उन्होंने शुक्ल जी के प्रभाव से। " 'रामचरितमानस' मध्यकाल का सर्वश्रेष्ठ ग्रंथ है।···वह देश और काल की सीमा पार करके समस्त संसार के सहृदयों को प्रभावित करने में समर्थ हुआ है।···भारतवर्ष की साधना का जो सर्वोत्तम है, जो कुछ महान् है, जो कुछ सरस है और जो कुछ भव्य है, वह इस बहाने अभिव्यक्ति पाने को व्याकुल हो उठा। इस उदात्त भव्य अभिव्यक्ति में ही 'रामचरितमानस' की महिमा है।" (४/५१८-२०)।

इस सारी प्रशंसा को आप मज़े में शुक्ल-प्रभाव से मुक्त मान सकते हैं। पर राम की महिमा के कारणों पर विचार करें। "यह राम हमारे दैनन्दिन जीवन के अनुभवों के भीतर से उजागर हुआ है।···वह केवल अनादि, अनन्त और व्यापक सच्चिदानन्द मात्र नहीं है बल्कि शील, सौजन्य और मर्यादा का अधिष्ठाता है।" (४/५२०)। इसीलिए तुलसीदास का यह ग्रन्थ "शुष्क आचार संहिता या थोथे उपदेशों की पोथी नहीं है, वह मनुष्य जीवन की गहराई में उतरा है और अत्यन्त सहज भाव से उसे रागोन्मुख करता रहा है।" (उप०)। शुक्ल जी का मूल सूत्र देखें : "दस अवतारों में जिनकी ब्रह्म बुद्धि से उपासना चली वे राम और कृष्ण शब्दोपदेष्टा के रूप में हृदय के सम्मुख नहीं लाये गये हैं बल्कि जीवन के प्रत्येक पक्ष में सौन्दर्य और मंगल की ज्योति जगाने वाली भगवत्कला के रूप में लाये गये हैं। इन अवतारों में शक्ति, शील और सौन्दर्य तीनों की चरम अभिव्यक्ति

एक साथ समन्वित होकर मनुष्य के सम्पूर्ण हृदय को—उसके किसी एक ही पक्ष को नहीं—आकर्षित कर लेती है। सारांश यह कि ये लोक व्यवहार के भीतर दिखाये गए हैं; उसके बाहर खड़े होकर उपदेश देते हुए नहीं।" (**सूरदास**, पृ० ६२)।

रामचरितमानस के उद्देश्य के बारे में द्विवेदी जी ने लिखा, "व्यक्ति की समष्टि चेतना के साथ निमज्जित होने की प्रक्रिया का ऐसा सच्चा और हृदयहारी वर्णन दुर्लभ है—शायद अलभ्य !" (४/५०८)। तुलनीय है शुक्ल जी का सूत्र—"सच्चा कवि वही है जिसे लोकहृदय की पहचान हो, जो अनेक विशेषताओं और विचित्रताओं के बीच से मनुष्य जाति के सामान्य हृदय को अलग करके देख सके। इसी लोकहृदय में हृदय के लीन होने की दशा का नाम रसदशा है।" (**रस-मीमांसा**, पृ० २६६)। यह रस सहज ही लोकमंगल से सम्बद्ध है। "तुलसीदास ने जब कहा था कि—

'कीरति भनिति भूति भल सोई।
सुरसरि सम सबकर हित होई।'

तो उनके मन में कुछ इसी प्रकार सामाजिक मंगल की चेतना काम कर रही थी।··· इस विनायक धर्म को पाकर वर्ण अर्थ की ओर, अर्थ रस की ओर और रस मंगल की ओर जाता है।" (७/८०-८१) और भी : "भारतीय कविता में लोकसंग्रह की भावना बड़ी प्रबल है। इसीलिए स्त्री या पुरुष के अनुचित प्रेम (रति) को यहाँ बहुत निकृष्ट समझा गया है।" (११/४२२)। यहाँ 'लोकसंग्रह' सीधे शुक्ल जी की टकसाल से उठाकर द्विवेदी जी के वाक्य में जड़ा गया है। शुक्ल जी ने कृष्ण-भक्त कवियों के लिए लिखा था, "तुलसीदास जी के समान लोकसंग्रह का भाव इनमें न था।" (**इतिहास**, पृ० १९९) और भी—"कृष्ण के चरित में जो यह थोड़ा बहुत लोकसंग्रह दिखाई पड़ता है, उसके स्वरूप में सूर की वृत्ति लीन नहीं हुई है।" (**सूरदास**, पृ० १६५)। इसी तरह लोकमंगल की भावना—"वह व्यवस्था या वृत्ति, जिससे लोक में मंगल का विधान होता है, 'अभ्युदय' की सिद्धि होती है, धर्म है।" (**रसमीमांसा**, पृ० ६०)।

शुक्ल जी का 'लोक' व्यक्ति विरोधी नहीं था। तुलसीदास में 'व्यक्तिगत साधना' के साथ 'लोकपक्ष' भी है। (**इतिहास**, पृ० १६७)। द्विवेदी जी के कबीर "व्यक्तिगत साधना के प्रचारक थे। समष्टिवृत्ति उनके चित्त का स्वाभाविक धर्म नहीं था।" (४/३६८)। कबीर व्यक्तिवादी है। इसी तरह सूफी कवि एकान्त साधना करने वाले कवि हैं। "इन्होंने प्रेम के जिस ऐकान्तिक रूप का चित्रण किया है, वह भारतीय साहित्य में नई चीज़ है।" (३/८२)। इसके विपरीत शुक्ल जी ने **पदमावत** के लिए लिखा, "इसका पूर्वार्द्ध तो एकान्त प्रेममार्ग का ही आभास

देता है, पर उत्तरार्द्ध में लोक पक्ष का भी विधान है।" (**इतिहास**, पृ० १२७)। द्विवेदी जी ने ऐकान्तिक साधना का विरोध करना शुक्ल जी से सीखा। सन्त रविदास के प्रसंग में उन्होंने लिखा, "सत्य की उपलब्धि का दावा कोई भी कर सकता है, परन्तु उसकी वास्तविकता की परीक्षा अन्तर-वैयक्तिक संदर्भों और सामाजिक जीवन के विभिन्न संदर्भों के आचरणों से ही होती है। कर्ममय जीवन में ही सत्य की सुगन्ध मिल सकती है। समाज से अलग-अलग रहकर किसी प्रकार के आचरण से विरत होने पर सत्य खंडित और अपरीक्षित रह जाता है।"(६/३४५)।

द्विवेदी जी ने भक्तिकाल के साहित्य के बारे में लिखा था, "इस काल का हिन्दी साहित्य ऊर्ध्वबाहु होकर घोषणा करता है कि लक्ष्य बड़ा होने से ही साहित्य बड़ा होता है। जिस दिन हिन्दी साहित्य इस तथ्य को भूल गया और सूक्तियों को लेकर खिलवाड़ करने के चक्कर में पड़ गया, उसी दिन से साहित्य का अधःपतन शुरू हुआ।" (३/३१९)। सूक्ति काव्य वास्तविक काव्य नहीं है, यह ज्ञान द्विवेदी जी को शुक्ल जी से प्राप्त हुआ था। शुक्ल जी ने लिखा था, "बहुत से लोग काव्य और सूक्ति को एक ही समझा करते हैं। पर इन दोनों का भेद सदा ध्यान में रहना चाहिए। जो उक्ति हृदय में कोई भाव जागरित कर दे या उसे प्रस्तुत वस्तु या तथ्य की मार्मिक भावना में लीन कर दे, वह तो है काव्य। जो उक्ति केवल कथन के ढंग के अनूठेपन, रचना वैचित्र्य, चमत्कार, कवि के श्रम या निपुणता के विचार में ही प्रवृत्त करे, वह है सूक्ति।" (**रसमीमांसा**, पृ० ३७)। इसी सिद्धान्त के अनुसार उन्होंने लिखा, "विशुद्ध काव्य के अतिरिक्त बिहारी ने सूक्तियाँ भी बहुत सी कही हैं।" (**इतिहास**, पृ० ३०१)।

सूक्तियाँ रचने के कौशल से अलग काव्य का गुण है तन्मयता। बिहारी से भिन्न कोटि के कवि हैं सूर और तुलसी। "जो तन्मयता इन दोनों भक्त शिरोमणि कवियों की वाणी में पाई जाती है वह अन्य कवियों में कहाँ?" (**इतिहास**, पृ० २०४)। द्विवेदी जी ने सूरदास के लिए लिखा, "अपने वक्तव्य विषय के साथ ऐसी तन्मयता संसार के कुछ थोड़े कवियों में ही मिल सकती है।" (४/२४)।

द्विवेदी जी ने शुक्ल जी की प्रशंसा भी की है। प्रशंसा में सूक्तिकार की निपुणता है। **हिन्दी साहित्य की भूमिका** में लिखा है: "भारतीय काव्यालोचनशास्त्र का इतना गम्भीर और स्वतन्त्र विचारक हिन्दी में तो दूसरा हुआ ही नहीं, अन्यान्य भारतीय भाषाओं में भी हुआ है या नहीं, ठीक नहीं कह सकते। शायद नहीं हुआ। अलंकारशास्त्र के प्रत्येक अंग पर उन्होंने सूक्ष्म विचार किया था—शब्दशक्ति, गुणदोष, अलंकार-विधान, रस आदि सभी विषयों पर उनका अपना सुचिन्तित मत था। वे प्राचीन भारतीय आलंकारिकों को खूब समझते थे; पर उनका अन्धानुकरण करने वाले नहीं थे। रामचन्द्र शुक्ल से सर्वत्र सहमत होना सम्भव नहीं। वे इतने गम्भीर और कठोर थे कि उनके वक्तव्यों की सरसता उनकी बुद्धि की

आँच से सूख जाती थी और उनके मतों का लचीलापन जाता रहता था। आपको या तो 'हाँ' कहना पड़ेगा या 'ना', बीच में खड़े होने का कोई उपाय नहीं। उनका 'अपना' मत सोलह आने अपना है। वे तनकर कहते हैं—"मैं ऐसा मानता हूँ, तुम्हारे मानने न मानने की मुझे परवा नहीं।' फिर भी शुक्ल जी प्रभावित करते हैं। नया लेखक उनसे डरता है, पुराना घबराता है, पण्डित सिर हिलाता है। वे पुराने की गुलामी पसन्द नहीं करते और नवीन की गुलामी तो उनके लिए एकदम असह्य है। शुक्ल जी इसी बात में बड़े हैं और इसी जगह उनकी कमजोरी है। यदि किसी को उन्होंने एक बार नवीनता की गुलामी करते देख लिया तो फिर दीर्घकाल तक वह उनके अविश्वास का पात्र बना रहा।" (३/१५१-५२)।

यह शुक्ल जी का वास्तविक चित्र नहीं, कार्टून है। सभी लोग जानते हैं, उन्होंने छायावादी कवियों, विशेषकर निराला, के बारे में अपनी मान्यताएँ बदली थीं। उनमें अवसरवादियों का लचीलापन नहीं था पर वह कठसिद्धान्ती नहीं, सहृदय समालोचक थे। रीतिवादी काव्य के समर्थन में यदि द्विवेदी जी शुक्ल जी को उद्धृत करें तो इससे बड़ा प्रमाण उनकी सहृदयता का, उनके लचीलेपन का और क्या होगा ? रीतिवादी कवियों के फुटकल पद्य अधिकांशतः "पहले लक्षणों को देखकर उन्हीं को दृष्टि में रख लिखे गए थे, फिर भी इनमें उत्तम पद्यों की संख्या इतनी अधिक है कि पण्डित रामचन्द्र शुक्ल जैसे शास्त्रनिष्ठ और दाद देने में अत्यन्त सतर्क पण्डित को भी यह कहने में संकोच नहीं हुआ है कि 'ऐसे सरस और मनोहर उदाहरण संस्कृत के सारे लक्षण ग्रंथों में से चुनकर इकट्ठे करें तो भी उनकी इतनी अधिक संख्या न होगी।'" (३/१२९)।

शुक्ल जी रीतिवादी धारा के विरोधी थे, उसमें भी जहाँ उन्हें सरसता दिखाई देती थी, उसकी प्रशंसा करते थे। यही वांछित लचीलापन है। द्विवेदी जी ने उन्हें अलंकारशास्त्र का श्रेष्ठ विवेचक माना; यह नहीं बताया, काव्यशास्त्र को उनकी मुख्य देन क्या है। इतिहास लेखन और व्यावहारिक समीक्षा में उनके योगदान को, उन्होंने अस्वीकार किया। शुक्ल जी के वक्तव्यों की सरसता उनकी बुद्धि की आँच से सूख जाती थी। तब इतिहास लेखन और व्यावहारिक समीक्षा में वे सफल कैसे हो सकते थे ?

उसी **हिन्दी साहित्य की भूमिका** में सूफी कवियों की चर्चा करते हुए द्विवेदी जी ने लिखा है, "इन कवियों में सर्वश्रेष्ठ पद्मावतकार मलिक मुहम्मद जायसी हैं, जिनके काव्य-सौन्दर्य को चामत्कारिक रूप से उद्घाटित करने का श्रेय हिन्दी के प्रसिद्ध आलोचक पं० रामचन्द्र शुक्ल को है। 'पदमावत' की प्रस्तावना में आपने जैसी काव्यमर्मज्ञता दिखायी है वैसी हिन्दी तो क्या, अन्य आधुनिक भारतीय भाषाओं में भी कम ही मिलेगी। यह प्रस्तावना अपने-आप में एक अत्यधिक महत्व-पूर्ण साहित्यिक कृति है।" (३/८३)। जिनके वक्तव्यों की सरसता बुद्धि की आँच

से सूख जाती है, उन्हीं पं० रामचन्द्र शुक्ल ने जायसी के काव्य-सौन्दर्य को चामत्कारिक रूप से उद्घाटित किया है, ऐसी काव्यमर्मज्ञता दिखाई है जैसी हिन्दी तो क्या, अन्य भारतीय भाषाओं में भी दिखाई न देगी। शुक्ल जी की प्रस्तावना साहित्यिक कृति इसलिए है कि शुक्ल जी ने जैसा तादात्म्य जायसी से स्थापित किया है, वैसा तुलसीदास से भी नहीं किया।

द्विवेदी जी ने अलंकारशास्त्री के रूप में शुक्ल जी को मान्यता दी। शब्दशक्ति, गुणदोष, अलंकार-विधान, रस आदि को लेकर उन्होंने शुक्ल जी पर आक्षेप नहीं किए, आक्षेप किए हैं उनके इतिहास लेखन को लेकर। व्यावहारिक समीक्षा इतिहास लेखन के अन्तर्गत है। आक्षेप से पहले शुक्ल जी की प्रशंसा इस प्रकार है : "शुक्ल जी ने प्रथम बार हिन्दी साहित्य के इतिहास को कविता वृत्तसंग्रह की पिटारी से बाहर निकाला। पहली बार उसमें श्वासोच्छ्वास का स्पन्दन सुनाई पड़ा। पहली बार वह जीवन्त मानव विचार के गतिशील प्रवाह के रूप में दिखाई पड़ा।" (३/५४६)। इसके बाद आक्षेप : "त्रुटियाँ इसमें भी हैं। 'वृत्तसंग्रह' की परम्परा इसमें समाप्त नहीं हुई है और साहित्य को मानव समाज के सामूहिक चित्त की अभिव्यक्ति के रूप में न देखकर केवल 'शिक्षित समझी जाने वाली जनता की प्रवृत्तियों के परिवर्तन-विवर्तन के निर्देशक के रूप में देखा गया है। शुक्ल जी की यह विशेष दृष्टि थी और इस दृष्टि-भंगिमा के कारण उनके इतिहास में भी विशिष्टता आ गई है। 'शिक्षित जनता की जिन-जिन प्रवृत्तियों के अनुसार हमारे साहित्य [के स्वरूप] में जो-जो परिवर्तन होते आये हैं, जिन-जिन प्रभावों की प्रेरणा से काव्यधारा की भिन्न-भिन्न शाखाएँ फूटती रही हैं, उन [सब] के सम्यक् निरूपण तथा उनकी दृष्टि से किए हुए [सुसंगत] काल विभाग के बिना साहित्य के इतिहास का सच्चा अध्ययन कठिन दिखायी पड़ता था।' इस प्रकार सन् १९२९ में पहली बार शिक्षित जनता की प्रवृत्तियों के अनुसार होने वाले परिवर्तन के आधार पर साहित्यिक रचनाओं के काल विभाजन का प्रयास किया गया।" (उप०)।

द्विवेदी जी ने जो वाक्य उद्धृत किया है, वह इतिहास के सन् २९ वाले वक्तव्य में है। उद्धरण में वक्तव्य के जो शब्द नहीं हैं, वे बड़े ब्रैकेट में दे दिए गए हैं। यदि साहित्य रचना शिक्षित जन करते हैं तो यह स्वाभाविक है कि साहित्य के स्वरूप में परिवर्तन शिक्षित जनता की प्रवृत्तियों के अनुसार हो। किन्तु शिक्षित जनता की प्रवृत्ति भी एक बड़े सामाजिक परिवेश के भीतर निर्धारित होती है। उसी वक्तव्य में शुक्ल जी ने लिखा है, "जिस सामाजिक या राजनीतिक परिस्थिति की प्रेरणा से वीरगाथाओं की प्रवृत्ति रही है उसका सम्यक् निरूपण पुस्तक में कर दिया गया है।" वीरगाथाओं की प्रवृत्ति के निर्माण में निर्धारक भूमिका सामाजिक परिस्थिति की है; शिक्षित जनता की प्रवृत्ति इसी सामाजिक परिस्थिति द्वारा निर्मित होती है। इतिहास के आरम्भ में 'काल विभाग' के अन्तर्गत लिखा है,

"जनता की चित्तवृत्ति बहुत कुछ राजनीतिक, सामाजिक, सांप्रदायिक तथा धार्मिक परिस्थिति के अनुसार होती है।" यहाँ यदि 'जनता' को शिक्षित जनता ही माना जाय, तो भी नियामक भूमिका इस जनता की चित्तवृत्ति की नहीं है वरन् सामाजिक परिस्थिति की है।

द्विवेदी जी **सूरसागर** के बारे में शुक्ल जी की इस धारणा से खूब अच्छी तरह परिचित थे कि वह ग्रंथ किसी चली आती हुई गीतकाव्य परम्परा का—चाहे वह मौखिक ही रही हो—पूर्ण विकास-सा प्रतीत होता है। इस मौखिक परम्परा का निर्माण शिक्षित जनों ने न किया था। फिर भी द्विवेदी जी ने शिक्षित जनता के बारे में शुक्ल जी का वाक्य इस तरह उद्धृत किया है मानो उसके बाहर उन्हें कुछ दिखाई ही न देता हो। शुक्ल जी ने बताया था कि लिखित रूप में आकर मौखिक गीतों का रूप "पंडितों की काव्य परम्परा की रूढ़ियों के अनुसार बहुत कुछ बदल जाता है।" (**इतिहास**, पृ० २०१)। पंडितों की रूढ़ियों से भिन्न जनता की सहज भावप्रकाशन रीतियों को पहचानना चाहिए। सामान्य जन किन पद्धतियों पर अपने गहरे भावों की व्यंजना करते आये हैं, "इसका ठीक-ठीक पता हमें बहुत काल से चले आते हुए मौखिक गीतों से ही लग सकता है। किसी देश की काव्यधारा के मूल प्राकृतिक स्वरूप का परिचय हमें चिरकाल से चले आते हुए इन्हीं गीतों से मिल सकता है।" (उप०)। लोकरुचि के पारखी कवियों की रचनाएँ लोकसंस्कृति में घुलमिल जाती हैं। "तुलसी के वचनों के समान रहीम के वचन भी हिन्दी भाषी भूभाग में सर्वसाधारण के मुँह पर रहते हैं।" (उप०, पृ० २६३)। लोककवियों के व्यापक सामाजिक-सांस्कृतिक आधार से एक दम भिन्न है सामन्ती कवियों का आधार। "श्रृंगार के वर्णन को बहुतेरे कवियों ने अश्लीलता की सीमा तक पहुँचा दिया था। इसका कारण जनता की रुचि नहीं, आश्रयदाता राजा-महाराजाओं की रुचि थी जिनके लिए कर्मण्यता और वीरता का जीवन बहुत कम रह गया था।" (उप०, पृ० २६१)।

एक ओर लोकसंस्कृति और सामंती संस्कृति के भेद की पहचान, दूसरी ओर सामाजिक परिस्थितियों का विवेचन, शुक्ल जी के इतिहास लेखन की ये मूल विशेषताएँ हैं। इनका उल्लेख न करके द्विवेदी जी ने उन्हें शिक्षित जनता के दृष्टिकोण से बँधा हुआ संकीर्ण मतवादी बना दिया है। वृत्तसंग्रह की परम्परा शुक्ल जी के इतिहास में समाप्त नहीं हुई। द्विवेदी जी के यहाँ भी वह समाप्त नहीं हुई और विडम्बना यह है कि वृत्तसंग्रह के लिए वह अधिकतर शुक्ल जी का ही सहारा लेते हैं। कुछ नमूने देखें :

वीरगाथा काल में **खुमान रासो** का प्रसंग। पहले शुक्ल जी के वाक्य पढ़ें, फिर उनके साथ ब्रैकेट में दिए हुए द्विवेदी जी के वाक्य देखें।

"चित्तौड़ में रावल खुमान नाम के तीन राजा हुए हैं। (चित्तौर में खुमान

नाम के तीन राजा हुए हैं।) कर्नल टाड ने इनको एक मानकर इनके युद्धों का विस्तार से वर्णन किया है। (कर्नल टॉड ने भी इस पुस्तक की चर्चा विस्तारपूर्वक की थी)। [युद्धों का वर्णन द्विवेदी जी के यहाँ पुस्तक की चर्चा बन गया है।]···इस समय खुमान रासो की जो प्रति प्राप्त है, वह अपूर्ण है। (आजकल 'खुमान रासो' की जो प्रति मिलती है वह अपूर्ण है।) शिवसिंह सरोज के कथनानुसार एक अज्ञातनामा भाट ने खुमान रासो नामक एक काव्यग्रंथ लिखा था जिसमें श्री रामचंद्र से लेकर खुमान तक के युद्धों का वर्णन था। ('शिवसिंह सरोज' में बताया गया है कि किसी अज्ञातनामा भाट ने 'खुमान रासो' नाम का काव्य लिखा था जिसमें श्री राजचन्द्र [श्री रामचन्द्र] से लेकर खुमान तक के नरपतियों का वर्णन है। [युद्धों का वर्णन द्विवेदी जी के यहाँ नरपतियों का वर्णन बन गया है।] (**इतिहास**, पृ० ४०-४१; ३/२८६)।

सूफी कवि उसमान की **चित्रावली**। राजकुमार ने राजकुमारी का चित्र देखा।

शुक्ल जी—"कुमार राजकुमारी का चित्र टँगा देख उस पर आसक्त हो गया और अपना भी एक चित्र बनाकर उसी की बगल में टाँग कर सो रहा।" (**इतिहास**, पृ० १३०)।

द्विवेदी जी—"चित्र देखकर राजकुमार मोहित हुआ और उसने भी अपना चित्र राजकुमारी के बगल में बना दिया, जिसे देख राजकुमारी भी प्रेमासक्त हुई।" (३/४०६)।

रामानन्द की गुरु परम्परा के सिलसिले में।

शुक्ल जी—" 'श्री रामार्चन पद्धति' में रामानन्द जी ने अपनी पूरी गुरु परम्परा दी है। उसके अनुसार रामानुजाचार्य जी रामानन्द जी से १४ पीढ़ी ऊपर थे।" (**इतिहास**, पृ० १४२)।

द्विवेदी जी—" 'श्री रामार्चन पद्धति' में उन्होंने जो गुरु परम्परा दी है, उसके अनुसार रामानन्द जी रामानुज से चौदह पीढ़ी नीचे आते हैं।" (३/३१५)।

वल्लभाचार्य पर परमानन्ददास की कविता का प्रभाव।

शुक्ल जी—"कहते हैं कि इनके किसी एक पद को सुनकर आचार्य जी कई दिनों तक तन-बदन की सुध भूले रहे।" (**इतिहास**, पृ० २१५)।

इसे वास्तविक घटना मानकर द्विवेदी जी—"परमानन्द दास बहुत उच्च कोटि के कवि थे। इनकी एक रचना सुनकर महाप्रभु कई दिन तक बेसुध रहे।" (३/३६२)।

चतुर्भुजदास की पुस्तकें।

शुक्ल जी—"इनके बनाये तीन ग्रंथ मिले हैं—द्वादश यश, भक्ति प्रताप, हितजू को मंगल। इनके अतिरिक्त फुटकल पदों के संग्रह भी इधर-उधर पाए जाते हैं।" (**इतिहास**, पृ० २१६)।

द्विवेदी जी—"इनकी तीन पुस्तकें—'द्वादश यश', 'हितजू को मंगल'(?) और 'भक्ति प्रकाश'—तथा फुटकल कुछ पद ही प्राप्त हुए हैं।" (३/३६४)।

भक्ति प्रताप द्विवेदी जी के यहाँ **भक्ति प्रकाश** है। छीत स्वामी का उद्दंड स्वभाव, फिर हृदय-परिवर्तन।

शुक्ल जी—"पहले ये मथुरा के एक सुसंपन्न पडा थे और राजा बीरबल ऐसे लोग इनके जजमान थे। पंडा होने के कारण ये पहले बड़े अक्खड़ और उद्दंड थे, पीछे गोस्वामी बिट्ठलनाथ जी से दीक्षा लेकर परम शांत भक्त हो गए और श्रीकृष्ण का गुणानुवाद करने लगे।" (**इतिहास**, पृ० २१७)।

द्विवेदी जी—"छीत स्वामी मथुरा के संपन्न पंडा थे। महाराज बीरबल इनके जजमान थे। शुरू में यथेष्ट अक्खड़ और उद्दंड थे, पर गोसाईं जी की सेवा में आने के बाद विनम्र और मृदुल स्वभाव के भक्त हो गये।" (३/३६४)।

गोविन्द स्वामी का वंश और विरक्ति।

शुक्ल जी—"ये अंतरी के रहने वाले सनाढ्य ब्राह्मण थे जो विरक्त की भाँति आकर महावन में रहने लगे थे। (**इतिहास**, पृ० २१७)।

द्विवेदी जी—"इनका जन्म सनाढ्य ब्राह्मण वंश में हुआ था। विरक्त होकर वृन्दावन में रहने लगे थे।" (३/३६४)।

गोविन्द स्वामी की गानविद्या।

शुक्ल जी—"तानसेन कभी-कभी इनका गाना सुनने के लिए आया करते थे।" (**इतिहास**, पृ० २१८)।

द्विवेदी जी—"स्वयं तानसेन इनके गाने सुनने उपस्थित हुए थे।" (३/३६४)।

देव का 'छल' और **रसतरंगिणी**।

शुक्ल जी—"देव कवि का संचारियों के बीच 'छल' बढ़ा देना कुछ लोगों को नई सूझ समझ पड़ा है। उन्हें समझना चाहिए कि देव ने जैसे और सब बातें संस्कृत की 'रसतरंगिणी' से ली हैं, वैसे ही यह छल भी।" (**इतिहास**, पृ० २८४)।

द्विवेदी जी—"देव के काव्य-विवेचन में जिस स्वतन्त्र चिन्तन और मौलिक उद्‌भावना की कल्पना की गई थी, वह सब निराधार सिद्ध हुई है।···उन्होंने संचारियों में 'छल' को भी गिना है, जिसे कुछ लोग नई बात मानते हैं, पर वह भी 'रसमंजरी' से ही लिया गया है।" (३/४२३-२४)। शुक्ल जी की **रसतरंगिणी** की जगह यहाँ **रसमंजरी** है। अन्यत्र **रसतरंगिणी** भी है। केशव, तोष आदि कवियों द्वारा "प्रायः ही भानुदत्त की 'रसतरंगिणी' से इस प्रकार की [रसविषयक] पुस्तकों का मसाला जुटाया गया है।" (३/४२३)।

रीतिकाल के रीतिमुक्त कवि।

शुक्ल जी—"ऐसे कवियों में कुछ ने तो प्रबंध-काव्य लिखे हैं, कुछ ने नीति या

भक्ति-ज्ञान सम्बन्धी पद्य और कुछ ने शृंगार रस की फुटकल कविताएँ लिखी हैं।" (इतिहास, पृ० ३८५)।

द्विवेदी जी—"कुछ तो रीतिमुक्त शृंगारी कविताएँ हैं, कुछ पौराणिक और लौकिक प्रबन्ध काव्य हैं, कुछ नीति और उपदेश-विषयक कविताएँ हैं और कुछ भक्ति और ज्ञान-विषयक उपदेश के काव्य हैं।" (३/४४३)।

आलम और शेख।

शुक्ल जी—"ये जाति के ब्राह्मण थे पर शेख नाम की रँगरेजिन के प्रेम में फँसकर पीछे से मुसलमान हो गए···शेख रँगरेजिन भी अच्छी कविता करती थी। आलम के साथ प्रेम होने की विचित्र कथा प्रसिद्ध है। कहते हैं कि आलम ने एक बार उसे पगड़ी रँगने को दी जिसकी खूँट में भूल से कागज का चिट बँधा चला गया।"

द्विवेदी जी—"ये जाति के ब्राह्मण थे और किसी शेख नामक रँगरेजिन के प्रेम में पड़कर मुसलमान हो गए। प्रेम की कहानी भी विचित्र है। आलम ने अपनी पगड़ी रँगने को दी थी जिसमें दोहे की एक पंक्ति कागज पर लिखी बँधी रह गई थी।" (३/४४६)।

द्विवेदी जी पद्य का तो गद्य में रूपान्तर करते ही हैं, वह गद्य का गद्य में रूपान्तर भी करते हैं। शुक्ल जी के यहाँ कागज का चिट बंधा चला गया, द्विवेदी जी के यहाँ दोहे की एक पंक्ति बँधी रह गई! रूपान्तरण कला देखने के लिए पहले शुक्ल जी का वाक्य पढ़ें, फिर ब्रैकेट में द्विवेदी जी कृत रूपान्तर।

"मुंशी सदासुखलाल 'नियाज़' दिल्ली के रहने वाले थे। (मुंशी सदासुखलाल जी नियाज दिल्ली-निवासी थे।)··· ये कम्पनी की अधीनता में चुनार, जिला मिर्जापुर, में एक अच्छे पद पर थे। (ईस्ट इंडिया कम्पनी की अधीनता में चुनार में एक अच्छे पद पर कार्य करते थे।) इन्होंने उर्दू और फारसी में बहुत सी किताबें लिखी हैं और काफी शायरी की है। (ये उर्दू और फारसी के अच्छे लेखक और सुकवि थे।)···६५ वर्ष की अवस्था में ये नौकरी छोड़कर प्रयाग चले गए और अपनी शेष आयु वहीं हरिभजन में बिताई। (पैंसठ वर्ष की अवस्था में १८११ ई० में नौकरी छोड़कर प्रयाग चले गए, और भगवान् का भजन करने लगे।)···मुंशी जी ने विष्णु पुराण से कोई उपदेशात्मक प्रसंग लेकर एक पुस्तक लिखी थी, जो पूरी नहीं मिली है। ('सुखसागर' के अतिरिक्त एक और भी पुस्तक मुंशी जी ने लिखी थी, परन्तु उसका अधूरा रूप ही उपलब्ध है।) [उस पुस्तक से एक अंश उद्धृत करने के बाद] मुंशी जी ने यह गद्य न तो किसी अँगरेज़ अधिकारी की प्रेरणा से और न किसी दिए हुए नमूने पर लिखा। (सदासुखलालजी की भाषा में सहज प्रवाह है, वह किसी के निर्देश पर और किसी खास प्रकार की भाषा के निर्माण के उद्देश्य से नहीं लिखी गयी है, इसीलिए उसमें स्वाभाविकता है।) अपने समय में

उन्होंने हिन्दुओं की बोलचाल की जो शिष्ट भाषा चारों ओर—पूरबी प्रान्तों में भी—प्रचलित पाई उसी में रचना की।···उन्होंने अपने हिन्दी गद्य में कथावाचकों, पण्डितों और साधु-संतों के बीच दूर-दूर तक प्रचलित खड़ी बोली का रूप रखा जिसमें संस्कृत शब्दों का पुट भी बराबर रहता था। (तत्काल प्रचलित पण्डिताऊ प्रयोग इनमें मिल जाते हैं। परन्तु यह संस्कृत-मिश्रित भाषा ही उन दिनों हिन्दुओं की शिष्ट जन-व्यवहृत भाषा थी, इसमें सन्देह नहीं।) (**इतिहास**, पृ० ४६२-६३; ३/४६०-६१)।

जहाँ-तहाँ द्विवेदीजी ने वाक्यों का क्रम बदल दिया है। शुक्ल जी ने अंग्रेज अधिकारी की प्रेरणा से मुक्त होने की बात पहले लिखी, हिन्दुओं की शिष्ट भाषा की बात उसके बाद लिखी। द्विवेदी जी ने हिन्दुओं की शिष्ट जन-व्यवहृत भाषा की बात पहले लिखी, किसी के निर्देश से मुक्त होने की बात उसके बाद लिखी। सदासुखलाल की जो पुस्तक पूरी न मिली थी, शुक्ल जी ने उससे सात वाक्य उद्धृत किए, द्विवेदी जी ने 'मुंशी जी की भाषा का नमूना' दिखाने के लिए पाद-टिप्पणी में दो वाक्य उद्धृत किए, शुरू के चार वाक्य छोड़ दिए, और अन्तिम वाक्य छोड़ दिया!

द्विवेदी जी के समस्त आलोचना साहित्य में उनका मौलिक लेखन कितना है, इसका पता लगाना आसान नहीं है। चाहे वृत्तसंग्रह का काम हो, चाहे प्रवृत्तियों का विवेचन हो, वह अधिकतर दूसरों पर निर्भर दिखाई देते हैं। कहीं वह अपने स्रोत ग्रंथों का उल्लेख करते हैं, कहीं मौन रहते हैं। किन्तु शुक्ल जी के साथ उन्होंने जैसा व्यवहार किया है, वैसा अन्य किसी के साथ नहीं किया। शुक्ल जी की सामग्री जितना ही दोनों हाथों बटोर कर अपनी पुस्तकों में स्थानान्तरित करते हैं, उतना ही शुक्ल जी के विरुद्ध—नाम लेकर कम, नाम लिये बिना ज्यादा—हल्ला मचाते हैं। कथावाचकों वाली वक्तृत्वकला उनकी अपनी है। कथावाचक दूसरों की रची हुई कथाएँ सुनाता है, अपनी शब्दयोजना से मूल सामग्री में अतिरिक्त रस उत्पन्न करता है। द्विवेदी जी अपनी वक्तृत्वकला से दूसरों को तो प्रभावित करते ही हैं, स्वयं को भी प्रभावित कर लेते हैं। शुक्ल जी की सामग्री पर पच्चीकारी करते समय वह आश्वस्त हो गए थे कि इतिहास लेखन में वह युगान्तकारी परिवर्तन कर रहे हैं। अपनी वक्तृत्व कला से उन्होंने शिष्यों को इतना प्रभावित किया कि नामवरसिंह को **सूरसाहित्य** में शुक्ल जी का उल्लेख दिखाई ही न दिया। उन्होंने घोषणा की, "हिन्दी आलोचना की तात्कालिक परम्परा से द्विवेदी जी का सीधा सम्बन्ध नहीं है। उनकी पहली पुस्तक 'सूरसाहित्य' देखने से नहीं लगता कि इसका लेखक शुक्ल जी की 'भ्रमरगीत सार' की भूमिका से परिचित है···वे अपने निर्माण-काल में काशी से दूर रहे—शुक्ल जी आदि की छाया से। इसलिए न उन्हें हिन्दी की यह महान परम्परा विरासत में मिली, न इस परम्परा से खामखाह उलझने

की कड़वाहट ही महसूस हुई।" (**दूसरी परम्परा की खोज**, पृ० १८-१९)।

सूरसाहित्य में दो बार शुक्ल जी के सीधे उल्लेख के अलावा द्विवेदी जी ने मिश्रबन्धुओं का स्मरण भी किया है। केशवदास से पहले के आचार्यों के प्रसंग में द्विवेदी जी ने एक ही पृष्ठ पर **हिन्दी शब्द सागर की भूमिका** के साथ **मिश्रबंधु विनोद** का हवाला दिया है। (४/७५), इसके अलावा हिन्दी कवियों में वैष्णवों अवैष्णवों का प्रतिशत निर्धारित करने के लिए उन्होंने मिश्रबंधुओं का सहारा लिया है। लिखा है, "'मिश्रबंधु-विनोद' के प्रथम दो भागों में जिन कवियों की चर्चा है, उनमें पिचासी फीसदी पूरे वैष्णव हैं।" (४/७१)। मिश्रबंधुओं को वृत्तसंग्रह के लिए आवश्यक सामग्री नागरी प्रचारिणी सभा के खोज सम्बन्धी विवरणों से प्राप्त हुई थी। शुक्ल जी ने अपने **इतिहास** के प्रथम संस्करण के वक्तव्य में लिखा था, "काशी की नागरी प्रचारिणी सभा का ध्यान आरम्भ ही में इस बात की ओर गया कि सहस्रों हस्तलिखित हिन्दी पुस्तकें देश के अनेक भागों में राज-पुस्तकालयों तथा लोगों के घरों में अज्ञात पड़ी हैं। अतः सरकार की आर्थिक सहायता से उसने सन् १९०० से पुस्तकों की खोज का काम हाथ में लिया और सन् १९११ तक अपनी खोज की आठ रिपोर्टों में सैकड़ों अज्ञात कवियों तथा अज्ञात कवियों के अज्ञात ग्रंथों का पता लगाया। सन् १९१३ में इस सारी सामग्री का उपयोग करके मिश्रबंधुओं (श्रीयुत पण्डित श्यामबिहारी मिश्र आदि) ने अपना बड़ा भारी कवि-वृत्तसंग्रह 'मिश्रबंधु विनोद', जिसमें वर्तमान काल के कवियों और लेखकों का भी समावेश किया गया, तीन भागों में प्रकाशित किया।"

शुक्ल जी की बात दोहराते हुए द्विवेदी जी ने **हिन्दी साहित्य का आदिकाल** में लिखा, "सन् ईसवी की उन्नीसवीं शताब्दी के बाद से काशी की सुप्रसिद्ध 'नागरी प्रचारिणी सभा' ने पुराने हिन्दी ग्रन्थों की खोज का कार्य शुरू किया और थोड़े ही दिनों में सैकड़ों अज्ञात कवियों और ग्रंथों का पता लगा लिया। सभा की खोज रिपोर्टों के आधार पर मिश्रबंधुओं ने सन् १९१३ ई० में 'मिश्रबंधु-विनोद' नामक अत्यन्त महत्त्वपूर्ण ग्रंथ लिखा, जो अपनी समस्त त्रुटियों और खामियों के बावजूद अत्यन्त उपादेय है।" (३/५४६)। **सूरसाहित्य** में मिश्रबंधुओं की समीक्षा पुस्तक **हिन्दी नवरत्न** का उल्लेख भी है।

हिन्दी की 'महान् परम्परा' का निर्माण अनेक व्यक्तियों और संस्थाओं के श्रम और सहयोग से हुआ। उससे अपरिचित होना नामवरसिंह गर्व की बात समझते हैं पर द्विवेदी जी उससे अपरिचित न थे। **मिश्रबंधु-विनोद** के अलावा **सूरसाहित्य** में उन्होंने गौरीशंकर हीराचन्द ओझा की पुस्तक **भारतीय लिपिमाला** (४/३४) और 'गौरीशंकर हीराचन्द ओझा अभिनन्दन ग्रंथ' (४/८०) का उल्लेख भी किया है। ऐसे उल्लेखों के अतिरिक्त **सूरसाहित्य** के निवेदन में द्विवेदी जी ने अपने जिस 'आक्रामक भाव' का जिक्र किया है, उसका लक्ष्य हिन्दी के आलोचक ही हैं। "कहा

जाता है कि सूरदास बाल-लीला वर्णन करने में अद्वितीय हैं···कहा गया है कि सूरदास प्रेम के स्वरूप के अपूर्व पारखी थे।" (४/१००)। किस के द्वारा कहा जाता है, किस के द्वारा कहा गया है? स्पष्ट ही हिन्दी आलोचकों द्वारा जो कुछ कहा गया था, उस पर लीपापोती करके द्विवेदी जी 'कुछ नया देने' का प्रयत्न कर रहे थे। "जो लोग कुछ दाक्षिणात्य आचार्यों के दार्शनिक और धार्मिक मतों का अध्ययन करके ही तुलसीदास और सूरदास के रहस्यों का उद्घाटन करते हैं, वे लोकमत के साथ अविचार करते हैं।" (४/७६)। हिन्दी आलोचकों के अतिरिक्त लोकमत के साथ अविचार करने वाले और कौन लोग हो सकते हैं?

द्विवेदी जी हिन्दी की महान् परम्परा से खूब अच्छी तरह परिचित थे। उससे परिचित हुए बिना वह न **सूरसाहित्य** लिख सकते थे, न **हिन्दी साहित्य की भूमिका**। उसके अवमूल्यन का प्रयत्न उन्होंने अवश्य किया। इसी दिशा में १६५२ ('इतिहास का नया दृष्टिकोण') से लेकर १६८२ (**दूसरी परम्परा की खोज**) तक नामवरसिंह प्रयत्नशील रहे हैं।

७. इतिहास के प्रति नया दृष्टिकोण

हिन्दी साहित्य के इतिहास-चिन्तन में १६५२ का वर्ष स्मरणीय है। इस वर्ष एक साथ कई विद्वानों ने हिन्दी साहित्य की समस्याओं पर विचार करना आरम्भ किया। इस वर्ष 'आलोचना' संख्या ४ में रांगेय राघव ने लिखा, "आचार्य शुक्ल ने इतिहास को शुद्ध ब्राह्मण दृष्टिकोण से देखा है।" रांगेय राघव के लेख का महत्व यह है कि १६५२ से १६८४ तक जितने विद्वानों ने शुक्ल जी को प्रतिक्रियावादी कहा है, वे इस सूत्र की ही व्याख्या करते रहे हैं।"

'आलोचना' के उसी अंक में शिवदानसिंह चौहान ने यह मत प्रकट किया, "शुद्ध कलावादी दृष्टिकोण से तो इतिहास नहीं लिखे गये, लेकिन न्यूनाधिक मात्रा में एकांगी समाजशास्त्रीय दृष्टिकोण आचार्य शुक्ल जी से लेकर आज तक अपनाये जाते रहे हैं, चाहे ये समाजशास्त्रीय दृष्टिकोण राष्ट्रीय विचारधारा से प्रेरित हों या मार्क्सवादी विचारधारा से।" चौहान के लेख का महत्व यह है कि उन्होंने राष्ट्रीय विचारधारा और मार्क्सवादी विचारधारा दोनों को ही एकांकी समाजशास्त्र की प्रेरक धाराएँ माना। १६५२ से १६८४ तक जितने विद्वानों ने शुक्ल जी को अस्वीकार किया है, वे न्यूनाधिक मात्रा में राष्ट्रीय विचारधारा को, और उसके साथ मार्क्सवादी विचारधारा को भी, अस्वीकार करते रहे हैं।

'आलोचना' के उसी अंक में नामवरसिंह ने[1] इतिहास की समस्याओं पर विचार करते हुए शुक्ल जी की असंगतियों का सम्बन्ध राष्ट्रीय विचारधारा की असंगतियों से इस तरह जोड़ा, "राष्ट्रीय आन्दोलन का वह गांधी-युग था जिसमें व्यक्ति

१. 'इतिहास का नया दृष्टिकोण' निबंध **इतिहास और आलोचना** में संकलित है।

और समाज में यथोचित घनिष्ठ सम्बन्ध स्थापित न हो सका था। मध्यवर्गीय व्यक्ति-स्वातंत्र्य आन्दोलन के पीछे शेष जन-समूह नत्थी भर था। विचार व्यापक जन-समाज से भिन्न थे। यही कारण है कि शुक्ल जी के इतिहास में सामाजिक परिस्थितियाँ तथा साहित्यकार साथ-साथ रखे जाने पर भी एक दूसरे से अलग हैं।" राष्ट्रीय स्वाधीनता आन्दोलन का लक्ष्य राष्ट्रीय स्वाधीनता नहीं था। वह व्यक्ति-स्वातंत्र्य का आन्दोलन था; इसके अलावा वह और कुछ हो भी न सकता था क्योंकि व्यक्ति और समाज में घनिष्ठ सम्बन्ध स्थापित न हो सका था। जब व्यक्ति और समाज में घनिष्ठ सम्बन्ध न था, तब शुक्ल जी के इतिहास में साहित्यकार और उसकी सामाजिक परिस्थितियों के बीच घनिष्ठ सम्बन्ध कैसे स्थापित होता?

रांगेय राघव की तुलना में नामवरसिंह अधिक उदार हैं। उन्होंने शुक्ल जी को व्यक्तिगत रूप से दोषी नहीं माना; दोष उनके युग का है। उस युग में अन्य साहित्यकार भी हुए थे। वे सब भी शुक्ल जी के समान दोषी हैं। कारण यह है: "युग विशेष की प्रवृत्ति ही नहीं बल्कि प्रत्येक साहित्यकार तथा साहित्यिक कृति में यह असंगति मिलती है, क्योंकि वह असंगति वाले समाज की उपज है।" जैसे शिवदानसिंह चौहान ने कहा था, एकांगी समाजशास्त्रीय दृष्टिकोण सभी का है, चाहे लेखक राष्ट्रीय विचारधारा से प्रेरित हो, चाहे मार्क्सवाद से, वैसे ही नामवरसिंह ने लिखा, "विवेचन का सारा ढाँचा भौतिकवादी सा प्रतीत होते हुए भी उनका दृष्टिकोण भाववादी है। फिर चाहे वे आर्यसमाजी हों, चाहे किताबी मार्क्सवादी।" यहाँ 'भाववाद' चौहान के 'एकाङ्गी समाजशास्त्र' का पर्याय है।

भाववादी मानते हैं कि संसार मिथ्या है, ब्रह्म अथवा चेतना शाश्वत है, सत्य है। भौतिकवादी मानते हैं कि संसार सत्य है, परिवर्तनशील और विकासमान है, इस विकास-क्रम में अचेतन से चेतन की उत्पत्ति हुई है। दोनों भिन्न प्रकार के दर्शन हैं। नामवरसिंह यह भिन्नता स्वीकार नहीं करते। उनके विचार से भाववादियों का दोष यह है कि "जिस तरह उनके दिमाग में भाववाद और भौतिकवाद अलग-अलग पड़े हैं, उसी तरह उनकी समीक्षा में भी साहित्य और समाज परस्पर विच्छिन्न हैं।" इससे निष्कर्ष यह निकलेगा कि जैसे साहित्य को समाज से जोड़ना जरूरी है, वैसे ही भाववाद को भौतिकवाद से जोड़ना जरूरी है। उन दिनों रांगेय राघव, शिवदानसिंह चौहान आदि अनेक विद्वान भौतिकवाद का एकाङ्गीपन दूर करने में लगे थे। नामवरसिंह भी ऐसा ही कुछ प्रयत्न कर रहे थे। उनके प्रयत्न के आलम्बन थे हजारीप्रसाद द्विवेदी।

नामवरसिंह ने जोर देकर कहा कि हिन्दी साहित्य के अध्ययन के लिए द्वन्द्वात्मक प्रणाली से काम लेना चाहिए और इस प्रणाली का सही उपयोग "भौतिकवादी दृष्टिकोण से ही हो सकता है।" अब आप देखें, कैसे शुक्ल जी ने इस प्रणाली का त्याग किया और कैसे द्विवेदी जी ने उसका उपयोग किया। "आचार्य

शुक्ल ने हिन्दी साहित्य को पूर्ववर्ती संस्कृत साहित्य तथा समसामयिक अन्य भारतीय भाषाओं के साहित्य से अलग करके देखने में भूल की थी। आचार्य हजारीप्रसाद द्विवेदी ने इसी भूल सुधार के लिए मध्य युग के हिन्दी साहित्य का पूर्ववर्ती संस्कृत साहित्य तथा समसामयिक अन्तर्प्रान्तीय साहित्य के परिवेश में अध्ययन किया।" यद्यपि द्विवेदी जी ने शुक्ल जी के ही सूत्रों को, कभी-कभी उन्हीं के शब्दों में, दोहराया था किन्तु नामवरसिंह ने इसे स्वयंसिद्ध सत्य मान लिया कि शुक्ल जी को हिन्दी साहित्य के पूर्ववर्ती और समकालीन परिवेश का ज्ञान न था। उस अज्ञान को दूर किया द्विवेदी जी ने। उनकी पुस्तक **हिन्दी साहित्य की भूमिका** "नवीन युग की भूमिका बनकर प्रकाश में आयी।" द्विवेदी जी ने द्वन्द्वात्मक प्रणाली अपनायी, उसका प्रमाण यह है: "व्यक्तिवादी इतिहास प्रणाली के स्थान पर सामाजिक अथवा जातीय ऐतिहासिक प्रणाली का आरम्भ करने वाली यह पहली पुस्तक है।" इस पुस्तक ने "युग-युगान्तर से आती हुई अबाध हिन्दी जाति की विचार सरणी और भाव परम्परा का दर्शन कराया।" द्विवेदी जी ने "हिन्दीपूर्व सम्पूर्ण भारतीय साहित्य के सहज विकास के रूप में हिन्दी साहित्य का निरूपण किया।" उन्होंने "नैरन्तर्य-निरूपण में समाज, साहित्यकार तथा साहित्य की परस्पर सम्बद्धता, क्रमबद्धता तथा गतिशीलता ऐसे सजीव और अंगांगिभाव से निभायी कि अतीत वर्तमान की चेतना बन गया।"

ऐसी उपलब्धि असाधारण ही कही जायगी। मान्यता यह है कि "ऐतिहासिक प्रणाली का सही उपयोग भौतिकवादी दृष्टिकोण से ही हो सकता है," इसलिए निष्कर्ष यह निकलेगा कि द्विवेदी जी ने भौतिकवादी दृष्टिकोण जरूर अपनाया होगा। किन्तु द्विवेदी जी के चिन्तन में भयानक असंगतियाँ हैं, वैसी असंगतियाँ शुक्ल जी के चिन्तन में भी नहीं हैं। "जैसे सामाजिक ढाँचे के विवेचन में आर्य-अनार्यमूलक जातिगत (रेशल) सिद्धान्तों का सहारा, जो १९वीं सदी के यूरोप का पूर्वग्रह था और जिसके कारण आगे चलकर 'फासिज्म' का उदय हुआ।" फासिज्म को सहारा दिया नस्ल सिद्धान्त ने। यह सिद्धान्त द्विवेदी जी के यहाँ मौजूद है और उनका इतिहास द्वन्द्ववादी, भौतिकवादी प्रणाली का नमूना है! नामवर सिंह ने यह नहीं बताया कि असंगति पूरे युग की है या व्यक्तिगत है। पर उन्होंने यह जरूर कहा कि नस्ल (रेस) सम्बन्धी युक्ति हटा देने से मूल स्थापना में विशेष अन्तर न पड़ेगा। दूसरी असंगति यह है कि "परम्परा निर्वाह पर संभवतः अधिक बल प्रतीत होता है।" **हिन्दी साहित्य की भूमिका** के बारे में निष्कर्ष यह निकला कि "नवीन इतिहास की पृष्ठभूमि के रूप में इसे स्वीकार करते हुए भी हम इसके भाववादी दृष्टिकोण तथा प्रणाली को स्वीकार करने में असमर्थ हैं।" न भौतिकवादी दृष्टिकोण, न द्वन्द्वात्मक प्रणाली, फिर भी इतिहास लेखन में युगान्तकारी उपलब्धि। अवश्य ही वे लोग गलती कर रहे थे जो समझते थे कि भौतिकवाद और

भाववाद अलग-अलग पड़े हैं, इनमें मेल नहीं हो सकता। साहित्य और समाज में मेल हो सकता है तो भौतिकवाद और भाववाद में मेल क्यों नहीं हो सकता ?

फिर दिन आये नयी कविता के फलने-फूलने के, कविता के नये प्रतिमान रचने के। नयी कविता का आन्दोलन प्रगतिवाद के विरोध में चलाया गया था। प्रगतिवाद छायावाद का सबल पक्ष लेकर आगे बढ़ा था। नयी कविता का विरोध छायावाद से भी था। "आज नये से नये प्रतिमान के लिए सबसे बड़ी चुनौती छायावादी संस्कार हैं।" (**कविता के नये प्रतिमान**, पृ० ३०)। ये संस्कार साहित्य में ही नहीं, राजनीति में भी हैं। प्रसाद की **कामायनी**, 'प्रलय की छाया', निराला की कविता 'तुलसीदास', 'राम की शक्तिपूजा', इन सभी की परिणति इस तरह होती है कि "उस युगभूमि को संघर्ष या द्वन्द्व न कहकर **संतुलन का नाटक** कहना अधिक उपयुक्त है।" (उप०, पृ० १८६)। यही स्थिति राजनीति में है। "सामंजस्य की यह दुर्दम आकांक्षा वस्तुतः उस युग के पूरे वातावरण में भी थी। सारा स्वाधीनता संग्राम इसी सामंजस्य के नारे पर खड़ा था।" (उप०)।

१९५२ में मार्क्सवादी लेखकों का आपसी संघर्ष ज़ोरों पर था। इनमें एक समुदाय प्रगतिशील साहित्य से संकीर्णतावाद को हटाने में लगा था। जिस चीज़ को ये लोग हटा रहे थे, वह छायावाद की प्रगतिशील भूमिका थी, भारतीय इतिहास में स्वाधीनता आन्दोलन की साम्राज्यविरोधी भूमिका थी। इन्होंने नायिकाभेद के आचार्यों से मैथिलीशरण गुप्त को अलग करके नहीं देखा, मैथिलीशरण गुप्त से प्रसाद और निराला को अलग करके नहीं देखा। हिन्दी साहित्य में सामंती और सामंतविरोधी प्रवृत्तियों का जो मुख्य अन्तर्विरोध था, उस पर इन्होंने पर्दा डाला। इसी तरह इन्होंने कांग्रेसी नेतृत्व को सी० वाई० चिन्तामणि, तेजबहादुर सप्रू आदि लिबरल नेताओं से अलग करके नहीं देखा, कांग्रेस के भीतर और बाहर वामपक्ष को प्रधान कांग्रेसी नेताओं से अलग करके नहीं देखा। सबको एक साथ संतुलन का नाटक करार दे दिया! सन् ५३ के बाद प्रगतिविरोधी साहित्यिक आन्दोलन की रूपरेखा स्पष्ट होती गयी। इस पृष्ठभूमि में नामवरसिंह ने **कविता के नये प्रतिमान** में शुक्ल जी पर नये ढंग से आक्रमण किया। नयापन यह था कि शुक्ल जी का दृष्टिकोण छायावादग्रस्त था।

"छायावाद के उदय के समय 'कविता क्या है' शीर्षक एक निबन्ध आचार्य रामचन्द्र शुक्ल ने भी लिखा था, जो अपने अन्तिम रूप में अनेक परिवर्तनों एवं संशोधनों का परिणाम है।" (उप०, पृ० २०) यह निबन्ध अप्रैल १९०९ की 'सरस्वती' में प्रकाशित हुआ था। फिर शुक्ल जी ने **हिन्दी साहित्य का इतिहास** लिखा। यह इतिहास उन्होंने छायावादी दृष्टिकोण से लिखा। छायावादी कवि अनुभूति पर ज़ोर देते थे। उसी तरह शुक्ल जी, "कविता में अनुभूति को सर्वोपरि वे भी मानते थे।" (उप०, पृ० ३२)। छायावादी कवि एक विशेष प्रकार की शब्दावली

का व्यवहार करते थे, उनकी वाक्य-रचना, उनकी काव्य शैली एक खास ढंग की होती थी। शुक्ल जी का हाल यह है कि "काव्यभाषा की दृष्टि से छायावादी पदावली ही नहीं बल्कि पूरी भाषा-व्यंजना उन्हें प्रिय थी।" (उप०)। परिणाम यह: "इन मान्यताओं के अनुसार उन्होंने हिन्दी कविता की समूची परम्परा का मूल्यांकन किया, जो आगे चलकर 'हिन्दी साहित्य का इतिहास' के रूप में हिन्दी के विद्यार्थियों का संस्कार बन गया। जो लोग आचार्य शुक्ल के स्पष्ट मानदंड से पूरी तरह अभिज्ञ नहीं हैं, वे भी उस मानदंड के व्यावहारिक मूल्यांकन के प्रभाव में हैं, जिसका स्पष्ट प्रमाण यह है कि आज तक हिन्दी कविता की परम्परा का पुनर्मूल्यांकन नहीं किया गया।" (उप०)।

शुक्ल जी के मूल्यांकन से सबसे ज्यादा घाटे में रहे थे रीतिवादी कवि। नामवरसिंह का आक्रमण इस रीतिविरोधी आलोचना पर है। घनानन्द प्रसाद के प्रिय कवि थे। शुक्ल जी ने उन्हें 'साक्षात् रसमूर्ति' कहा। इससे बड़ा अपराध क्या हो सकता था? केशवदास रीतिवादी आचार्य थे। शुक्ल जी ने लिखा, "केशव को कविहृदय न मिला था।" इसके विपरीत स० ही० वात्स्यायन के 'केशव की कविताई' संवाद में "केशव को व्यंग्यों का सफल कवि माना गया है।" (उप०)। शुक्ल जी के विरुद्ध नामवरसिंह ने यहाँ अज्ञेय का सहारा लिया। अपने छायावादी संस्कारों के कारण शुक्ल जी केशव का मूल्यांकन न कर सके, और कबीर का न कर सके। "आचार्य शुक्ल के छायावादी अनुषंग का ज्वलंत उदाहरण है कबीर को कविरूप में मान्यता न देना।" (उप०, पृ० ३३)। स्वभावतः कबीर की उपेक्षा केवल शुक्ल जी ने नहीं, समस्त छायावादी कवियों ने की। "यह तथ्य है कि हिन्दी के छायावादी कवियों ने कबीर में विशेष रुचि नहीं दिखलाई—बावजूद रहस्यवादी साम्य के; कारण कबीर की अटपटी भाषा जो छायावाद के कोमल संस्कारों के अनुकूल न थी।" (उप०, पृ० ३४-३५)। एक हद तक कबीर की उपेक्षा रवीन्द्रनाथ ठाकुर ने भी की क्योंकि हिन्दी कवियों पर उनकी कविताओं में सबसे प्रसिद्ध रचना सूरदास पर है, कबीर पर नहीं।

एक ओर छायावादी कवि और रामचन्द्र शुक्ल हैं, दूसरी ओर प्रयोगवादी कवि अज्ञेय और नामवरसिंह हैं। इस संघर्ष में उपयोग करना है कबीर का। यहाँ नामवरसिंह ने एक चमत्कार किया है। 'नैया बिच नदिया डूबी जाय' जैसी 'असंभव का चमत्कार' दिखाने वाली उक्तियों के लिए शुक्ल जी ने लिखा था कि ऐसी बातें "वाग्वैचित्र्य के कारण अपढ़ लोगों को चकित किया करती थीं।" नैया में नदिया के डूबने को नामवरसिंह ने सीधे हृदय से निकलने वाला भाव बना दिया, उलटवांसी को श्रोता पर सीधे चोट करने वाली भाषा मान लिया। शुक्ल जी के मुकाबले में हजारीप्रसाद द्विवेदी को प्रस्तुत करके लिखा, "एक ही काव्यभाषा जो आचार्य शुक्ल के लिए 'अपढ़ लोगों को चकित' करने के लिए चमत्कार मात्र है, द्विवेदी जी

के लिए हृदय पर सीधे चोट करने वाली है।" (उप०, पृ० ३४) उलटबाँसियों से अलग कबीर की 'बड़ी चुटीली और व्यंग्य चमत्कारपूर्ण' बातों की जो प्रशंसा शुक्ल जी के इतिहास से स्वयं नामवरसिंह ने उद्धृत की थी, उसे उन्होंने खारिज कर दिया।

उलटबाँसियों की परम्परा तांत्रिकों और योगियों ने चलाई थी। इससे अपढ़ जनता में उनकी प्रतिष्ठा बढ़ी थी। कबीर में द्विवेदी जी ने लिखा है, "योगी और तांत्रिक लोग दुनिया से उल्टी बात कहने के अभ्यस्त हो गये। विरोधाभास यह है कि उनकी प्रतिष्ठा बढ़ती ही गयी, घटी बिल्कुल ही नहीं।" (४/२६१)। शुक्ल जी ने अपढ़ लोगों को चकित करने की बात कही थी। उसमें बेजा क्या था? द्विवेदी जी के अनुसार "ये लोग अधिकाधिक उत्साह से डंके की चोट सीधी बात को भी उल्टी करके, जटिल करके, धक्कामार बनाकर कहते गये।" (उप०)। शुक्ल जी ने सीधी बात को भी उल्टी करके कहने का विरोध किया था, नामवरसिंह ने उन्हें हृदय पर सीधे चोट करने वाली बात का विरोधी बना दिया।

हठयोग और तंत्रवाद को हटाया भक्ति ने; उलटबाँसियों की भाषा के बदले हृदय पर सीधे चोट करने वाली भाषा का चलन किया भक्ति ने। उलटबाँसी परम्परा किस बड़े पैमाने पर फैली हुई थी, इसका अनुमान द्विवेदी जी के इस कथन से हो जायगा : "योगियों, सहजयानियों और तांत्रिकों के ग्रंथों से ऐसी उलटबाँसियों का संग्रह किया जाये तो एक विराट् पोथा तैयार हो सकता है। परन्तु हमें अधिक संग्रह करने की जरूरत नहीं। इस प्रकरण में जो प्रसंग उपस्थित किया जा रहा है उसी को सुनकर धैर्य सम्हाल रखना आसान काम नहीं है।" (४/२६२)। कबीर पर पहले हठयोगियों का प्रभाव था, तब उन्होंने उनसे उलटबाँसी शैली भी ग्रहण की। उस प्रभाव से और उस शैली से उन्हें मुक्त किया गुरु रामानन्द ने। तांत्रिक तत्ववाद के समर्थक द्विवेदी जी का धैर्य उलटबाँसियों का अंबार देखकर छूट रहा था, तब शुक्ल जी को ही दोष क्यों दिया जाय? मदिरा, गोमांस, नागिन, बिल आदि की व्याख्या करते हुए द्विवेदी जी ने लिखा, "इतनी नीरस चर्चा के बाद हम कबीरदास की बहुतेरी उलटबाँसियों और अधिकांश योगपरक रूपकों के समझने योग्य अवस्था में आ गये हैं।...परन्तु बहुत-सी बातें फिर भी अनुमान सापेक्ष रह जाती हैं, क्योंकि उनका संकेत निश्चित नहीं है और कौन-सा धर्म उनमें आरोपित करना उचित है, यह संपूर्णतया श्रोता पर निर्भर करता है।" (४/२६७-६८) नामवरसिंह के यहाँ यह सब हृदय पर सीधे चोट करने वाली भाषा बन गया है! यह संभव है कि कबीर ने उलटबाँसियों की शैली का उपयोग हठयोगियों और उनसे प्रभावित जनों को ध्यान में रखकर किया हो। द्विवेदी जी का कहना है, "जब उन्होंने 'अवधू' या 'अवधूत' को पुकारा है तो यथासंभव अवधूत की ही भाषा में उसी के क्रिया-कलाप की आलोचना की है।" (४/२१६)। और भी : "वे योग के विकट रूपों का

अवतरण करते हैं, गगन और पवन की पहेली बुझाते रहते हैं···इसी भाषा को योगी समझते थे।" (४/३१८)। यह भक्तों की सहज भाषा नहीं थी। भक्त कबीर की भाषा उलटवाँसियों से मुक्त सहज भाषा है।

शुक्ल जी को कबीर की सहज भाषा पसंद थी, उनकी चुटीली और व्यंग्य चमत्कारपूर्ण बातें भी। वह लाल कवि के प्रशंसक थे क्योंकि उन्होंने भावों का उत्कर्ष दिखाने के लिए "सीधी और स्वाभाविक उक्तियों का ही समावेश किया है।" (इतिहास, पृ० ३६६)। वह घनानन्द के प्रशंसक थे क्योंकि "लाक्षणिक मूर्तिमत्ता और प्रयोग वैचित्र्य की जो छटा इनमें दिखाई पड़ी" वह आधुनिक काल में ही फिर प्रकट हुई। (उप०, पृ० ४०५)। वास्तव में उन्होंने केशवदास की 'वाक्पटुता' की प्रशंसा की है और यहाँ तक लिख दिया है कि "उनका रावण-अंगद-संवाद तुलसी के संवाद से कहीं अधिक उपयुक्त और सुन्दर है।" (उप०, पृ० २५७)।

शुक्ल जी के विरुद्ध नामवरसिंह ने केशव की व्याख्या के लिए अज्ञेय का सहारा लिया, यह बात आकस्मिक नहीं है; छायावाद के विरुद्ध नयी कविता की व्याख्या के लिए उन्होंने विजयदेवनारायण साही का सहारा लिया, यह बात भी आकस्मिक नहीं है। प्रयोगवाद के व्याख्याता अज्ञेय और नयी कविता के सिद्धान्तकार साही हिन्दी के दो प्रमुख मार्क्सवाद-विरोधी लेखक हैं। कविता के नये प्रतिमानों का मार्क्सवाद से कोई संबंध नहीं है। मुक्तिबोध के उलझे हुए विचारों और अन्तर-विरोधों को मार्क्सवाद का विकास कहकर नामवरसिंह ने मार्क्सवाद के विरोध में उन्हें साही और अज्ञेय का साथी बनाया। सामंजस्य की खोज कह कर **कामायनी** और **राम की शक्तिपूजा** जैसी छायावाद की श्रेष्ठ उपलब्धियों को हिन्दी साहित्य से निकाल दीजिए, रास्ता प्रगतिवाद के लिए नहीं, अस्तित्ववाद के लिए साफ होगा। संतुलन का नाटक कहकर भारत के इतिहास से स्वाधीनता आन्दोलन को खारिज कर दीजिए, साम्राज्यवादी प्रभाव-विस्तार के लिए रास्ता साफ होगा। हिन्दी आलोचना से शुक्ल जी को बाहर कर दीजिये, तंत्रमंत्रवाद और रीतिवाद के लिए रास्ता साफ होगा। राजनीति और साहित्य में साम्राज्यविरोधी, सामंतविरोधी परम्परा के तिरस्कार का नाम है **कविता के नये प्रतिमान**। शुक्ल जी के ऐतिहासिक महत्त्व का अनुमान इसी से हो जायगा कि जब उन पर आक्रमण होता है, तब अकेले उन पर नहीं होता, वह छायावाद और स्वाधीनता आन्दोलन पर भी होता है और अक्सर मार्क्सवाद पर भी होता है। इस आक्रमण की नयी मंज़िल है **दूसरी परम्परा की खोज**।

इस पुस्तक में नामवरसिंह ने यह तो नहीं कहा कि भारत की प्रगति के लिए अंग्रेजी राज का यहाँ कायम होना जरूरी था, किन्तु भारतीय समाज की जड़ता का जो चित्र उन्होंने खींचा है, उससे नतीजा यही निकलता है। जैसे कुछ विद्वान्

भारत में अंग्रेजी राज की भूमिका को प्रगतिशील मानते हैं, वैसे ही कुछ अन्य विद्वान् तुर्क आक्रमणकारियों की भूमिका को प्रगतिशील मानते हैं। ऐसे विद्वान् कम नहीं जो दोनों की भूमिका को प्रगतिशील मानते हैं। नामवरसिंह तुर्क आक्रमणकारियों की भूमिका को प्रगतिशील मानते हैं। इस पुस्तक में उन्होंने हजारीप्रसाद द्विवेदी का पक्ष लेकर शुक्ल जी को खारिज किया है, कबीर का पक्ष लेकर तुलसीदास को खारिज किया है। अपनी आलोचना को विकसित करते हुए उन्होंने कबीर से लेकर, जायसी और सूर की मंजिलें पार करते हुए, तुलसीदास तक हिन्दी काव्य को निरन्तर प्रतिक्रियावादी विचारधारा की ओर अग्रसर होते दिखाया है। ऊपर से देखने में लगेगा कि नामवरसिंह की निगाह में कबीर बहुत बड़े क्रान्तिकारी हैं। भारतीय समाज के विकास के बारे में उनके विचार गलत हैं और उलझे हुए हैं, इसलिए कबीर की क्रान्तिकारी भूमिका का मूल्यांकन करना उनके लिए संभव न था।

८. आक्रमणकारियों की भूमिका

कबीर से पहले तुर्क आक्रमणकारियों की क्रांतिकारी भूमिका देखें। मेरे एक निबन्ध का हवाला देते हुए नामवरसिंह ने लिखा है :

"डा० शर्मा का यह कहना सही है कि तुर्कों ने भारत में आकर कोई 'युग-परिवर्तन' नहीं किया; न उन्होंने सामंतवाद को तोड़कर गण-व्यवस्था कायम की, न पूंजीवादी व्यवस्था। फिर भी प्रश्न यह है कि 'युग-परिवर्तन' न सही, कोई और परिवर्तन उनके आने के साथ हुआ या नहीं? मसलन तकनीकी या प्रौद्योगिकी परिवर्तन? डा० शर्मा का ध्यान इस ओर नहीं गया, लेकिन वे इतिहासकार जो 'हिन्दुत्व प्रेमी' नहीं हैं, इस समस्या पर निरन्तर शोध कर रहे हैं। प्रो० इरफान हबीब ने १३वीं और १४वीं सदी के संदर्भ में 'प्रौद्योगिक परिवर्तन और समाज' शीर्षक शोधनिबन्ध में ठोस तथ्यों के आधार पर यह दिखलाने का प्रयास किया है कि तुर्कों के शासन के समय भारत में वस्त्र उद्योग, सिंचाई, कागज, चुम्बकीय कुतुबनुमा, समय-सूचक उपकरण तथा घुड़सवार सेना प्रौद्योगिकी आदि के क्षेत्र में उल्लेखनीय विकास हुआ। इन तकनीकी परिवर्तनों के द्वारा सामाजिक ढांचे में होने वाले परिवर्तनों की ओर संकेत करते हुए निष्कर्षस्वरूप प्रो० हबीब ने लिखा है : '१३वीं-१४वीं सदी के ये प्रौद्योगिक परिवर्तन काफी महत्त्वपूर्ण थे। उन्होंने शिल्प और कृषि उत्पादन को बढ़ाया। व्यापारिक गतिविधि को तीव्र किया। इससे वर्ग सम्बन्धों में भी कुछ परिवर्तन आया होगा। नयी तकनीक में कुशल दक्ष कारीगर प्राप्त करने की ललक ने व्यक्तिगत नौकरी लागू करने को प्रोत्साहित किया होगा। कागज के प्रचलन से अखिल भारतीय बाजार के विकास में मदद मिली होगी।' (**मध्यकालीन भारत, मैकमिलन, १६८१**)।

"यदि प्रो० हबीब के शोध-निष्कर्ष सही हैं तो स्पष्ट है कि १३वीं-१४वीं सदी में तुर्कों के कारण भारतीय समाज के सामन्ती ढांचे के अन्दर व्यापारी पूंजीवाद की दिशा में अवश्य ही कुछ उल्लेखनीय परिवर्तन हुए होंगे, जो देर-सबेर सामाजिक सम्बन्धों को प्रभावित करते हुए सांस्कृतिक-साहित्यिक परिवर्तन के लिए भी पृष्ठ-भूमि तैयार कर सके होंगे।" (उप०, पृ० ७५)।

मध्य एशिया के जिन इलाकों से तुर्क आये थे, औद्योगिक-प्रौद्योगिक-व्यापारिक प्रगति उन्होंने वहाँ भी की थी या राष्ट्रीय बाजार के निर्माण की भूमिका उन्होंने यहीं पूरी की? यदि वे औद्योगिक व्यापारिक प्रगति में सचमुच आगे थे तो पिछड़े हुए भारत में अपनी भाषा और जातीयता की रक्षा क्यों न कर पाये? उत्तर भारत में कृषि, उद्योग आदि का विकास तुर्कों के योगदान से हुआ। तमिलनाडु में इनका विकास किसके योगदान से हुआ? या तुर्कों के अभाव में न तो वहाँ जातीय बाजार का निर्माण हुआ, न तमिल जाति, उसकी भाषा और साहित्य का विकास हुआ?

इरफान हबीब ने भारत की औद्योगिक-व्यापारिक प्रगति का विशेष सम्बन्ध तुर्कों से जोड़ा है तो उन्होंने तुर्कों की भूमिका को कम करके आँका है। तुर्कों ने भारत और पश्चिमी एशिया के देशों पर ही नहीं, उत्तरी अफ्रीका में मिस्र पर, दक्षिणी यूरुप में यूनान और बुल्गारिया पर, मध्य यूरुप में हंगरी पर भी अधिकार किया था। अखिल भारतीय बाज़ार क्या, कहना चाहिए, उन्होंने विश्व बाज़ार कायम किया था। फिर भी शेली और बायरन के ज़माने में यूनानी लोग तुर्कों के विरुद्ध अपनी स्वाधीनता के लिए लड़े जा रहे थे!

ज़रा भारत से बाहर निकलकर देखें कि तुर्कों और उनके साथी मंगोलों ने दुनिया में क्या किया।

तुर्क और मंगोल एशियाई कबीलों के दो बड़े समुदाय थे। ये पड़ोसी थे और इनकी भाषाओं में काफी समानता है। इन कबीलों ने सामन्ती व्यवस्था में प्रवेश करते हुए अपने मजबूत सैनिक संगठन बनाये। लूटमार और नरसंहार के अभियान इन्होंने उस समय चलाये जब इन्होंने इस्लाम का नाम भी न सुना था। **जायसी ग्रंथावली** की भूमिका में शुक्ल जी ने नोट किया था, "चंगेज खाँ बौद्ध ही था।" (**जायसी ग्रंथावली**, पृ० १३७)। भारत, चीन, ईरान, यूनान, अरब देश—उस समय के प्रायः सभी उन्नत और सभ्य देशों में इनकी टक्कर हुई। तुर्क और मंगोल आपस में लड़े, कभी-कभी उन्होंने मिलकर काम किया। स्मिर्नोव और कज़ाकोवा ने सोवियत संघ के इतिहास में मुख्यतः मंगोलों के बारे में और जहाँ-तहाँ तुर्कों के बारे में जो कुछ लिखा है, वह भारतीय इतिहास विवेचकों के लिए शिक्षाप्रद है।

तेरहवीं सदी में मंगोलों ने अपने विजय अभियान शुरू किये। इन अभियानों की लपेट में समूचा एशिया तथा यूरुप के रूस समेत अनेक देश आ गये। गण-व्यवस्था के टूटने पर मंगोलों में प्रारम्भिक सामन्ती सम्बन्धों का निर्माण हुआ।

अभिजात वर्ग की संपदा का एक महत्त्वपूर्ण स्रोत था फौजी लूट। तेरहवीं सदी में चंगेज़ खाँ ने मंगोल राज्य की स्थापना की। चंगेज़ खाँ "असाधारण रूप से क्रूर और विश्वासघाती शासक था।" (History of the USSR, पृ० ५३)। मंगोलों ने उत्तरी चीन पर अधिकार किया। वे मध्य एशिया में प्रकट हुए। बुख़ारा, समरकन्द आदि नगर अपनी संपदा और संस्कृति के लिए प्रसिद्ध थे। एक के बाद एक ये हमलावरों के अधिकार में आते गए "और वे बुरी तरह तबाह किए गए।" (उप०)। ईरान होते हुए वे कोहकाफ तक पहुँचे। "अपने पीछे केवल जलते हुए मकानों का मलबा छोड़ते हुए पहाड़ के दर्रों से होकर वे उत्तरी कोहकाफ के मैदानों में पहुँचे।" (उप०) आपसी फूट के कारण रूसी सामन्त सन् १२२३ में बुरी तरह पराजित हुए।

इन सोवियत इतिहासकारों के अनुसार मंगोलों की विजय का कारण यह था कि वे (मंगोल) अभी सामंतवाद की प्रारम्भिक मंजिल में थे। उनमें आपसी झगड़े शुरू न हुए थे, सैनिक संगठन कठोर अनुशासन के कारण सुदृढ़ था। "विकास में उनसे बहुत आगे बढ़े हुए जो लोग उनका विरोध कर रहे थे, वे परिपक्व सामन्तवाद का, उसके परिणामस्वरूप राजनीतिक फूट का अनुभव कर रहे थे।" (उप०, पृ० ५४)। समकालीन अरब इतिहास लेखक इब्न अल् असीर ने मंगोल अभियानों के बारे में लिखा था, "दुनिया जब से वजूद में आई है, इन्सानियत पर ऐसा कहर बरपा नहीं हुआ, न आगे क़यामत तक कभी बरपा होगा।" (उप०)। मध्य एशिया के लिए मंगोल अभियानों के परिणाम भयानक थे। खुशहाल शहर वीरान हो गए, सिंचाई व्यवस्था बरबाद कर दी गई। लाखों आदमी मौत के घाट उतार दिए गए या गुलाम बना लिए गए। "मंगोल राज्य का गठन ही ऐसा था कि पराजित लोगों के ऐतिहासिक विकास में रुकावट आई; अपने पुरखों की जमीन पर बसे हुए लोग खदेड़ दिए गए, वह जमीन घुमंतू मंगोल कबीलों (nomadic Mongol tribes) को दे दी गई कि वे उस पर फैले हुए ढंग की खेती करें।" (उप०)।

चौदहवीं सदी में मध्य एशिया की जनता ने विद्रोह किया। इस विद्रोह में भाग लेने वाले लोग 'सेबरदार' कहलाये। "सेबरदारों का विरोध संयुक्त तुर्क-मंगोल अभिजात वर्ग ने तथा धनी व्यापारी वर्ग ने किया। उन्होंने उनके विरुद्ध एक स्थानीय बेग (सरदार) को भेजा। इसका नाम तैमूरलंग था। उसमें असाधारण सैनिक और प्रशासनिक क्षमता थी। वह अपने फौलादी मनोबल और निर्दयता के लिए कुख्यात था।" (उप०)। विद्रोह का दमन करने के बाद तैमूर ने राज्य का विस्तार किया। "तैमूर के अभियानों से पराजित देशों को ध्वंस और विनाश का सामना करना पड़ा किन्तु उसे और मध्य एशिया के अभिजात वर्ग को अथाह संपदा प्राप्त हुई। सोना, चाँदी और दूसरे खजानों के अलावा तैमूर अपनी राजधानी समरकन्द और अन्य मध्य एशियाई नगरों में विजित देशों से हज़ारों

कारीगर, कलाकार और वैज्ञानिक ले आया। इस संपदा के बल पर-और कारीगरों की मेहनत के शोषण द्वारा तैमूर ने नहरें खुदवाना और शहर बनवाना, मुख्यतः समरकंद को बनवाना शुरू किया।" (उप०, पृ० ५५)

तैमूर के वंशज भारत में मुगल कहलाये थे। बर्बर विजेता विजित जाति के कलाकौशल का उपयोग जिस तरह करते हैं, उसका अच्छा उदाहरण यहाँ देखा जा सकता है। ईरान से लेकर मिस्र तक तुर्कसत्ता के प्रसार का एक परिणाम यह हुआ कि यूनानी सभ्यता के एशियाई केन्द्र ध्वस्त हो गए और यूनानी विद्वानों ने यथासम्भव अपनी पुस्तकें बचाकर यूरुप के नगरों में शरण ली। जहाँ अब तुर्की राष्ट्र है, वहाँ पहले यूनानी रहते थे। अरब इतिहास के विशेषज्ञ हिट्टी ने लिखा है कि ग्यारहवीं सदी में सल्जुग नामक तुर्की कबीले लघु एशिया के पठार में बसने लगे। "इन सल्जुग खानाबदोशों ने लघु एशिया के तुर्कीकरण की नींव डाली।" (Philip K. Hitti, History of the Avabs, पृ० ४७५)। कुस्तुन्तुनिया पर तुर्कों का अधिकार होने के बाद विश्व सभ्यता का केन्द्र एशिया से हटकर यूरुप में पहुँच गया। (उप०, पृ० ७०५)। सल्जुग तुर्क सुन्नी थे। उन्होंने मिस्र में यह कहकर कत्लेआम किया कि यहाँ के लोग सच्चे मुसलमान नहीं हैं। (उप०, पृ० ६३५)। तैमूर शीया था। उसने विरोधी मतावलंबियों की उमैयद मस्जिद ध्वस्त कर दी। बगदाद में उसने अरबों के सिर काटकर १२० स्तूप खड़े किए। (उप०, पृ० ६९९-७०१)। बुदापेस्त से बगदाद तक, क्रीमिया से नील नदी तक तुर्क साम्राज्य फैल गया। (उप०, पृ० ७१२)। रोमन काल में मिस्र की आबादी ८० लाख थी; अठारहवीं सदी के अन्त तक वह एक-तिहाई रह गई।

शाम (सीरिया) अरब सभ्यता का केन्द्र था। तुर्कों ने सोलहवीं सदी में उस पर अधिकार किया। अरब योद्धा अल् गज़ाली ने विद्रोह किया। तुर्कों ने अरबों को कठोर दण्ड दिया। शोषण और कुशासन के फलस्वरूप अर्थतंत्र में ह्रास आया। अभी तक एशिया और यूरुप के बीच व्यापार का काम अरबों के हाथ में था। अब पुर्तगालियों ने दक्षिणी अफ्रीका का चक्कर लगाकर भारत से व्यापार का नया समुद्री मार्ग ढूँढ़ निकाला। अरब देशों के अर्थतंत्र में ह्रास का यह भी एक कारण था। (उप०, पृ० ७२७-२८)। तुर्कों के साम्राज्य-विस्तार से सर्वाधिक क्षति अरबों की हुई। इराक से लेकर मिस्र तक इस सारे क्षेत्र पर प्रथम विश्वयुद्ध के बाद तुर्कों को हटाकर अंग्रेजों ने अपने प्रभाव का विस्तार किया।

भारत में तुर्कों ने जिस तरह अपनी भाषा—भाषा के साथ अपनी तुर्क जातीयता—छोड़ी, उस तरह यह काम उन्होंने और किसी देश में न किया। उन्होंने और पठानों ने ईरान से बहुत कुछ सीखा, फ़ारसी को राजभाषा बनाया। तुर्कों की तुलना में ईरानियों की सभ्यता बहुत ऊँचे स्तर की थी। इस्लाम के नाम पर तुर्क-ईरानी संस्कृतियों को मिलाकर एक न कर देना चाहिए। तुर्कों ने पठानों के

देश पर भी अधिकार किया था। महमूद गजनवी तुर्क था और काबुल में शासक बना बैठा था। बाबर भी तुर्क था। १५०४ में उसने काबुल पर अधिकार किया था और वहाँ से पंजाब पर आक्रमण किया था। पंजाब में उसने पहली बार रहँट देखा। "हम लोग फूलों से लदे हुए वृक्षों के बागों में तथा गन्ने के खेतों के आस-पास सैर करते रहे। हमने वहाँ बाल्टियों सहित रहँट देखा और पानी निकलवाया। मैंने पानी निकालने की विधि के विषय में प्रश्न किए और बार-बार पानी निकलवाया।" (**बाबरनामा**, पृ० १०५)।

तुर्क और ईरानी में यह भेद है। जो लोग ऐसा भेद नहीं करते, वे हिसाब लगाते हैं कि भारत पर इस्लाम का प्रभाव चार आने पड़ा, बारह आने हिन्दू संस्कृति सुरक्षित रही। **हिन्दी साहित्य की भूमिका** में द्विवेदी जी ने लिखा, "मैं इस्लाम के महत्व को भूल नहीं रहा हूँ, लेकिन ज़ोर देकर कहना चाहता हूँ कि अगर इस्लाम नहीं आया होता तो भी इस साहित्य का [हिन्दी साहित्य का] बारह आना वैसा ही होता जैसा आज है।" (३/३४)। नामवरसिंह ने द्विवेदी जी की तरह तुर्क, पठान, ईरानी, अरब का भेद मिटा कर सबको विश्व इस्लामवाद की दृष्टि से परखा, फिर द्विवेदी जी के चार आना योगदान को बढ़ाकर बारह आना किया। इस्लाम के आने से यदि भारत में व्यापारी पूँजीवाद का विकास हुआ तो इसे बारह आना योगदान ही मानना चाहिए। इसके साथ यदि "साहित्यिक-सांस्कृतिक आन्दोलन के लिए" पृष्ठभूमि तैयार हुई तो मानना चाहिए कि उत्तर भारत में भक्ति द्रविड़ प्रदेशों से नहीं, तुर्कों के साथ मध्य एशिया से आई।

भक्ति आन्दोलन की शुरुआत तुर्कों के आक्रमण से बहुत पहले हो गई थी। वास्तव में जिन नगरों की संपदा उन्होंने लूटी, वे मुख्यतः तीर्थस्थान नहीं थे, व्यापार और उद्योग धन्धों के केन्द्र थे। व्यापार के विकास के कारण वर्णव्यवस्था दक्षिण भारत में भी विघटित हुई थी। वहाँ भक्ति आन्दोलन का प्रसार सबसे पहले हुआ। भक्तों को अचानक ईश्वर ने प्रेरित न किया था कि द्विज-शूद्र का भेद मिटाकर मनुष्यों को प्रेम के आधार पर संगठित करने लगे। उनका मानवतावाद जिन भौतिक परिस्थितियों की उपज था, उनकी मूल विशेषता थी—वर्णव्यवस्था का विघटन। यह विघटन पुराने सामंती समाज के भीतर व्यापारिक पूँजीवाद के विकास का परिणाम था।

दक्षिण भारत को उत्तर से अलग करके, फिर उत्तर भारत में हिन्दू समाज को मुस्लिम समाज से अलग करके, नामवर सिंह ने भारतीय समाज का यह करुण चित्र खींचा है: "इस जाति व्यवस्था के शिकार व्यक्ति जिस प्रकार अपनी अधोगति को स्वेच्छा से स्वीकार करते हैं और जिसमें न तो क्रोध का कोई निश्चित लक्ष्य दृष्टिगत होता है न दुर्गति के लिए उत्तरदायी किसी निश्चित बिन्दु का पता चलता है, उसे देखकर यदि बैरिंगटन मूर जैसा समाजशास्त्री यह कहे कि किसी

पाश्चात्य व्यक्ति को वह काफ्का के संसार का प्रचंड व्यंग्यचित्र प्रतीत होता है, तो कोई आश्चर्य नहीं !" (**दूसरी परम्परा**, पृ० ५६)। द्विवेदी जी के लिए हिन्दू जाति पराजित हुई पर उसका आत्मतेज नष्ट न हुआ था; वह पराजित थी, हतदर्प नहीं। नामवरसिंह के अनुसार जाति प्रथा वाला हिन्दू समाज अधोगति स्वेच्छा से स्वीकार करता है, उसमें आत्मतेज या दर्प जैसी चीज़ का अस्तित्व ही नहीं है, परास्त होने की पीड़ा का अनुभव करने की क्षमता ही नहीं है। नामवर सिंह ने आर्थिक प्रगति की धारणा इरफान हबीब से ली, भारत के अपरिवर्तनशील ग्राम समाजों की धारणा बैरिंगटन मूर से ली। दोनों को एक ही साँचे में फिट कर दिया, फिर उसके ऊपर भक्ति काव्य की अधिरचना स्थापित कर दी।

इरफ़ान हबीब नामवरसिंह के चिन्तन में आनुषंगिक रूप से प्रवेश करते हैं, मुख्य रूप से उनके लिए प्रासंगिक हैं बैरिंगटन मूर। दूसरे महायुद्ध के बाद अमरीकी साम्राज्यवाद ने बड़े पैमाने पर एशियाई इतिहास पर शोध कार्य का संगठन किया। इस कार्य की विशेषता यह थी कि ऊपर से वह मार्क्सवादी लगता था, भीतर से एशिया में साम्राज्यवादी देशों की प्रगतिशीलता सिद्ध करता था। एशिया के अपरिवर्तनशील समाजों में जो भी तब्दीली हुई, वह पश्चिमी देशों के पूंजीवाद से संपर्क के कारण। आज भी यदि ये देश अपना विकास कर सकते हैं तो उन्हीं देशों के सहयोग से कर सकते हैं। ऐसे ही शोधकार्य के एक सूत्रधार हैं बैरिंगटन मूर। उन्हें भारत काफ्का के संसार का प्रचंड व्यंग्यचित्र इसलिए प्रतीत होता है कि अंग्रेजी राज कायम होने से पहले यहाँ उद्योग और व्यापार में उल्लेखनीय प्रगति न हुई थी। मनुष्य सब हताश और पराजित थे, ग्राम समाज अलग-थलग बिखरे हुए, अनादिकाल से ठहराव की हालत में थे।

भारत में अंग्रेज़ी राज कायम होने से पहले यूरुप के अनेक देशों के यात्री यहाँ आये थे। उन्होंने यहाँ के नगरों की समृद्धि की प्रशंसा की थी, यूरुप के नगरों से उनकी तुलना की थी। यद्यपि यूरुप के लोग यहाँ व्यापार करने ही आए थे किन्तु बैरिंगटन मूर के लिए भारतीय नगरों का कोई विशेष सम्बन्ध व्यापार से न था। "इन शहरों का अस्तित्व मूलतः व्यवसाय और व्यापार के कारण नहीं था। वे मुख्यतः राजनीतिक, एक हद तक धार्मिक, केन्द्र थे।" (Social Origins of Dictatorship and Democracy, पृ० ३२२)। भारत का शासनतंत्र एक तरह की खेतिहर नौकरशाही चलाती थी। (उप०, पृ० ११५)। सामाजिक गतिविधि के लिए जाति-पाँति का चौखटा बना हुआ था, इसलिए केन्द्रीय सरकार बहुत कुछ फालतू चीज़ थी। (उप०)। समर्थ शासक के अभाव में भारतीय समाज विघटित होकर वही बुनियादी घटक—ग्राम समाज—बन जाता था। (उप०, पृ० ३१८)। अंग्रेजी राज के विरुद्ध जो गदर हुआ, उसका मूल उद्देश्य ग्राम समाज वाली व्यवस्था को बहाल करना था। "इस दृष्टि से गदर नितान्त प्रतिक्रियावादी उथल-

पुथल था।" (उप०, पृ० ३५२)। इसके नब्बे साल बाद अंग्रेज भारत से निकाले गये। "यद्यपि इस बीच परिस्थिति में कुछ नई चीजें जुड़ गईं, फिर भी उन्हें निकालने के प्रयत्न में जो प्रतिक्रिया-तत्व था, वह बहुत शक्तिशाली बना रहा, इतना शक्तिशाली कि आगे चलकर औद्योगिक समाज बनने के जो भी प्रयत्न हों, उनमें वह भारी रुकावट डाले।" (उप०, पृ० ३५३)। एक क्रान्ति रूस में हुई थी। उसका परिणाम क्या हुआ? "इस उजागर तथ्य से इन्कार नहीं किया जा सकता कि बोल्शेविक क्रान्ति से रूसी जनता को मुक्ति सुलभ नहीं हुई। अधिक से अधिक उससे शायद मुक्ति की संभावना पैदा होती। संसार के सबसे रक्तरंजित अत्याचारी शासनों में स्तालिनवादी रूस की गिनती होगी।·· स्तालिन पर व्यक्तिगत रूप से सारा दोष मढ़ना उचित न होगा। स्तालिनवादी युग के कुत्सित पक्ष की जड़ें संस्थागत थीं।" (उप०, पृ० ५०६-०७)।

इन थोड़े से उद्धरणों से आप बैरिंगटन मूर का हुलिया पहचान लेंगे। उन्होंने इतिहास का जो विवेचन किया है, उसका सम्बन्ध केवल अतीत से नहीं है, उसका सम्बन्ध वर्तमान से भी है और उसका स्पष्ट राजनीतिक उद्देश्य है। भारतीय समाज में वर्ग नहीं हैं, जातियाँ हैं, वर्ण हैं। आदमी चाहे पूँजीपति हो, चाहे मजदूर, वह अपनी बिरादरी से बँधा हुआ है। यहाँ मजदूरों की एकता, किसानों की एकता, गरीबों की एकता की जरूरत नहीं है। यहाँ एकता सिर्फ बिरादरी के स्तर पर है, उसका उपयोग आप चाहे जैसे करें। इतिहास के इस चौखटे में भक्ति आन्दोलन के विवेचन के लिए नामवर सिंह ने मुक्तिबोध को अग्रसारित किया।

६. निर्गुण-सगुण प्रपंच

भक्ति आन्दोलन के अन्तर्विरोधों की व्याख्या के लिए मुक्तिबोध का हवाला देते हुए नामवरसिंह ने लिखा है, "मुक्तिबोध की मुख्य स्थापना यह है कि निचली जातियों के बीच से पैदा होने वाले सन्तों के द्वारा निर्गुण भक्ति के रूप में भक्ति आन्दोलन एक क्रान्तिकारी आन्दोलन के रूप में पैदा हुआ किन्तु आगे चलकर ऊँची जातिवालों ने इसकी शक्ति को पहचानकर इसे अपनाया और क्रमशः उसे अपने विचारों के अनुरूप ढालकर कृष्ण और राम की सगुण भक्ति का रूप दे डाला जिससे उसके क्रान्तिकारी दाँत उखाड़ लिये गये। इस प्रक्रिया में कृष्णभक्ति में तो कुछ क्रान्तिकारी तत्व बचे रह गये लेकिन रामभक्ति में जाकर तो रहे-सहे तत्व भी गायब हो गये।" (**दूसरी परम्परा की खोज**, पृ० ८३)।

मुक्तिबोध ने लिखा कि ऊँची जातियों ने निर्गुण भक्ति को सगुण भक्ति का रूप दे डाला, नामवरसिंह ने उसे सँवारा: "शास्त्रीयता ने भक्ति आन्दोलन को समाप्त कर दिया···यदि आरम्भ के शास्त्र निरपेक्ष निर्गुण काव्य की शास्त्र सापेक्ष सगुण परिणति की ओर ध्यान दें···।" (उप०, पृ० ८४)।

निर्गुण भक्ति की सगुण भक्ति में परिणति ! कबीर निर्गुण भक्त, उनके गुरु रामानन्द सगुण भक्त। शिष्य की निर्गुण भक्ति गुरु की सगुण भक्ति में परिणत हुई !

तुलसीदास संवत् १६३१ में **रामचरितमानस** लिख रहे थे। अब तक निर्गुण पंथ समाप्त हो गया होगा। प्रसिद्ध संत मलूकदास का जन्म उसी वर्ष हुआ। यही नहीं कि वह नामी संत थे, उनकी गद्दियाँ कड़ा, जयपुर, गुजरात, मुल्तान, पटना, नेपाल और काबुल तक में कायम हुईं। (**इतिहास**, पृ० १०६-१०)। निर्गुण पंथ को सगुण भक्ति ने समाप्त कर दिया था तो दूर-दूर तक ये गद्दियाँ कैसे कायम हुईं ?

भक्ति द्राविड़ ऊपजी, लाये रामानन्द।
परगट किया कबीर ने, सप्तद्वीप नवखंड ॥

द्राविड़ भक्त सगुणमार्गी थे। इन्हीं में शूद्र संत नम्मालवार हुए थे। ऊँची जाति वालों ने निर्गुण भक्ति पर कब्जा कब कर लिया ? कबीर ने कहा था :

सन्तन जात न पूछो निरगुनियाँ।
साधन में छत्तीस कौम हैं, टेढ़ी तोर पुछनियाँ।

कबीर का क्रान्तिकारी महत्त्व यह है। वह छत्तीस कौमों के भक्तों को इकट्ठा करके साधुओं का नया समाज बना रहे थे। आज बहुत बड़े पैमाने पर छत्तीस कौमों के किसानों और मजदूरों को संगठित करना संभव है, उनकी संगठित शक्ति के द्वारा सामंती अवशेष खत्म करना, साम्राज्यवादी दबाव से मुक्त नये समाज की रचना करना संभव है। कबीर शहरी कारीगरों के प्रतिनिधि कवि हैं। उनकी सीधी टक्कर जुलाहे से तैयार माल खरीदने वाले सौदागर से थी। वही लिख सकते थे :

मन बनियाँ बनिज न छोड़ै।
कुनबा वाके सकल हरामी, अमृत में विष घोलै। (४/४२०)।

तुलसीदास किसानों के प्रतिनिधि कवि हैं। राज्य-सत्ता के छोटे-बड़े कर्मचारियों, छोटे-बड़े सामन्तों द्वारा किसानों के उत्पीड़न से वे परिचित हैं। वही कह सकते थे :

राज करत बिनु काज ही करैं कुचालि कुसाज।
तुलसी ते दसकंध ज्यों जइहैं सहित समाज ॥

और

जासु राज प्रिय प्रजा दुखारी। सो नृप अवसि नरक अधिकारी।

"किसान जीवन के चित्र कबीर और सूर के काव्य में नहीं हैं" (**मार्क्सवाद और प्रगतिशील साहित्य**, पृ० ३४४)—मेरी यह बात केवल सापेक्ष रूप में सही है। सूर और कबीर किसान जीवन से परिचित हैं पर इस जीवन की समग्रता तुलसी के काव्य में है, उस युग के अन्य किसी कवि में नहीं है।

किसानों के अतिरिक्त तुलसीदास वन्य जीवन बिताने वाले कोल जनों से अच्छी तरह परिचित हैं। कोल भी किसानों की तरह भक्ति के अधिकारी हैं। इनके सिरमौर हैं आदि कवि वाल्मीकि :

> जान आदि कवि तुलसी नाम प्रभाउ।
> उलटा जपत कोल ते भए ऋषिराउ।

किसानों और मजदूरों के साथ कोल, शबर, निषाद आदि जनजातियों के संघर्ष को जोड़कर तुलसी के भक्त समाज को आज हम नया रूप दे सकते हैं।

यह किसी शास्त्र में न लिखा था कि कोल भी राम नाम जप कर ऋषि बन जायेंगे। तुलसी के लिए जो भक्ति शास्त्र-सम्मत है, वह ऐसी ही है। वर्ना :

> कौन धौं सोमयागी अजामिल अधम कौन गजराज धौं बाजपेयी !

संस्कृत में जो कुछ लिखा जाय वह सब शास्त्र है। संस्कृत ब्राह्मणों की भाषा है। भक्ति आन्दोलन पर ऊँची जातियों के प्रभुत्व का मतलब है उस पर शास्त्र का प्रभुत्व। चाहे धर्मशास्त्र हो चाहे अलंकारशास्त्र, है तो वह शास्त्र। शास्त्रीयता ने भक्ति आन्दोलन को समाप्त कर दिया, उसी ने रीतिवाद को जन्म दिया। "इस विवेचन से भक्ति काल के बाद रीतिकाव्य के उदय का कारण भी स्पष्ट हो जाता है। यदि आरम्भ के शास्त्र निरपेक्ष निर्गुण काव्य की शास्त्र सापेक्ष सगुण परिणति की ओर ध्यान दें तो शास्त्रीयतावाद के पुनरुत्थान के रूप में रीतिकाव्य के प्रसार की भी संगति लग जाती है।" (**दूसरी परम्परा०**, पृ० ८४)।

भक्तिकाल के बाद रीतिकाल का उदय—नोट करें, तुलसीदास के समकालीन थे आचार्य कवि केशवदास। वह "संस्कृत के पण्डित थे अतः शास्त्रीय पद्धति से साहित्य चर्चा का प्रचार भाषा में पूर्ण रूप से करने की इच्छा इनके लिए स्वाभाविक थी।" (**इतिहास**, पृ० २५१)। केशवदास से पहले कृपाराम ने "संवत् १५९८ में रस रीति पर 'हित तरंगिणी' नामक ग्रंथ दोहों में बनाया। रीति या लक्षण ग्रंथों में यह बहुत पुराना है।" (उप०, पृ० २४०)। द्विवेदी जी ने भी लिखा था, "साधारण धारणा यह है कि केशवदास ही हिन्दी के प्रथम रसाचार्य हैं। परन्तु बात असल में यह नहीं है। कृपाराम नामक एक अन्य कवि ने सन् १५४१ ई० में ही रस पर एक सुन्दर ग्रंथ लिखा था।" (४/७४)। कृपाराम की कौन कहे, नामवरसिंह इस 'साधारण धारणा' से अपरिचित हैं कि केशवदास हिन्दी के प्रथम

रसाचार्य हैं। वर्ना वह भक्ति काल के बाद, शास्त्रीयता के प्रभाव से, रीतिवाद के उदय की बात न करते।

यह तथ्य भी ध्यान देने योग्य है कि रीतिवादी कवियों को काव्यशास्त्र का उतना ज्ञान भी न था जितना कबीर को वेदान्त का था। शुक्ल जी के मत से "वे आचार्य कोटि में नहीं आ सकते। वे वास्तव में कवि ही थे। उनमें आचार्यत्व के गुण नहीं थे। उनके अपर्याप्त लक्षण साहित्यशास्त्र का सम्यक् बोध कराने में असमर्थ हैं।" (**इतिहास**, पृ० २८२-८३) द्विवेदी जी का मत है कि रीतिकालीन हिन्दी कविता को शास्त्रीय काव्य नहीं कह सकते क्योंकि "इसके पहले और इस युग में संस्कृत में अलंकारशास्त्र को लेकर जैसी सूक्ष्म विवेचना हो रही थी उसकी कुछ भी झलक इसमें नहीं पायी जाती। शास्त्रीय विवेचना तो बहुत कम कवियों को इष्ट थी। वे तो लक्षणों को कवित्व करने का एक बहाना भर समझते थे।" (४/१२९)। तब रीतिकाव्य के प्रसार का कारण शास्त्रीयतावाद कैसे हुआ ?

"यदि आरम्भ के शास्त्र-निरपेक्ष निर्गुण काव्य की शास्त्र-सापेक्ष सगुण परिणति की ओर ध्यान दें···।" निर्गुण काव्य आरम्भ में शास्त्र-निरपेक्ष था, इसका प्रमाण क्या है ? "हम तो दृढ़ता के साथ कहने का साहस करते हैं कि कबीर की भक्ति और भगवद्भावना में न तो युक्ति से विरोध है और न शास्त्र से।" (४/३१४)। केवल कबीर के लिए नहीं पूरे निर्गुण पंथ के लिए, तुलसीदास के प्रसंग में, द्विवेदी जी ने लिखा है, "यह पंथ भी श्रुति सम्मत था इसलिए इसके विरुद्ध बोलने में भी उनका मुँह बन्द था।" (३/११८)।

सगुण काव्य कितना शास्त्र सापेक्ष था ? "रामानन्द संस्कृत के पण्डित, उच्च ब्राह्मण कुलोत्पन्न और एक प्रभावशाली संप्रदाय के भावी गुरु थे, पर उन्होंने सबको त्याग दिया—देशभाषा में कविता लिखी, ब्राह्मण से चाण्डाल तक को रामनाम का उपदेश दिया।" (३/७४)। कबीर इन्हीं रामानन्द के शिष्य थे। "जिस दिन से महागुरु रामानन्द ने कबीर को भक्तिरूपी रसायन दी···हठयोग के टंटे दूर हो गये···धन्य हैं वे गुरु! वे सचमुच उस भ्रमरी के समान हैं···।" (४/३१५)। रामानन्द की शास्त्र-सापेक्षता ऐसी थी कि कबीर ने उन्हें गुरु बनाया और हजारीप्रसाद द्विवेदी तक उन्हें धन्य-धन्य कह रहे हैं।

शास्त्रीयता के विरोध में नामवरसिंह ने प्रस्तुत किया लोकधर्म को। द्विवेदी जी का मत था कि निर्गुण पंथ शास्त्र का सहारा पाकर फैला था। यहीं वह चूक गये थे। गुरु जी "शास्त्रों के घातक प्रभाव से भली भाँति परिचित हैं, फिर भी यदि अन्य प्रसंगों में उस बात को भूल जाते हैं" (**दूसरी परम्परा०**, पृ० ८४), तो उनकी भूल सुधारना शिष्यों का कर्तव्य है। द्विवेदी जी के विवेचन में लोकधर्म जहाँ शास्त्रग्रस्त हो गया है, वहाँ उसे शास्त्रमुक्त किया नामवरसिंह ने।

द्विवेदी जी ने लिखा था कि बौद्ध धर्म लोकधर्म में अधिक घुलमिल रहा था।

इससे क्या साबित हुआ ? साबित यह हुआ कि "सामान्य जन में प्रचलित टोना-टोटका, तंत्र-मंत्र, मिथक आदि विश्वासों को ही वे लोकधर्म मानते हैं।" (उप० पृ०, ७९)। जहाँ सूरसागर के लिए वह कहते हैं कि वह शास्त्रीय की अपेक्षा लोकधर्म के अधिक निकट है, वहाँ "तंत्र-मंत्र, टोना-टोटका आदि के अतिरिक्त 'लोक में प्रचलित शाक्त देवियों' के उन अनेक रूपों को भी 'लोकधर्म' में समेट लिया गया है" जिनका प्रभाव गोपियों की लीलाओं में व्यक्त हुआ है। (उप०)। निर्गुण साधना के स्रोतों पर विचार करते हुए द्विवेदी जी ने ऐसे मिथकों और साधना पद्धतियों का जिक्र किया है "जो या तो किसी आदिवासी समाज में प्रचलित थे अथवा नीची समझी जाने वाली किसी जाति के अन्दर उसकी आदिम प्रथा के रूप में अवशिष्ट रह गये थे। उल्लेखनीय है कि संस्कारवश द्विवेदी जी ने इस 'लोकधर्म' के पहले कभी-कभी 'निकृष्ट' शब्द का भी प्रयोग किया है।" (उप०)। द्विवेदी जी का दुस्साहस तो देखिए, लोकधर्म के पहले 'निकृष्ट' शब्द का प्रयोग किया है ! कबीर की क्रान्तिकारिता के व्याख्याता हजारीप्रसाद द्विवेदी आदिम प्रथाओं के अवशेषों वाले लोकधर्म को निकृष्ट कैसे कह गये ? संस्कारवश ! थे तो आखिर ब्राह्मण ! उच्चवंशीय उच्चजातीय वर्गों के संस्कारों से कैसे बचते ? द्विवेदी जी के चिन्तन को उसके अन्तर्विरोधों से मुक्त करके नामवरसिंह ने लिखा कि लोकधर्म का महत्व इस बात में है कि "जनता के असन्तोष को विद्रोह का रूप देने के लिए वैचारिक और भावनात्मक शक्ति की भूमिका यही अदा करता है।" (उप०)। टोना-टोटका, तंत्र-मंत्र, आदिवासी समाजों के मिथक और साधना पद्धतियाँ, आदिम प्रथाओं के अवशेष—यह सब लोकधर्म है। नामवरसिंह के अनुसार यह लोकधर्म ही "भक्ति आन्दोलन की जन्मभूमि" है। (उप०)। द्विवेदी जी की मान्यता यही थी। नहीं थी तो होनी चाहिए थी। उन्होंने कहा था कि कबीर की वाणी वह लता है जो योग के क्षेत्र में भक्ति का बीज पड़ने से अंकुरित हुई थी। क्या कहना चाहते थे ? कहना यही चाहते थे कि "योग के रूप में लोक-धर्म 'क्षेत्र' की भूमिका अदा करता है।" (उप०)।

वैसे तंत्र-मंत्र का अपना शास्त्र है, योग का शास्त्र तो है ही। नामवरसिंह ने इन्हें शास्त्रविरोधी मानकर लोकधर्म की संज्ञा प्रदान की। दुर्भाग्य से यह लोकधर्म बीज नहीं है, केवल क्षेत्र है। लेकिन योग के रूप में लोकधर्म यदि क्षेत्र की भूमिका अदा करता है तो कबीर ने हठयोग के टंटे से छुट्टी क्यों ली ? क्या वह भक्ति की लता को क्षेत्र के बिना ही शून्य में उगाना चाहते थे ? उल्लेखनीय है कि कबीर ने तंत्र-मंत्र का विरोध किया था :

> इक तंत मंत औषध (प्र)वांन, इक सकल सिद्धि राखै अपांन।
> इक तीरथ व्रत करि काय जीति, ऐसे रांम नांम सू करैं न प्रीति।
>
> (४/२९७)

कबीर ने जिन अन्धविश्वासों का विरोध किया था, लोकधर्म का नाम देकर नामवरसिंह ने उन्हें कबीर की भक्ति का क्षेत्र बना दिया है ! विचार करें, इस तरह वह कबीर को क्रान्तिकारी सिद्ध करते हैं या क्रान्तिविरोधी !

नामवरसिंह को विश्वास है कि भक्त कवि क्रमशः लोकधर्म से दूर होते गये, उन पर शास्त्रीयता का प्रभाव बढ़ता गया। आश्चर्यजनक बात यह है कि जितना ही वे लोकविमुख हुए, उतना ही उनके काव्य का कलात्मक सौन्दर्य बढ़ा। लिखा है, "भक्ति आन्दोलन में उत्तरोत्तर शास्त्र का सहारा लेने वाली कृतियाँ साहित्यिक दृष्टि से श्रेष्ठतर होती गयीं। यह भी एक विरोधाभास ही है कि शास्त्र-संवलित होकर साहित्य जिस मात्रा में सामाजिक दृष्टि से लोकविमुख तथा लोकविरोधी विचारों की ओर विचलित होता गया, काव्य-भाषा तथा काव्य-कला की दृष्टि से उसी मात्रा में समृद्धतर होता गया। कबीर से चलकर क्रमशः जायसी, सूर और तुलसी तक के विकास का मूल्यांकन इस दृष्टि से रोचक हो सकता है।" (दूस । परम्परा०, पृ० ८४)।

द्वन्द्वात्मक भौतिकवाद का कोई अव्यक्त नियम है कि जो जितना ही बड़ा अवसरवादी होगा, वह उतना ही बड़ा कलाकार होगा। साहित्य जितना ही लोक-विरोधी विचारों की ओर विचलित होता गया, उतना ही कला की दृष्टि से समृद्ध-तर होता गया ! लोकविरोधी विचारों की ओर विचलित होना शुरू किया कबीर ने (तंत्र-मंत्र का विरोध क्यों किया था? रामानन्द के शिष्य क्यों हुए थे?)। कबीर को छोड़ भी दें तो जायसी और सूरदास अवश्य ही लोकविरोधी विचलन में शामिल थे, उसकी पराकाष्ठा हैं तुलसीदास ! द्विवेदी जी, और उनके साथ नामवरसिंह, मानते हैं कि भक्ति आन्दोलन जन आन्दोलन था। यह जन आन्दो-लन पैदाइश से ही, अथवा अपने शैशव काल के बाद, लोक-विरोधी था !

कबीर ने कहा—राम न जपहि अभागी।
तुलसीदास ने कहा—राम नाम जपु नीच।

इनमें किसकी उक्ति अधिक लोक-विरोधी है, आप निर्णय करें किन्तु नामवरसिंह का विचार है कि शुक्ल जी कबीर की उक्ति को गाली कहते थे, तुलसीदास की उक्ति को काव्य मानते थे। अतः सात्विक भाव से उत्तेजित होकर वह प्रश्न करते हैं: "क्या इसलिए कि एक प्रभुवर्ग की 'संस्कृति' के पक्ष में बोलता है और दूसरा उस 'संस्कृति' का विरोध करता है?" (उप०, पृ० १०४)। दोनों राम नाम जपने को कहते हैं पर एक प्रभुवर्ग की संस्कृति के पक्ष में बोलता है, दूसरा उसके विरोध में बोलता है !

यद्यपि तुलसीदास प्रभुवर्ग की संस्कृति के पक्षधर थे, फिर भी द्विवेदी जी की उदारता तो देखिए, नामवरसिंह के अनुसार "महाकवि का जीवन-संघर्ष उन्हें

अपने ही जीवन-संघर्ष जैसा लगता था।" (उप०, पृ० २२)। थोड़ा-सा फर्क था। तुलसीदास ने **रामचरितमानस** स्वान्तः सुखाय लिखा था; द्विवेदी जी को क्षोभ था, "शुरू से अन्त तक जो करना चाहा, वह न कर सका।" (उप०, पृ० ३६)। नामवरसिंह की टिप्पणी है, "इसीलिए वे अक्सर अपने आप को 'शूद्र जाति का ब्राह्मण' कहा करते थे। उनकी नज़र से शूद्र जाति के ब्राह्मण वे हैं जो किसी दूसरे के इशारे से विनियुक्त होकर कलम घसीटते हैं।" (उप०)।

दूसरे के इशारे से ? प्रभुवर्ग के इशारे से तो नहीं ?

नामवरसिंह के हजारीप्रसाद द्विवेदी साहसी आलोचक हैं। कबीर के साहस की प्रशंसा की थी, खुद भी साहसी होंगे। "यदि हज़ारीप्रसाद द्विवेदी के 'कबीर-दास बहुत कुछ को अस्वीकार करने का अपार साहस लेकर अवतीर्ण हुए थे' तो 'कबीर' के हजारीप्रसाद में भी यह साहस कम नहीं है।" (**दूसरी परम्परा०**, पृ० ४३)।

कबीर पुस्तक छपने के बाद द्विवेदी जी को यह जानकर काफी आश्चर्य हुआ कि लोग उन्हें भी कबीर की तरह साहसी समझते लगे हैं। दूसरे संस्करण की भूमिका में उन्होंने कैफियत देते हुए लिखा, " 'कबीर' लिखते समय नाना साधनाओं की चर्चा प्रसंगवश आ गयी है। उनके उसी पहलू का परिचय विशेष रूप से कराया गया है जिसे कबीरदास ने अधिक लक्ष्य किया था। पाठक पुस्तक में यथास्थान पढ़ेंगे कि कबीरदास बहुत कुछ को अस्वीकार करने का साहस लेकर अवतीर्ण हुए थे। उन्होंने तत्काल प्रचलित नाना साधन-मार्गों पर उग्र आक्रमण किया है। कबीरदास के इस विशेष दृष्टिकोण को स्पष्ट रूप से हृदयंगम कराने के लिए मैंने उसकी ओर पाठक की सहानुभूति पैदा करने की चेष्टा की है। इसीलिए कहीं-कहीं पुस्तक में ऐसा लग सकता है कि लेखक भी व्यक्तिगत भाव से किसी साधन-मार्ग का विरोधी है। परन्तु बात ऐसी नहीं है। जहाँ कहीं भी अवसर मिला है वहीं लेखक ने इस भ्रम को दूर करने का प्रयास किया है, पर फिर भी यदि कहीं भ्रम का अवकाश रह गया हो वह इस वक्तव्य से दूर हो जाना चाहिए।" (४/१६५)।

वास्तव में भ्रम का अवकाश पहले भी न था। यह लिखने के बाद कि "सब बाहरी धर्माचारों को अस्वीकार करने का अपार साहस लेकर कबीरदास साधना के क्षेत्र में अवतीर्ण हुए" (४/३४१), द्विवेदी जी ने स्पष्ट कर दिया कि इन बाहरी धर्माचारों के पीछे तत्ववाद छिपा हुआ था, कबीरदास उससे परिचित न थे। धर्माचारों को लेकर उन्होंने पण्डित या पांड़े से तरह-तरह के सवाल किये हैं। द्विवेदी जी का विचार है कि कबीर को कोई 'पत्राधारी अधकचरा ब्राह्मण' मिला होगा, वह 'ब्राह्मण मत के अत्यन्त निचले स्वर का नेता' रहा होगा, वर्ना वह बाहरी धर्माचारों का भीतरी तत्ववाद उन्हें समझा देता। खैर, तत्ववाद तो समझना ही है, तब नहीं तो अब सही !

पण्डित हजारीप्रसाद द्विवेदी कहते हैं, "सबसे मुख्य बात यह है कि कबीरदास ने पौराणिक हिन्दू धर्म के आचार बाहुल्य को ही अधिक लक्ष्य किया था। कोई पूजा या उत्सव उनकी दृष्टि में ज्यादा खटकता था, पर उस पूजा या उत्सव के पीछे लिया हुआ तत्ववाद प्रायः ही उनकी दृष्टि में उपस्थित नहीं होता था। मूर्ति की उपासना उनको बुरी लगती थी, पर ऐसा जान पड़ता है कि मूर्तिवाला तत्ववाद उन्हें मालूम ही न था। शायद ही किसी दार्शनिक तत्ववाद या पौराणिक रहस्य-व्याख्या का उल्लेख उनके ग्रंथ में पाया जाय।

"वेदपाठ, तीर्थस्थान, व्रतोद्यापन, अवतारोपासना, कर्मकाण्ड इत्यादि सबके विरुद्ध कबीरदास ने लिखा है पर कहीं भी इनकी गूढ़ व्याख्याओं को या इनकी पृष्ठभूमि के तत्ववाद को उल्लेख योग्य नहीं समझा। वस्तुतः सारा हिन्दू धर्म उनकी दृष्टि में एक बाह्याचार बहुल ढकोसला मात्र था। उन्होंने योगमार्ग को भी ढकोसला ही समझा था पर हमने पिछले अध्यायों में देखा है कि इस विषय का वर्णन वे रस लेकर करते हैं और उसकी छोटी-छोटी विशेषताओं की भी जानकारी रखते हैं। परन्तु हिन्दू मत या तत्ववाद की ओर न तो उनकी वैसी जिज्ञासा ही है और न निष्ठा ही। बीजक में करीब एक दर्जन पद सीधे 'पण्डित' या 'पाण्डे' को संबोधन करके कहे गये हैं। इनमें से कई पद बहुत मामूली परिवर्तन के साथ 'कबीर ग्रंथावली' में भी आये हैं। इन पदों में वे पण्डित से तरह-तरह के प्रश्न पूछते हैं। कहते हैं, छूत कहाँ से आ गयी? पवन, वीर्य और रज के सम्बन्ध से गर्भाशय में गर्भ रहता है, फिर वह अष्ट कमल दल के नीचे से उतर कर पृथ्वी पर आता है, ऐसी हालत में यह छूत कैसे आ गई? यही वह धरती है जिसमें चौरासी लाख योनि के प्राणियों का शरीर सड़कर मिट्टी हो गया, इस एक ही पाट पर परम-पिता ने सबको बिठाया है तो फिर छूत कैसी रही? इत्यादि। यह तर्क निश्चय ही युक्तिसंगत है पर जिस 'पण्डित' से यह प्रश्न पूछा जाता है वह इसका बहुत सीधा जवाब जानता है। उस सीधे जवाब को प्रश्नकर्ता ने एकदम भुला दिया है। गलत हो या सही, 'पण्डित' यह विश्वास करता है कि छूत उसकी सृष्टि नहीं है बल्कि एक अनादि कर्मप्रवाह का फल है। वह विश्वास करता है कि प्राणिमात्र जन्म-कर्म के एक दुर्वार प्रवाह में बहे जा रहे हैं। अगर उसे सचमुच निरुत्तर करना है तो या तो उसे उस अनादि कर्मप्रवाह की युक्ति के भीतर से समझाना चाहिए या फिर जन्म-कर्मप्रवाह के इस विश्वास को ही निर्मूल सिद्ध कर देना चाहिए। यह अत्यन्त मोटी सी बात है। पर कबीरदास के निकट 'पण्डित' या 'पाण्डे' इतना अदना सा और उपेक्षणीय जीव था कि उन्होंने कभी इस रहस्य को समझने की कोशिश नहीं की।

"इसी प्रकार वे पूछते हैं, 'पण्डित, सोधकर बताओ तो सही, किस प्रकार आवागमन छूट सकता है और धर्म-अर्थ-काम-मोक्ष ये सब फल किस दिशा में

बसते हैं ? अगर गोपाल के बिना संसार का कोई स्थान नहीं है तो भला लोग नरक कैसे जाते हैं ? देखो भाई, जो नहीं जानता, उसके लिए नरक है, स्वर्ग है, परन्तु जो हरि को जानता है उसके लिए कुछ भी नहीं है !' कहना बेकार है कि इस तत्व से पण्डित अपरिचित नहीं है। वह भी जानता है कि यह स्वर्ग और नरक की कल्पना अविद्या की उपज है पर वह कितने ही प्रकार के अधिकारियों के अस्तित्व में विश्वास करता है। उसे निरुत्तर करने के लिए इस अधिकार भेद के सिद्धान्तों की ही जड़ खोदनी चाहिए थी। इस प्रकार कबीरदास का 'पंडित' वह पत्राधारी अधकचरा ब्राह्मण है जो ब्राह्मण मत के अत्यन्त निचले स्तर का नेता है।" (४/२९८-३००)।

यदि पूजा या उत्सव के पीछे छिपा हुआ तत्ववाद प्रायः ही कबीर की दृष्टि में उपस्थित नहीं होता था, तो मानना चाहिए कि पूजा और उत्सवों की आलोचना तात्विक दृष्टि से व्यर्थ थी। यदि उनके ग्रंथ में किसी दार्शनिक तत्ववाद का उल्लेख नहीं है तो मानना चाहिए कि वह हिन्दू धर्म का तत्व समझे ही नहीं। इस धर्म का खंडन भी अपने में एक प्रकार का बाह्याचार है। यदि वेदपाठ, तीर्थस्थान, छुआछूत की पृष्ठभूमि में कोई तत्ववाद छिपा हुआ है, तो इन्हें कायम क्यों न रखा जाय ?

कबीर ने मुसलमानों के धर्म की आलोचना भी की थी। क्या इस धर्म का तत्व उनकी समझ में आया था ? द्विवेदी जी का कहना है, "मुल्ला और काजी को भी वे 'पण्डित' के समान ही अदना और हीनवीर्य समझते रहे। ऐसा नहीं जान पड़ता कि उन्होंने मुसलमान धर्म के बाह्याचारों के सिवा उसके किसी अंश की गहरी जानकारी प्राप्त करने की चेष्टा की हो।" (४/३०२)। मुल्ला, काजी और पण्डित की वकालत कौन कर रहा है ? हजारीप्रसाद द्विवेदी। उन्हें क्रांतिकारी का अँगरखा कौन पहना रहा है ? नामवरसिंह।

ठीक कहा था—हजारीप्रसाद द्विवेदी के कबीरदास··· वैसे ही कहना ठीक है—नामवरसिंह के हजारीप्रसाद द्विवेदी।

द्विवेदी जी ने कबीर के लिए लिखा है, वे वाणी के डिक्टेटर थे, वाणी के बादशाह थे। "असीम-अनन्त ब्रह्मानन्द में आतमा का साक्षीभूत होकर मिलना कुछ वाणी के अगोचर, पकड़ में न आ सकने वाली ही बात है।" (४/३६७)। काव्यानन्द का सम्बन्ध इस ब्रह्मानन्द से है, कबीर की झाड़-फटकार से नहीं। लिखा है, "वाणी के ऐसे बादशाह को साहित्य-रसिक काव्यानन्द का आस्वादन कराने वाला समझें तो उन्हें दोष नहीं दिया जा सकता। **फिर** व्यंग्य करने में और चुटकी लेने में **भी** कबीर अपना प्रतिद्वन्द्वी नहीं जानते।" (उप०)। काले टाइप में दिये हुए **फिर** और **भी** ने भेद प्रकट कर दिया है कि एक है काव्यानन्द, उससे भिन्न कोटि में हैं व्यंग्य और चुटकी। नामवरसिंह ने ब्रह्मानन्द से सम्बद्ध काव्यानन्द को

नेपथ्य में भेज दिया, रंगमंच में प्रकाश केन्द्रित किया व्यंग्य और चुटकी पर। किन्तु यह क्यों न माना जाय कि व्यंग्य और चुटकी वाली बात द्विवेदी जी ने कबीर का विशेष दृष्टिकोण हृदयंगम कराने के लिए, उसकी ओर पाठक की सहानुभूति पैदा करने के लिए कही थी? इसकी कैफियत उन्होंने **कबीर** की भूमिका में नहीं दी पर मौका मिलते ही उन्होंने स्पष्ट कर दिया कि कबीर की झाड़-फटकार उन्हें ज़रा भी पसन्द नहीं है। गुरु नानकदेव के प्रसंग में उन्होंने लिखा, "कई सन्तों ने कस-कसकर चोटें मारीं, व्यंग्यबाण छोड़े, तर्क की छुरी चलाई, पर महान् गुरु नानकदेव ने सुधालेप का काम किया।" (६/३४१)।

वैसे व्यंग्यबाण द्विवेदी जी भी छोड़ते हैं पर विवेक से प्रेरित होकर नहीं, क्षोभ से प्रेरित होकर वह ऐसा करते हैं। उनकी सामान्य चिन्तन भूमि तर्क और विवेक से परे है; कल्पना में जो वस्तु मोहक प्रतीत होती है, कुछ देर में वह उसे यथार्थ मान लेते हैं। शब्दप्रवाह का लक्ष्य सामान्यतः भावोद्रेक होता है और इस उद्रेक में भाव की रूपरेखा पहचानना कठिन होता है। **सिक्ख गुरुओं का पुण्यस्मरण** में: "मध्य-काल के निर्गुणमार्गी सन्तों में गुरु नानक का ही व्यक्तित्व शरच्चन्द्र के समान स्निग्ध, शामक और आह्लादजनक है। उनके पूर्ववर्ती सन्तों में कबीर अद्भुत शक्तिशाली व्यक्तित्व लेकर पैदा हुए थे। परन्तु उनके व्यक्तित्व में तीखापन भी है। वे कस-कर व्यंग्य करते हैं, तीखी और तिलमिला देने वाली आलोचनाओं से पण्डित और मौलवी दोनों पर चोट करते हैं, परन्तु नानक का व्यक्तित्व अत्यन्त मृदु और शान्त है। उनकी भाषा में शरच्चन्द्रमा की किरणों की ही भाँति शामक गुण है।" (६/२२७-२८)। **अपभ्रंश साहित्य और सन्त साहित्य** में: "हजारों वर्ष से शरत् काल की यह सर्वाधिक प्रसन्न तिथि प्रभामंडित पूर्णचन्द्र के साथ उतनी ही मीठी ज्योति के धनी महामानव को स्मरण कराती रही है। इस चन्द्रमा के साथ महा-मानवों का सम्बन्ध जोड़ने में इस देश का समष्टिचित्त आह्लाद अनुभव करता है।···इन सन्तों की ज्योतिष्क मंडली में गुरु नानकदेव ऐसे सन्त हैं जो शरत् काल के पूर्णचन्द्र की तरह ही स्निग्ध, उसी प्रकार शान्त-निर्मल, उसी प्रकार रश्मि के भण्डार थे।···नयी संजीवनी धारा से प्राणिमात्र को उल्लसित करने वाला यह सन्त मध्यकाल की ज्योतिष्क मंडली में अपनी निराली शोभा से शरत्पूर्णिमा के पूर्णचन्द्र की तरह ही ज्योतिष्मान् है।" (६/३४१)।

१०. दूसरी परम्परा

नामवरसिंह ने लिखा है, "'कबीर' के प्रकाशनकाल (१९४२) तक हिन्दी में न तो कबीर की साहित्यिक प्रतिष्ठा थी और न कोई स्वतन्त्र आलोचना पुस्तक ही।" (**दूसरी परम्परा०**, पृ० ४३)। **सिक्ख गुरुओं का स्मरण** से पहले इन गुरुओं पर हिन्दी में कोई पुस्तक नहीं थी। द्विवेदी जी ने पुस्तक लिखकर कवि रूप में

कबीर को प्रतिष्ठित किया तो कवि रूप में—कवि नहीं तो गुरु रूप में—इन सिक्ख गुरुओं को भी प्रतिष्ठित किया। वैसे द्विवेदी जी के लिए कबीर कवि की अपेक्षा गुरु ही अधिक थे। **कबीर** के उपसंहार में उन्होंने स्पष्ट कर दिया था, "कबीर धर्मगुरु थे। इसलिए उनकी वाणियों का आध्यात्मिक रस ही आस्वाद्य होना चाहिए, परन्तु विद्वानों ने नाना रूप में उन वाणियों का अध्ययन और उपयोग किया है। काव्य रूप में उसे आस्वादन करने की तो प्रथा ही चल पड़ी है।" (४/३६६)। काव्य रूप में उसे आस्वादन करने की प्रथा, आधुनिक हिन्दी आलोचना में, **कबीर** के प्रकाशन काल से पहले, चल पड़ी है। इससे बचते हुए द्विवेदी जी कबीर को धर्मगुरु के रूप में प्रतिष्ठित कर रहे हैं, उनकी वाणियों के आध्यात्मिक रस के आस्वादन पर जोर दे रहे हैं।

जिस समय मिश्रबन्धुओं ने **हिन्दी नवरत्न** के लिए नौ महाकवि चुने थे, उस समय कबीर का धर्मगुरु वाला रूप ही उनके लिए मुख्य था। सन् १९३४ में इसके दूसरे संस्करण की भूमिका में उन्होंने लिखा, "द्वितीय संस्करण तैयार करते समय पं० दुलारेलाल भार्गव ने हमसे कहा कि नवरत्न में कबीर को स्थान मिलना चाहिए था। उनकी सलाह हमें भी पसन्द आई, और हमने उनके सम्बन्ध में भी एक समालोचना लिखकर नवरत्न में मिला दी।" इस समालोचना की कुछ स्थापनाएँ ध्यान देने योग्य हैं।

१. "कबीर जी ने अपनी रचना साहित्यानन्द प्रदान के लिए न करके उपदेशार्थ की है। जो पैगम्बर आदि की उपाधियाँ यहाँ लिखी गई हैं, वे यों ही उदाहरणार्थ नहीं लिखी गईं, वरन् हमारे कबीर साहब उन गुणों से भूषित समझ भी पड़ते हैं।" यह कबीर का धर्मगुरु वाला रूप द्विवेदी जी के कबीर का भी है।

२. "ब्रह्मानन्दी कवि भी होता है या नहीं, यह प्रश्न कठिन है। हमें तो समझ पड़ता है कि वह कवि भी है; और ऊँचे दर्जे का साहित्य ऐसे ही लोग रच सकते हैं। ब्रह्मानन्द का उद्‌गार कविता में अच्छा होगा, क्योंकि यह उसका अच्छा माध्यम है। यह निर्विवाद समझ पड़ता है कि जितने लोगों ने हिन्दी रचना की है, उनमें गोरखनाथ, कबीर, तुलसी, सूर, नानक आदि सर्वोत्कृष्ट पुरुष हैं।" यहाँ मिश्रबन्धुओं ने काव्य से ब्रह्मानन्द का सम्बन्ध जोड़ा है। गोरखनाथ और नानक के उल्लेख से जान पड़ता है कि वह योग और निर्गुण भक्ति की परम्पराओं से परिचित हैं।

३. ब्रह्मानन्द के सन्दर्भ में कबीर अद्वितीय हैं। इस प्रकार : "हिन्दी नवरत्न में ईश्वरीय विचार से आप सबसे ऊँचे मनुष्य हैं, इसमें हमें सन्देह नहीं। सम्भव है, कोई अन्य महाशय गोस्वामी तुलसीदास तथा महात्मा सूरदास को इनसे बढ़कर या इनके बराबर बतलावे। हमारी समझ में ये महात्मा लोग कबीरदास की ईश्वर

सम्बन्धी धार्मिक उच्चता को नहीं पहुँचे। इसमें हिन्दू-मुसलमान का विचार करना भूल की बात है। फिर वास्तव में कबीरदास जी के ईश्वरीय विचार उपनिषदों पर ही अवलंबित हैं।" मिश्रबंधुओं ने यह सब साम्प्रदायिक आग्रह से, वर्णगत आग्रह से, मुक्त होकर लिखा है और ऐसा लिखकर उन्होंने वास्तव में साहस का काम किया है। द्विवेदी जी ने कबीर की अद्वितीयता की बात थोड़ी हेरफेर से कही है किन्तु बाह्याचार के पीछे छिपा हुआ तत्ववाद समझा कर उन्होंने अद्वितीयता पर लीपापोती की है। मिश्रबंधुओं ने अपनी बात स्पष्ट और दृढ़ता से कही है। वे ब्रह्मानन्दी नहीं थे। उनकी समझ में कवि कबीर का स्थान केशवदास और मतिराम के बीच में था। पर उन्होंने यह भी कहा था, "लोकप्रियता में आपकी रचना केवल गोस्वामी तुलसीदास से पीछे है।"

४. मिश्रबंधुओं ने कबीर की भक्ति को तर्कसम्मत, विवेकसम्मत माना है। इस सम्बन्ध में उनके विचार बहुत दिलचस्प हैं। लिखा है: "ईश्वरीय विचार जितना शुद्ध कबीर साहब ने कहा है, उतना हमारे किसी अन्य भारी भाषाकवि ने नहीं कहा। स्वामी दयानन्द तक ने सब कुछ छोड़कर वेदों का सहारा अवश्य ढूंढ़ा है; किन्तु कबीर ने कोई सहारा नहीं लिया, केवल सच्चा-सीधा ईश्वर कहा।

चरित राम के सगुन भवानी, तरकि न जाएँ बुद्धिबल बानी।
यह बिचारि जे चतुर बिरागी, रामहिं भजहिं तरक सब त्यागी॥

महात्मा तुलसीदास को अनन्य भक्त होकर भी ऊपर लिखी बात कहनी पड़ी।... कबीरदास के कथनों में संशयात्मकता के लिए ठौर ही नहीं है। वह कहते ही नहीं कि अमुक पुस्तक ईश्वर की आज्ञा है, फिर संशय क्या किया जाय?"

'अमुक पुस्तक ईश्वर की आज्ञा है'—यह माने बिना भी आदमी ज्ञानी हो सकता है, मिश्रबंधुओं की यह धारणा ऐतिहासिक महत्व की है। वे जानते हैं कि कबीर "कर्मकाण्ड के घोर विरोधी" थे, फिर भी उनके ज्ञानी रूप को उन्होंने स्वीकार किया है। उन्होंने इस तथ्य की ओर ध्यान दिया है कि कबीर अवतारवाद के विरोधी हैं। "अवतारों का विचार इन्होंने सदा त्याज्य लिखा है। दो चार स्थानों पर कुछ ऐसे शब्द हैं जिनसे अवतार महिमा व्यक्त होती है।" ऐसे अंश उनकी समझ में प्रक्षिप्त हैं। कर्मकाण्ड और अवतारवाद के विरोधी कबीर के लिए मिश्रबंधुओं ने दृढ़ कण्ठ से घोषणा की है: "हमको समझ पड़ता है कि जब तक इन महात्मा का एक भी ग्रंथ विद्यमान है, तब तक इनकी वास्तविक शिक्षाएँ संसार से हट नहीं सकतीं।"

५. मिश्रबंधुओं ने कबीर के आलोचक रूप की ओर काफी ध्यान दिया था। "कबीर साहब सत्यप्रिय तथा भारी उपदेशक होने के कारण अनुचित बातों की तीव्र आलोचना करने से कभी नहीं चूकते थे।" इस तीव्र आलोचना के अनेक उदाहरण

उन्होंने दिए हैं; इनमें पांड़े निपुन कसाई वाला पद भी है। हिन्दुओं और मुसलमानों के कर्मकाण्ड की आलोचना के लिए पर्याप्त साहस चाहिए, यह समझते हुए मिश्रबंधुओं ने लिखा था, "उस समय ऐसे कथन करने में बड़े साहस की आवश्यकता थी। मनुष्य अपने नये विचारों के कारण प्राणदण्ड तक पा सकता था। जैसा कि मंसूर का हाल हुआ। इसलिए कबीर साहब के निर्भीक वाक्य उनके भारी साहस के भी साक्षी हैं।" **मिश्रबंधु-विनोद** से उन्होंने कबीर के बारे में जो अपनी सम्मति उद्धृत की है, उसमें कबीर के आलोचक रूप की प्रशंसा है: "इन्होंने खरी बातें बहुत उत्तम और साफ-साफ कही हैं, और इनकी कविता में हर जगह सचाई की झलक देख पड़ती है। इनके से बेधड़क कहने वाले कवि बहुत कम देखने में आते हैं।"

६. कबीर की भाषा, शैली, उलटवाँसियों आदि की चर्चा मिश्रबंधुओं ने सहानुभूतिपूर्ण ढंग से की है। "कबीर साहब ने उलटवाँसियाँ बहुत सी कही हैं। इनमें देखने को तो उल्टा कथन किया जाता है, किन्तु आध्यात्मिक अर्थ लगाने से वह ठीक बैठ जाता है। इसलिए उन्हें उलटवाँसी कहते हैं। इन्हीं से मिलते हुए बहुत से ऐसे कथन हैं, जो संकेत में किए गए हैं, और जिनका अर्थ साधारण पाठक कठिनता से लगा सकते हैं।" उदाहरण देने के बाद लिखा है, "ऐसे-ऐसे उल्टे कथनों से भी सीधे अर्थ निकलते हैं।" इस तरह की शैली कबीर ने जानबूझकर अपनाई थी। "इन सब कथनों से आध्यात्मिक अर्थ न केवल निकाले गए हैं, वरन् कबीर साहब ने जानबूझकर उपदेशों को भड़कीला बनाने के विचार से उल्टे कथनों द्वारा भी गूढ़ धार्मिक अर्थ निकालने की विधि रक्खी है।" उलटवाँसियों से भिन्न उनकी सहज शैली के बारे में उन्होंने **मिश्रबंधु-विनोद** में लिखा था, "आपने प्रायः साधारण बातों ही में ज्ञान कहा है। इनके कथन देखने में तो साधारण समझ पड़ते हैं, पर उनमें गूढ़ आशय छिपे रहते हैं। इन्होंने रूपकों, दृष्टान्तों और उत्प्रेक्षाओं आदि में धर्म सम्बन्धी ऊँचे विचारों एवं सिद्धान्तों को सफलतापूर्वक व्यक्त किया है।"[1]

कबीर का धर्मगुरु वाला रूप, ब्रह्मानन्द से उनके कवि रूप की सम्बद्धता, मनुष्य रूप में उच्चता, कवि रूप में लोकप्रियता, कर्मकाण्ड की विवेकसम्मत आलोचना, ऐसी आलोचना के लिए आवश्यक भारी साहस, उलटवाँसियों की सार्थकता, ज्ञान की बातें सीधे ढंग से कहना—ये सारे मुद्दे **हिन्दी नवरत्न** में हैं और हजारीप्रसाद द्विवेदी की **कबीर** पुस्तक में हैं। **सूरसाहित्य** के लेखन काल में द्विवेदी जी **मिश्रबंधु-विनोद** से परिचित थे, कृपाराम की **हिततरंगिणी** के बारे में उसे उद्धृत

---

१. **हिन्दी नवरत्न** से आवश्यक सामग्री सुलभ कराने के लिए मैं उदयशंकर शास्त्री का आभारी हूँ।

किया है (४/७५), और **हिन्दी नवरत्न** से भी परिचित थे—"मिश्रबन्धुओं ने जिन नौ महाकवियों को हिन्दी का 'नवरत्न' माना है, जिनकी संख्या बाद में दस करनी पड़ी है···।" (४/७१)। कबीर वाले निबन्ध के कारण ही नवरत्न की संख्या दस करनी पड़ी थी।

"काव्यरूप में उसे आस्वादन करने की तो प्रथा ही चल पड़ी है"—यह लिखकर द्विवेदी जी ने उन लोगों के प्रति असंतोष प्रकट किया है जो कबीर को मूलतः कविरूप में साहित्य समालोचना के योग्य मानते हैं।

आध्यात्मिक रस से शुक्ल जी को कुछ भी लेना-देना न था। उनके लिए कबीर कविरूप में ही महत्वपूर्ण हो सकते थे, भक्ति लोकजागरण के संदर्भ में ही महत्वपूर्ण थी। नामवरसिंह को शिकायत है कि कबीर में "कवित्व भी है—यह शुक्ल जी ने कहीं नहीं कहा है।" (**दूसरी परम्परा०**, पृ० ४४)। यह शिकायत **दूसरी परम्परा की खोज** में है। इससे पहले **कविता के नये प्रतिमान** में उनकी स्थापना यह थी, "आचार्य शुक्ल को रहस्यवाद पसन्द न था, फिर भी उन्होंने कबीर के भक्ति भावापन्न पदों में काव्यगुण को स्वीकार किया।" (पृ० ३३)।

कविता—उसके साथ आलोचना—के प्रतिमान कितनी जल्दी बदलते हैं! **कविता के नये प्रतिमान** में उद्देश्य था शुक्ल जी को छायावादी संस्कारों वाला आलोचक सिद्ध करना। उन्होंने कबीर के भक्तिभावापन्न पदों में काव्यगुण को स्वीकार किया तो यह उनके छायावादी संस्कारों का प्रमाण था। निर्गुण भक्तों को लेकर नामवरसिंह ने और भी प्रमाण दिये थे। दादू की बानी में, शुक्ल जी के अनुसार, कबीर की उक्तियों का चमत्कार नहीं है "पर प्रेमभाव का निरूपण अधिक **सरस** और **गंभीर** है।" **सरस** और **गंभीर** शब्दों पर ज़ोर नामवरसिंह का है। शुक्ल जी छायावादी हुए बिना गंभीर और सरस कविता की प्रशंसा कैसे कर सकते हैं? सुन्दरदास के बारे में शुक्ल जी की सम्मति देखकर उनके काव्यमूल्यों का परिचय प्राप्त कीजिए। शुक्ल जी के अनुसार सुन्दरदास "काव्यकला की रीति आदि से परिचित थे। अतः **इनकी रचना साहित्यिक और सरस है।**" (उप०, शब्दों पर ज़ोर नामवरसिंह का है।) **दूसरी परम्परा की खोज** तक यह दुनिया बदल चुकी है। कबीर में कवित्व भी है, यह शुक्ल जी ने कहीं नहीं कहा है—न कबीर में है, न अन्य किसी निर्गुणपंथी भक्त में! उद्देश्य अब भी शुक्ल जी को अपदस्थ करना है पर उन्हें छायावादी कहकर यह उद्देश्य सिद्ध न होगा। नयी रणनीति यह है: निर्गुण पंथ नीची जातियों का आन्दोलन था, भक्ति आन्दोलन पर ऊँची जातियों ने अधिकार कर लिया, शुक्ल जी तुलसीदास के समर्थक थे, उन्हें निर्गुणपंथियों में कहीं कवित्व दिखाई न देता था!

कवित्व के अलावा जहाँ तक नाथपंथियों, योगियों आदि का सम्बन्ध है, पीताम्बरदत्त बड़थ्वाल कबीर तथा अन्य निर्गुणपंथियों के संदर्भ में इनकी

विस्तृत चर्चा अपने शोध प्रबन्ध में कर चुके थे। यह प्रबन्ध **दि निर्गुण स्कूल आफ हिन्दी पोएट्री** नाम से १९३६ में प्रकाशित हो चुका था। **कबीर** से पहले **हिन्दी साहित्य की भूमिका** में द्विवेदी जी ने लिखा था, "ग्रंथ सम्पादन, शोधकर्म और ग्रंथ संचय-जैसे महत्व के काम हिन्दी भाषा के माध्यम से पहले हुए भी नहीं थे और लोगों ने इसका महत्व भी नहीं समझा था। इस काल में मुनि जिनविजय, रामचन्द्र शुक्ल···पीताम्बरदत्त बड़थ्वाल जैसे विद्वानों ने इन क्षेत्रों में महत्वपूर्ण कार्य किये।" (३/१५५) **कबीर** लिखने से पहले द्विवेदी जी हिन्दी की इस परम्परा से परिचित हो चुके थे।

अपने शोध प्रबन्ध की भूमिका में डा० बड़थ्वाल ने लिखा है, "लोग आम तौर से मानते हैं कि इन अपढ़ सन्तों के दार्शनिक विचार उलझे हुए, पूर्णतः आत्मसात् न किये हुए और परस्पर असंगत हैं। इसके विपरीत निर्गुण संप्रदाय के पास सुसंगत दर्शन है और उनके उपदेशों के आधार पर सुव्यस्थित विचारतंत्र रचा जा सकता है।" निर्गुण पंथ के अनेक स्रोतों में उन्होंने शंकर के अद्वैतवाद, अनुग्रह के सिद्धान्त, तंत्र और योग का उल्लेख किया। योग के सम्बन्ध में उन्होंने विशेष रूप से लिखा कि कबीरपंथियों ने गोरखनाथ और अन्य योगियों के प्रति जो विरोध भाव दिखाया है, उसके कारण लोग नाथपंथ से निर्गुणपंथ का सम्बन्ध नहीं पहचान सके। इसके साथ ही उन्होंने सावधान किया है कि कबीर पर रामानन्द के प्रभाव को कम करके न आँकना चाहिए। निर्गुणियों ने प्रेम की धारणा सूफियों से नहीं रामानन्द से प्राप्त की थी। रामानन्द की प्रेमा भक्ति के सिलसिले में उन्होंने नारद के 'भक्तिसूत्र' का हवाला दिया था। बड़थ्वाल की पुस्तक में सूफी प्रभाव की पूर्ण अस्वीकृति नहीं है: Though the Nirguna poetry owes its love symbolism to Sufism, Sufi and Indian love symbolisms have characteristic differences." (पृ० २३२, "यद्यपि निर्गुण काव्य ने अपना प्रेम सम्बन्धी प्रतीकवाद सूफी मत से लिया था किन्तु प्रेम के सूफी और भारतीय प्रतीकवादों में उनकी अपनी विशेषताओं वाले भेद हैं।")

तंत्रवाद से निर्गुणपंथ का सम्बन्ध स्वीकार करते हुए बड़थ्वाल ने तांत्रिक शाक्त मत की तीखी आलोचना भी की है। लिखा है, "तांत्रिक शाक्त संप्रदाय औचित्य की सीमा लाँघ गये थे। उन्होंने कहा कि प्रेम, आत्मसम्मान और स्वयं को कैसे समर्पित करना चाहिए, यह स्त्री से सीखना चाहिए। यही नहीं, वे चाहते थे कि उपासक अवैध प्रेम की साधना करे क्योंकि उनके फूहड़ विचार से कोई अपने पत्नी के हाथों आत्मसम्मान समर्पित नहीं करता। आज भी बंगाल का सहजिया संप्रदाय इस मतवाद का सजीव उदाहरण है।" (पृ० २४२)।

बड़थ्वाल के अनुसार निर्गुणिये सन्त मूलतः कवि नहीं थे, वे सत्य के संदेश-वाहक थे और इस सत्य के उपदेश के लिए उन्होंने काव्य को प्रभावशाली माध्यम

बनाया। (पृ० २२१)। निर्गुणपंथियों की भाषा में खुरदुरापन है (पृ० २२२) किन्तु वास्तविक कविता रूप में नहीं, विषयवस्तु में होती है। (पृ० २२३)। कबीर ने जातिगत भेदभाव की आलोचना की। "निर्गुण संप्रदाय ने शूद्रों की भद्दी आदतों को सुधारा, उन्हें श्रम का सम्मान करना सिखाया, भक्तिभाव वाले ज्ञान से शान्ति प्राप्त करने का द्वार खोल दिया और उनमें आत्मसम्मान का जबर्दस्त भाव जगाया।" (पृ० १८०-८१)। निर्गुणपंथी सन्तों ने सद्‌भावना के वातावरण में हिन्दुओं और मुसलमानों को मिलाने का प्रयत्न किया। "अकबर के शासनकाल में जो सहनशीलता की भावना थी, वह नये चिन्तन से भरे हुए वातावरण का परिणाम थी। इस नये चिन्तन ने अकबर को सत्य का अन्वेषक बनाया, समाज सुधारक और सहनशील सम्राट् बनाया और इसी में अकबर का बड़प्पन था। दरअसल इस चिन्तन के आधार पर ही भारतीय एकता की संरचना स्थायी हो सकती है और इसमें केवल हिन्दू और मुसलमान नहीं, वरन् भारत के निवासी विभिन्न तत्व, ईसाइयों समेत, उसमें गूंथे जा सकते हैं।" (पृ० १८१)।

कुल मिलाकर कबीर की भूमिका यह है: "कबीर ने लगातार अज्ञान को हटाने का प्रयास किया। उनके वचनों को अहिन्दी प्रान्तों में भी जो लोकप्रियता मिली, उससे उनकी महत्ता का बोध होता है।" (पृ० २५४)। बड़थ्वाल ने कबीर के पारिभाषिक शब्दों की व्याख्या की है। कबीर की उलटवाँसियों के लिए लिखा है कि जो अभिव्यंजक (suggestive) हैं, उनमें ऊँचे दर्जे की कविता है; कुछ गुह्य रहस्यों वाली हैं, वे काव्य रचना के अनुकूल नहीं हैं; किन्तु कभी-कभी इस पद्धति से काम लिया जाय तो श्रोता में अर्थ के लिए उत्सुकता जाग्रत होती है और वह अपेक्षाकृत अधिक ध्यान से कवि की बात सुनता है। (पृ० २४४)।

बड़थ्वाल का शोध प्रबन्ध अंग्रेजी में है। पाद-टिप्पणियों में उन्होंने मूल हिन्दी रूप में रचनाएँ उद्धृत की हैं, अपने विवेचन में अंग्रेजी अनुवाद दिया है। दिलचस्प बात है कि अनेक स्थानों पर उन्होंने रवीन्द्रनाथ ठाकुर की पुस्तक **सौंग्स आफ कबीर** से उद्धरण दिये हैं। **कबीर** तथा अन्य पुस्तकों में द्विवेदी जी ने योग और निर्गुणपंथी सन्तों पर जो कुछ लिखा है, वह बहुत कुछ बड़थ्वाल के शोधग्रंथ में विद्यमान है।

नामवरसिंह के अनुसार हिन्दी आलोचना में अंधकार था, "प्रकाश की कोई किरण यदि कहीं थी तो शान्तिनिकेतन में।...अपने ही घर में कबीर को उपेक्षित पाकर द्विवेदी जी कबीर के अध्ययन की ओर प्रवृत्त हुए।" (**दूसरी परम्परा०** पृ० ४४)। मानना चाहिए, इसी तरह हजारीप्रसाद द्विवेदी को उपेक्षित पाकर दूसरी परम्परा की खोज की ओर नामवरसिंह प्रवृत्त हुए।

"अप्रासंगिक नहीं है कि द्विवेदी जी का 'कबीर' आचार्य क्षितिमोहन सेन को समर्पित है।" (उप०)। यह भी अप्रासंगिक नहीं है कि **दूसरी परम्परा की खोज**

'आधुनिक कबीर नागार्जुन को' समर्पित है। आधुनिक कबीर मुक्तिबोध नहीं हैं, नागार्जुन हैं। मुक्तिबोध भी उपेक्षित ही थे। लगता है, उपेक्षित होने में अब नागार्जुन उनसे आगे हैं। जो भी हो, **दूसरी परम्परा की खोज** साहित्य में उपेक्षितों की खोज की पुरानी सुपरिचित परम्परा की ही नयी कड़ी है।

किन्तु शुक्लविरोधी अभियान में मुक्तिबोध की भूमिका अब भी नगण्य नहीं है। जब शुक्ल जी छायावादी थे, तब **कामायनी** के पुनर्मूल्यांकन के लिए नामवरसिंह ने मुक्तिबोध को आगे किया। जब रणनीति बदल गई, तब उन्होंने सगुण के विरुद्ध निर्गुण के पक्ष में, रामभक्ति के विरुद्ध कृष्णभक्ति के पक्ष में फिर मुतिबोध को आगे किया। इस प्रक्रिया में प्रसाद का पुनर्जन्म हुआ। मुक्तिबोध के साथ प्रसाद भी शुक्ल जी के विरोध में अग्रसारित किये गये। "यह कहना कठिन है कि द्विवेदी जी प्रसाद द्वारा निरूपित आनन्दवादी परम्परा से किस हद तक परिचित थे, किन्तु तत्वतः यह वही परम्परा है जिसका श्रेय वे गंधर्व, नाग, द्रविड़ आदि जातियों को देते हैं।" (उप०, पृ० ९०)। किसी समय नामवरसिंह को इस बात पर आपत्ति थी कि द्विवेदी जी ने अपने विवेचन में नस्ल के सिद्धान्त का सहारा लिया है और इस सिद्धान्त के कारण आगे चलकर फासिज़्म का उदय हुआ, किन्तु अब स्वयं इस सिद्धान्त में इजाफा करते हुए उन्होंने लिखा, "हमारी परम्परा में सुन्दर माना जाने वाला ऐसा कुछ भी नहीं बचता जो आर्येतर न हो!" (उप०, पृ० ९१)। आर्येतरवाद ज़िन्दाबाद! द्रविड़ मुन्नेत्र कड़गम् जिन्दाबाद!

नारी से सुन्दर दुनिया में और क्या होगा? 'आर्यों' में श्रृंगारभाव 'आर्येतर' स्त्रियों को देखकर ही पैदा हुआ होगा! शुक्ल जी में आर्यवाद के प्रति प्रबल आग्रह रहा होगा जो "छायावादियों की कौन कहे स्वयं विद्यापति और सूर जैसे भक्त कवियों का नारी-सौन्दर्य भी ग्राह्य नहीं है।" (उप०, पृ० ९१)। शुक्ल जी का मत था कि "विद्यापति के पद अधिकतर श्रृंगार के ही हैं, जिनमें नायिका और नायक राधा-कृष्ण हैं। इन पदों की रचना जयदेव के गीतकाव्य के अनुकरण पर ही शायद की गई हो। इनका माधुर्य अद्भुत है।" (**इतिहास**, पृ० ७०)। माधुर्य अद्भुत है अर्थात्—वह अग्राह्य है! और सूरदास, शुक्ल जी का कहना था, "प्रेम नाम की मनोवृत्ति का जैसा विस्तृत और पूर्ण परिज्ञान सूर का था, वैसा और किसी कवि को नहीं। इनका सारा संयोग-वर्णन लम्बी-चौड़ी प्रेमचर्या है जिसमें आनन्दोल्लास के न जाने कितने स्वरूपों का विधान है।" (**सूरदास**, पृ० १७६-७७) किन्तु नामवरसिंह ने दुखी होकर लिखा है, "विचित्र विडम्बना है कि हिन्दी भक्ति काव्य के अनेक लोकवादी मूल्यों के प्रशंसक आचार्य शुक्ल ने भी भक्ति काव्य के प्राण 'प्रेम' को अभारतीय कहा।" (**दूसरी परम्परा०**, पृ० ६३)।

सचमुच भारत की परिस्थितियाँ जटिल हैं। परिवर्तन जाने कब होगा।

किन्तु जब और कोई क्रान्ति न होती हो, तब यौन क्रान्ति करनी चाहिए। "इस दिशा में स्वयं मार्क्स ने तो संकेत किया ही है, हर्बर्ट मार्कुज़े ने इस दमन की व्याख्या के लिए 'इरोस एण्ड सिविलिजेशन' नामक पूरी पुस्तक ही लिखी है।" (उप०)। यौन क्रान्ति ही वास्तविक क्रान्ति है। "कहने की आवश्यकता नहीं कि हिन्दी में सूरदास आदि का भक्तिकाव्य इस सामंती दमन के विरुद्ध मानवीय विद्रोह था।" (उप०)। द्विवेदी जी : **सूरसाहित्य**, में प्रवृत्तियों के दमन का विरोध किया। उसकी अनुगूंज **बाणभट्ट की आत्मकथा** में है। **अनामदास का पोथा** "मनुष्य की उस मूलभूत 'कामभावना' की अकुंठ प्रतिष्ठा करता है जो पाप के नाम पर निर्मित समस्त वर्जनाओं को चुनौती देती है।" (पृ० ६३)। अकुंठ प्रतिष्ठा? समस्त वर्जनाओं को चुनौती? नहीं-नहीं, ऐसा नहीं है। द्विवेदी जी ने छात्रों को लक्ष्य करके कहा था कि साहित्य का मर्म न समझने पर "विद्यार्थियों में काव्य के उपकरणों को ही काव्य समझने की आदत" पड़ जायगी। कामवासना को मनुष्य की दुर्बलता मानते हुए उन्होंने कहा था, "वाल्मीकि या व्यास, या कालिदास मनुष्य की महिमा के प्रचारक थे, उसकी दुर्बलता के नहीं और न उसकी उस सहजात पशुसुलभ मनोवृत्ति के प्रचारक थे जो थोड़ी-सी उत्तेजना पाते ही झनझना उठती है।" (७/१२०)।

बाणभट्ट की आत्मकथा में स्वयं द्विवेदी जी ने स्वीकार किया था कि स्त्री-जनोचित लज्जा प्रेम की अभिव्यक्ति में बाधा देती है। नामवरसिंह का प्रश्न सर्वथा उचित है, "क्या यह तथ्य नहीं है कि उस तथाकथित 'लज्जा' से जो वस्तुतः 'कुंठा' का ही शिष्ट रूप है, स्वयं बाणभट्ट का चरित्र काफी दब गया है?" (पृ० १०६)। नहीं, हजारीप्रसाद द्विवेदी की कृतियों में कामभावना की अकुंठ प्रतिष्ठा नहीं है। उसे अकुंठ रूप में प्रतिष्ठित करने का भार उनके शिष्यों पर है।

शुक्ल जी से भिन्न द्विवेदी जी की दूसरी परम्परा की बात करना सही है।

शुक्ल जी का दृष्टिकोण मूलतः भौतिकवादी है। द्विवेदी जी का दृष्टिकोण मूलतः भाववादी है। अपने दृष्टिकोण के अनुरूप शुक्ल जी समाज और साहित्य का जो विश्लेषण करते हैं, वह कुल मिलाकर वस्तुगत होता है। द्विवेदी जी का विश्लेषण कुल मिलाकर आत्मगत होता है। जहाँ वह शुक्ल जी की असंगतियों को लेकर चलते हैं, वहाँ उन्हें उनके तर्कसंगत परिणाम तक पहुँचा देते हैं। शुक्ल जी के लिए मुसलमानों का राज्य कायम होने के बाद जनता में निराशा फैल गयी लेकिन भक्त कवियों ने हिन्दुओं और मुसलमानों के लिए सामान्य भक्ति मार्ग का विकास किया। द्विवेदी जी ने सगुण-निर्गुण दोनों भक्तिमार्गों को हिन्दू संस्कृति का आत्मरक्षात्मक प्रयत्न माना।

शुक्ल जी ने अपने वस्तुवादी दृष्टिकोण के अनुरूप भक्तिकाव्य के सामाजिक

मूल्यों पर जोर दिया, द्विवेदी जी ने अपने भाववादी दृष्टिकोण के अनुरूप भक्ति-काव्य के आध्यात्मिक और धार्मिक पक्ष पर ज़ोर दिया। शुक्ल जी का दृष्टिकोण एक सामंतविरोधी आलोचक का दृष्टिकोण है; उन्होंने धर्म और दर्शन के क्षेत्र में तंत्र-मंत्रवाद और हठयोग का विरोध किया, साहित्य के क्षेत्र में रीतिवाद का विरोध किया। द्विवेदी जी ने तंत्रवाद, योगसंबंधी चमत्कारों और सिद्धियों के प्रति आस्था जगायी, भक्ति को उनसे अलग मानते हुए भी उसकी सांस्कृतिक पृष्ठभूमि की चर्चा के बहाने उन पर इस तरह ध्यान केन्द्रित किया कि वे भारतीय संस्कृति की महान् उपलब्धि जान पड़ें। भक्ति की चर्चा के बावजूद उनका मन रमता है कामशास्त्र की चर्चा में। प्राचीन भारत के कलात्मक विनोद उनके मन की इस रमणीयता का प्रमाण है। नायिकाभेदी साहित्य के प्रति अनुराग उनके तंत्रवादी वामाचारी स्वभाव के अनुकूल है।

हजारीप्रसाद द्विवेदी का साहित्यचिन्तन हिन्दू पुनरुत्थानवाद से गंभीर रूप में संबद्ध है। **हिन्दी साहित्य की भूमिका** में उन्होंने गुप्तकालीन क्रान्ति के बारे में लिखा था, "असल में बौद्ध धर्म के उच्छेद और ब्राह्मण धर्म की पुनः स्थापना से भारत की धार्मिक तथा राजनीतिक परिस्थितियों में अभूतपूर्व क्रान्ति उत्पन्न हो गयी।" (३/५७)। 'संस्कृत का साहित्य' निबन्ध में क्रान्ति का स्वरूप और भी स्पष्ट करते हुए उन्होंने लिखा था, "इस युग में राजकार्य से लेकर समाज, धर्म और साहित्य तक में अद्भुत क्रान्ति का परिचय मिलता है। ब्राह्मण धर्म और संस्कृत भाषा एकदम नवीन प्राण लेकर जाग उठे।" (१०/१९)। इसी निबन्ध में उन्होंने गुप्तकालीन शास्त्रों के बारे में लिखा, "जो शास्त्र उन दिनों प्रतिष्ठित हुए थे, वे आज भी भारतीय चिन्तन-स्रोत को बहुत कुछ गति दे रहे हैं।" (१०/१९६)। इन्हीं शास्त्रों की छानबीन करके "एक बहुत कुछ मिलता-जुलता आचारप्रवण धर्म मत स्थिर किया जा सका। निबन्ध ग्रंथों की यह बहुत बड़ी देन थी। जिस बात को आजकल 'हिन्दू सौलिडैरिटी' कहते हैं उसका प्रथम भित्ति-स्थापन इन निबन्ध ग्रंथों के द्वारा ही हुआ था। पर समस्या का समाधान इससे नहीं हुआ।" (४/३३२)।

गुप्तकाल में जो क्रान्ति हुई, उससे ब्राह्मण धर्म नवीन प्राण लेकर जागा था। उस काल के शास्त्र आज भी भारतीय चिन्तन को बहुत कुछ गति दे रहे हैं। इन शास्त्रों की छानबीन करके एक धर्म मत स्थिर किया गया, वह निबन्ध ग्रंथों की बहुत बड़ी देन थी। इन निबन्ध ग्रंथों के द्वारा हिन्दू सौलिडैरिटी का प्रथम भित्ति-स्थापन हुआ। गुप्तकालीन ब्राह्मण क्रान्ति की धारणा कबीर सम्बन्धी विवेचन से जुड़ी हुई थी। शास्त्रों की उस व्याख्या से समस्या का समाधान इसलिए न हुआ था कि आचारप्रवण धर्म में बाह्याचार पर ज़ोर था, उसके तत्ववादी आशय को लोग भूल गये थे। यह काम द्विवेदी जी ने कबीर में किया। हिन्दू मत या तत्ववाद की

ओर कबीर की जिज्ञासा नहीं थी, निष्ठा भी नहीं थी। उन्हें कोई निचले स्तर का अधचकरा पण्डित मिला था; शास्त्रज्ञ पण्डित की ओर से कबीर के प्रश्नों का उत्तर द्विवेदी जी ने दिया है। भक्तिकाव्य से हिन्दू सौलिडैरिटी में कोई मौलिक परिवर्तन नहीं हुआ। यह काव्य या तो सोलह आने हिन्दू था, या बारह आने हिन्दू और चार आने मुसलमान था। चार आने वाली बात सही हो, तो भी हिन्दू सौलिडैरिटी बारह आने तो बची ही रही।

निबन्ध ग्रंथों के रचनाकाल में हिन्दू सौलिडैरिटी का प्रथम भित्ति-स्थापन हुआ। संभवतः द्वितीय स्थापन भक्तिकाल में, तृतीय अंग्रेजी राज में और चतुर्थ भारत से अंग्रेजों के जाने के बाद हुआ। भारत के जिन भूखंडों में यह भित्ति-स्थापन हुआ, उनमें एक काशी का हिन्दू विश्वविद्यालय था। भित्ति-स्थापन कार्यवाही से भारत सरकार चिन्तित हुई। उसने गजेन्द्रगडकर के नेतृत्व में जाँच-समिति गठित की। हिन्दू सौलिडैरिटी के समर्थकों ने जाँच-समिति की रिपोर्ट का जोरों से विरोध किया। उस समय विश्वविद्यालय के वाइस चान्सलर डा० ए० सी० जोशी थे, रेक्टर हजारीप्रसाद द्विवेदी थे। इस सिलसिले में १७ अगस्त, १९६९ के **जनयुग** में जो विवरण प्रकाशित हुआ था, उसका एक अंश इस प्रकार है :

"डॉ० पी० बी० गजेन्द्रगडकर के नेतृत्व में गठित बनारस हिन्दू विश्वविद्यालय जाँच-समिति की रिपोर्ट पर तरह-तरह की प्रतिक्रियाएँ सामने आयी हैं।

"विश्वविद्यालय के उपकुलपति डॉ० ए० सी० जोशी ने रिपोर्ट का विरोध करते हुए त्यागपत्र दे दिया है। कुख्यात राष्ट्रीय स्वयंसेवक-संघी छात्र नेता दामोदर सिंह, जिसने डॉ० ए० सी० जोशी के संरक्षण में इस विद्यालय के प्राङ्गण को सांप्रदायिक उत्तेजना और अपराधपूर्ण कृत्यों का क्रीड़ाक्षेत्र बना दिया था, इस रिपोर्ट के खिलाफ खुलकर आ गया है और उसने धमकी दी है कि विश्वविद्यालय में ज्वालामुखी फूट पड़ेगा।

"डॉ० हजारीप्रसाद द्विवेदी, रेक्टर ने, जिन्होंने स्वामिभक्ति के साथ उपकुलपति का समर्थन किया था, और कुछ प्राक्टरों ने भी, जिन्होंने पुलिस की नृशंसता और गुण्डों की बर्बरता को मात करते हुए विद्यार्थियों के संघर्ष को कुचलने की कोशिश की थी, अपने पदों से त्यागपत्र दे दिया है।

"जनसंघ और रा० स्व० सं० ने इस रिपोर्ट पर असहमति व्यक्त की है। उसके सर्वोच्च नेता अब केन्द्रीय सरकार को धमकी देकर उस पर दबाव डाल रहे हैं कि यदि रिपोर्ट की कुछ सिफारिशें लागू की गयीं तो परिणाम भयानक हो सकते हैं।"

नामवरसिंह द्विवेदी जी को नजदीक से जानते हैं। चाहें तो इस घटना-क्रम पर अधिक प्रकाश डाल सकते हैं।

वह भी क्या ज़माना था जब नामवरसिंह छायावाद और रामचन्द्र शुक्ल से प्रगतिशील साहित्यिक आन्दोलन का सम्बन्ध पहचानते थे। उस ज़माने में उन्होंने आचार्य रामचन्द्र शुक्ल का मूल्यांकन इस प्रकार किया था :

"प्रगतिवाद से पूर्व हिन्दी आलोचना में मुख्यतः तुलना और व्याख्या का कार्य हो रहा था। आलोचक प्रायः साहित्यिक कृतियों की यथाशक्ति व्याख्या करके उसमें निहित सौन्दर्य का उद्घाटन करते थे। आचार्य शुक्ल की गूढ़ दृष्टि ने व्याख्या के इस कार्य में अद्भुत क्षमता का परिचय दिया। उन्होंने अपने सजग सौन्दर्यबोध और गहरी रसग्राहिणी शक्ति के द्वारा लेखकों और पाठकों के मन में उच्चकोटि के साहित्य-संस्कार अथवा रुचि का बीजवपन किया। उनके प्रयत्न से लोगों के मन में चमत्कार और वास्तविक रस में अन्तर करके साहित्य को परखने की क्षमता आयी।

"लेकिन आचार्य शुक्ल ने इससे भी आगे बढ़कर एक और काम किया। उन्होंने अपने सौन्दर्यबोध तथा रसानुभूति को शुद्ध आनन्द की स्थिति से ऊपर उठाकर लोकमंगल की उदात्त सामाजिक पृष्ठभूमि पर प्रतिष्ठित किया। उनका विचार था, साहित्य केवल आनन्द देने की वस्तु नहीं है, बल्कि उसे लोकमंगल के लिए प्रयत्न भी करना चाहिए। इसी दृष्टि से उन्होंने तुलसीदास के साहित्य को सूरदास की रचना से श्रेष्ठ ठहराया क्योंकि उनके विचार से तुलसी में सूर की अपेक्षा लोकमंगल की भावना अधिक थी। शुद्ध आनन्द वाले साहित्य को वे 'लोकमंगल की सिद्धावस्था' कहते थे और सामाजिक कल्याण वाले साहित्य को 'लोकमंगल की साधनावस्था'।

"अपनी इस स्थापना के द्वारा शुक्ल जी ने समीक्षा को निष्क्रिय व्याख्या से आगे बढ़ाकर सक्रिय परिवर्तनकारी सामाजिक शास्त्र के रूप में प्रतिष्ठित किया।

"आवश्यकता इस कार्य को आगे बढ़ाने की थी और प्रगतिवाद ने आगे बढ़कर शुक्ल जी की इस विरासत को यथोचित रूप देने का उत्तरदायित्व अपने कंधों पर लिया।" (**आधुनिक हिन्दी साहित्य की प्रवृत्तियाँ**, पृ० १०४-०५)।

यहाँ अभी दूसरी परम्परा की गुंजाइश नहीं है, लोक विमुख होकर कलात्मक साहित्य सृजन की संभावना नहीं है। "वाल्मीकि, व्यास, तुलसी, प्रेमचन्द के उदाहरणों से स्पष्ट है कि ये श्रेष्ठ साहित्यकार तमाम वर्गों से ऊपर और निष्पक्ष नहीं थे। इन सभी साहित्यकारों ने पीड़ित, दलित और सताए हुए का पक्ष लिया था और इसी तरफदारी के कारण उनमें उच्चकोटि की मानवतावादी भावनाएँ थीं।" (उप०, पृ० १०८)। यहाँ वाल्मीकि और व्यास के बाद सहज भाव से तुलसीदास और प्रेमचन्द आ गये हैं। कबीर उपेक्षित हैं।

रामायण में शूद्रों का विरोध है पर "तुलसीदास ने उसी रामायण में गुह, निषाद, शबरी इत्यादि को स्वयं राम द्वारा स्नेह और सम्मान दिलाया है।···

वस्तुत: उन्होंने नीचे कहे जाने वाले लोगों में भक्ति की संजीवनी भरकर उन्हें अमर कर दिया, साथ ही ऊँचे आसन पर ला बिठाया।" (उप०, पृ० १०८-०६)।

सुनने में आया है कि इधर शुक्ल जन्मशती समारोहों में वह अपनी पुरानी मान्यताओं की ओर लौट रहे हैं। लौट आयें तो हिन्दी आलोचना के लिए और उनके लिए अच्छा होगा। नयी कविता के बाद कविता की वापसी—नयी समीक्षा के बाद आलोचना की वापसी होनी ही चाहिए।

सन् १९ से २९ तक, जलियानवाला काण्ड से लेकर रावी तट पर पूर्ण स्वाधीनता की प्रतिज्ञा तक, भारतीय इतिहास का महत्वपूर्ण काल है। शुक्ल जी का अधिकांश आलोचनात्मक कार्य मुख्यत: इसी दौर में संपन्न हुआ था। सन् २० में **विश्वप्रपंच** की भूमिका, सन् २२ में **बुद्धचरित** की भूमिका, सन् २३ में **तुलसीदास**, सन् २४ में **जायसी ग्रंथावली** की भूमिका, सन् २५ में **भ्रमरगीत सार** की भूमिका, सन् २९ में **हिन्दी साहित्य का इतिहास**, इस सबके साथ **रसमीमांसा** और अनेक निबन्ध, इससे शुक्ल जी के अनवरत अध्यवसाय और विकट परिश्रम का अनुमान किया जा सकता है। स्वाधीनता आन्दोलन के प्रसार के साथ भारतीय साहित्य का नये स्तर पर विकास हुआ। दोनों का सम्बन्ध कहीं प्रत्यक्ष है, कहीं अप्रत्यक्ष। स्वाधीनता आन्दोलन का सामंत विरोधी पक्ष कमजोर है, शुक्ल जी की आलोचना का सामंतविरोधी पक्ष (तंत्र-मंत्र विरोधी, रीतिवाद विरोधी पक्ष) मज़बूत है। संप्रदायवाद और वर्णव्यवस्था को लेकर जो भटकाव स्वाधीनता आन्दोलन में या स्वाधीन भारत में है (देश का साम्प्रदायिक विभाजन, आरक्षण द्वारा वर्णव्यवस्था की सुरक्षा), वे वर्ग संगठन और वर्ग संघर्ष द्वारा ही दूर किये जा सकते हैं। ये भटकाव शुक्ल जी की आलोचना में हैं, उनका काट भी उनकी आलोचना में है।

स्वाधीनता आन्दोलन के अधिकांश नेता भाववादी रहे हैं। शुक्ल जी उनकी अपेक्षा वैज्ञानिक, वस्तुगत विचारधारा की भूमि पर बहुत आगे बढ़े हुए हैं। स्वाधीनता आन्दोलन की उपलब्धियों के आधार पर भारतीय समाज का विकास करना आसान काम नहीं है; शुक्ल जी की उपलब्धियों के आधार पर हिन्दी आलोचना का विकास करना अपेक्षाकृत सरल है। जिस हिन्दी नवजागरण के सूत्रधार महावीर प्रसाद द्विवेदी थे, उसका महत्वपूर्ण अंग है शुक्ल जी का आलोचना कार्य। नामवर सिंह जानते हैं कि हिन्दी की "अपनी समालोचना की गौरवशाली परम्परा" है, "जिसकी नींव महावीरप्रसाद द्विवेदी जैसे समर्थ आचार्य ने डाली है।" (आलोचना, अप्रैल-जून १९८२)। हिन्दी में परम्पराएँ तो अनेक हैं, पर जो परम्परा गौरवशाली है, जिसे अपनी जातीय परम्परा कहकर हम गर्व कर सकते हैं, वह एक ही है। "आज हिन्दी में 'क्रान्तिकारी' मार्क्सवादियों की कमी नहीं है...अवसरवादी संसदीय राजनीति का बोलबाला है..."—नामवरसिंह (उप०)। कुछ

अवसरवादी रुझान साहित्य में भी हैं। हिन्दी आलोचना के विकास में वे बाधक हैं। अपने समकालीन आलोचकों से मेरा निवेदन है कि वे इन रुकावटों को दूर करके हिन्दी की गौरवशाली परम्परा को समृद्ध करने के लिए आगे बढ़ें।

—रामविलास शर्मा

एक बात और :

१९१४ में 'चलती कविता' शीर्षक निबन्ध में कबीर के रूढ़ि विरोधी पक्ष को लेकर मैंने कुछ बातें कही थीं। पाठक नोट कर सकते हैं कि उस समय मैंने मिश्र बन्धुओं का उल्लेख किया था। कबीर की एक भदेस उक्ति के प्रसंग में लिखा था, "वैसे तो एक लेख में ऐसे शब्दों का उल्लेख करना भी अपने ऊपर विपत्ति बुलाना है, परन्तु ये शब्द एक महाकवि के हैं जिन्हें हिन्दी नवरत्न में स्थान मिला है। यदि श्रद्धेय मिश्र बन्धुओं की पुस्तक में ये शब्द छपे न देखे होते तो उन्हें यहाँ लिखते हुए दो-चार बार आगा-पीछा जरूर सोचता।"

आगे लिखा था, "हिन्दी साहित्य में कबीर का नाम एक रहस्यवादी के नाते है, धार्मिक कट्टरता पर उन्होंने जो प्रहार किए हैं, उन्हें हम भूल सा जाते हैं। पिछले साहित्य से अपनी भावना के अनुसार हम सामग्री ग्रहण करते हैं। बहुत-सी बातें छोड़ जाते हैं, बहुत-सी नई ढूंढ़ निकालते हैं। कुछ लोगों की भावना ऐसी होती हैं कि कविता में मायके और ससुराल की बातें पढ़कर विशेष आनन्द आता है। अध्यात्मवाद की ऊँची-ऊँची बातें उन्हें इन छोटी-छोटी बातों में मिल जाती हैं। कबीर का मूल्य आँकते समय इन बातों को भुलाया नहीं जा सकता, न उन्हें भुलाया जाना चाहिए। फिर भी मनुष्य में अच्छाई-बुराई दोनों होती हैं, एक बात के कारण यदि हम किसी की बड़ाई करते हैं तो यह अर्थ नहीं कि हमें उसकी सभी बातें अच्छी लगती हैं। कबीर ने सबसे मार्के का काम यह किया कि अपनी कविता से लोगों को अंधविश्वास से बहुत कुछ दूर ले गए। उनकी कविता में व्यंग्य और हास्य कूट-कूट कर भरा है और इस प्रकार की रचना के वे आचार्य से हैं।" (विरामचिह्न, पृष्ठ सं० १५१) इति

भूमिका में उद्धत पुस्तकें

१. द्विवेदी, हजारीप्रसाद : आचार्य हजारीप्रसाद द्विवेदी ग्रंथावली, दिल्ली, १९८१
२. रिजवी, सैयिद अतर
अब्बास : 'मुगलकालीन भारत, बाबर (बाबरनामा)', अलीगढ़, १९६०
३. शुक्ल, रामचन्द्र : 'गोस्वामी तुलसीदास', षष्ठ सं०, काशी, २००५ (विक्रमी)
४. — 'जायसी ग्रंथावली', पंचम सं०, काशी, २००८ (विक्रमी)
५. — 'रसमीमांसा', काशी, २००६ (विक्रमी)
६. — 'विश्वप्रपंच', काशी, १९७७ (विक्रमी)
७. — 'सूरदास', काशी, २००० (विक्रमी)
८. — 'हिन्दी साहित्य का इतिहास', काशी, १९९७ (विक्रमी)
९. सिंह, नामवर : 'आधुनिक साहित्य की प्रवृत्तियाँ', पाँचवाँ सं०, इलाहाबाद, १९७१
१०. — 'इतिहास और आलोचना', तीसरा सं०, दिल्ली, १९७८
११. — 'कविता के नए प्रतिमान', दूसरा सं०, दिल्ली, १९७४
१२. — 'दूसरी परम्परा की खोज', दिल्ली १९८२
13. Barthwal, P. D. : *The Nirgun School of Hindi Poetry.*
14. *History of the USSR, Part I*, Moscow, 1981.
15. HiHi, Philip K. : *History of the Arabs*, London, 1970
16. Moor, Barrington : *Social Origins of Dictatorship and Democracy*, Penguin, 1979

१

आधुनिक चिंतन और विकासवाद

जगत की उत्पत्ति, जीवों की उत्पत्ति, मनोविज्ञान, कर्त्तव्यशास्त्र, इतिहास, धर्माधर्म, समाजशास्त्र सबकी व्याख्या विकास-पद्धति का अवलम्बन करके की गई है। भाषा की उत्पत्ति का क्रम अनेक जर्मन भाषातत्वविदों ने अपनी पुस्तकों में दिखाया है। जेगर ने लिखा है कि बनमानुसों से मिलते-जुलते पूर्वजों से उत्पन्न मनुष्य में दो पैरों पर खड़े होने की विशेषता सबसे अधिक हुई जिससे उसे श्वास की क्रिया या प्राणवायु पर पूरा अधिकार हो गया। इसी विशेषता से उसमें वर्णात्मक वाणी की सामर्थ्य आई। आजकल ऐसा ही कोई होगा जो इतिहास लिखने में इस बात का ध्यान न रखता हो कि किसी जाति के बीच ज्ञान, विज्ञान, आचार, सभ्यता इत्यादि का विकास क्रमशः हुआ है। इन सबको पूर्णरूप में लेकर किसी जाति के जीवन का आरम्भ नहीं हुआ है। इसी प्रकार आधुनिक मनोविज्ञान के ग्रंथ शुद्धबुद्ध पूर्ण चेतन आत्मा को लेकर नहीं चलते। जो पशुओं की चेतन-प्रवृत्ति से आरम्भ नहीं भी करते वे भी इंद्रिय संवेदन की क्रमशः योजना से आरम्भ करके भावों और विचारों तक पहुँचते हैं। विकास के आधिभौतिक अनुयायियों का कहना है कि जैसे और सब वस्तुओं का वैसे ही मन या मानसिक वृत्तियों का भी संघटन वाह्य जगत् के नियमों के अनुकूल होता है। अन्तर्जगत् या आध्यात्मिक जगत् की भूतों से परे कोई सत्ता नहीं है। विचार और वस्तुव्यापार का जो समन्वय दिखाई पड़ता है वह वस्तुव्यापार के ही प्रतिबिम्ब के कारण। अद्वैत आत्मवादी जर्मन दार्शनिक इसका उलटा मानते हैं।

इसी प्रकार धर्माधर्म या कर्त्तव्यशास्त्र की नींव भी लोकरक्षा और फलतः आत्मरक्षा पर डाली गई है। एक मूल रूप से क्रमशः अनेक रूपों की उत्पत्ति, एक सादे ढाँचे से अनेक जटिल ढाँचों का उत्तरोत्तर विधान, यही विकास का सारांश है। इस सिद्धान्त के अनुसार जिस प्रकार यह असिद्ध है कि मनुष्य ऐसा प्राणी सृष्टि के आदि में ही एकबारगी उत्पन्न हो गया, उसी प्रकार यह भी असिद्ध है कि मनुष्य जाति के बीच धर्म, ज्ञान और सभ्यता आदिम काल में भी उतनी ही या उससे बढ़कर थी जितनी आजकल है। आधुनिक मत यही है कि मनुष्य जाति

असभ्य दशा से उन्नति करते-करते सभ्य दशा को प्राप्त हुई है। अत्यन्त प्राचीन लोगों को बहुत अल्प विषयों का ज्ञान था। धीरे-धीरे उस ज्ञान की वृद्धि होती गई है इसी प्रकार धर्मभाव भी पहले बहुत स्वल्प और सादे रूप में था, पीछे सामाजिक व्यवहारों की वृद्धि के साथ-साथ उसका भी अनेक रूपों में विकास होता गया।

लोकव्यवहार और समाजविकास की दृष्टि से ही धर्म और आचार की व्याख्या की गई है, परलोक और अध्यात्म की दृष्टि से नहीं। दूसरों के प्रति जो आचरण हम करते हैं उसी में अच्छे और बुरे का आरोप हो सकता है। व्यवहार-सम्बन्ध से ही क्रमशः सदसद्विवेक बुद्धि उत्पन्न हुई है। व्यवहारसम्बन्ध जीवन-निर्वाह के लिए आवश्यक था। परस्पर मिलकर कार्य करने में उन बातों की प्राप्ति अधिक सुगम प्रतीत हुई जिनसे सबको समान लाभ था। एक ही पूर्वज से उत्पन्न अनेक परिवार इसी समान हित की भावना से प्रेरित होकर कुलबद्ध होकर रहने लगे। एक व्यक्ति के जिस कर्म से सबका जितना हित या अहित होता—अर्थात् सबको जितना सुख या दुःख प्राप्त होता—उसी हिसाब से उस कर्म की स्तुति या निन्दा होती। इस प्रकार 'कुल धर्म' की स्थापना हुई। पहले प्रत्येक कुल को दूसरे कुलों से बहुत लड़ाई-भिड़ाई करनी पड़ती थी अतः आदिम काल में यह धर्म स्वरक्षार्थ ही था। इस धर्म के द्वारा प्रत्येक व्यक्ति को अपनी स्वार्थवृत्ति और इच्छा पर कुछ अंकुश रखना पड़ता था। यदि प्रत्येक मनुष्य मनमाना कार्य करने लगे, दूसरों का कुछ भी ध्यान न रखे, तो धर्म-व्यवस्था और उसके आधार पर स्थित समाज व्यवस्था नहीं रह सकती। अतः किसी समाज को बद्ध रखने के लिए यह धर्मव्यवस्था आवश्यक है। चोरों और डाकुओं तक के दल में यह धर्मव्यवस्था पाई जाती है। चोर चाहे दुनियाभर का माल चुराया करें पर अपने दल के भीतर उन्हें धर्मव्यवस्था रखनी पड़ती है। वे यदि आपस में अन्याय और बेईमानी करने लगें तो उनका दल टूट जाय। अतः सिद्ध हुआ कि लोक या समाज को धारण करनेवाला धर्म है। इसी से कहा गया है कि "धर्मो रक्षति रक्षितः।"

डारविन ने अपने 'मनुष्य की उत्पत्ति' नामक ग्रंथ में विस्तार के साथ दिखाया है कि साथ रहने से उत्पन्न परस्पर सहानुभूति की स्वाभाविक प्रवृत्ति द्वारा, मनुष्य किस प्रकार दूसरों की प्रसन्नता और साधुवाद की कामना और उस कामना के अनुसार बहुत से कार्य करने लगा। क्षुधा, इंद्रियसुख, प्रतिकार इत्यादि की निम्नकोटि की वासनाएँ यद्यपि प्रबल होती थीं, पर तुष्टि के उपरान्त उनका जोर नहीं रह जाता था। किन्तु संग की वासना सदा बनी रहती थी, मनुष्य अकेला रहने वाला प्राणी नहीं। संग का अर्थ है सहानुभूति, अतः सहानुभूति का भाव अधिक स्थायी रहता था। यदि कोई मनुष्य निम्नकोटि की

वासनाओं के वशीभूत होकर कोई ऐसा कार्य कर बैठता जिससे दूसरों को अप्रसन्नता होती तो वह शान्त होने पर उसके लिए पश्चात्ताप करता। विकासवाद की व्याख्या के अनुसार धर्म कोई अलौकिक, नित्य और स्वतंत्र पदार्थ नहीं है। समाज के आश्रय से ही उसका क्रमशः विकास हुआ है। धर्म का कोई ऐसा सामान्य लक्षण नहीं बताया जा सकता जो सर्वत्र और सब काल में—मनुष्य जाति की जब से उत्पत्ति हुई तब से अब तक—बराबर मान्य रहा हो। समाज की ज्यों-ज्यों वृद्धि होती गई त्यों-त्यों धर्म की भावना में भी देशकालानुसार फेरफार होता गया। कोई समय था जब एक कुल दूसरे कुल की स्त्रियों को चुराना या लड़कर छीनना अच्छा समझता था। देवताओं की वेदियों पर नरबलि देने में किसी के रोंगटे खड़े नहीं होते थे। बाइबिल में इसके कई उल्लेख हैं, शुनःशेप की वैदिक गाथा भी एक उदाहरण है। उद्दालक और श्वेतकेतु का आख्यान इस सम्बन्ध में ध्यान देने योग्य है। ये दोनों वैदिक काल के ऋषि थे। एक दिन उद्दालक, उनकी स्त्री और उनके पुत्र श्वेतकेतु बैठे थे। एक आदमी आया और श्वेतकेतु की माता को लेकर चलता हुआ। श्वेतकेतु को बहुत बुरा लगा। पिता ने पुत्र को यह कहकर शान्त किया कि यह सनातन धर्म है—एष धर्मः सनातनः—ऐसा सदा से होता आया है। श्वेतकेतु ने नियम किया कि जो स्त्री एक पति को छोड़कर जाएगी उसे भ्रूणहत्या का पाप होगा और जो पुरुष पतिव्रता को छीनकर ले जाएगा उसे भी पातक लगेगा।

इसी प्रकार दीर्घतमस् ऋषि ने भी अपनी स्त्री के आचरण पर क्रुद्ध होकर शाप दिया था कि "अब से कोई स्त्री, चाहे उसका पति जीता हो या मर गया हो, दूसरे पुरुष से संसर्ग न कर सकेगी।" स्त्रियों के लिए जो पातिव्रत्य पहले 'दीर्घतमस् का शाप' था वही आगे चलकर एकमात्र धर्म हुआ। इस बात की पुष्टि महाभारत के अन्य स्थलों से भी होती है। आदि पर्व में कुंती के प्रति जो उपदेश है उसमें लिखा है कि प्राचीन समय में केवल ऋतुकाल में पातिव्रत्य आवश्यक था :

ऋतावृतौ, राजपुत्रि, स्त्रिया भर्त्ता पतिव्रते।
नातिवर्त्तव्यमित्येवं धर्मं धर्मविदो विदुः॥
शेषेष्वन्येषु कालेषु स्वातंत्र्यं स्त्री किलार्हति।
धर्ममेवं जनाः सन्तः पुराणां परिचक्षते॥

राक्षसविवाह, नियोग इत्यादि उसी असभ्य काल के स्मारक हैं। तात्पर्य यह कि दूसरे जनपदों को लूटना, दूसरे कुल की स्त्रियों को छीनना, नरवध इत्यादि पहले अधर्म नहीं समझे जाते थे। असभ्य जंगली जातियों में अब तक ये बातें प्रचलित हैं पर सभ्य जातियों के बीच अब ये बहुत बुरी समझी जाती हैं। धर्म का विकास धीरे-धीरे समाज की उन्नति के साथ हुआ है। अतः विकासवादियों के अनुसार

इहलोक या समाज से परे धर्म कोई नित्य और स्वतःप्रमाण पदार्थ नहीं है।

तत्वज्ञवर हर्बर्ट स्पेंसर ने विकास सिद्धान्त की जो दार्शनिक स्थापना की है उसमें धर्मतत्व की भी विस्तृत मीमांसा है। स्पेंसर ने अणुजीवों से लेकर मनुष्य तक सब प्राणियों का सूक्ष्म निरीक्षण करके अंत में यही सिद्धान्त स्थिर किया कि 'परस्पर साहाय्य की प्रवृत्ति' धर्म की मूल प्रवृत्ति है जो सजीव सृष्टि के साथ ही व्यक्त हुई और उत्तरोत्तर उत्कर्ष प्राप्त करती गई। यह प्रवृत्ति आदि में संतानोत्पादन और संतानपालन के रूप में प्रकट हुई। एक घटात्मक अणुजीवों में स्त्री-पुरुष भेद नहीं होता। उनकी वंशवृद्धि विभाग द्वारा होती है। अतः हम कह सकते हैं कि संतान के लिए—दूसरे के लिए—अणुजीव अपने शरीर को त्याग देता है। इसी प्रकार आगे के उन्नत श्रेणी के जोड़े वाले जीव अपनी संतान के लालन-पालन के लिए स्वार्थ त्याग करने में प्रसन्न होते हैं। यही प्रवृत्ति बढ़ते-बढ़ते इस अवस्था को पहुँचती है कि लोग अपनी संतति के सहायतार्थ ही नहीं, अपने जाति भाइयों के सहायतार्थ भी सुख से स्वार्थ का त्याग करते हैं। अस्तु, सब जीवों में श्रेष्ठ मनुष्य को इसी प्रवृत्ति के उत्कर्षसाधन में 'वसुधैव कुटुम्बकम्' के भाव की प्राप्ति के प्रयत्न में लगा रहना चाहिए।

यहाँ पर कह देना आवश्यक है कि विकास सिद्धान्त रूप से विज्ञान की सब शाखाओं में स्वीकृत हो गया है, पर ये शाखाएँ अपने अन्वेषणों में निरंतर उन्नति करती जाती हैं; इससे जिन बातों को पूर्व पीढ़ी के विकासवादी अपने प्रमाण में लाए हैं उनके ब्योरों में इधर बहुत कुछ फेरफार हुआ है। बहुत से भौतिक विज्ञानियों ने परमाणु के भी अवयवों या विद्युद्णुओं तक पहुँचकर यह कहना आरम्भ कर दिया है कि द्रव्य वास्तव में विद्युत् का ही संघातविशेष है, विद्युच्छक्ति का ही एक रूप है। इस बात को मान लें तो द्रव्य और शक्ति का द्वन्द्व तो मिट गया। द्रव्य शक्ति की ही एक विशेष अभिव्यक्ति या रूप ठहरा। यदि सब कुछ शक्ति ही है तो बाकी क्या बचा? बाकी बचा ईथर (आकाश द्रव्य) जिसके विषय में हम अभी तक बहुत कम बातें जान सके हैं। इस प्रकार 'ईथर और शक्ति' पर आकर अब विज्ञान अड़ा है।

ईथर है किस प्रकार का, इसे समझने के लिए वैज्ञानिक बुद्धि लड़ा रहे हैं। पृथ्वी जो ईथर के बीच घूमती है तो क्या सचमुच उसे चीरती हुई घूमती है। यदि चीरती हुई घूमती है तो इस रगड़ का परिणाम बड़ा भारी होगा। चलती हुई वस्तु यदि बराबर रगड़ खाती हुई जाएगी तो उसका वेग बराबर धीमा होता जाएगा। इससे पृथ्वी अपने वेग के बल से सूर्य से दूर जो मण्डल बाँधकर भन्नाटे के साथ घूम रही है, कभी-न-कभी वह मण्डल टूट जाएगा और वह सूर्य पर जा पड़ेगी। पर आजकल के गणितज्ञ ज्योतिषी इसकी उलटी कल्पना करने लगे हैं। वे कहते हैं कि स्थूल द्रव्य हम देखते हैं उससे कहीं अधिक घनत्व और शक्तिसंचय ईथर में

है। वह ठोस शीशे से भी न जाने कितने लाख गुना ठोस होगा। पृथ्वी आदि जो स्थूल लोकपिंड हैं उन्हें ईथर के बीच-बीच में खाली या खोखले स्थान समझिए।

अस्तु, अब ईथर और शक्ति में क्या सम्बन्ध है, यह देखना है। यह बड़ी ही गूढ़ समस्या है। ईथर के सम्बन्ध में जो मोटी धारणा बँधती है, वैज्ञानिक कहते हैं वह ठीक नहीं है। हम यह समझते हैं कि ईथर एक निष्क्रिय अखंड सूक्ष्म भूत का विस्तार है जिस पर या जिसके आश्रय से द्रव्य क्रिया (आकर्षण, प्रकाशप्रवाह) करता है। सर आलिवर लाज कहते हैं यह खयाल गलत है। ईथर गतिशक्ति का अनन्त भाण्डार है। परमाणुगत शक्ति के समान यह शक्ति भी पकड़ में नहीं आती। यदि पकड़ में आ जाए तो इससे बात की बात में प्रलय उपस्थित किया जा सकता है।

हैकल ने अपने ग्रंथ में जगह-जगह 'प्रकृति के नियम' या 'परम तत्त्व के नियम' की झड़ी बाँध दी है। यह वाक्य बहुत ही भ्रामक हो गया है। लोग इसका बहुत ही अतिव्याप्त अर्थ लेते हैं। 'दो और दो चार होते हैं' यह भी प्रकृति का नियम, और 'गतिशक्ति का क्षय नहीं होता' यह भी प्रकृति का नियम। 'दो और दो चार होते हैं' इसे प्रकृति का नियम नहीं कहना चाहिए। प्रकृति के जितने परिणाम या व्यापार होते हैं वे इस गणित के नियम के आधार नहीं, उन पर यह अवलंबित नहीं, उनसे यह सर्वथा स्वतन्त्र है। यह चिन्तन का नियम है, इसका सम्बन्ध चित् से है। जिसे हम प्रकृति का नियम कहते हैं वह सत्य भी हो सकता है, असत्य भी। जितने दिक्कालखण्ड तक हमारी पहुँच है वह उतने ही के बीच के व्यापारों से संग्रह किया हुआ है। पर तर्क और गणित के जो नियम हैं वे अपरिहार्य सत्य हैं, उनके अन्यथा होने की भावना त्रिकाल में नहीं हो सकती। वाह्य जगत् पर वे निर्भर नहीं, उससे सर्वथा स्वतन्त्र हैं। वे स्वतःप्रमाण हैं। भौतिक विज्ञान में जो 'प्रकृति के नियम' कहलाते हैं उनकी सत्यता भौतिक व्यापारों या परिणामों के सम्बन्ध में ठीक उतरने पर अवलंबित है।

जगद्विकास का सिद्धान्त यही प्रतिपादित करता है कि प्रकृति परिणाम परम्परा में एक अवस्था मात्र है। 'प्रकृति के नियमों' के सम्बन्ध में हम लाख कहा करें कि वे सब काल और सब देश को देख कर निरूपित हुए हैं पर हम अपनी बात का पूर्ण निश्चय नहीं करा सकते।

इसमें सन्देह नहीं कि विकास सिद्धान्त के नियमों की चरितार्थता के लिए वैज्ञानिक निरन्तर प्रयत्न करते जा रहे हैं जिससे मार्ग की कठिनाइयाँ बहुत कुछ दूर होती जा रही हैं। निर्जीव से सजीव द्रव्य की उत्पत्ति को ही लीजिए। अब लोग यह देखने लगे हैं कि रासायनिकों को सजीव द्रव्य की योजना में अब तक जो असफलता होती आई है वह इस कारण कि सजीव द्रव्य के मूल आदिम रूप की उन्हें ठीक धारणा ही नहीं रही है। वे अमीबा (अणुजीव) या अणूद्भिद् को

आदिम रूप मान कर चले हैं। पर अमीबा या अणूद्भिद् को जिस जटिल रूप में हम देखते हैं वह लाखों वर्ष की विकास-परम्परा का परिणाम है। अतः सजीव द्रव्य का आदिम रूप इन दोनों से कहीं सूक्ष्म और सादा रहा होगा। अणुजीव और अणूद्भिद् दोनों का आहार सजीव द्रव्य है। अतः ये आदिम नमूने कभी नहीं हो सकते। सजीव द्रव्य का आदिम रूप उद्भिदों का-सा रहा होगा जो निर्जीव द्रव्य को सजीव द्रव्य (शरीरधातु) में परिणत कर सकते हैं। प्रथम जीवोत्पत्ति जल में ही हुई इसका एक नया प्रमाण एक फरांसीसी शरीरविज्ञानी ने उपस्थित किया है। उसने कहा है कि रक्त में लवण आदि का योग उसी हिसाब से है जिस हिसाब से पूर्वकाल के समुद्र-जल में रहा होगा।

पहले के वैज्ञानिकों को परमाणुओं के भीतर की गतिशक्ति की ओर ध्यान नहीं था, इससे द्रव्य की मूल व्यष्टियों के व्यापार को समझने के लिए उन्हें शक्ति का बाहर से आरोप करना पड़ता था। पर अब, जैसा कि पहले कहा जा चुका है, रेडियम के मिलने से परमाणु के भीतर विद्युच्छक्ति के केन्द्रों का पता मिल गया है जिससे सजीव और निर्जीव द्रव्य का अन्तर बहुत कुछ कम हो गया है। कुछ विशेष प्रकार के परमाणु किण्व या खमीर, जो वास्तव में सूक्ष्मातिसूक्ष्म किण्वाणुओं या अणूद्भिदों द्वारा संघटित होता है, का काम करते हैं। आजकल कई रासायनिकों ने विशेष परमाणुओं के योग से ही (महुए, आटे, राई आदि सजीव द्रव्य के अवशेषों से तो लोग बहुत दिनों से बनाते आते हैं) मदसार (अलकोहल) और कुछ सादे प्रकार के प्रोटीन (शरीरधातु) तब संघटित कर लिए हैं। ये द्रव्य पहले पौधों या जन्तुओं के शरीरद्रव्य में ही पाए जाते थे इससे लोग समझते थे कि ये शरीर के भीतर ही बन सकते हैं। पहले इन शरीरद्रव्यों से सम्बन्ध रखने वाले रसायनशास्त्र का अलग विभाग था। पर अब यह भेद नहीं रहा। रसायनशास्त्र से शरीर-द्रव्य और साधारण द्रव्य का भेद अब उठ गया।

किण्व सम्बन्धी रसायन बराबर उन्नति करता जा रहा है। कई प्रकार के किण्व या खमीर, पौधों या जन्तुओं से प्राप्त शरीरद्रव्य के आश्रय के बिना, कुछ मूल द्रव्यों के परमाणुओं के योग से बना लिए गए हैं। सजीव द्रव्य की उत्पत्ति के पास तक यही विधान पहुँच सका है, और इसी से बहुत कुछ आशा है। सजीवता वा जीवन वास्तव में किण्व-परम्परा ही है[1]। जितने सजीव पदार्थ हैं सबके शरीर में किण्व वर्तमान है। किण्वक्रिया के बन्द होते ही जीव मर जाते हैं। गर्भपिंड से लेकर जीवों की जो अंगवृद्धि होती है वह अंकुर घटक के भीतर किण्वविधान के ही अनुसार।

१. पृथिव्यादीनि भूतानि चत्वारि तत्वानि तेभ्य एव देहाकारपरिणतेभ्यः किण्वादिभ्यो मदशक्तिवत् चैतन्यमुपजायते। तेषु विनष्टेषु सत्सु स्वयं विनश्यति। —चार्वाक : सर्वदर्शनसंग्रह

२

भक्ति का विकास

विचार करने पर प्रत्येक धर्म के तीन क्षेत्र दिखाई पड़ते हैं: (१) आप्त शब्द—जिसका शासन कर्म तथा थोड़ा बहुत बुद्धि पर भी पाया जाता है। (२) बुद्धि—जो मार्ग निश्चय करती है। (३) हृदय—जिसकी उमंग में लोग उस मार्ग को जगमगाते हुए आप से आप चले चलते हैं।

धार्मिकों में से कुछ की दृष्टि तो केवल शब्द या शासन क्षेत्र तक ही पहुँच पाती है जिसमें सुख का लोभ, दुःख का भय साथ लिए, दौड़धूप कराया करता है। यमराज के डण्डे के डर से प्रवृत्ति होने पर भी वे बहुत से ऐसे दुष्कर्मों से हाथ खींचते हैं जिन्हें कानून जुर्म नहीं कहता, स्वर्ग सुख-भोग के लालच से वे कभी-कभी भीतरी प्रवृत्ति न होने पर भी ऐसे पुण्य कार्यों का अनुष्ठान करते हैं जिन्हें न करना कोई पातक या निन्दा की बात नहीं समझी जाती। ये नीची श्रेणी के धार्मिक हैं। गरुड़पुराण और बाबा रघुनाथदास के विश्रामसागर में जो यमपुरी का वर्णन है, वह ऐसे ही लोगों के लिए है। रामचरितमानस के उत्तरकांड का वह प्रकरण जिसमें 'हरिगुरु-निन्दक दादुर होई' इत्यादि है, भावुक भक्तों के लिए नहीं है।

जिस प्रकार पालन के फल का लाभ और उल्लंघन के दण्ड का भय दिखाकर धर्म का शासन पक्ष आज्ञा करता है कि 'ऐसा करो, ऐसा न करो' उसी प्रकार धर्म का बुद्धि क्षेत्र विवेक को सम्बोधन करके समझाता है कि 'ऐसा करना चाहिए और ऐसा नहीं करना चाहिए, ऐसा करना उचित है और ऐसा करना अनुचित'। शुष्क धार्मिकों में से कुछ लोग तो शासन क्षेत्र ही तक रह जाते हैं और कुछ लोग थोड़ा और आगें बढ़कर बुद्धिपक्ष का अवलम्बन करते हैं। इन दोनों प्रकार के शुष्क धार्मिकों से भक्त धार्मिक श्रेष्ठ होते हैं जो धर्म के रसात्मक स्वरूप का साक्षात्कार करते हैं। शब्दावलम्बी शासन-पक्ष-दर्शी शुष्क धार्मिक के लिए धर्म राजा है जिसके सामने वह प्रजा की तरह बड़े अदब-कायदे के साथ—नियम और विधि के पूरे पालन के साथ—डरता-डरता जाता है, बुद्धि-पक्ष-दर्शी के लिए धर्मगुरु या आचार्य हैं जिसके सामने वह विनीत शिष्य के रूप में शंकासमाधान करता पाया जाता है। पर भक्त धार्मिक के लिए धर्म प्यार से पुकारने वाला पिता है। उसके सामने वह

भोले-भाले छोटे बच्चे की तरह जाता है। कभी उसके ऊपर लोटता है। कभी सिर पर चढ़ता है, यहाँ तक कि कभी-कभी दाढ़ी भी पकड़ लेता है। वह धर्म को प्यार करता है, धर्म उसे अच्छा लगता है। उसका आनन्दलोक भी शुष्क धार्मिकों के स्वर्ग से ऊपर है। वह प्रिय या उपास्य का सामीप्य है।

धर्म के इस अन्तिम रसात्मक पक्ष तक मनुष्य का हृदय उपास्य के स्वरूप की उन्नत भावना के उपरान्त पहुँचा है। असभ्य दशा में पड़ी हुई जातियों के बीच देवता एक ऐसा शासक था जो पूजा से तुष्ट होकर ही रक्षा और कल्याण करता था और पूजा न पाने पर रुष्ट होकर अनिष्ट करता था। उनकी पूजा भय और लोभ की प्रेरणा से ही की जाती थी। वनदेवता, ग्रामदेवता, कुलदेवता इसी प्रकार के उपास्य थे। जो प्राचीन जातियाँ सभ्य दशा में थीं उन्होंने सूर्य, चन्द्र, अग्नि, वायु इत्यादि प्राकृतिक शक्तियों को उपास्य ठहराया था, जो बराबर उपकार ही किया करती थीं, पर रुष्ट होने पर अनिष्ट भी करती थीं। अत: सामान्यत: उपकार में तत्पर ऐसी शक्तियों की पूजा में कृतज्ञता का भाव भी कुछ रहता था जो भय और लोभ से उन्नत भाव था। अत: ऐसे देवताओं की उपासना में धर्म के स्वरूप का आभास मिलता है। उपास्य के इस उपकारी स्वरूप के भीतर अखिल विश्व के पालक और रक्षक भगवान् के व्यापक स्वरूप की भावना का अंकुर छिपा था।

इस भवसागर में बहता हुआ मनुष्य आदिम काल से ही कभी सुख की तरंगों में उछलता और कभी दु:ख के भँवर में चक्कर खाता चला आ रहा है। प्रयत्न उसका बराबर से यही रहा है कि सुख की तरंगों में उछलने और दु:ख के भँवर में पड़ने से बचे। पर कभी तो वह लाख प्रयत्न—शारीरिक और मानसिक दोनों प्रकार के—करने पर भी दु:ख के आवर्त्त में पड़ ही जाता और कभी अनायास अपने को सुख के शिखर पर पाता। इस दशा में इतनी बुद्धि का उदय तो अनिवार्य था कि सुख की प्राप्ति और दु:ख की निवृत्ति वाले संयोग सर्वथा अपने प्रयत्न के अधीन नहीं हैं। इसके आगे उसकी समझ के लिए दो रास्ते थे। या तो ऐसे संयोग यों ही हो जाया करते हैं अथवा कुछ परोक्ष शक्तियों के द्वारा उपस्थित किए जाते हैं। पहली बात तो आदिम मनुष्य के मन में न धँसी। दूसरी बात को लेकर ही उसने वनदेवता, ग्रामदेवता, कुलदेवता इत्यादि की पूजा को अपने बाह्य जीवन का एक अंग बनाया। जो आदिम जातियाँ असभ्य या वन्य दशा में थीं उनकी परिमित भावना स्थानबद्ध या कुलबद्ध देवी-देवताओं तक ही रहती थी। वे इससे बड़े देवता की व्यापक भावना नहीं रखती थीं। सभ्य जातियों में भी जो ज्ञान की बहुत नीची श्रेणी के लोग हैं वे अपने योगक्षेम के लिए ग्रामदेवता, कुलदेवता आदि का ही अनुग्रह प्राप्त करने का उद्योग करते हैं। जिन जातियों में कुल देवता में ही पूर्ण ऐश्वर्य का आरोप करके पीछे एकेश्वरवाद चला उनमें उसका स्वरूप कुछ

संकुचित रहा।

'यह्वा' पहले प्राचीन यहूदी जाति की एक शाखा का साधारण कुलदेवता था जिसे इसराईल के वंश वाले बलि चढ़ाया करते थे। उसकी शक्ति और उसका ज्ञान परिमित था। जब मिस्र देश के राजा ने इसराईल वंशवालों को बहुत सताया तब उन्होंने उस कुलदेवता की दुहाई दी। यह्वा ने आकाशवाणी द्वारा कहा— 'अच्छा आज रात को मैं बहुत मिस्रियों का नाश करूँगा। पर एक काम करना। बलिदान करके पहचान के लिए अपने-अपने दरवाजे पर रक्त का छापा लगा देना जिससे उन घरों को मैं बचा जाऊँ।' पीछे हजरत मूसा पैगम्बर द्वारा उसी 'यह्वा' पर सर्वशक्तिमत्ता और सर्वज्ञता का आरोप किया गया और वह जमीन और आसमान का बनाने वाला खुदा हुआ। इस प्रकार प्राचीन काल में लाल समुद्र के आसपास बसने वाली जातियों में कुलदेवता की भावना 'एकेश्वरवाद' (मोनोथेइज़्म) तक पहुँचाई गई।

प्राचीन आर्य जाति ने आरम्भ ही से सम्पूर्ण जगत् में कार्य करने वाली प्राकृतिक शक्तियों को देवरूप में ग्रहण किया था। अतः आगे चलकर उन सब देवताओं का तत्त्वदृष्टि से एक में समाहार करके 'ब्रह्मवाद' (मानिज्म) की प्रतिष्ठा हुई। मन्त्रकाल में ही अग्नि, वायु, वरुण, इन्द्र इत्यादि एक ही ब्रह्म के नाना रूप माने जा चुके थे

इन्द्र मित्रं वरुणमग्निमाहुरथो दिव्यस्स सुपर्णो गरुत्मान्।
एकं सद्विप्रा बहुधा बदन्त्यग्निं, यमं, मातरिश्वानमाहुः।
(ऋग्वेद १-२। १६२-६४)

उपनिषत्काल में एक ब्रह्म की भावना पूर्णता को पहुँची और 'सर्वं खल्विदं ब्रह्म', 'नेह नानास्ति किंचन', 'तत्वमसि' इत्यादि महावाक्यों का पूरा प्रचार हुआ। इस रीति से बाबुल की प्राचीन खाल्दी (चाल्डियन्स) जाति के बीच एक ईश्वर की भावना का विकास हुआ था। बाबुल के खँडहरों में मिले ईसा से २००० वर्ष पूर्व के एक लेख में वहाँ के भिन्न-भिन्न देवता एक ही प्रधान देवता मर्दुक के भिन्न-भिन्न रूप कहे गए हैं :

नर्गल युद्ध का मर्दुक है। बेल राजसत्ता का मर्दुक है।
शम्श धर्म का मर्दुक है। अदु वर्षा का मर्दुक है।

मनुष्य जाति में देव भावना के उपयुक्त दो प्राचीन रूप थे। असभ्य दशा से न निकली हुई जातियाँ तो अपने देवताओं की वृत्ति अपनी वृत्ति से ऊँची नहीं समझती थीं। ये यही मानती थीं कि देवता केवल पूजा से प्रसन्न होने पर ही भलाई करते हैं और पूजा न पाने पर घोर अनिष्ट करते हैं। सभ्य जातियाँ उन प्राकृतिक

शक्तियों की उपासना करती थीं जिनकी उपकारी प्रवृत्ति से जीवन की रक्षा और निर्वाह होता था, जैसे सूर्य, इन्द्र, अग्नि, वायु, पृथ्वी इत्यादि। वे प्रत्यक्ष अनुभव करती थीं कि इनके द्वारा जगत् में प्रकाश फैलता है, पृथ्वी शीतल और धनधान्य-पूर्ण होती है, शीत और पशुभय दूर होता है। अतः, दैत्यों और दस्युओं का पराभव भी वे उन्हीं के परोक्ष प्रभाव से समझती थीं। साथ ही अतिवृष्टि, अनावृष्टि, गोधन का क्षय इत्यादि का कारण भी उन्हीं का कोप समझा जाता था। इस प्रकार अत्यन्त प्राचीन काल के मनुष्यों में देवता ऐसे शासक के रूप में थे जिनकी प्रसन्नता और अप्रसन्नता का सम्बन्ध पूजा के साथ ही था, मनुष्य के शील या आचरण के साथ नहीं। इसी के अनुरूप पूजा का उद्देश्य भी अपना सुख रहता था। पहले तो सुख इसी लोक का सुख या 'अभ्युदय' था। पर आगे चलकर जब परलोक की भावना हुई तब परलोक के सुख या 'निःश्रेयस' की कामना भी होने लगी। इस निःश्रेयस की भावना के साथ ही पूजा का विधान अधिक वृहत् होने लगा और उसमें लोक-हित-साधन का भी कुछ समावेश हुआ। बड़े-बड़े यज्ञ होने लगे जिनमें सैकड़ों गाएँ तथा और बहुत तरह के सामान ब्राह्मणों को दान दिए जाते थे। दान की योजना द्वारा पूजा का स्वरूप कुछ अवश्य परिष्कृत और उन्नत हुआ, उसमें लोकोपकार का अवयव आ गया।

इतना होने पर भी प्राचीन देवपूजा में देवताओं के ये ही दो कार्यलक्षण कहे जा सकते हैं : (१) देवता केवल पूजा पाने पर ही उपकार करते हैं। न पाने पर अनिष्ट करते हैं। (२) देवता यों तो बराबर उपकार किया ही करते हैं पर पूजा पाने पर विशेष उपकार करते हैं। इस दशा में अत्यन्त प्राचीन काल के मनुष्यों में देवता के प्रति तीन भाव हो सकते थे—भय, लोभ और कृतज्ञता। इन तीनों भावों में मन सुख की ओर ही उन्मुख रहता है, देवता की ओर नहीं। कृतज्ञता कुछ उदात्त वृत्ति है, पर इसमें भी ध्यान मुख्यतः 'कृत' या किए हुए उपकार पर ही रहता है, उपकार करने वाले पर नहीं। कृतज्ञ 'कृत' के स्वरूप में अनुरक्त रहता है; कर्ता के स्वरूप में नहीं। लोभ, भय और कृतज्ञता इन तीनों भावों का प्रकाश विनीत वचन, स्तुति और उत्तम द्रव्यों की भेंट द्वारा पूरी तरह से हो जाता है। इन तीनों भावों की प्रेरणा 'पूजा' तक ही पहुँचती है। प्राचीन यज्ञ, जिन्हें 'द्रव्य यज्ञ' कहते हैं, इसी पूजा के विधान हैं। इस विधान में मानस पक्ष या हृदय पक्ष का पूज्य के साथ पूरा योग नहीं था। मन्त्रकाल या वैदिक काल में सामान्य प्रवृत्ति इसी 'द्रव्य यज्ञ' की थी। यज्ञ की ठीक सामग्री इकट्ठी करके विधि का ठीक-ठीक पालन कर देने से ऐसे यज्ञ सम्पन्न हुआ करते थे।

'द्रव्य यज्ञ' का सामान्य प्रचार होते हुए भी वैदिक काल में ही विशिष्ट जनों में मननशीलता और भावुकता दोनों की प्रवृत्ति भी अवश्य थी। मनन और चिंतन द्वारा ही मन्त्रकाल में सब देवों की उस एकत्वभावना का प्रादुर्भाव हुआ था जो

उपनिषत्काल में पूर्णता को पहुँची। जिन देवताओं के निमित्त बड़े-बड़े काम्य और नैमित्तिक यज्ञ किए जाते थे, जिन्हें यज्ञों में भाग मिलता था, उनकी स्तुति के अतिरिक्त बहुत से मन्त्रों में नदियों, उषा इत्यादि के सम्बन्ध में सौन्दर्य भावना और शुद्ध अनुराग द्वारा प्रेरित रमणीय उक्तियाँ भी हैं जो भावुकता का पता देती हैं। ऋग्वेद के पुरुष सूक्त में ईश्वर की भावना पुरुष के रूप में है। नराकार भावना (ऐंथ्रोपोमारफिक कन्सेप्शन) का यह उदयगीत माना जाता है, इसी से इस सूक्त का पाठ वैष्णव मन्दिरों से प्रायः हुआ करता है।[1] शतपथ ब्राह्मण में सहृदयता और भावुकता का कुछ विशेष आभास उपास्य के स्वरूप के साथ-साथ धर्म के स्वरूप में भी पाया जाता है। इसमें एक स्थल (१२।३-४) पर कहा गया है कि 'पुरुष नारायण' ने यज्ञ करके वसुओं, रुद्रों और आदित्यों को इधर-उधर सब दिशाओं में भेजा और आप जहाँ के तहाँ स्थिर रहे। इसके आगे एक दूसरे स्थान पर (१३।६-१) यह भी आता है कि 'पुरुष नारायण' ने ऐश्वर्य और सर्वस्व की प्राप्ति करने वाले पांचरात्र सत्र (पाँच दिनों का एक यज्ञ) की विधि चलाई। इससे स्पष्ट है कि सगुण परमेश्वर का 'नारायण' (नरसमष्टि का आश्रय) नाम ब्राह्मण काल में ही प्रसिद्ध हो गया था। नारायण सगुण ब्रह्म का वह रूप है जिसकी अभिव्यक्ति जगत् में नर या मनुष्य के रूप में हुई।

इस 'नारायण' स्वरूप तक उपासना किस ढंग से पहुँची है इसे भी थोड़ा देखना चाहिए। उपनिषद् में हमें मिलता है कि ब्रह्म की उपासना, 'अन्न, प्राण, मन, ज्ञान और आनन्द' इन रूपों में करनी चाहिए।[2] अन्नोपासना ब्रह्म को अपनी अन्तस्सत्ता के बाहर बाह्य जगत् में देखने का विधान है। मन, ज्ञान आदि के रूप में उपासना अपनी अन्तस्सत्ता के भीतर देखने का विधान है। बाहर और भीतर दोनों ओर ब्रह्म को देखने पर ही पूर्णोपासना हो सकती है। भारतीय भक्तिमार्ग में यही पूर्णोपासना की पद्धति गृहीत हुई है। इस मार्ग के भक्त केवल अपने मन के भीतर ही ब्रह्म को नहीं देखते, बाहर भी देखते हैं। केवल स्वांतःस्थ ब्रह्म की ओर उन्मुख योगमार्गियों की देखादेखी निर्गुणपंथी भक्त अलबत्ता यह कहते पाए जाते हैं कि बाहर वह नहीं मिल सकता, अपने भीतर देखो। इसी बात पर गोस्वामी तुलसीदास जी ने कहा था कि :

---

१. यही भावना लेकर भागवत में कहा गया है :

जगृहे पौरुषं रूपं भगवान्महदादिभिः।
सम्भूतं षोडशकलामादौ लोक-सिसृक्षया ।। (१-३-१)

२. अन्नं ब्रह्मेति व्यजानात्। प्राणो ब्रह्मेति व्यजानात्। मनो ब्रह्मेति व्यजानात्। विज्ञानं ब्रह्मेति व्यजानात्। आनन्दो ब्रह्मेति व्यजानात्। (तैत्तिरीयोपनिषद्, भृगुवल्ली)

अंतर्जामिहु तें बड़ि बाहरजामी हैं राम जो नाम लिये तें।
पैज परे प्रहलादहु के प्रकटे प्रभु पाहन तें न हिये तें।

इसी अन्नोपासना की पद्धति से ब्रह्म की भावना विष्णु रूप में प्रतिष्ठित हुई। जिस प्रकार अन्न शरीर का भरण-पोषण करता है उसी प्रकार विष्णु जगत् का पालन करते हैं। पहले विष्णु के प्रतीक सूर्य रहे जो लोक का पालन और भरण करते प्रत्यक्ष देखे जाते हैं। इसके उपरान्त उपास्य के अधिक सान्निध्य की उत्कंठा से, उसे अधिक हृदयाकर्षक रूप में पास लाने की लालसा से, विष्णु की नराकार भावना 'नारायण' (नरसमष्टि का आश्रय) के रूप में हुई। अब प्रश्न यह हो सकता है कि ईश्वर का पालक और रक्षक रूप ही क्यों लिया गया। क्या यह रूप केवल भक्ति के व्यवहार के लिए आरोप मात्र है। नहीं; यह तात्विक रूप है, आरोप मात्र नहीं है। यद्यपि भगवान् की शक्ति क्षय और नाश भी करती है—पर एक बात है। क्षय का परिणाम नाश कभी और कहीं होता है; पर रक्षा के परिणाम पालन का प्रवाह अखण्ड और नित्य है। विश्व के भीतर असंख्य खंडप्रलय होते रहते हैं—न जाने कितने लोक नष्ट होते रहते हैं—पर समष्टि रूप में विश्व या जगत् बराबर चला चलता है। अतः पालक स्वरूप ही सत्स्वरूप है; नाशक रूप असत्, अनित्य और क्षणिक है। दूसरी बात यह है कि 'उपास्य' के स्वरूप की भावना के अनुरूप ही भक्ति की पुष्ट दशा में उपासक के स्वरूप की परिणति होती है। अतः भक्ति की इसी तत्स्वरूप में परिणति ही कल्याणकारिणी हो सकती है—उसके लिए भी और लोक के लिए भी।

शतपथ ब्राह्मण के उद्धृत वाक्यों से यह साफ दिखाई पड़ता है कि मंत्रकाल में जगत् के बीच अनेक रूपों द्वारा व्यक्त होने वाली भिन्न-भिन्न शक्तियों का एक समष्टि शक्ति के रूप में ग्रहण हो जाने के उपरान्त उस समष्टि शक्ति के स्वरूप के परिचय की किस प्रकार उत्कंठा हुई और किस प्रकार भावुक ऋषि-मंडली हृद्रयग्राही स्वरूप की ओर बढ़ी। उपास्य के स्वरूप को जानने के लिए उसकी ओर बुद्धि और कल्पना को दौड़ाना जहाँ से दिखाई पड़े वहीं से मनोयोग या 'ज्ञान-यज्ञ' का आरम्भ समझना चाहिए। उपास्य के उदात्त स्वरूप भावना के अनुरूप ही धर्म की परिष्कृत और उत्कृष्ट भावना का आभास भी हमें उक्त शतपथ ब्राह्मण में 'पंचमहायज्ञ' के उल्लेख द्वारा मिलता है। इस पंचमहायज्ञ के भीतर नृयज्ञ (आए-गए का सेवा-सत्कार) और भूतयज्ञ (छोटे-बड़े जीवों को कुछ भोजन का भाग देकर तुष्ट करना) भी है। यद्यपि स्मृतियों ने इन यज्ञों को पंचसूना के प्रायश्चित रूप अर्थात् नैमित्तिक बताकर शासन और शास्त्र पक्ष के भीतर कर लिया है, पर इनके भीतर हृदय साफ झांक रहा है। अन्य प्राणियों को तुष्ट करने से हृदय की जो तुष्टि होती है, उसे हम ऐसे कर्मों का प्रेरक माने बिना रह नहीं सकते। 'इष्टापूर्त्त'

की चर्चा भी हमें शतपथ ब्राह्मण में मिलती है। ब्राह्मण काल के पूर्व 'इष्टापूर्त्त' का चाहे जो अर्थ हो पर उसके अन्तर्गत तालाब-कुएँ खुदवाना, रास्ते में पेड़ लगवाना इत्यादि लोकहितकर कर्म बराबर माने जाते रहे हैं।

प्राचीन यहूदी जाति 'द्रव्य यज्ञ' ही तक रही। रूखे-सूखे ढंग से विधियों का पालन करना ही उनकी पूजा का स्वरूप रहा। ईसा मसीह के उपरान्त आराधना में हृदय पक्ष का योग हुआ। पर बुद्धि पक्ष या ज्ञान पक्ष का प्रादुर्भाव ईसाई धर्म में बहुत पीछे प्लेटो आदि के यूनानी दर्शनों का सहारा लेकर हुआ पर भारतवर्ष में, जैसा कि ऊपर दिखा आए हैं, ईसा से हजारों वर्ष पहले ब्राह्मण काल से ही भाव-समन्वित ज्ञानमार्ग का सूत्रपात्र हुआ जो उपनिषदों के साथ पूर्णता को पहुंचा।

उपनिषत्काल के ज्ञानकांड में दो मार्ग दिखाई पड़ते हैं। एक तो हृदय पक्ष को बिल्कुल छोड़कर केवल बुद्धि या विशुद्ध ज्ञान को लेकर चला और दूसरा हृदय पक्ष-समन्वित ज्ञान को लेकर। इस प्रवृत्ति भेद के अनुसार कहीं तो—जैसे बृहदारण्यक, कठोपनिषद् आदि में—प्रतिवर्तन (रिएक्सन) के रूप में यज्ञादि कर्मों से पूरी विरक्ति है और केवल मनन या चिंतन का मार्ग ही स्वीकार किया गया है। यह मार्ग कर्म और ज्ञान में नित्य विरोध मानकर साधना के लिए कर्मों का सर्वथा त्याग, रागों या मनोविकारों का पूर्ण दमन आवश्यक ठहराता है और ब्रह्म की केवल अभ्यस्त और निर्गुण सत्ता लेकर चलता है। दूसरी ओर ईशावास्यादि उपनिषद् ज्ञान के साथ कर्म का भी, निष्कर्म का भी, उपदेश देते हैं। इस प्रकार ज्ञानमार्ग की दो शाखाएँ दिखाई पड़ती हैं—निवृत्तिपरक ज्ञानमार्ग और कर्मपरक ज्ञानमार्ग।

इसी कर्मपरक ज्ञानमार्ग से, जिसमें कर्म के साथ बुद्धि और हृदय दोनों का योग आवश्यक ठहराया गया था, आगे चलकर भक्ति का बिकास हुआ। छांदोग्य आदि प्राचीन उपनिषदों में परब्रह्म के ज्ञान के लिए ब्रह्मचिंतन आवश्यक कहा गया है। उपर्युक्त दो प्रवृत्तियों के अनुसार इस ब्रह्म के दो प्रकार के स्वरूप उपनिषदों में ही कथित मिलते हैं। कहीं तो वह 'मनोमय, प्राणशरीर, भारूप, सत्यसंकल्प, आकाशात्मा, सर्वकर्मा, सर्वकाम, सर्वगन्ध, सर्वरस (छांदोग्य ३-१४-२[1]), सर्वज्ञ सर्वशक्तिमान्' इत्यादि कहा गया है और कहीं 'अशब्द, अस्पर्श, अरूप, अरस और अगन्ध' (कठ ३-१५[2])। कहीं 'अन्न, प्राण, मन, ज्ञान और आनन्द' इन रूपों में ब्रह्म की उपासना बताई गई है और कहीं वही ब्रह्म 'अद्रेश्यं,

१. मनोमयः प्राणशरीरो भारूपः सत्यसंकल्प आकाशात्मा सर्वकर्मा सर्वकामः सर्वगंधः सर्वरसः सर्वमिदमभ्यात्तोऽवाक्यनादरः।

२. अशब्दमस्पर्शमरूपमव्ययं तथाऽरसं नित्यमगन्धवच्च यत्।

अग्राह्यम्' (मुंडक १-१-६[१]) कहा गया है। इस प्रकार ब्रह्म कहीं सगुण और व्यक्त कहा गया है, कहीं निर्गुण और अव्यक्त। इसके अतिरिक्त बहुत जगह ब्रह्म उभयात्मक अर्थात् विरुद्ध धर्मयुक्त कहा गया है, जैसे :

> द्वेवाव ब्रह्मणो रूपो मूर्त्तञ्चैवामूर्त्तञ्च,
> मर्त्यञ्चामृतं च, स्थितं च, यच्च, सच्च, त्यच्च।
> (बृहदारण्यक)
> तदेजति तन्नैजति, तद्दूरे तद्वदन्तिके।
> तदन्तरस्य सर्वस्य तदु सर्वस्यास्य बाह्यतः।
> (ईशावास्योपनिषद्)
> अणोरणीयान् महतो महीयान्,
> आत्मा गुहायां निहितोऽस्य जन्तोः।
> (श्वेताश्वतर ३-२०)

इस उभयात्मक भावना में ब्रह्म मूर्त-अमूर्त, व्यक्त-अव्यवत, चल-अचल, छोटा-बड़ा सब कुछ है अर्थात् सर्वरूप है।

यहाँ पर यह सूचित कर देना आवश्यक है कि भारतीय भक्तिमार्ग ब्रह्म का यह उभयात्मक स्वरूप ग्रहण करके चला। उसके अनुसार न तो यह कहा जा सकता है कि ब्रह्म केवल सगुण और व्यक्त ही है, न यह कहा जा सकता है कि केवल निर्गुण और अव्यक्त ही है। दोनों रूप नित्य और सत् हैं। व्यक्त और सगुण की नित्यता प्रवाहरूप है; अव्यक्त और निर्गुण की स्थिर। व्यक्त और अव्यक्त, सगुण और निर्गुण का भेद पारमार्थिक या वास्तविक नहीं। जहाँ तक ब्रह्म हमारे मन और इन्द्रियों के अनुभव में आ सकता है वहाँ तक हम उसे सगुण और व्यक्त कहते हैं। पर वहीं तक उसकी इयत्ता नहीं। उसके आगे भी उसकी अनन्त सत्ता है जिसके लिए हम कोई शब्द न पाकर निर्गुण, अव्यक्त आदि निषेधवाचक शब्दों का आश्रय लेते हैं। तात्पर्य यह कि हृदय को सगुण और व्यक्त रूप में अनुरक्त रखते हुए सम्यग्दर्शन के लिए उसकी निर्गुण और अव्यक्त सत्ता को भी लेना पड़ेगा। भक्ति का सिद्धान्त पक्ष है। इसके अनुसार जिस सगुण और व्यक्त रूप की भक्त उपासना करता है वह असत्, भ्रम या मिथ्या नहीं है।

बृहदारण्यक में (२-१) गार्ग्य बालाकी ने अजातशत्रु को पहले-पहल आदित्य, विद्यु त्, आकाश, वायु, अग्नि, जल या दिशाओं में रहने वाले पुरुषों की ब्रह्मरूप में उपासना बतलाई है। परन्तु आगे अजातशत्रु ने उससे कहा है कि ब्रह्म इनके भी

---

१. यत्तदद्रेश्यमग्राह्यमगोत्रमवर्णमचक्षुःश्रोत्रं तदपाणिपादम्।

परे है। उसी उपनिषद् में एक स्थल पर पृथ्वी, जल और अग्नि इन तीनों को ब्रह्म का मूर्त रूप और वायु तथा आकाश को अमूर्त रूप कहा है। फिर अन्त में यह कहकर कि इन अमूर्तों के भी रंग बदला करते हैं ब्रह्म मूर्त और अमूर्त दोनों के परे बतलाया गया है। याज्ञवल्क्य ने तो 'नेति नेति'[1] (यह सब वह नहीं है) कहकर तटस्थ लक्षण द्वारा छुट्टी ली है। यह 'नेति नेति' अव्यक्त और निर्गुण का सूत्र सा हो गया। निर्गुणवादियों ने इसका यही अर्थ लिया कि जो कुछ व्यक्त और गोचर है, वह जब ब्रह्म नहीं है सब असत् है, मिथ्या है। उभयवादियों ने यह तात्पर्य ग्रहण किया कि यह सब (गोचर और व्यक्त) पूरा ब्रह्म नहीं है; ब्रह्म अवश्य है। उनके अनुसार जिस प्रकार केवल सगुण समझना अधूरा ज्ञान है उसी प्रकार केवल निर्गुण समझना भी।

ऊपर जिस परत्व भावना का उल्लेख है उसे लेकर कट्टर ज्ञानमार्गियों में दूरारूढ़ता की प्रवृत्ति क्रमशः बढ़ती गई। कहीं-कहीं ब्रह्म चित्-अचित्, सत्-असत् सबके परे कह दिया गया; पर भक्तिमार्गी बराबर 'नेति नेति' में केवल इयत्ता का निषेध मानते रहे। सत् और चित् से भी परे का अभिप्राय वे यही लेते आए कि जिस रूप में हम सत् या चित् समझते हैं वहीं तक वह नहीं है। इस तात्विक दृष्टि के कारण विशुद्ध भारतीय भक्तिमार्ग में 'उससे भी परे, उससे भी परे' कहकर अपनी पहुँच की दूरी जताने का शौक नहीं पैदा हुआ। परदेशी, विदेशी कई प्रकार के भिन्न-भिन्न अवयवों को अधूरे और कच्चे ढंग से लेकर निर्गुणपंथी भक्तों की जो परम्परा कबीरदास से चली उसके भीतर कट्टर ज्ञानवादियों की उक्त प्रवृत्ति की नकल पूरी-पूरी दिखाई पड़ती है। कबीरदास चित्-अचित् से परे सत्यलोक तक पहुँचे तो पीछे के कुछ संप्रदायों ने उनसे भी बाजी मारने के लिए उस सत्यलोक से भी चार डंडे ऊपर पहुँचने का दावा किया। पर इस होड़ाहोड़ी का न तो शुद्ध तत्वज्ञान या चिंतन से कोई सम्बन्ध है, न भक्ति की साधना में कोई उपयोग।

जैसा कि पहले कहा जा चुका है सम्यग्दर्शन या बोध के लिए भी और उपासना के लिए भी देवताओं के एकत्व की भावना उपनिषत्काल में पूर्णता को पहुँचाई गई। पहले इन्द्र, वरुण, रुद्र, विष्णु आदि देवताओं की तथा अग्नि, वायु, आकाश आदि व्यक्त प्रतीकों की उपासना अलग-अलग थी। उपनिषदों[2] ने 'रुद्र, विष्णु,

---

१. नेति नेति होवाच याज्ञवल्क्यः।

२. त्वं ब्रह्मा त्वं च वै विष्णुस्त्वं रुद्रस्त्वं प्रजापतिः।
त्वमग्निर्वरुणो वायुस्त्वमिन्द्रस्त्वं निशाकरः॥
त्वं मनुस्त्वं यमश्च त्वं पृथिवी त्वमथाच्युतः।
स्वार्थे स्वाभाविकेऽर्थे च बहुधा तिष्ठते दिवि॥
(मैत्रायण्युपनिषत ४।१२-१३)

अच्युत, नारायण ये सब ब्रह्म ही हैं' (मैत्र्युपनिषद् ७।७) कहकर इनकी उपासना पूर्ण व्यापक रूप में अर्थात् ब्रह्मबुद्धि से करने का उपदेश दिया। यद्यपि विशुद्ध तत्त्वज्ञान के लिए ब्रह्म निर्गुण और अव्यक्त कहा गया पर उपासना के लिए उसका सगुण और व्यक्त रूप ही सामने रखा गया। विभूति, ऐश्वर्य आदि की अभिव्यक्ति के बिना मनुष्य का हृदय जम नहीं सकता। जहां ज्ञाता और ज्ञेय का भेद नहीं; उपास्य उपासक का भेद नहीं, वहाँ उपासना कैसे चल सकती है? अतः वह सर्ववाद को लेकर चली। व्यक्त-अव्यक्त सब ब्रह्म ही है अतः किसी एक व्यक्त को उस सर्व का प्रतीक (प्रति=अपनी ओर+इक=झुका हुआ) मानकर उस पर आस्था रखना विधि ठहराई गई। सगुण और व्यक्त रूप माया द्वारा स्फुरित होते हैं, पर माया ब्रह्म ही की है अतः वे रूप भी ब्रह्म ही के हैं :

मायां तु प्रकृतिं विद्यात् मायिनं तु महेश्वरम्।
(श्वेताश्वतर ४-१०)

पैगम्बरी एकेश्वरवाद की सी इस प्रकार की स्थूल भावना भी कि ब्रह्म अनेक छोटे-छोटे देवताओं से बहुत बड़ा है केनोपनिषद् की एक गाथा में पाई जाती है। गाथा इस प्रकार है। देवताओं ने एक बार अपने शत्रु दैत्यों पर विजय पाई। अग्नि, वायु और इन्द्र अपनी इस विजय पर अभिमान से फूले हुए एक स्थान पर बैठे थे। इतने में कुछ दूर पर एक यक्ष प्रकट हुआ। पहले अग्निदेवता उसके पास गए। उसने पूछा—'तुम कौन हो और तुम्हारी शक्ति क्या है?' उत्तर मिला—'मैं अग्नि हूँ। चाहूँ तो क्षण भर में सब लोगों को भस्म कर सकता हूँ।' यक्ष ने एक तिनका दिखाकर कहा—'इसे तो भस्म करो।' अग्नि ने बहुत चेष्टा की पर वह तिनका न जला। फिर वायु देवता उस यक्ष के पास गए और उसके पूछने पर कहा कि 'मैं वायु हूँ। चाहूँ तो क्षण भर में सब कुछ उड़ा सकता हूँ।' यक्ष ने वही तिनका दिखाकर कहा—'इसे तो उड़ाओ।' वायु ने बहुत वेग दिखाया पर वह तिनका जगह से न हटा। अन्त में इन्द्र आप वहाँ गए पर उनके जाते ही यक्ष अन्तर्धान हो गया। इतने ही में वहाँ 'उमा हैमवती' प्रकट हुईं। उन्होंने बताया कि वह यक्ष ब्रह्म था, उसी ने असल में दैत्यों को जीता था।

उपनिषत्काल में जिस प्रकार उपास्य की भावना व्यापक की गई उसी प्रकार उपासना की पद्धति में भी परिष्कार हुआ। आदिम वैदिक काल में भिन्न-भिन्न देवताओं की केवल 'पूजा' थी जो 'द्रव्ययज्ञ' द्वारा ही सम्पन्न हो जाती थी, ऊपर कह आए हैं कि देवताओं के प्रति सबसे पहले भय, लोभ या कृतज्ञता के भाव ही थे। इन तीनों भावों की प्रेरणा यहीं तक जा सकती थी कि अनुग्रह के लिए स्तुति की जाय और उपभोग की वस्तुएँ भेंट की जायँ। इस 'पूजा' में उपास्य के स्वरूप का परिचय या दर्शन नहीं था। आगे चलकर उपनिषदों के ज्ञानकांड द्वारा ब्रह्म

के स्वरूप का बोध या दर्शन हुआ। इस बात की ओर भागवत में उस स्थान पर बड़ा मधुर संकेत है जहाँ श्रीकृष्ण के विरह में व्याकुल गोपियाँ उनके दर्शन से आह्लादित हो जाती हैं :

तद्दर्शनाह्लादविधूतहृदजो, मनोरथान्तं श्रुतयो यथा ययुः।

उपनिषदों ने 'पूजा' से आगे बढ़कर 'उपासना' का प्रवर्तन किया जिसमें अखिल, व्यापक परोक्ष शक्ति के स्वरूप का अधिक परिचय कराकर मनुष्य का हृदय उसके कुछ और पास पहुँचाया गया। इसी अधिक परिचय के अनुरूप उपासना में अभिव्यक्त का और हृदय का योग भी कुछ अधिक हुआ। पूज्य के लिए जहाँ पहले केवल अर्जित द्रव्यों का, जो व्यक्ति की सत्ता से बाहरी वस्तुएँ थीं, अर्पण ही अपेक्षित होता था वहाँ इस उपासना में व्यक्ति की भीतरी वृत्ति को, उसके जीवन के कुछ अंश को, लगाना आवश्यक हुआ। छांदोग्य उपनिषद् (३।१६।१७) में साफ कहा गया कि मनुष्य का जीवन भी एक प्रकार का यज्ञ ही है। यह यज्ञ, 'ज्ञानयज्ञ' कहा गया।

'ज्ञानयज्ञ' का अभिप्राय बुद्धि और हृदय, बोधवृत्ति और रागात्मिका वृत्ति, दोनों को ब्रह्म या परमात्मा में लगाना है। यह 'ज्ञानयज्ञ' 'द्रव्ययज्ञ' से श्रेष्ठ माना गया। छांदोग्य के अनुसार यह यज्ञविद्या घोर आंगिरस ऋषि ने देवकीपुत्र कृष्ण को बताई थी। ये कृष्ण वृष्णिवंशी यादव कृष्ण न सही, कोई ऋषि ही सही, जैसा कि बहुत से विद्वान् कहते हैं पर इतना तो ध्रुव है कि इस यज्ञविद्या का प्रकाश उपनिषदों में ही हुआ। आगे चलकर श्रीकृष्ण भगवान् ने भी ज्ञानयज्ञ को द्रव्ययज्ञ से श्रेष्ठ कहा :

श्रेयान्द्रव्यमयाद्यज्ञाज्ज्ञानयज्ञः, परंतप.!
(गीता ४-३३)

इस 'ज्ञानयज्ञ' के सम्बन्ध में यह समझ रखना चाहिए कि इसमें ज्ञान और कर्म दोनों का समन्वय है। कृष्ण भगवान् ने इस यज्ञ का स्वरूप खोलते हुए कहा है कि 'हवन करने का व्यापार और हवन करने का द्रव्य दोनों ब्रह्माग्नि में ब्रह्म ने हवन किया है। जिसकी बुद्धि में कर्म ब्रह्ममय है वह ब्रह्म को प्राप्त होता है'।[1]

उपनिषत्काल में कर्म के साथ मन का जो योग किया गया उसमें मन की बोधवृत्ति और रागात्मिका वृत्ति दोनों सम्मिलित थीं। अर्थात् ज्ञान और उपासना,

---

१. (ब्रह्मार्पणं ब्रह्महविर्ब्रह्माग्नौ ब्रह्मणा हुतम्।
ब्रह्मैव तेन गन्तव्यं ब्रह्मकर्मसमाधिना ॥
(गीता ४-२४)

बुद्धितत्व और हृदयतत्व दोनों का मेल था। जहाँ से कर्म में हृदयतत्व को कुछ अधिक स्थान देने की प्रवृत्ति हुई वहीं से भक्तिमार्ग का आरम्भ मानना चाहिए। यह वह समय है जब इष्ट (अपने सुख के लिए) यज्ञों के साथ-साथ पूर्त (दूसरों के उपकार के लिए) यज्ञों का महत्व स्वीकार किया गया और लोक के मंगल के लिए तालाब-कुएँ खुदवाना, पेड़ लगवाना, अतिथिशाला बनवाना, धर्म के श्रेष्ठ कर्म माने गए। भक्तिमार्ग के प्रवर्तन की परम्परा का उल्लेख महाभारत शान्तिपर्व के अन्तर्गत नारायणीयोपाख्यान में मिलता है जिसमें वासुदेव की उपासना और भागवत धर्म लोक में कैसे चला, यह बताया गया है। उक्त आख्यान के अनुसार इस कल्प से पहले ही इस धर्म का उपदेश भगवान् ने नारद को किया था। एक बार नारद बदरिकाश्रम गए जहाँ नर और नारायण, जो परमात्मा के अवतार थे, तप कर रहे थे। नारद ने नारायण से पूछा कि आप तो स्वयं परमेश्वर हैं, आप किसकी उपासना कर रहे हैं। नारायण ने कहा, मैं अपनी प्रकृति की उपासना कर रहा हूँ। नारद वहाँ से मेरु पर्वत पर पहुँचे जहाँ उन्हें विचित्र आकार के श्वेत वर्ण के मनुष्य मिले जो भगवान् की भक्ति में लीन थे।

उन लोगों का परिचय कराते हुए महाभारतकार ने फिर भीष्म के मुख से कहलाया है कि इस भागवत धर्म के आदि प्रवर्तक चित्रशिखंडीगण (मरीचि, अत्रि, अंगिरा, पुलस्त्य, पुलह, ऋतु और वसिष्ठ) तथा स्वयंभुव मनु थे। फिर क्रमशः यह विद्या बृहस्पति को प्राप्त हुई जिसने इसका उपदेश वसु उपरिचर नामक एक धर्मात्मा भक्त राजा को दिया। राजा में पूर्ण भक्ति का आविर्भाव हुआ। एक बार उक्त राजा ने आरण्यकों के अनुसार एक अहिंसात्मक अश्वमेध यज्ञ किया जिसमें कोई पशु नहीं मारा गया। इस यज्ञ में स्वयं यज्ञपुरुष भगवान् या हरि ने आकर अपना भाग लिया। पर वे वसु उपरिचर के अतिरिक्त और किसी को न दिखाई पड़े। इस पर बृहस्पति बहुत अप्रसन्न हुए पर प्रजापति के पुत्रों ने उन्हें समझाया कि बिना पूर्ण भक्ति के भगवान् का दर्शन नहीं हो सकता।

इस आख्यान के उपरान्त फिर नारद की कथा है। वे मेरु से श्वेत द्वीप गए जहाँ भगवान् ने उन्हें एकांती (अनन्य भक्त) देखकर दर्शन दिया और वासुदेवोपासना या भागवत धर्म का उपदेश दिया।

यह तो स्पष्ट है कि वर्तमान कल्प के पूर्व भी भक्तिमार्ग का अस्तित्व सूचित करने के लिए आख्यान रचा गया है। पर इसके द्वारा कई तत्व उपलब्ध होते हैं। पहले नर-नारायण ऋषियों की ओर ध्यान जाता है जो परमात्मा के अवतार कहे गए हैं। नारायण को तो नारद ने परमेश्वर ही कहा है, इससे नारायण तो नर-प्रकृतिस्थ सगुण ब्रह्म या ईश्वर जान पड़ते हैं। नर भी उसी ब्रह्म का सगुण रूप है पर नीची श्रेणी का। खुदा और आदम की-सी बात समझिए। आदम को भी खुदा ने अपने ही अनुरूप अपने अंश से उत्पन्न किया था। इस दृष्टि से आदम भी खुदा का

एक अवतार ही कहा जा सकता है, जिसे इसलाम की कथा के अनुसार सिजदा करने के लिए खुदा ने फरिश्तों को हुक्म दिया था। दूसरी बात जो उपर्युक्त आख्यान में वसु उपरिचर के अश्वमेध यज्ञ से प्रकट होती है वह यह है कि इस भागवत धर्म में हृदयतत्व को उससे अधिक स्थान मिला जो उपनिषदों की उपासना में था और अहिंसा या दया इस वासुदेवोपासना का एक बड़ा भारी लक्षण हुआ।

वर्तमान कल्प में नारायणीयोपाख्यान के अनुसार, इस धर्म का रहस्य विवस्वान् (सूर्य) ने मनु को बताया। मनु ने लोक के भरण या पालन के लिए यह धर्म अपने पुत्र इक्ष्वाकु को बताया। गीता के चौथे अध्याय में भी यही परम्परा बताकर इतना और कहा गया है कि बहुत काल बीतने पर जब यह योग इस लोक से लुप्त हो गया तब भगवान् ने अपने भक्त अर्जुन को फिर से यह धर्म बताया।[1] इस धर्म का मूल स्वरूप पूरा क्या था इसका विचार करने के लिए नारायणीयोपाख्यान की यह बात कि 'मनु ने लोक के भरण या पालन के लिए इस धर्म को अपने पुत्र इक्ष्वाकु को बताया' ध्यान देने योग्य है। उक्त आख्यान में एक स्थान पर और आया है कि 'प्रवृत्तिलक्षणश्चैव धर्म नारायणात्मकः'। इन सब बातों के साथ जब हम गीता में उपदिष्ट निष्काम कर्म तथा कर्म, ज्ञान और उपासना के समवन्य को लेते हैं तब इन तथ्यों तक पहुँचते हैं—

(१) सर्वसाधारण में प्रचलित वैदिक देवपूजा कृतज्ञता के भाव तक ही पहुँची थी जिसमें ध्यान मुख्यतः फल पर ही रहता था। यद्यपि वैदिक यज्ञकर्मों का लक्ष्य लोकहित और लोकरंजना ही रहता था पर पीछे लोग उनमें स्वार्थबुद्धि से ही, अपने व्यक्तिगत कल्याण के लिए ही, प्रवृत्त होने लगे थे। प्रचलित यज्ञों के साथ व्यक्तिगत फलेच्छा के संबद्ध हो जाने के कारण ही नृयज्ञ, भूतयज्ञ और पूर्तयज्ञ की श्रेष्ठता प्रतिपादित की गई थी। कृष्ण भगवान् ने कर्मक्षेत्र से इस प्रकार की फलासक्ति को बाहर निकालने पर बहुत जोर दिया है। निष्काम कर्म की श्रेष्ठता से उनका अभिप्राय यही है कि उच्च श्रेणी के कर्म वे ही हैं जो खास अपने लिए किसी फल की प्राप्ति के उद्देश्य से नहीं बल्कि लोक की रक्षा, पालन और रंजन की दृष्टि से किए जायँ। ऐसे ही कर्म भगवान् के अर्पित माने गए हैं। अतः इसमें किसी प्रकार

---

१. इमं विवस्वते योगं प्रोक्तवानहमव्ययम्।
विवस्वान् मनवे प्राह मनुरिक्ष्वाकवेऽब्रवीत्॥
एवं परंपराप्राप्तमिमं राजर्षयो विदुः।
स कालेनेह महता योगो नष्टः परन्तप॥
स एवायं मया तेऽद्य योगः प्रोक्तः पुरातनः।
भक्तोऽसि मे सखा चेति रहस्यं ह्येतदुत्तमम्॥
(गीता ४।१-३)

का संदेह नहीं कि भागवत धर्म का मार्ग लोक-कल्याण-पक्ष को लेकर चला हुआ प्रवृत्तिमार्ग था। गीता का उपदेश अर्जुन को ऐसे कर्म में प्रवृत्त करने के लिए ही दिया गया था। जिसके द्वारा लोक में धर्मशक्ति की प्रतिष्ठा हो।

(२) लोक-कल्याण-पक्ष को लेकर चलने के कारण इस मार्ग में उपासना के लिए ब्रह्म का वह सगुण रूप लिया गया जिसकी अभिव्यक्ति रक्षा, पालन और रंजन करने वाले के रूप में होती है। अतः उपास्य नारायण या वासुदेव हुए। उपास्य का अनुकरण होना चाहिए। अतः जिस प्रकार अनंत विश्व की रक्षा और पालन-रंजन में भगवान् लगे रहते हैं उसी प्रकार अपने छोटे से संसार के बीच उनके उपासक को भी लगा रहना चाहिए। श्रद्धा या आस्था के प्रभाव से उपास्य भगवान् के तदाकार बनने की प्रवृत्ति सदैव उपासक में आप से आप होनी चाहिए। अतः अहिंसा भागवत धर्म का प्रधान लक्षण हुआ।

(३) जिस सर्ववाद को लेकर ब्रह्म के उक्त सगुण स्वरूप की उपासना प्रवर्तित की गई उसमें सगुण-निर्गुण, व्यक्त-अव्यक्त, मूर्त-अमूर्त सब अन्तर्भूत थे। अतः उपासना में इस अभिमान को रोकने के लिए मैंने ब्रह्म का जो ज्ञेय सगुण स्वरूप ग्रहण किया है वह उसका सर्व या पूर्ण स्वरूप है, और मैंने ब्रह्म को पूर्ण रूप में जान लिया, गीता में निर्गुण, अव्यक्त और अज्ञेय पक्ष की ओर ध्यान दिलाया गया है। इसी उद्देश्य से गीता में भगवान् को अपना सगुण विराट् रूप दिखाने के उपरांत अर्जुन से कहना पड़ा कि 'तू' मेरे जिस रूप को देख रहा है वह सत्य नहीं मेरी माया का किया हुआ है'। यह भी कहा गया है कि 'नासमझ लोग ही ऐसा समझते हैं कि मैं पूर्णतया व्यक्त हूँ'। इस प्रकार भागवत धर्म के उपासकों और भक्तों के लिए सर्वसाधारण के बीच वह पाषंड खड़ा करने का मार्ग सदा के लिए रोक दिया गया कि हमने ब्रह्म को पूर्ण रूप से जान लिया, जहाँ सुर-नर-मुनि कोई नहीं पहुँच सका, वहाँ तक हम पहुँचे हुए हैं। इसी से इस भारतीय भक्तिमार्ग की परम्परा में आगे चलकर भी ज्ञानमार्ग की सुनी-सुनाई बातों को लेकर पहेली गढ़ने की चाल नहीं चली।

(४) फल पर से आस्था हटाकर 'सर्वकर्म' स्वरूप भगवान् की ओर लाई गई। यहीं तक नहीं, गीता के विभूतियोग में भगवान् की अनंत दीप्ति, शक्ति, सौन्दर्य, ऐश्वर्य, माधुर्य, इत्यादि सामने करके मनुष्य का हृदय उनकी ओर आकर्षित किया गया। ईश्वर के स्वरूप पर मन का आकर्षित होना या लुभाना ही भगवत्प्रेम है जिसे भक्ति कहते हैं। सच्चे प्रेम का कोई हेतु नहीं होता, मन को भाना या अच्छा लगना ही उसका कारण नहीं होता है। अतः भक्ति का सच्चा स्वरूप गीता में प्रकट करके तब भगवान् ने कहा है कि जो भक्ति से मेरा भजन करते हैं वे मुझमें हैं और मैं उनमें हूँ।

(५) नारायणीयोपाख्यान में क्षीरसमुद्र के बीच श्वेतद्वीप के वर्णन में यह कहा

गया है कि वहाँ के निवासी वासुदेव भगवान् की एकांत उपासना में तत्पर एकांती थे। उस एकांत उपासना का भाव एकेश्वरवाद से मिलता-जुलता है पर पैगंबरी मतों के एकेश्वरवाद के भाव से भिन्न है। भागवत धर्म का एकांतवाद या अनन्यतावाद सिद्धांत रूप में सर्ववाद को लेकर चला था जिसमें अनेक सगुण रूप एक ही ब्रह्म के नाना रूप कहे गए थे। उपासना के व्यवहार के लिए यह उपदेश उपनिषदों में किया गया कि इन अनेक सगुण रूपों में से कोई एक रूप चुन लिया जाय और उसमें ब्रह्मभाव रखकर उपासना की जाय। इस अवस्था में किसी एक रूप को लेकर उपासना करने वाले के लिए किसी दूसरे रूप को लेकर उपासना करने वाले से झगड़ा करने की कोई जगह नहीं रखी गई। इसी प्रकार एक सगुण सर्वेश्वर का निराकार रूप लेकर चलने वाले को भी साकार रूप में उपासना करने वालों को भला-बुरा कहने या समझने का कोई हक नहीं दिया गया क्योंकि मूर्त और अमूर्त दोनों ब्रह्म के रूप बतला दिए गए।

(६) महाभारत के समय तक नारायण या नराकृति भगवान् की गूढ़ भक्ति गुह्य या रहस्य के रूप में[1] एक विशेष समुदाय के बीच में परम्परा द्वारा चली आ रही थी। भगवान् का जो स्वरूप नर-नारायण के रूप में पूर्वकल्प में व्यक्त हुआ था वही अर्जुन और वासुदेव कृष्ण के रूप में इस कल्प में प्रकट हुआ, पांचरात्र या नारायणीय धर्म के इस पक्ष का प्रवर्तन सात्वतों (यादव क्षत्रियों के एक वर्ग) के बीच में हुआ इसी से इसे सात्वत धर्म भी कहते हैं। कृष्णोपासक वैष्णव संप्रदाय का विकास इसी से समझना चाहिए। प्राचीन पांचरात्र या नारायणीय धर्म (जिसके मूल का उल्लेख शतपथ ब्राह्मण में है) के और भी पक्ष थे जो 'नारायण' रूप में उपासना करते रहे अथवा किसी और अवतार (जैसे नृसिंह, वामन, दाशरथि राम) की एकांत उपासना लेकर चले।

वासुदेव भक्ति के तात्विक निरूपण का सबसे प्राचीन और प्रामाणिक ग्रंथ भगवद्गीता है, जो महाभारत का एक अंग है। ऊपर के विवरण से स्पष्ट है कि महाभारतकाल के आसपास भगवान् का जो उपास्य स्वरूप सामने रहा वह बहुत व्यापक था। वह लोकरक्षा और लोकमंगल का प्रत्यक्ष साधन करने वाली धर्मशक्ति का स्वरूप था जिसमें शक्ति, शील, सौन्दर्य, ऐश्वर्य सबका समन्वय था। उसका आकर्षण लोकधर्म में आनन्दपूर्वक प्रवृत्त करने वाला आकर्षण था। गीता में अवतार का उद्देश्य लोक में धर्म की स्थापना स्वयं भगवान् द्वारा कहा गया है :

---

१. सात्वत संहिता में इस भक्तितत्व को 'रहस्याम्नाय' और उपासना का 'क्रियामार्ग' कहा है।

यदा यदा हि धर्मस्य ग्लानिर्भवति भारत।
अभ्युत्थानमधर्मस्य तदात्मानं सृजाम्यहम् ॥
परित्राणाय साधूनां विनाशाय च दुष्कृताम्।
धर्मसंस्थापनार्थाय संभवामि युगे युगे ॥

धीरे-धीरे भगवान् कृष्ण के भक्तिमार्ग से लोकधर्म पक्ष हटता गया और उपासना में उनका लोकरक्षा और लोकमंगल वाला यह व्यापक स्वरूप तिरोहित होता गया और केवल ऐसे स्वरूप की प्रतिष्ठा की प्रवृत्ति बढ़ती गई जो अत्यन्त घनिष्ठ प्रेम का अवलंबन हो सके। श्रीमद्भागवत इसी प्रवृत्ति का अत्यन्त मधुर फल है। उक्त ग्रंथ में यह सूचित करके कि 'सात्वत धर्म या नारायण ऋषि का धर्म' नैष्कर्म्य लक्षण है (१-३-८[1] तथा ११-४-६[2]) यह साफ बताया गया है कि "उक्त नैष्कर्म्य धर्म में भक्ति को पूरी प्रधानता नहीं मिली थी, इससे भागवत पुराण कहा गया (१-५-१२)।"[3] आगे चलकर यही भागवत पुराण तो कृष्णोपासक भक्तों के प्रेम-लक्षण भक्तियोग का प्रधान ग्रंथ हुआ और उसमें प्रकाशित श्रीकृष्ण का रूप प्रेम या भक्ति का आलंबन।

भागवत में भगवान् की माधुर्य विभूति को प्रधानता दी गई; ऐश्वर्य, शक्ति, शील इत्यादि लोकरक्षा द्वारा व्यक्त होने वाली विभूतियों को गौण स्थान प्राप्त हुआ। महाभारत में प्रतिष्ठित श्रीकृष्ण के शील और सौन्दर्य पर मुग्ध भक्त उनके ज्वलंत तेज और ऐश्वर्य से स्तंभित और महत्व से प्रभावित होकर थोड़ा दूर हटा हुआ भक्ति की दिव्य अनुभूति में लीन होता था। भागवत ने कृष्ण की वह मधुर मूर्ति सामने रखी जो प्यार करने योग्य हुई—उस ढंग का प्यार जिस ढंग के प्यार की प्रेरणा से माता-पिता अपने बच्चे को दुलारते-पुचकारते हैं, उस ढंग का प्यार जिस ढंग के प्यार की उमंग में प्रेमिका अपने प्रियतम का ललककर आलिंगन करती है। भागवत ने भगवान् को प्यार करने के लिए भक्तों के बीच खड़ा कर दिया।

गीता और भागवत पुराण ये ही वैष्णव भक्तिमार्ग के दो प्रधान ग्रंथ हैं जिनमें गीता प्राचीन है और भक्ति का कर्मज्ञान-समन्वित व्यापक रूप प्रत्यक्ष करती है।

---

१. तृतीयमृषिसर्गं च देवर्षित्वमुपेत्य सः।
तन्त्रं सात्वतमाचष्ट नैष्कर्म्यं कर्मणा यतः ॥

२. धर्मस्य दक्षदुहितर्यजनिष्ट मूर्त्यां नारायणो नरऋषिप्रवरः प्रशान्तः।
नैष्कर्म्यलक्षणमुवाच चचार कर्म योऽद्यापिचास्त ऋषिवर्यनिषेविताङ्घ्रिः ॥

३. नैष्कर्म्यमप्यच्युत भाववर्जितं न शोभते ज्ञानमलं निरञ्जनम्।
कुतः पुनः शश्वदभद्रमीश्वरे न चार्पितं कर्म यदप्यकारणम् ॥

उसके पीछे भागवत में कर्म और ज्ञान के क्षेत्र से अलग से भक्ति का एक स्वतंत्र क्षेत्र तैयार किया गया। आगे चलकर भक्ति के सिद्धांत पक्ष के प्रतिपादन के लिए कुछ छोटे-छोटे ग्रंथ भी बने, जैसे शांडिल्यसूत्र, नारदसूत्र, नारदपांचरात्र। इनमें से पिछले दो ग्रंथ तो भागवत के बाद के हैं। शांडिल्यसूत्र उसके पहले का हो सकता है। उसमें भक्ति का लक्षण यह कहा है—'सा परानुरक्तिरीश्वरे' अर्थात् ईश्वर में परानुरक्ति ही भक्ति है। निर्हेतुक या निष्काम अनुरक्ति ही परानुरक्ति कही जा सकती है। भक्ति का यह स्वरूप गीता से लेकर भागवत तक बराबर चला आया है। भागवत में स्पष्ट कहा गया है कि 'अहेतुक्यव्यवहिता या भक्तिः पुरुषोत्तमे'। यही निष्कामता तो वैदिक पूजा से भक्ति का मानसिक उत्कर्ष प्रकट करती है। सच्चे प्रेम का कोई बाहरी हेतु नहीं होता। न जाने क्यों कोई अच्छा लगा, बस प्रेम की नींव पड़ गई। यदि प्रेम का कोई हेतु कहा जा सकता है तो बस यही अच्छा लगना। नारदपांचरात्र में भक्ति के स्वरूप का पूरा ध्यान न रखकर मंत्र-तंत्र का भी कुछ समावेश कर दिया गया है। भगवान् का यह मंत्र जपने से बुखार छूट जायगा, इस विधि से पूजा करने से व्यापार में लाभ होगा, इस प्रकार की बातें भक्तिक्षेत्र के बाहर की हैं।

पहले कह आए हैं कि गीता में भक्ति का कर्मज्ञान-समन्वित व्यापक रूप था पर भागवत में भक्ति को सबके ऊपर प्रधानता देकर उसका अलग क्षेत्र तैयार किया गया। यह प्रधानता किस प्रकार धीरे-धीरे प्रस्फुटित होती हुई भागवत के समय में पूर्णतया विकसित हुई इसका कुछ आभास शांडिल्यसूत्र में मिलता है। गीता के कई श्लोकों से यह ध्वनि निकलती है कि मोक्ष ज्ञान से ही होता है, भक्ति द्वारा ज्ञान की प्राप्ति होती है अतः भक्ति ज्ञान का साधन है। उदाहरण के लिए ये दो श्लोक लीजिए :

> श्रद्धावान् लभते ज्ञानं तत्परः संयतेन्द्रियः।
> ज्ञानं लब्ध्वा परां शान्ति अचिरेणाधिगच्छति ॥
> भक्त्या मामभिजानाति यावान् यश्चास्मि तत्त्वतः।
> ततो मां तत्त्वतो ज्ञात्वा विशते तदनन्तरम् ॥

दूसरे श्लोक को लेकर शांडिल्यसूत्र में यह कहा गया है कि भक्ति ही के द्वारा भगवान् तत्वतः जैसे हैं वैसे जाने जा सकते हैं। अतः भक्ति साधन नहीं साध्य है। पर यह बात यहाँ तक नहीं पहुँचाई गई कि जानने का काम प्रेम या भक्ति से लिया जा सकता है।

ज्ञान और भक्ति, बुद्धिपक्ष और भावपक्ष के सम्बन्ध में यह विवाद पाश्चात्य देशों में भी रहस्यवादी भक्त साधकों के कारण उठा और अब भी वहाँ के विचार-मंत्र में है। हमारे यहाँ के निवृत्तिमार्गी ज्ञानियों के समान योरप में ईसाई धर्मोप-

देशक भी मनोविकारों के सर्वथा दमन का उपदेश दिया करते थे। पर इंगलैंड के रहस्यवादी कवि विलियम ब्लेक ने भाव या मनोवेग (पैशन) को हृदय की परम पवित्र संपत्ति कहा और भावना या कल्पना को ईश्वर का साक्षात्कार या झाँकी। रहस्यवादी भक्तों और कवियों के अनुसार भक्ति ज्ञानस्वरूपा है। शुद्ध भाव द्वारा प्रेरित भावना की उमंग में भक्त या साधक को ईश्वर के स्वरूप का बोध होता है। अतः भक्त भावुक और कवि एक प्रकार के रहस्यद्रष्टा (सीयर) या पैगंबर हैं। तात्पर्य यह कि यूरोप के रहस्यवादियों ने ज्ञान का—विशेषतः आध्यात्मिक ज्ञान का बुद्धिव्यवसाय से एक स्वतंत्र साधन 'स्वानुभूति' (इंट्यूशन) का प्रचार किया जिसका खंडन बहुत से वैज्ञानिक और दार्शनिक करते रहे।

पर ईसा की उन्नीसवीं शताब्दी की कट्टर आधिभौतिक दृष्टि के विरुद्ध पीछे जो आध्यात्मिक परिवर्तन (रिएक्शन) आरम्भ हुआ उसके प्रभाव से बहुत से लेखक बुद्धिव्यवसायात्मक ज्ञान को अपूर्ण बताकर 'स्वानुभूति' का समर्थन भी करते पाए गए। एडवर्ड कार्पेंटर ने अपनी प्रसिद्ध अंग्रेजी पुस्तक 'सिविलाइजेशन, इट्स काजेज ऐंड क्योर' में वर्तमान समय की उस वैज्ञानिक प्रवृत्ति का विरोध किया है जिसमें बुद्धिक्रिया ही सब कुछ मानी गई है; मनुष्य के हृदयपक्ष तथा स्वानुभूति का एकदम तिरस्कर कर दिया है। उसने 'शब्दबोध की प्रणाली' को 'अज्ञान की प्रणाली' कहा है। दर्शन तक के क्षेत्र में यह 'स्वानुभूतिवाद' किसी न किसी रूप में इधर-उधर पाया जाता है। आजकल के एक प्रसिद्ध योरपीय दार्शनिक बर्गसाँ ने भी सारी बुद्धिक्रिया को एकदेशीय, भ्रांतिजनक और असमर्थ बताकर स्वानुभूति (इंट्यूशन) का पक्ष ग्रहण किया है। हाल के प्रसिद्ध उर्दू शायर अकबर ने भी 'बुद्धिरोग' से छुटकारा पाने पर इस तरह खुशी जाहिर की है—'मैं मरीजे होश था, मस्ती ने अच्छा कर दिया।'

हमारे यहाँ भक्तिमार्गियों की ओर से ज्ञानक्षेत्र की ऐसी अवहेलना नहीं हुई, भक्ति ने ज्ञान का काम अपने ऊपर नहीं लिया। गीता का उपदेश तो यही रहा कि जानते चलो, भक्ति करते चलो और कर्म करते चलो। ज्ञानप्रसार के भीतर ही भक्ति होती है। जहाँ तक हम ईश्वर को जान पाते हैं वहीं तक उसकी भक्ति कर सकते हैं। उपनिषदों ने ब्रह्म के व्यापक स्वरूप का ज्ञान कराकर तब उपासना का मार्ग खोला है। भिन्न-भिन्न देवताओं का एक ब्रह्म में अन्तर्भाव निश्चयात्मिका बुद्धि ने किया था, हृदय ने नहीं। जानना और बात है और जानकर हृदय को प्रवृत्त करना और बात। पर जानने का फल हृदय को प्रवृत्त करने में ही है। ज्ञान की सार्थकता भक्ति में ही है। केवल जानने से ही मनुष्य के जीवन में, उसके संपूर्ण व्यक्तित्व में, उन्नति नहीं होती। जाने हुए स्वरूप की ओर जब हृदय आकर्षित होता है और उस स्वरूप तक पहुँचने के लिए जब व्यक्ति का स्वरूप उसके मेल में होने लगता है तभी जीवन की साधना का आरम्भ होता है। जाना हुआ स्वरूप

जैसा होगा उस स्वरूप का भक्त वैसे ही स्वरूप को प्राप्त होगा। इसलिए गीता में ज्ञानी भक्त श्रेष्ठ कहा गया है। वहाँ भक्ति ज्ञान का पर्याय नहीं है।

भागवत धर्म या वैष्णव धर्म की जो परम्परा भारतवर्ष में चली उसमें ज्ञान का स्थान अलग रहा है और प्रेम या भक्ति का अलग। प्रत्येक संप्रदाय के ज्ञानपक्ष या सिद्धांत पक्ष का प्रतिपादन आचार्य लोग करते थे और प्रेम या भक्ति भाव का जनता में संचार 'आळवार' लोग भजन-कीर्तन द्वारा करते थे। आचार्य ज्ञानी और भक्त दोनों होते थे। वे तर्क और वाद का आवलंबन करके विद्वानों से शास्त्रार्थ करते थे। श्री रामानुज, वल्लभाचार्य, रामानन्द इत्यादि सबके दिग्विजय के वृत्तान्त प्रसिद्ध चले आते हैं। केवल हृदय पक्ष को लेकर चलने वाले उनके अनुयायी भक्त ज्ञानी होने का दावा कभी नहीं करते थे। तुलसी, सूर आदि पहुँचे हुए भक्तों के सम्बन्ध में भी यह कहीं नहीं कहा जाता कि जहाँ तक शंकराचार्य का ज्ञान भी नहीं पहुँचा था वहाँ तक उनका ज्ञान पहुँचा था। प्रेम और भक्ति की गूढ़ता के प्रभाव से वे भगवान् के उपास्य स्वरूप का साक्षात्कार करने वाले कहे जाते हैं। पर ब्रह्म या ईश्वर के सम्बन्ध में कोई ऐसी नई बात जानने वाले नहीं जो किसी को मालूम नहीं। भक्तिमार्ग में जहाँ रहस्य का अवयव अधिक रहा वहीं भक्तों में एक प्रकार की लोकोत्तर चेतना मानने की चाल चली और वे परोक्ष ज्ञान-संपन्न कहे जाने लगे। अतः यह मानना भी आवश्यक हुआ कि दर्शन क्षेत्र की बड़ी से बड़ी बात की तह तक सीधे, बुद्धि क्रिया का मार्ग छोड़कर, पहुंचा देने वाली कोई अलौकिक प्रज्ञा अवश्य होती है।

पर हमारे यहाँ के भक्तिमार्ग में ज्ञान या स्वरूपबोध के लिए तत्त्वचिन्तन की स्वाभाविक पद्धति ही स्वीकृत है। भागवत में स्पष्ट कहा गया है भगवान् लक्षणों के सहारे अनुमान द्वारा ही लक्षित होते हैं:

भगवान्सर्वभूतेषु लक्षितः स्वात्मना हरिः।
दृश्यैर्बुद्ध्यादिभिर्द्रष्टा लक्षणैरनुमापकैः॥

इसी प्रकार उक्त पुराण में भगवान् ने ब्रह्मा को अपना तात्विक स्वरूप बताते हुए कहा है:

एतावदेव जिज्ञास्यं तत्त्वजिज्ञासुनात्मनः।
अन्वय-व्यतिरेकाभ्यां तत्स्यात् सर्वत्र सर्वदा॥

अब यह देखना चाहिए कि गीता में श्रीकृष्ण भगवान् ने जो यह कहा है कि भक्ति द्वारा मैं तत्वतः जाना जा सकता हूँ, उसका अभिप्राय क्या है। उसका अभिप्राय यही है कि भक्त भक्ति के ही प्रभाव से उस ज्ञानमार्ग में तत्पर होता है जिससे भगवान् का स्वरूप अधिकाधिक प्रत्यक्ष होता जाता है। कोरे ज्ञानी में और भक्त

ज्ञानी में यह अन्तर है कि कोरा ज्ञानी भगवान् के स्वरूप का जो ज्ञान प्राप्त करता है उससे तटस्थ रहता है, पर भक्त ज्ञानी उस स्वरूप में हृदय से लीन हो जाता है, उस स्वरूप को निष्पन्न करने वाली एक बात पर मुग्ध होता चलता है जिससे उसका ज्ञान पुष्ट होता हुआ 'आस्था' की दशा को पहुँचता है। इसी 'आस्था' की दशा को पहुँचे हुए ज्ञान द्वारा—हृदय का योग पाकर समर्थ और बलवान् ज्ञान द्वारा—व्यक्ति की सम्पूर्ण सत्ता में शुभ परिवर्तन होता है; तटस्थ, निष्क्रिय और असमर्थ ज्ञान द्वारा नहीं। भक्ति का आरम्भ ज्ञानपूर्वक ही होता है। जब हम उपास्य के स्वरूप को, उसके गुणों को थोड़ा बहुत जान लेते हैं तब उसके प्रति श्रद्धा और प्रेम का स्फुरण होता है। प्रेमी प्रिय के स्वरूप को जितना जाने रहता है, उतने में मग्न होकर भी उसको और जानने के लिए बीच-बीच में उत्कंठित होता रहता है। पूर्ण दर्शन की यह उत्कंठा श्रेष्ठ भक्त का लक्षण है। पहले-पहल तो मनुष्य कुछ जानकर तब प्रेम करता है, फिर उस प्रेम की प्रेरणा से कुछ जानने की ओर अग्रसर होता है। इस प्रकार आगे चलकर ज्ञान और भक्ति का पूर्वापर क्रम असंलक्ष्य हो जाता है। यह भी कहा जा सकता है कि ज्ञान द्वारा भक्ति होती है और यह भी कहा जा सकता है कि भक्ति द्वारा ज्ञान होता है। पर इसका मतलब यह नहीं कि कभी ज्ञान या चैतन्य का अभाव हो जाता है और उसका काम प्रेम का उन्माद करने लगता है।

संराधन काल में भक्त के स्वरूप का दर्शन होता है, यह बात वेदांत सूत्र में कही गई है—'अपि च संराधने प्रत्यक्षानुमानाभ्याम्।' इस दर्शन को शंकराचार्य ने 'ज्ञानप्रसाद' कहा है। भक्ति को केवल रहस्यवाद की दृष्टि से देखने वाले पाश्चात्य लेखक इस 'ज्ञानप्रसाद' को 'रहस्यानुभव' (मिस्टिक एक्सपीरिएंस) कहेंगे। 'रहस्यानुभव' के सम्बन्ध में साधारणतः यही समझा जाता है कि वह किसी अज्ञात तथ्य का अनायास उपलब्ध ज्ञान होता है। यह योग की एक अलौकिक सिद्धि या दिव्य दृष्टि के रूप में माना जाता है जिससे बिना किसी प्रकार की ऊहापोह के त्रिकाल की बातें प्रत्यक्ष हो जाती हैं। पर भक्तों का 'ज्ञानप्रसाद' इस प्रकार के 'योगज प्रत्यक्ष' से भिन्न वस्तु है। भक्तिमार्ग शुद्ध भावमार्ग या प्रेममार्ग है। यह योगमार्ग से अलग है, यह बात सदा ध्यान में रखनी चाहिए। भक्त अपने ध्यान या भाव की मग्नता में भगवान् के सम्बन्ध में किसी नई बात का, उसके किसी ऐसे स्वरूप का जिसका निरूपण कहीं न हुआ हो, उद्घाटन नहीं करता।

ज्ञानी ब्रह्म के जिस स्वरूप का अपने चिंतन के बल से उद्घाटन करके तटस्थ हो जाता है उसी स्वरूप को भावुक भक्त लेता है और ध्यान या भावमग्नता के समय उसमें अपनी सारी सत्ता को—हृदय, प्राण, बुद्धि, कल्पना, संकल्प इत्यादि सारी वृत्तियों को—समाहित और घनीभूत करके बड़े वेग के साथ लीन कर देता है। इस प्रकार अपनी व्यक्तिगत सत्ता की भावना का पूर्ण विसर्जन हो जाने पर

केवल उसी ध्येय स्वरूप की अत्यन्त तीव्र अनुभूति मात्र शेष रह जाती है। यह एकांत अनुभूति प्रत्यक्ष दर्शन के ही तुल्य होती है। संराधन काल के ज्ञान की यही विशेषता है। यही उसका मूल्य है। इस ज्ञान द्वारा किसी नए तथ्य का उद्‌घाटन नहीं होता, किसी ऐसी बात की जानकारी नहीं होती जिसे कोई न जानता हो। भक्तों के 'ज्ञानप्रसाद' या 'रहस्यानुभूति' का यही स्वरूप रहस्यवाद का विवेचन करने वाले प्रसिद्ध पाश्चात्त्य विद्वानों ने भी स्वीकार किया है।[1]

कोरे ज्ञानी को भगवान् के स्वरूप की—व्यक्त और सगुण स्वरूप की—कुछ जानकारी भर रहती है। पर भक्त को उसी कुछ जाने हुए या विज्ञात स्वरूप का साक्षात्कार और रसात्मक अनुभूति होती है। साक्षात्कार भावना या कल्पना (इमैजिनेशन) द्वारा होता है और रसात्मक अनुभूति भाव (इमोशन) द्वारा प्राचीन ऋषि 'साक्षात्कृतधर्मा' कहलाते थे। बौद्धों ने भी केवल 'विज्ञात' और 'साक्षात्कृत' में भेद किया है। गोस्वामी तुलसीदास ने इसी 'विज्ञान' को केवल जान लेने भर को, 'वाक्यज्ञान' कहकर यह भी बतलाया है कि :

वाक्यज्ञान अत्यन्त निपुन भव पार न पावै कोई।

साक्षात्कार होने पर ही, कल्पना में पूर्ण बिंबन होने पर ही, रसानुभूति हो सकती है। भक्त की अनुभूति यही है जिसे काव्य की लीनता या 'रसप्रतीति' कहते हैं। प्रक्रिया भी वही स्वाभाविक और सीधी-सादी है। कल्पना या भावना जिससे विज्ञात का भीतरी साक्षात्कार होता है और भाव या रागात्मिका वृत्ति, जिससे आनन्दानुभूति होती है, दोनों मनुष्य की स्वाभाविक वृत्तियाँ हैं। बस इन्हीं दो स्वाभाविक वृत्तियों के सहारे भक्तिरस की निष्पत्ति हो जाती है। इसके सीधे-सादे विधान में न इड़ा-पिंगला नाड़ियाँ हैं, न सहस्रार-चक्र, न ब्रह्मरंध्र, न आसन, न प्राणायाम।

---

१. आर० एम० जोन्स लिखते हैं : "द मिस्टिकल एक्स्पीरिएंस हैज अनडाउटेड्ली ए पोएटिक वैल्यू बट इट कंजिस्ट्स इन लीप्स अव इनसाइट थ्रू हाइटेंड लाइफ, इन ऐन एंटेसिफाइंग अव विजन थ्रू द फ्यूजिंग अव आल द डीप लाइंग पावर्स अव इंटेलेक्ट, इमोशंस ऐंड विल, ऐंड इन ए करेस्पांडिंग सर्ज अव कन्विक्शन थ्रू द डाइनैमिक इंटीग्रेशन अव पर्सनैलिटी, रादर दैन इन द 'गिफ्ट' अव न्यू नालेज-फैक्ट्स।"

(एंसाइक्लोपीडिया अव रेलिजन ऐंड एथिक्स)

३

लोकजागरण और भक्ति-काव्य

देश में मुसलमानों का राज्य प्रतिष्ठित हो जाने पर हिन्दू जनता के हृदय में गौरव, गर्व और उत्साह के लिए वह अवकाश न रह गया। उसके सामने ही उसके देवमन्दिर गिराए जाते थे, देवमूर्तियाँ तोड़ी जाती थीं और पूज्य पुरुषों का अपमान होता था और वे कुछ भी नहीं कर सकते थे। ऐसी दशा में अपनी वीरता के गीत न तो वे गा ही सकते थे और न बिना लज्जित हुए सुन ही सकते थे। आगे चलकर जब मुसलिम साम्राज्य दूर तक स्थापित हो गया तब परस्पर लड़ने वाले स्वतंत्र राज्य भी नहीं रह गए। इतने भारी राजनीतिक उलटफेर के पीछे हिन्दू जनसमुदाय पर बहुत दिनों तक उदासी छाई रही। अपने पौरुष से हताश जाति के लिए भगवान् की शक्ति और करुणा की ओर ध्यान ले जाने के अतिरिक्त दूसरा मार्ग ही क्या था?

यह तो हुई राजनीतिक परिस्थिति। अब धार्मिक स्थिति देखिए। आदिकाल के अन्तर्गत यह दिखाया जा चुका है कि किस प्रकार वज्रयानी सिद्ध, कापालिक आदि देश के पूरबी भागों में और नाथपंथी जोगी पच्छिमी भागों में रमते चले आ रहे थे।[1] इसी बात से इसका अनुमान हो सकता है कि सामान्य जनता की धर्म-भावना कितनी दबती जा रही थी, उसका हृदय धर्म से कितनी दूर हटता चला जा रहा था।

धर्म का प्रवाह कर्म, ज्ञान और भक्ति, इन तीन धाराओं में चलता है। इन तीनों के सामंजस्य से धर्म अपनी पूर्ण सजीव दशा में रहता है। किसी एक के भी अभाव से वह विकलांग रहता है। कर्म के बिना वह लूला-लँगड़ा, ज्ञान के बिना अंधा और भक्ति के बिना हृदयविहीन क्या निष्प्राण रहता है। ज्ञान के अधिकारी तो सामान्य से बहुत अधिक समुन्नत और विकसित बुद्धि के कुछ थोड़े से विशिष्ट व्यक्ति ही होते हैं। कर्म और भक्ति ही सारे जनसमुदाय की सम्पत्ति होती है। हिन्दी साहित्य के आदिकाल में कर्म तो अर्थशून्य विधि-विधान, तीर्थाटन और पर्व-

---

१. देखो, 'हिन्दी साहित्य का इतिहास', पृ० ६-१२

स्नान इत्यादि के संकुचित घेरे में पहले से बहुत कुछ बद्ध चला आता था। धर्म की भावात्मक अनुभूति या भक्ति, जिसका सूत्रपात महाभारत काल में और विस्तृत प्रवर्तन पुराणकाल में हुआ था, कभी कहीं दबती, कभी कहीं उभरती, किसी प्रकार चली भर आ रही थी।

अर्थशून्य बाहरी विधि-विधान, तीर्थाटन, पर्वस्नान आदि की निस्सारता का संस्कार फैलाने का जो कार्य वज्रयानी सिद्धों और नाथपंथी जोगियों के द्वारा हुआ, उसका उल्लेख हो चुका है।[1] पर उनका उद्देश्य 'कर्म' को उस तंग गड्ढे से निकालकर प्रकृत धर्म के खुले क्षेत्र में लाना न था बल्कि एकबारगी किनारे ढकेल देना था। जनता की दृष्टि को आत्मकल्याण और लोककल्याण विधायक सच्चे कर्मों की ओर ले जाने के बदले उसे वे कर्मक्षेत्र से ही हटाने में लग गए थे। उनकी बानी तो 'गुह्य, रहस्य और सिद्धि' लेकर उठीं थी। अपनी रहस्यदर्शिता की धाक जमाने के लिए वे बाह्य जगत् की बातें छोड़, घट के भीतर के कोठों की बात बताया करते थे। भक्ति, प्रेम आदि हृदय के प्रकृत भावों का उनकी अन्तस्साधना में कोई स्थान न था, क्योंकि इनके द्वारा ईश्वर को प्राप्त करना तो सबके लिए सुलभ कहा जा सकता है। सामान्य अशिक्षित या अर्धशिक्षित जनता पर इनकी बानियों का प्रभाव इसके अतिरिक्त और क्या हो सकता था कि वह सच्चे शुभकर्मों के मार्ग में तथा भगवद्भक्ति की स्वाभाविक हृदय पद्धति से हटकर अनेक प्रकार के मंत्र-तंत्र और उपचारों में जा उलझे और उसका विश्वास अलौकिक सिद्धियों पर जा जमे ? इसी दशा की ओर लक्ष्य करके गोस्वामी तुलसीदास ने कहा था :

गोरख जगायो जोग, भगति भगायो लोग।

सारांश यह कि जिस समय मुसलमान भारत में आए उस समय सच्चे धर्मभाव का बहुत कुछ ह्रास हो गया था। परिवर्तन के लिए बहुत कड़े धक्कों की आवश्यकता थी।

ऊपर जिस अवस्था का दिग्दर्शन हुआ है, वह सामान्य जनसमुदाय की थी। शास्त्रज्ञ विद्वानों पर सिद्धों और जोगियों की बानियों का कोई असर न था। वे इधर-उधर पड़े अपना कार्य करते जा रहे थे। पंडितों के शास्त्रार्थ भी होते थे, दार्शनिक खंडन-मंडन के ग्रंथ भी लिखे जाते थे। विशेष चर्चा वेदांत की थी। ब्रह्म-सूत्रों पर, उपनिषदों पर, गीता पर, भाष्यों की परम्परा विद्वन्मंडली के भीतर चली चल रही थी जिससे परम्परागत भक्तिमार्ग के सिद्धान्त पक्ष का कई रूपों में नूतन विकास हुआ।

कालदर्शी भक्त कवि जनता के हृदय को सँभालने और लीन रखने के लिए

---

१. देखो, 'हिन्दी साहित्य का इतिहास', पृ० ६-१२

दबी हुई भक्ति जगाने लगे। क्रमशः भक्ति का प्रवाह ऐसा विस्तृत और प्रबल होता गया कि उसकी लपेट में केवल हिन्दू जनता ही नहीं, देश में बसने वाले सहृदय मुसलमानों में से भी न जाने कितने आ गए। प्रेमस्वरूप ईश्वर को सामने लाकर भक्त कवियों ने हिन्दुओं और मुसलमानों दोनों को मनुष्य के सामान्य रूप में दिखाया और भेदभाव के दृश्यों को हटाकर पीछे कर दिया।

भक्ति का जो सोता दक्षिण की ओर से धीरे-धीरे उत्तर भारत की ओर पहले से ही आ रहा था उसे राजनीतिक परिवर्तन के कारण शून्य पड़ते हुए जनता के हृदय-क्षेत्र में फैलने के लिए पूरा स्थान मिला। रामानुजाचार्य (संवत् १०७३) ने शास्त्रीय पद्धति से जिस सगुण भक्ति का निरूपण किया था उसकी ओर जनता आकर्षित होती चली आ रही थी।

गुजरात में स्वामी मध्वाचार्य जी (संवत् १२४५-१३३३) ने अपना द्वैतवादी वैष्णव संप्रदाय चलाया जिसकी ओर बहुत से लोग झुके। देश के पूर्व भाग में जयदेव जी के कृष्ण-प्रेम-संगीत की गूंज चली आ रही थी जिसके सुर में मिथिला के कोकिल (विद्यापति) ने अपना सुर मिलाया। उत्तर या मध्य भारत में एक ओर तो ईसा की १५वीं शताब्दी में रामानुजाचार्य की शिष्य-परम्परा में स्वामी रामानन्द जी हुए जिन्होंने विष्णु के अवतार राम की उपासना पर जोर दिया और एक बड़ा भारी संप्रदाय खड़ा किया, दूसरी ओर वल्लभाचार्य जी ने प्रेममूर्ति कृष्ण को लेकर जनता को रसमग्न किया। इस प्रकार रामोपासक और कृष्णोपासक भक्तों की परम्पराएँ चलीं जिनमें आगे चलकर हिन्दी काव्य को प्रौढ़ता पर पहुँचाने वाले जगमगाते रत्नों का विकास हुआ। इन भक्तों ने ब्रह्म के 'सत् और आनन्द' स्वरूप का साक्षात्कार राम और कृष्ण के रूप में इस बाह्य जगत् के व्यक्त क्षेत्र में किया।

एक ओर तो प्राचीन सगुणोपासना का यह काव्य-क्षेत्र तैयार हुआ, दूसरी ओर मुसलमानों के बस जाने से देश में जो नई परिस्थिति उत्पन्न हुई उसकी दृष्टि से हिन्दू-मुसलमान दोनों के लिए एक 'सामान्य भक्तिमार्ग' का विकास भी होने लगा। उसके विकास के लिए किस प्रकार वीरगाथा काल में ही सिद्धों और नाथ-पंथी योगियों के द्वारा मार्ग निकाला जा चुका था, यह दिखाया जा चुका है।[1] वज्रयान के अनुयायी अधिकतर नीची जाति के थे अतः जाति-पाँति की व्यवस्था से उनका असंतोष स्वाभाविक था। नाथ संप्रदाय में भी शास्त्रज्ञ विद्वान् नहीं आते थे। इस संप्रदाय के कनफटे रमते योगी घट के भीतर के चक्रों, सहस्रदल कमल, इड़ा-पिंगला नाड़ियों इत्यादि की ओर संकेत करने वाली रहस्यमयी बानियाँ सुनाकर और करामात दिखाकर अपनी सिद्धाई की धाक सामान्य जनता पर जमाए हुए थे।

---

[1] ...ो, 'हिन्दी साहित्य का इतिहास', पृ० १०

वे लोगों को ऐसी-ऐसी बातें सुनाते आ रहे थे कि वेदशास्त्र पढ़ने से क्या होता है, बाहरी पूजा-अर्चा की विधियाँ व्यर्थ हैं, ईश्वर तो प्रत्येक के घट के भीतर है, अन्तर्मुख साधनाओं से ही वह प्राप्त हो सकता है, हिन्दू-मुसलमान दोनों एक हैं; दोनों के लिए शुद्ध साधना का मार्ग भी एक ही है, जाति-पाँति के भेद व्यर्थ खड़े किए गए हैं, इत्यादि। इन जोगियों के पंथ में कुछ मुसलमान भी आए, इसेका उल्लेख पहले हो चुका है।[1]

भक्ति के आन्दोलन की जो लहर दक्षिण से आई उसी ने उत्तर भारत की परिस्थिति के अनुरूप हिन्दू-मुसलमान दोनों के लिए एक सामान्य भक्तिमार्ग की भावना कुछ लोगों में जगाई। हृदयपक्षशून्य सामान्य अन्तस्साधना का मार्ग निकालने का प्रयत्न नाथपंथी कर चुके थे, यह हम कह चुके हैं।[2] पर रागात्मक तत्व से रहित साधना से ही मनुष्य की आत्मा तृप्त नहीं हो सकती। महाराष्ट्र देश के प्रसिद्ध भक्त नामदेव (सं० १३२८-१४०८) ने हिन्दू-मुसलान दोनों के लिए सामान्य भक्तिमार्ग का भी आभास दिया। उसके पीछे कबीरदास ने विशेष तत्परता के साथ एक व्यवस्थित रूप में यह मार्ग 'निर्गुण पंथ' के नाम से चलाया। जैसा कि पहले कहा जा चुका है, कबीर के लिए नाथपंथी जोगी बहुत कुछ रास्ता निकाल चुके थे। भेदभाव को निर्दिष्ट करने वाले उपासना के बाहरी विधानों को अलग रखकर उन्होंने अन्तस्साधना पर जोर दिया था। पर नाथपंथियों की अन्तस्साधना हृदयपक्षशून्य थी, उसमें प्रेमतत्व का अभाव था। कबीर ने यद्यपि नाथ पंथ की बहुत सी बातों को अपनी बानी में जगह दी, पर यह बात उन्हें खटकी। इसका संकेत उनके ये वचन देते हैं :

झिलमिल झगरा झूलते बाकी रही न काहु।
गोरख अटके कालपुर कौन कहावै साहु?
बहुत दिवस ते हिंडिया सुन्नि समाधि लगाइ।
करहा[3] पड़िया गाड़ में दूरि परा पछिताइ॥

अतः कबीर ने जिस प्रकार एक निराकार ईश्वर के लिए भारतीय वेदांत का पल्ला पकड़ा उसी प्रकार उस निराकार ईश्वर की भक्ति के लिए सूफियों का प्रेमतत्व लिया और अपना 'निर्गुण पंथ' बड़ी धूमधाम से निकाला। बात यह थी कि भारतीय भक्तिमार्ग साकार और सगुण रूप को लेकर चला था, निर्गुण और निराकार ब्रह्म भक्ति या प्रेम का विषय नहीं माना जाता। इसमें कोई संदेह नहीं कि कबीर ने

---

१. देखो, 'हिन्दी साहित्य का इतिहास', पृ० ११
२. वही, पृ० ११
३. करहा : (क) करभ, हाथी का बच्चा; (ख) हठयोग की क्रिया करने वाला

ठीक मौके पर जनता के उस बड़े भाग को सँभाला जो नाथपंथियों के प्रभाव से प्रेमभाव और भक्तिरस से शून्य और शुष्क पड़ता जा रहा था। उनके द्वारा यह बहुत ही आवश्यक कार्य हुआ। इसके साथ ही मनुष्यत्व की सामान्य भावना को आगे करके निम्नश्रेणी की जनता में उन्होंने आत्मगौरव का भाव जगाया और भक्ति के ऊँचे सोपान की ओर बढ़ने के लिए बढ़ावा दिया। उनका 'निर्गुण पंथ' चल निकला जिसमें नानक, दादू, मलूकदास आदि अनेक संत हुए।

कबीर तथा अन्य निर्गुणपंथी संतों के द्वारा अन्तस्साधना में रागात्मिका 'भक्ति' और 'ज्ञान' का योग तो हुआ, पर 'कर्म' की दशा वही रही जो नाथपंथियों के यहाँ थी। इन संतों के ईश्वर ज्ञानस्वरूप और प्रेमस्वरूप ही रहे, धर्मस्वरूप न हो पाए। ईश्वर के धर्मस्वरूप को लेकर, उस स्वरूप को लेकर, जिसकी रमणीय अभिव्यक्ति लोक की रक्षा और रंजन में होती है, प्राचीन वैष्णव भक्तिमार्ग की रामभक्ति शाखा उठी। कृष्णभक्ति शाखा केवल प्रेमस्वरूप ही लेकर नई उमंग से फैली।

यहाँ पर एक बात की ओर ध्यान दिला दना आवश्यक प्रतीत होता है। साधना के जो तीन अवयव—कर्म, ज्ञान और भक्ति—कहे गए हैं, वे सब काल पाकर दोषग्रस्त हो सकते हैं। 'कर्म' अर्थशून्य विधि विधानों से निकम्मा हो सकता है, 'ज्ञान' रहस्य और गुह्य की भावना से पाखंडपूर्ण हो सकता है और 'भक्ति' इंद्रियोपभोग की वासना से कलुषित हो सकती है। भक्ति की निष्पत्ति श्रद्धा और प्रेम के योग से होती है। जहाँ श्रद्धा या पूज्य बुद्धि का अवयव—जिसका लगाव धर्म से होता है—छोड़कर केवल प्रेमलक्षणा भक्ति ली जायगी वहाँ वह अवश्य विलासिता से ग्रस्त हो जायगी।

इस दृष्टि से यदि हम देखें तो कबीर का 'ज्ञानपक्ष' तो रहस्य और गुह्य की भावना से विकृत मिलेगा पर सूफियों से जो प्रेमतत्व उन्होंने लिया वह सूफियों के यहाँ चाहे कामवासनाग्रस्त हुआ हो, पर 'निर्गुण पंथ' में अविकृत रहा। यह निस्संदेह प्रशंसा की बात है। वैष्णवों की कृष्णभक्ति शाखा ने केवल प्रेमलक्षणा भक्ति ली; फल यह हुआ कि उसने अश्लील विलासिता की प्रवृत्ति जगाई। रामभक्ति शाखा में भक्ति सर्वांगपूर्ण रही; इससे वह विकृत न होने पाई। तुलसी की भक्ति पद्धति में कर्म (धर्म) और ज्ञान का पूरा सामंजस्व और समन्वय रहा। इधर आजकल अलबत कुछ लोगों ने कृष्णभक्ति शाखा का अनुकरण कर उसमें भी 'माधुर्य भाव' का गुह्य रहस्य घुसाने का उद्योग किया है जिससे 'सखी संप्रदाय' निकल पड़े हैं और राम की भी 'तिरछी चितवन और बाँकी अदा' के गीत गाए जाने लगे हैं।

यह सामान्य भक्तिमार्ग एकेश्वरवाद का एक अनिश्चित स्वरूप लेकर खड़ा हुआ, जो कभी ब्रह्मवाद की ओर ढलता था और कभी पैगंबरी खुदावाद की ओर। यह 'निर्गुण पंथ' के नाम से प्रसिद्ध हुआ। इसकी ओर ले जाने वाली सबसे पहली

प्रवृत्ति जो लक्षित हुई वह ऊँच-नीच और जाति-पाँति के भाव का त्याग और ईश्वर की भक्ति के लिए मनुष्य मात्र के समान अधिकार का स्वीकार था। इस भाव का सूत्रपात भक्तिमार्ग के भीतर महाराष्ट्र और मध्यदेश में नामदेव और रामानन्द जी द्वारा हुआ। महाराष्ट्र देश में नामदेव का जन्मकाल शक संवत् ११९२ और मृत्युकाल शक संवत् १२७२ प्रसिद्ध है। ये दक्षिण के नरुसी बमनी (सतारा जिला) के दरजी थे। पीछे पंढरपुर के बिठोबा (विष्णु भगवान्) के मन्दिर में भगवद्भजन करते हुए अपना दिन बिताते थे।

महाराष्ट्र के भक्तों में नामदेव का नाम सबसे पहले आता है। मराठी भाषा के अभंगों के अतिरिक्त इनकी हिन्दी रचनाएँ भी प्रचुर परिमाण में मिलती हैं। इन हिन्दी रचनाओं में एक विशेष बात यह पाई जाती है कि कुछ तो सगुणोपासना से सम्बन्ध रखती हैं और कुछ निर्गुणोपासना से। इसके समाधान के लिए इनके समय की परिस्थिति की ओर ध्यान देना आवश्यक है। आदिकाल के अन्तर्गत यह कहा जा चुका है कि मुसलमानों के आने पर पठानों के समय में गोरखपंथी योगियों का देश में बहुत प्रभाव था। नामदेव के ही समय में प्रसिद्ध ज्ञानयोगी ज्ञानदेव हुए हैं जिन्होंने अपने को गोरख की शिष्य-परम्परा में बताया है। ज्ञानदेव का परलोकवास बहुत थोड़ी अवस्था में ही हुआ, पर नामदेव उनके उपरान्त बहुत दिनों तक जीवित रहे। नामदेव सीधे-सीधे सगुण भक्तिमार्ग पर चले जा रहे थे, पर पीछे उस नाथ-पंथ के प्रभाव के भीतर भी ये लाए गए, जो अन्तर्मुख साधना द्वारा सर्वव्यापक निर्गुण ब्रह्म के साक्षात्कार को ही मोक्ष का मार्ग मानता था। लाने वाले थे ज्ञानदेव।

एक बार ज्ञानदेव इन्हें साथ लेकर तीर्थयात्रा को निकले। मार्ग में ये अपने प्रिय विग्रह बिठोबा (भगवान्) के वियोग में व्याकुल रहा करते थे। ज्ञानदेव उन्हें बराबर समझाते जाते थे कि 'भगवान् क्या एक ही जगह हैं; वे तो सर्वत्र हैं, सर्व-व्यापक हैं। यह मोह छोड़ो। तुम्हारी भक्ति अभी एकांगी है, जब तक निर्गुण पक्ष की भी अनुभूति तुम्हें न होगी, तब तक तुम पक्के न होगे।' ज्ञानदेव की बहन मुक्ताबाई के कहने पर एक दिन 'संत-परीक्षा' हुई। जिस गाँव में यह संत-मंडली उतरी थी उसमें एक कुम्हार रहता था। मंडली के सब संत चुपचाप बैठ गए। कुम्हार घड़ा पीटने का पिटना लेकर सबके सिर पर जमाने लगा। चोट पर चोट खाकर भी कोई विचलित न हुआ। पर जब नामदेव की ओर बढ़ा तब वे बिगड़ खड़े हुए। इस पर वह कुम्हार बोला, 'नामदेव को छोड़ और सब घड़े पक्के हैं।' बेचारे नामदेव कच्चे घड़े ठहराये गए। इस कथा से यह स्पष्ट लक्षित हो जाता है कि नामदेव को नाथ पंथ के योगमार्ग की ओर प्रवृत्त करने के लिए ज्ञानदेव की ओर से तरह-तरह के प्रयत्न होते रहे।

सिद्ध और योगी निरन्तर अभ्यास द्वारा अपने शरीर को विलक्षण बना लेते

थे। खोपड़ी पर चोट खाकर उसे पक्की करना उनके लिए कोई कठिन बात न थी। अब भी एक प्रकार के मुसलमान फकीर अपने शरीर पर जोर-जोर से डण्डे जमाकर भिक्षा माँगते हैं।

नामदेव किसी गुरु से दीक्षा लेकर अपनी सगुण भक्ति में प्रवृत्त नहीं हुए थे, अपने ही हृदय की स्वाभाविक प्रेरणा से हुए थे। ज्ञानदेव बराबर उन्हें 'बिन गुरु होइ न ज्ञान' समझाते आते थे। संतों के बीच निर्गुण ब्रह्म के सम्बन्ध में जो कुछ कहा-सुना जाता है और ईश्वर-प्राप्ति की जो साधना बताई जाती है, वह किसी गुरु की सिखाई हुई होती है। परमात्मा के शुद्ध निर्गुण स्वरूप के ज्ञान के लिए ज्ञानदेव का आग्रह बराबर बढ़ता गया। गुरु के अभाव के कारण किस प्रकार नामदेव में परमात्मा की सर्वव्यापकता का उदार भाव नहीं जम पाया था और भेदभाव बना था, इस पर भी एक कथा चली आती है। कहते हैं कि एक दिन स्वयं बिठोबा (भगवान्) एक मुसलमान फकीर का रूप धरकर नामदेव के सामने आए। नामदेव ने उन्हें नहीं पहचाना। तब उनसे कहा गया कि वे तो परब्रह्म भगवान् ही थे। अन्त में बेचारे नामदेव ने नागनाथ नामक शिव के स्थान पर जाकर बिसोवा खेचर या खेचरनाथ नामक एक नागपंथी कनफटे से दीक्षा ली। इसके सम्बन्ध में उनके ये वचन हैं :

मन मेरी सुई, तन मेरा धागा। खेचरजी के चरण पर नामा सिंपी लागा।

× × ×

सुफल जन्म मोको गुरु कीना। दुख बिसार सुख अन्तर दीना।।
ज्ञान दान मोको गुरु दीना। राम नाम बिन जीवन हीना।।

× × ×

किस हूँ पूजूँ दूजा नजर न आई।

एके पाथर किज्जे भाव। दूजे पाथर धरिए पाव।।
जो वो देव तो हम बी देव। कहै नामदेव हम हरि की सेव।।

यह बात समझ रखनी चाहिए कि नामदेव के समय में ही देवगिरि पर पठानों की चढ़ाइयाँ हो चुकी थीं और मुसलमान महाराष्ट्र में भी फैल गए थे। इसके पहले से गोरखनाथ के अनुयायी हिन्दुओं और मुसलमानों दोनों के लिए अंतस्साधना के एक सामान्य मार्ग का उपदेश देते आ रहे थे।

इनकी भक्ति के अनेक चमत्कार भक्तमाल में लिखे हैं; जैसे—बिठोबा (ठाकुर जी) की मूर्ति का इनके हाथ से दूध पीना; अविन्द नागनाथ के शिवमंदिर के द्वार का इनकी ओर घूम जाना इत्यादि। इनके माहात्म्य ने यह सिद्ध कर दिखाया कि 'जाति पाँति पूछै नहिं कोई। हरि को भजै सो हरि का होई।' इनकी इष्ट सगुणोपासना के कुछ पद नीचे दिये जाते हैं जिनमें शबरी, केवट आदि की सुगति तथा

भगवान् की अवतार-लीला का कीर्तन बड़े प्रेमभाव से किया गया है :

अंबरीष को दिये अभयपद, राज विभीषन अधिक कर्यो।
नव निधि ठाकुर दई सुदामहि, ध्रुव जो अटल अजहुँ न टर्यो।
भगत हेत मार्यो हरिनाकुस, नृसिह रूप ह्वै देह धर्यो!
नामा कहै भगति बस केसव, अजहूँ बलि के द्वार खरो॥

× × ×

दसरथरायनन्द राजा मेरा रामचन्द। प्रखवै नामा तत्व रस अमृत पीजै॥
धनि धनि मेघा रोमावली, धनि धनि कृष्ण ओढ़े कावँली।
धनि धनि तू माता देवकी, जिह गृह रमैया कँवलापति॥
धनि धनि बनखँड वृन्दाबना, जहँ खेलै श्रीनारायणा।
बेनु बजावै गोधन चारै, नामे का स्वामि आनँद करै॥

यह तो हुई नामदेव की व्यक्तोपासना सम्बन्धी हृदयप्रेरित रचना। आगे गुरु से सीखे हुए ज्ञान की उद्धरणी अर्थात् 'निर्गुन बानी' भी कुछ देखिए :

माइ न होती, बाप न होते, कर्म न होता काया।
हम नहिं होते, तुम नहिं होते, कौन कहाँ ते आया॥
चन्द न होता, सूर न होता, पानी पवन मिलाया।
शास्त्र न होता, वेद न होता, करम कहाँ ते आया॥

× × ×

पांडे तुम्हारी गायत्री लोधे का खेत खाती थी।
लै करि ठेंगा टँगरी तोरी लंगत लंगत आती थी।
पांडे तुम्हारा महादेव धौल बदल चढ़ा आवत देखा था।
रावन सेंती सरबर होई, घर की जोय गंवाई थी।
हिन्दू अन्धा तुरकौ काना, दुवौ ते ज्ञानी सायाना॥
हिन्दू पूजै देहरा, मुसलमान मसीद।
नामा सोई सेविया जँह देहरा न मसीद॥

सगुणोपासक भक्त भगवान् के सगुण और निर्गुण दोनों रूप मानता है, पर भक्ति के लिए सगुण रूप ही स्वीकार करता है; निर्गुण रूप ज्ञानमार्गियों के लिए छोड़ देता है। सब सगुणमार्गी भक्त भगवान् के व्यक्त रूप के साथ-साथ उनके अव्यक्त और निर्विशेष रूप का निर्देश करते आए हैं जो बोधगम्य नहीं। वे अव्यक्त की ओर संकेत भर करते हैं, उसके विवरण में प्रवृत्त नहीं होते। नामदेव क्यों प्रवृत्त हुए, यह ऊपर दिखाया जा चुका है। जबकि उन्होंने एक गुरु से ज्ञानोपदेश लिया तब शिष्य-धर्मानुसार उसकी उद्धरणी आवश्यक हुई।

नामदेव की रचनाओं में यह बात साफ दिखाई पड़ती है कि सगुण भक्ति के पदों की भाषा तो ब्रज या परम्परागत काव्यभाषा है, पर 'निर्गुन बानी' की भाषा नाथपंथियों द्वारा गृहीत खड़ी बोली या सधुक्कड़ी भाषा।

नामदेव की रचना के आधार पर यह कहा जा सकता है कि 'निर्गुण पंथ' के लिए मार्ग निकालने वाले नाथ पंथ के योगी और भक्त नामदेव थे। जहाँ तक पता चलता है, निर्गुण मार्ग के निर्दिष्ट प्रवर्तक कबीरदास ही थे जिन्होंने एक ओर तो स्वामी रामानन्द जी के शिष्य होकर भारतीय अद्वैतवाद की कुछ स्थूल बातें ग्रहण कीं और दूसरी ओर योगियों और सूफी फकीरों के संस्कार प्राप्त किए। वैष्णवों से उन्होंने अहिंसावाद और प्रपत्तिवाद लिए। इसी से उनके तथा 'निर्गुणवाद' और दूसरे सन्तों के वचनों में कहीं भारतीय अद्वैतवाद की झलक मिलती है, कहीं योगियों के नाड़ीचक्र की, कहीं सूफियों के प्रेमतत्व की, कहीं पैगम्बरी कट्टर खुदावाद की और कहीं अहिंसावाद की। अतः तात्त्विक दृष्टि से न तो हम इन्हें पूरे अद्वैतवादी कह सकते हैं और न एकेश्वरवादी। दोनों का मिलाजुला रूप इनकी बानी में मिलता है। इनका लक्ष्य एक ऐसी सामान्य भक्तिपद्धति का प्रचार था जिसमें हिन्दू और मुसलमान दोनों योग दे सकें और भेदभाव का कुछ परिहार हो। बहुदेवोपासना, अवतार और मूर्तिपूजा का खंडन ये मुसलमानी जोश के साथ करते थे और मुसलमानों की कुरबानी (हिंसा), नमाज, रोजा आदि की असारता दिखाते हुए ब्रह्म, माया, जीव, अनहदनाद, सृष्टि, प्रलय आदि की चर्चा पूरे हिन्दू ब्रह्मज्ञानी बनकर करते थे। सारांश यह कि ईश्वर-पूजा की उन भिन्न-भिन्न बाह्य विधियों पर से ध्यान हटाकर, जिनके कारण धर्म में भेदभाव हुआ था, ये शुद्ध ईश्वर-प्रेम और सात्विक जीवन का प्रचार करना चाहते थे।

इस प्रकार देश में सगुण और निर्गुण के नाम से भक्तिकाव्य की दो धाराएँ विक्रम की १५वीं शताब्दी के अन्तिम भाग से लेकर १७वीं शताब्दी के अन्त तक समानान्तर चलती रहीं। भक्ति के उत्थानकाल के भीतर हिन्दी भाषा की कुछ विस्तृत रचना कबीर की ही मिलती है, अतः पहले निर्गुण मत के सन्तों का उल्लेख उचित ठहरता है। यह निर्गुण धारा दो शाखाओं में विभक्त हुई—एक तो ज्ञानाश्रयी शाखा और दूसरी शुद्ध प्रेममार्गी शाखा (सूफियों की)।

पहली शाखा भारतीय ब्रह्मज्ञान और योग साधना को लेकर तथा उसमें सूफियों के प्रेमतत्व को मिलाकर उपासना क्षेत्र में अग्रसर हुई और सगुण के खंडन में उसी जोश के साथ तत्पर रही जिस जोश के साथ पैगम्बरी मत बहुदेवोपासना और मूर्तिपूजा आदि के खंडन में रहते हैं। इस शाखा की रचनाएँ साहित्यिक नहीं हैं—फुटकल दोहों या पदों के रूप में हैं जिनकी भाषा और शैली अधिकतर अव्यवस्थित और ऊटपटाँग है। कबीर आदि दो-एक प्रतिभा-सम्पन्न सन्तों को छोड़ औरों में ज्ञानमार्ग की सुनी-सुनाई बातों का पिष्टपेषण तथा

हठयोग की बातों के कुछ रूपक भद्दी तुकबन्दियों में हैं। भक्तिरस में मग्न करने वाली सरसता भी बहुत कम पाई जाती है। बात यह है कि इस पंथ का प्रभाव शिष्ट और शिक्षित जनता पर नहीं पड़ा, क्योंकि उसके लिए न तो इस पंथ में कोई नई बात थी, न नया आकर्षण। संस्कृत बुद्धि, संस्कृत हृदय और संस्कृत वाणी का वह विकास इस शाखा में नहीं पाया जाता तो शिक्षित समाज को अपनी ओर आकर्षित करता। पर अशिक्षित और निम्न श्रेणी की जनता पर इन सन्त-महात्माओं का बड़ा भारी उपकार है। उच्च विषयों का कुछ आभास देकर, आचरण की शुद्धता पर जोर देकर, आडम्बरों का तिरस्कार करके, आत्मगौरव का भाव उत्पन्न करके, इन्होंने उसे ऊपर उठाने का स्तुत्य प्रयत्न किया। पाश्चात्यों ने इन्हें जो 'धर्मसुधारक' की उपाधि दी है वह इसी बात को ध्यान में रखकर।

दूसरी शाखा शुद्ध प्रेममार्गी सूफी कवियों की है जिनकी प्रेमगाथाएँ वास्तव में साहित्य कोटि के भीतर आती हैं। इन शाखाओं के सब कवियों ने कल्पित कहानियों के द्वारा प्रेममार्ग का महत्व दिखाया है। इन साधक कवियों ने लौकिक प्रेम के बहाने उस 'प्रेमतत्व' का आभास दिया है जो प्रियतम ईश्वर से मिलाने वाला है। इन प्रेम-कहानियों का विषय तो वही साधारण होता है अर्थात् किसी राजकुमार का किसी राजकुमारी के अलौकिक सौन्दर्य की बात सुनकर उसके प्रेम में पागल होना और घरबार छोड़कर निकल पड़ना तथा अनेक कष्ट और आपत्तियाँ झेलकर अन्त में उस राजकुमारी को प्राप्त करना। पर 'प्रेम की पीर' की जो व्यंजना होती है, वह ऐसे विश्वव्यापक रूप में होती है कि वह प्रेम इस लोक से परे दिखाई पड़ता है।

हमारा अनुमान है कि सूफी कवियों ने जो कहानियाँ ली हैं वे सब हिन्दुओं के घर में बहुत दिनों से चली आती हुई कहानियाँ हैं जिनमें आवश्यकतानुसार उन्होंने कुछ हेरफेर किया है। कहानियों का मार्मिक आधार हिन्दू है। मनुष्य के साथ पशु-पक्षी और पेड़-पौधों को भी सहानुभूति-सूत्र में बद्ध दिखाकर एक अखंड जीवन-समष्टि का आभास देना हिन्दू प्रेम-कहानियों की विशेषता है। मनुष्य के घोर दुःख पर वन के वृक्ष भी रोते हैं, पक्षी भी संदेसे पहुँचाते हैं। यह बात इन कहानियों में भी मिलती है।

शिक्षितों और विद्वानों की काव्य-परम्परा में यद्यपि अधिकतर आश्रयदाता राजाओं के चरितों और पौराणिक या ऐतिहासिक आख्यानों की ही प्रवृत्ति थी, पर साथ ही कल्पित कहानियों का भी चलन था, इसका पता लगता है। दिल्ली के बादशाह सिकन्दरशाह (संवत् १५४६-१५७४) के समय में कवि ईश्वरदास ने 'सत्यवती कथा' नाम की एक कहानी दोहे-चौपाइयों में लिखी थी जिसका आरम्भ तो व्यास जनमेजय के संवाद से पौराणिक ढंग पर होता है, पर जो अधिकतर कल्पित, स्वच्छंद और मार्मिक मार्ग पर चलने वाली है। वनवास के समय पांडवों

को मार्कंडेय ऋषि मिले जिन्होंने यह कथा सुनाई :

मथुरा के राजा चन्द्रउदय को कोई संतति न थी। शिव की तपस्या करने पर उनके वर से राजा को सत्यवती नाम की एक कन्या हुई। जब वह कुमारी बड़ी हुई तब नित्य एक सुन्दर सरोवर में स्नान करके शिव का पूजन किया करती। इन्द्रपति नामक एक राजा के ऋतुवर्ण आदि चार पुत्र थे। एक दिन ऋतुवर्ण शिकार खेलते-खेलते घोर जंगल में भटक गया। एक स्थान पर उसे कल्पवृक्ष दिखाई पड़ा जिसकी शाखाएं तीस कोस तक फैली थीं। उस पर चढ़कर चारों ओर दृष्टि दौड़ाने पर उसे एक सुन्दर सरोवर दिखाई पड़ा जिसमें कई कुमारियाँ स्नान कर रही थीं। वह जब उठकर वहाँ गया तब सत्यवती को देख मोहित हो गया। कन्या का मन भी उसे देख कुछ डोल गया। ऋतुवर्ण जब उसकी ओर एकटक ताकता रह गया तब सत्यवती को क्रोध आ गया और उससे यह कहकर कि :

एक चित हमैं चितवै जस जोगी चित जोग।
धरम न जानसि पापी, कहसि कौन तैं लोग॥

शाप दिया कि 'तू कोढ़ी और व्याधिग्रस्त हो जा।' ऋतुवर्ण वैसा ही हो गया और पीड़ा से फूटकर रोने लगा :

रोवै व्याधी बहुत पुकारी। छोहन्ह ब्रिछ रोवैं सब झारी॥
बाघ सिंह रोवत बन माहीं। रोवत पंछी बहुत ओनाही॥

यह व्यापक विलाप सुनकर सत्यवती उस कोढ़ी के पास जाती है; पर वह उसे यह कहकर हटा देता है कि 'तुम जाओ, अपना हँसो खेलो।' सत्यवती का पिता राजा एक दिन जब उधर से निकला तब कोढ़ी के शरीर से उठी दुर्गंध से व्याकुल हो गया। घर आकर उस दुर्गंध की शांति के लिए राजा ने बहुत दान-पुण्य किया। जब राजा भोजन करने बैठा तब उसकी कन्या वहाँ न थी। राजा कन्या के बिना भोजन ही न करता था। कन्या को बुलाने जब राजा के दूत गए तब वह शिव की पूजा छोड़कर न आई। इस पर राजा ने क्रुद्ध होकर दूतों से कहा कि सत्यवती को ले जाकर उसी कोढ़ी को सौंप दो। दूतों का वचन सुनकर कन्या नीम की टहनी लेकर उस कोढ़ी की सेवा के लिए चल पड़ी और उससे कहा :

तोहि छोड़ि अब मैं कित जाऊं। माइ बाप सौंपा तुव ठाऊं॥

कन्या प्रेम से उसकी सेवा करने लगी और एक दिन उसे कंधे पर बिठाकर सत्यवती तीर्थस्नान कराने ले गई, जहाँ बहुत देवता, मुनि, किन्नर आदि निवास करते थे। वहाँ जाकर सत्यवती ने कहा, "यदि मैं सच्ची सती हूँ तो रात हो जाय।" इस पर चारों ओर घोर अन्धकार छा गया। सब देवता तुरन्त सत्यवती के पास दौड़े आए।

सत्यवती ने उनसे ऋतुवर्ण को सुन्दर शरीर प्रदान करने का वर माँगा। व्याधिग्रस्त ऋतुवर्ण ने तीर्थ में स्नान किया और उसका शरीर निर्मल हो गया। देवताओं ने वहीं दोनों का विवाह करा दिया। ईश्वरदास ने ग्रंथ के रचनाकाल का उल्लेख इस प्रकार किया है :

भादौ मास पाष उजियारा। तिथि नौमी औ मंगलवारा॥
नषत अश्विनी, मेष क चंदा। पंच जना सो सदा अनंदा॥
जोगिनीपुर दिल्ली बड़ थाना। साह सिकन्दर बड़ सुलताना॥
कंठे बैठ सरसुती विद्या गनपति दीन्ह।
ता दिन कथा आरंभ यह इसरदास कवि कीन्ह॥

पुस्तक में पाँच-पाँच चौपाइयों (अर्धालियों) पर एक दोहा है। इस प्रकार ५८ दोहे पर यह समाप्त हो गई है। भाषा अयोध्या के आसपास की ठेठ अवधी है। 'बाटै' (है) का प्रयोग जगह-जगह है! यही अवधी भाषा चौपाई दोहे का क्रम और कहानी का रूप-रंग सूफी कवियों ने ग्रहण किया। आख्यान काव्यों के लिए चौपाई, दोहे की परम्परा बहुत पुराने (विक्रम की ११वीं शती के) जैन चरितकाव्यों में मिलती है, इसका उल्लेख पहले हो चुका है।[1]

सूफियों के प्रेमप्रबन्धों में खंडन की बुद्धि को किनारे रखकर, मनुष्य के हृदय को स्पर्श करने का ही प्रयत्य किया गया है जिसमें इनका प्रभाव हिन्दुओं और मुसलमानों पर समान रूप से पड़ता है। बीच-बीच में रहस्यमय परोक्ष की ओर जो मधुर संकेत मिलते हैं वे बड़े हृदयग्राही होते हैं। कबीर में जो रहस्यवाद मिलता है वह बहुत कुछ उन पारिभाषिक संज्ञाओं के आधार पर है जो वेदांत और हठयोग में निर्दिष्ट हैं। पर इन प्रेमप्रबन्धकारों ने जिस रहस्यवाद का आभास बीच-बीच में दिया है उसके संकेत स्वाभाविक और मर्मस्पर्शी हैं। शुद्ध प्रेममार्गी सूफी कवियों की शाखा में सबसे प्रसिद्ध जायसी हुए, जिनकी 'पदमावत' हिन्दी काव्यक्षेत्र में एक अद्भुत रत्न है। इस संप्रदाय के सब कवियों ने पूरबी हिन्दी अर्थात् अवधी का व्यवहार किया है जिसमें गोस्वामी तुलसीदास जी ने अपना रामचरितमानस लिखा है।

अपना भावात्मक रहस्यवाद लेकर सूफी जब भारत में आए तब यहाँ उन्हें केवल साधनात्मक रहस्यवाद योगियों, रसायनियों और तांत्रिकों में मिला। रसेश्वरदर्शन का उल्लेख 'सर्वदर्शनसंग्रह' में है। जायसी आदि सूफी कवियों ने हठ-योग और रसायन की कुछ बातों को भी कहीं-कहीं अपनी कहानियों में स्थान दिया है।

---

1. देखो, 'हिन्दी साहित्य का इतिहास', पृ० ५

जैसा ऊपर कहा जा चुका है, भक्ति के उत्थानकाल के भीतर हिन्दी भाषा में कुछ विस्तृत रचना पहले-पहल कबीर की ही मिलती है, अतः पहले निर्गुण संप्रदाय की 'ज्ञानाश्रयी शाखा' का संक्षिप्त विवरण आगे दिया जाता है जिसमें सर्वप्रथम कबीरदास जी सामने आते हैं।

४

सूफी मत और अद्वैतवाद

मत और सिद्धान्त

यह आरम्भ में ही कहा जा चुका है कि मुसलमान फकीरों की एक प्रसिद्ध गद्दी की शिष्य-परम्परा में होते हुए भी, तत्त्वदृष्टि-संपन्न होने के कारण, जायसी के भाव अत्यन्त उदार थे। पर-विधि-विरोध, विद्वानों की निन्दा, अनधिकार चर्चा, समाज-विद्वेष आदि इनकी उदारता के भीतर नहीं थे। व्यक्तिगत साधन की उच्च भूमि पर पहुँचकर भी लोकरक्षा और लोकरंजन के प्रतिष्ठित आदर्शों को ये प्रेम और सम्मान की दृष्टि से देखते थे। न्यायनिष्ठ राजशक्ति, सच्ची वीरता, सुख-विधायक प्रभुत्व, अनुरंजनकारी ऐश्वर्य, ज्ञानवर्द्धक पांडित्य में ये भगवान् की लोकरक्षिणी कला का दर्शन करते थे और उनकी स्तुति करना वाणी का सदुपयोग मानते थे। साधारण धर्म्म और विशेष धर्म्म दोनों के तत्त्व को ये समझते थे। लोकमर्यादा के अनुसार जो सम्मान की दृष्टि से देखे जाते हैं उनके उपहास और निन्दा द्वारा निम्न श्रेणी की जनता की ईर्ष्या और अहंकार-वृत्ति को तुष्ट करके यदि चाहते तो ये भी एक नया 'पंथ' खड़ा कर सकते थे। पर इनके हृदय में यह वासना न थी। पीरों, पैगंबरों, मुल्लों और पंडितों की निन्दा करने के स्थान पर इन्होंने ग्रंथारम्भ में उनकी स्तुति की है और अपने को 'पंडितों का पछलगा' कहा है।

विधि पर इनकी पूरी आस्था थी। 'वेद-पुराण' और 'कुरान' आदि को ये लोक-कल्याण-मार्ग प्रतिपादित करने वाले वचन मानते थे। जो वेद-प्रतिपादित मार्ग पर न चल मनमाने मार्ग पर चलते हैं उन्हें जायसी अच्छा नहीं समझते :

राघव पूज जाखिनी, दुइज देखाएसि साँझ।
वेदपंथ जे नहिं चलहिं, ते भूलहिं बन माँझ॥
झूठ बोल थिर रहै न राँचा। पंडित सोइ वेदमत साँचा॥
वेद-बचन मुख साँच जो कहा। सो जुग-जुग अहथिर होइ रहा॥

आरम्भ में ही कहा जा चुका है कि वल्लभाचार्य, रामानन्द, चैतन्य महाप्रभु आदि के प्रभाव से जिस शांतिपूर्ण और अहिंसामय वैष्णव धर्म के प्रवाह ने सारे देश को

भक्तिरस में मग्न किया उसका सबसे अधिक विरोध उग्र हिंसापूर्ण शाक्त मत और वाममार्ग से दिखाई पड़ा। मंत्र-तंत्र के प्रयोग करने वाले, भूत-प्रेत और यक्षिणी आदि सिद्ध करने वाले तांत्रिकों और शाक्तों के प्रति उस समय समाज के भाव कैसे हो रहे थे, इसका पता राघव-चेतन के चरित्र-चित्रण से मिलता है। शाक्त मत विहित मंत्र-तंत्र और प्रयोग आदि वेद-विरुद्ध अनाचार के रूप में समझे जाने लगे थे। गोस्वामी तुलसीदासजी ने भी कई जगह समाज की इस प्रवृत्ति का आभास दिया है, जैसे :

जे परिहरि हरि-हर-चरन भजहिं भूतगन घोर।
तिनकी गति मोहिं देहु विधि जो जननी मत मोर ॥

प्रेम-प्रधान वैष्णव मत के इस पुनरुत्थान से अहिंसा का भाव यों तो सारी जनता में आदर लाभ कर चुका था पर साधुओं और फकीरों के हृदय में विशेष रूप से बद्ध-मूल हो गया था। क्या हिन्दू, क्या मुसलमान, क्या सगुणोपासक, सब प्रकार के साधु और फकीर इसका महत्त्व स्वीकार कर चुके थे। कबीरदास का यह दोहा प्रसिद्ध ही है :

बकरी पाती खाति है ताकी काढ़ी खाल।
जो नर बकरी खात हैं तिनका कौन हवाल ? ॥

इसी प्रकार और बहुत जगह कबीरदासजी ने पशु-हिंसा के विरुद्ध वाणी सुनाई है, जैसे :

दिन को रोजा रहत हैं, राति हनत हैं गाय।
यह तो खून, वह बंदगी, कहु क्यों खुशी खुदाय ॥
सुख खाना है खीचरी, माँझ परा टुक लोन।
माँस पराया खाय कै गला कटावै कौन ? ॥

इस साधु-प्रवृत्ति के अनुसार जायसी ने भी पशु-हिंसा के विरुद्ध अपने विचार, युद्ध-स्थल के वर्णन में, इस प्रकार प्रकट किए हैं :

जिन्ह जस माँसू भखा परावा। तस तिन्ह कर लेइ औरन खावा ॥

जायसी मुसलमान थे इससे उनकी उपासना निराकारोपासना ही कही जायगी। पर सूफी मत की ओर पूरी तरह झुकी होने के कारण उनकी उपासना में साकारोपासना की सी ही सहृदयता थी। उपासना के व्यवहार के लिए सूफी परमात्मा को अनन्त सौन्दर्य्य, अनन्त शक्ति और अनन्त गुणों का समुद्र मानकर चलते हैं। सूफियों के अद्वैतवाद ने एक बार मुसलमानी देशों में बड़ी हलचल मचाई थी। ईरान, तूरान

आदि में आर्य्य संस्कार बहुत दिनों तक दबा न रह सका। शामी कट्टरपन के प्रवाह के बीच भी उसने अपना सिर उठाया। मंसूर हल्लाज खलीफा के हुक्म से सूली पर चढ़ाया गया पर 'अनहलक' (मैं ब्रह्म हूँ) की आवाज बन्द न हुई। फारस के पहुँचे हुए शायरों की प्रवृत्ति इसी अद्वैत पक्ष की ओर रही।

पैगम्बरी एकेश्वरवाद (Monotheism) और इस अद्वैतवाद (Monism) में बड़ा सिद्धान्त-भेद था। एकेश्वरवाद और बात है, अद्वैतवाद और बात। एकेश्वरवाद स्थूल देववाद है और अद्वैतवाद सूक्ष्म आत्मवाद या ब्रह्मवाद। बहुत से देवी-देवताओं को मानना और सबके दादा एक बड़े देवता (ईश्वर) को मानना एक ही बात है। एकेश्वरवाद भी देववाद ही है। भावना में कोई अन्तर नहीं है। पर अद्वैतवाद गूढ़ दार्शनिक चिंतन का फल है, सूक्ष्म अन्तर्दृष्टि द्वारा प्राप्त तत्व है, जिसको अनुभूति-मार्ग में लेकर सूफी आदि अद्वैती भक्त-संप्रदाय चले। एकेश्वरवाद का मतलब यह है कि एक सर्वशक्तिमान् सबसे बड़ा देवता है जो सृष्टि की रचना, पालन और नाश करता है। अद्वैतवाद का मतलब है कि दृश्य जगत् की तह में उसका आधार-स्वरूप एक ही अखण्ड नित्य तत्त्व है और वही सत्य है। उससे स्वतन्त्र और कोई अलग सत्ता नहीं है और न आत्मा-परमात्मा में कोई भेद है। दृश्य जगत् के नाना रूपों को उसी अव्यक्त ब्रह्म के व्यक्त आभास मानकर सूफी लोग भावमग्न हुआ करते हैं।

अतः स्थूल एकेश्वरवाद और ब्रह्मवाद में भेद यह हुआ कि एकेश्वरवाद के भीतर बाह्यार्थवाद छिपा है क्योंकि वह जीवात्मा, परमात्मा और जड़ जगत् तीनों को अलग-अलग सत्त्व मानना है पर ब्रह्मवाद में शुद्ध परमात्मा के अतिरिक्त और कोई सत्ता नहीं मानी जाती, आत्मा और परमात्मा में भी कोई भेद नहीं माना जाता। अतः स्थूल दृष्टि वाले पैगम्बरी एकेश्वरवादियों के निकट यह कहना कि 'आत्मा और परमात्मा एक ही हैं' अथवा 'मैं ही ब्रह्म हूँ' कुफ्र की बात है। इसी से सूफियों को कट्टर मुसलमान एक तरह के काफिर समझते थे। सूफी मजहबी दस्तूर (कर्मकांड और संस्कार) आदि के सम्बन्ध में भी कुछ आजाद दिखाई देते थे और मोक्ष के लिए किसी पैगम्बर आदि मध्यस्थ की जरूरत नहीं बताते थे। इस प्रकार के भावों का प्रचार वे कथाओं द्वारा भी किया करते थे। जैसे, कयामत के दिन जब मुहम्मद साहब खुदा के सामने सबको पेश करने लगेंगे तब कुछ लोग भीड़ से अलग दिखाई देंगे। मुहम्मद साहब कहेंगे, 'ऐ खुदावन्द! ये लोग कौन हैं, मैं नहीं जानता।' खुदा उस वक्त कहेगा, 'ऐ मुहम्मद! जिनको तुमने पेश किया वे तुम्हें जानते हैं, मुझे नहीं जानते। ये लोग मुझे जानते हैं, तुम्हें नहीं जानते।' फारस के शिक्षित समाज का झुकाव इसी सूफी मत की ओर बहुत कुछ रहा। जायसी ने सूफियों के उदार प्रेममार्ग के प्रति अपना अनुराग प्रकट किया है :

प्रेम-पहार कठिन विधि गढ़ा। सो पै चढ़े जो सिरसौं चढ़ा ॥
पंथ सूरि कर उठा अँकूरू। चोर चढ़ै, की चढ़ मंसूरू ॥

यहाँ पर संक्षेप में सूफी मत का कुछ परिचय दे देना आवश्यक जान पड़ता है। आरम्भ में सूफी एक प्रकार के फकीर या दरवेश थे जो खुदा की राह पर अपना जीवन ले चलते थे, दीनता और नम्रता के साथ बड़ी फटी हालत में दिन बिताते थे, ऊन के कम्बल लपेटे रहते थे, भूख-प्यास सहते थे और ईश्वर के प्रेम में लीन रहते थे। कुछ दिनों तक तो इसलाम की साधारण धर्म-शिक्षा के पालन में विशेष त्याग और आग्रह के अतिरिक्त इनमें कोई नई बात या विलक्षणता नहीं दिखाई पड़ती थी। पर ज्यों-ज्यों ये साधना के मानसिक पक्ष की ओर अधिक प्रवृत्त होते गए, त्यों-त्यों इसलाम के बाह्य विधानों से उदासीन होते गये। फिर तो धीरे-धीरे अन्तःकरण की पवित्रता और हृदय के प्रेम को ही मुख्य कहने लगे और बाहरी बातों को आडम्बर। मुहम्मद साहब के लगभग ढाई सौ वर्ष पीछे इनकी चिंतन-पद्धति का विकास हुआ और ये इस्लाम के एकेश्वरवाद (तौहीद) से अद्वैतवाद पर जा पहुँचे। जिस प्रकार हमारे यहाँ अद्वैतवादी, विशिष्टाद्वैतवादी, विशुद्धाद्वैतवादी और द्वैतवादी आदि सब श्रुतियों को ही आधार मानकर उन्हीं के वचनों को प्रमाण में लाते थे उसी प्रकार वे कुरान के वचनों की अपने ढंग पर व्याख्या करते थे। कहते हैं कि अद्वैतवाद का बीज इन्हें कुरान के कुछ वचनों में ही मिला, जैसे 'अल्लाह के मुख के सिवा सब वस्तुएँ नाशवान् (हालक) हैं; चाहे तू जिधर फिरे अल्लाह का मुँह उधर ही पावेगा।' चाहे जो हो, कुरान का अल्लाह-रूप 'पुरुष-विशेष' सूफियों के यहाँ जाकर अद्वैत पारमार्थिक सत्ता हुआ।

इसमें सन्देह नहीं कि सूफियों को अद्वैतवाद पर लाने वाले प्रभाव अधिकतर बाहर के थे। खलीफा लोगों के जमाने में कई देशों के विद्वान बगदाद और बसरे में आते-जाते थे। आयुर्वेद, दर्शन, ज्योतिष, विज्ञान आदि के अनेक भाषाओं के ग्रंथों का अरबी में भाषान्तर भी हुआ। यूनानी भाषा के किसी ग्रंथ का अनुवाद 'अरस्तू के सिद्धान्त' के नाम से अरबी भाषा में हुआ जिसमें अद्वैतवाद का दार्शनिक रीति पर प्रतिपादन था। इसके अतिरिक्त भारतवर्ष के वेदान्त केसरी का गर्जन भी दूर-दूर तक गूंज गया था। मुहम्मद बिन कासिम के साथ आए हुए कुछ अरब सिन्ध में रह गए थे। इतिहासों में लिखा है कि वे और उनकी संतति ब्राह्मणों के साथ बहुत मेल-जोल से रही। इन अरबों में कुछ सूफी भी थे जिन्होंने हिन्दुओं के अद्वैतवाद का ज्ञान प्राप्त किया और और साधना की बातें भी सीखीं। सिन्ध में अबूअली प्राणायाम की विधि (पास-ए अनफास) जानते थे। उन्होंने बायजीद को 'फना' (गुजर जाना अर्थात् अहंभाव का सर्वथा त्याग और विषय-वासना की निवृत्ति) का सिद्धान्त बताया। कहने की आवश्यकता नहीं कि यह 'फना' बौद्धों के

निर्वाण की प्रतिध्वनि थी। बलख और तुर्किस्तान आदि देशों में बौद्ध सिद्धान्तों की गूंज तब तक कुछ बनी हुई थी। बहुत से शक और तुरुष्क उस समय तक बौद्ध बने थे और पीछे भी कुछ दिनों तक रहे। चंगेज खाँ बौद्ध ही था। अलाउद्दीन के समय में कुछ ऐसे मंगोल भारतवर्ष में भी आकर बसे थे जो 'नए बने हुए मुसलमान' कहे गए हैं।

अब सूफियों की सिद्धान्त सम्बन्धी कुछ खास-खास बातों का थोड़े में उल्लेख करता हूँ जिससे जायसी के दोनों ग्रंथों का तात्पर्य समझने में सहायता मिलेगी। सूफी लोग मनुष्य के चार विभाग मानते हैं: (१) नफ्स (विषय भोग वृत्ति या इन्द्रिय), (२) रूह (आत्मा या चित्), (३) कल्ब (हृदय) और (४) अक्ल (बुद्धि)।

नफ्स के साथ युद्ध साधक का प्रथम लक्ष्य होना चाहिए। कल्ब (हृदय) और रूह (आत्मा) द्वारा ही साधक अपनी साधना करते हैं। कुछ लोग हृदय का एक सबसे भीतरी तल 'सिर्र' भी मानते हैं। कल्ब और रूह का भेद सूफियों में बहुत स्पष्ट नहीं है। हमारे यहाँ मन (अन्तःकरण) और आत्मा में प्राकृतिक-अप्राकृतिक का जैसा भेद है वैसा कोई भेद नहीं है। 'कल्ब' भी एक भूतातीत पदार्थ कहा गया है, प्रकृति का विकार या भौतिक पदार्थ नहीं। उसके द्वारा ही सब प्रकार का वस्तुज्ञान होता है अर्थात् उसी पर वस्तु का प्रतिबिम्ब पड़ता है, ठीक वैसे ही जैसे दर्पण पर पड़ता है। शाहजहाँ के पुत्र दाराशिकोह ने अपनी छोटी सी पुस्तक 'रिसालए हकनुमा' में चार जगत् कहे हैं: (१) आलमे नासूत—भौतिक जगत्, (२) आलमे मलकूत या आलमे अरवाह—चित् जगत् या आत्म जगत्, (३) आलमे जबरूत; आनन्दमय जगत् जिसमें सुख-दुःख आदि द्वन्द्व नहीं और (४) आलमे लाहूत—सत्य जगत् या ब्रह्म। 'कल्ब', रूह (आत्मा) और रूपात्मक जगत् के बीच का एक साधनरूप पदार्थ है। इसका कुछ स्पष्टीकरण दाराशिकोह के इस विवरण से होता है:

> दृश्य जगत् में जो नाना रूप दिखाई पड़ते हैं वे तो अनित्य हैं पर उन रूपों की जो भावनाएँ होती हैं वे अनित्य नहीं हैं। वे भाव-चित्र नित्य हैं। उसी भावचित्र जगत् (आलमे मिसाल) से हम आत्म-जगत् को जान सकते हैं जिसे 'आलमे गैब' और 'आलमे ख्वाब' भी कहते हैं। आँख मूंदने पर जो रूप दिखाई पड़ता है वही उस रूप की आत्मा या सारसत्ता है। अतः यह स्पष्ट है कि मनुष्य की आत्मा उन्हीं रूपों की है जो रूप बाहर दिखाई पड़ते हैं, भेद इतना ही है कि अपनी सारसत्ता में स्थित रूप पिंड या शरीर से मुक्त होते हैं। सारांश यह कि आत्मा और बाह्य रूपों का बिम्ब-प्रतिबिम्ब सम्बन्ध है। स्वप्न की अवस्था में आत्मा का यही सूक्ष्म रूप दिखाई पड़ता है जिसमें आँख, कान, नाक आदि सबकी वृत्तियाँ रहती हैं पर स्थूल रूप नहीं रहते।

इस विवरण से यह आभास मिलता है कि सूफियों के अनुसार 'ज्ञान' या 'प्रत्यय' तो है आत्मा और जिस पर विविध ज्ञान या भावचित्र अंकित होते हैं वह है 'कल्ब' वा हृदय। ऊपर जो चार जगत् कहे गए उन पर ध्यान देने से प्रथम को छोड़ शेष तीन जगत् हमारे यहाँ के 'सच्चिदानन्द' के विश्लेषण प्रतीत होंगे। सूफियों के अनुसार 'सत्' ही चरम पारमार्थिक सत्ता है। वह सत्य या ब्रह्म चित् या आत्म जगत् से भी परे है। हमारे बहुत से वेदान्ती भी ब्रह्म को आत्मस्वरूप या परमात्मा कहते हुए भी उसे चिद्रूप कहना ठीक नहीं समझते। उनका कहना है कि आत्मा के सान्निध्य से जड़ बुद्धि में उत्पन्न धर्म ही चित् अर्थात् ज्ञान कहलाता है। अतः बुद्धि के इस धर्म का आरोप आत्मा या ब्रह्म पर उचित नहीं। ब्रह्म को निर्गुण और अज्ञेय ही कहना चाहिए।

पारमार्थिक वस्तु या सत्य के बोध के लिए 'कल्ब' स्वच्छ और निर्मल होना आवश्यक है। उसकी शुद्धि जिक्र (स्मरण) और मुराकबत (ध्यान) से होती है। स्मरण और ध्यान से ही 'मंजु मन-मुकुर' का मल छुट सकता है। जिक्र या स्मरण की प्रथमावस्था है अहंभाव का त्याग अर्थात् अपने को भूल जाना और परमावस्था है ज्ञाता और ज्ञान दोनों की भावना का नाश अर्थात् यह भावना न रहना कि हम ज्ञाता हैं और यह किसी वस्तु का ज्ञान है बल्कि अर्थ या विषय के आकार का ही रह जाना। कहने की आवश्यकता नहीं कि यह योग की निर्विकल्प या असंप्रज्ञात समाधि है।

सूफी मत की भक्ति का स्वरूप प्रायः वही है जो हमारे यहाँ की भक्ति का। नफ्स के साथ जिहाद (धर्मयुद्ध) विरति-पक्ष है और जिक्र और मुराकबत (स्मरण और ध्यान) नवधा भक्ति-पक्ष। रति और विरति इन दोनों पक्षों को लिए बिना अनन्य भक्ति की साधना हो नहीं सकती। हम व्यावहारिक सत्ता के बीच अपने होने का अनुभव करते हैं। जगत् केवल नामरूप और असत् सही, पर ये नामरूपात्मक दृश्य जब तक ध्यान की परमावस्था द्वारा एकदम मिटा न दिए जायँ, तब तक हमें इनका कुछ इंतजाम करके चलना चाहिए। जब कि हम अपने रतिभाव को पूर्णतया दूसरे (अदृश्य) पक्ष में लगाना चाहते हैं तब पहले उसे दृश्य पक्ष से धीरे-धीरे सुलझा कर अलग करना पड़ेगा। साधना के व्यवहार-क्षेत्र में हमें ईश्वर और जगत् ये दो पक्ष मानकर चलना ही पड़ेगा। तीसरे हम ऊपर से होंगे। इसी से भक्ति के साथ एक ओर तो वैराग्य लगा दिखाई पड़ता है, दूसरी ओर योग।[1]

'कल्ब क्या है', इस पर कुछ विचार हो चुका। जब कि कल्ब पर पड़े हुए प्रतिबिम्ब का ही आत्मा को बोध होता है तब वह शुद्ध वेदान्त की दृष्टि से आत्मा

---

१. यहाँ 'योग' शब्द का व्यवहार उसी अर्थ में है जो 'याज्ञवल्क्य-स्मृति' में है—संयोग योग इत्युक्तो जीवात्मपरमात्मनोः !

के साथ लगा हुआ अन्तःकरण ही है और जड़ प्रकृति का ही विकार है। प्रकृति का विकार होने से वह भी 'जगत्' के अन्तर्भूत है। इस पद्धति पर चलने से हम वेदांत के 'प्रतिबिम्बवाद' पर पहुँचते हैं। जायसी ने इसी भारतीय पद्धति का अनुसरण करके जगत् को दर्पण कहा है जिसमें ब्रह्म का प्रतिबिम्ब पड़ता है।

'कल्ब' या हृदय को भी सूफियों ने जो रूह (आत्मा) के समान अभौतिक माना है वह अपने प्रेममार्ग या भक्तिमार्ग की भावना के अनुसार उसे परमात्मा के नित्य स्वरूप के अन्तर्भूत करने के लिए। जैसा कि गोस्वामी तुलसीदासजी की आलोचना में हम कह चुके हैं, परोक्ष 'चित्' और परोक्ष 'शक्ति' मात्र की भावना से मनुष्य की वृत्ति पूर्णतया तुष्ट न हुई, इससे वह 'परोक्ष हृदय' की खोज में बराबर रहा। भक्ति-मार्ग में जाकर परमात्मा का 'हृदय' मनुष्य को मिला और मनुष्य की सम्पूर्ण सत्ता का एक परोक्ष आधार प्रतिष्ठित हो गया। मनुष्य का हृदय मानो उस परोक्ष हृदय के बिना अकेले ऊबता-सा था। किस प्रकार उस 'परोक्ष हृदय' का आभास ईसाई मत ने पहले-पहल संसार की भिन्न-भिन्न जातियों को दिया, इसका वर्णन अँगरेज कवि ब्राउनिंग ने बड़े मार्मिक ढंग से किया है। कारसिश नामक एक विद्वान् अरब हकीम की भेंट लाजरस नामक एक यहूदी से होती है जो अपनी जाति के एक ईसाई हकीम द्वारा अपने मरकर जिलाए जाने की बात कहता है और ईसाई मत के प्रेम-तत्त्व का संदेश भी सुनाता है। अरब हकीम उस यहूदी से मिलने का वृत्तांत अपने एक मित्र को लिखते हुए उक्त प्रेममार्ग की चर्चा इस प्रकार करता है :

> They very God ! Think Abib; dost thou think ? So the All-Great were the All-Loving too—So, through the thunder comes a human voice, Saying, "O heart I made, a heart beats here ! Face, my hands fashioned, see it in myself. Thou hase no power, nor mayst conceive of mine But love I gave thee, with myself to love, And thou must love me who have died for thee."[1]
>
> (**भावार्थ**—हबीब ! सोचो तो। वही सर्वशक्तिमान् ईश्वर प्रेममय भी है। मेघ-गर्जन के बीच से मनुष्य का-सा यह स्वर सुनाई पड़ता है—'हे मेरे बनाए हुए हृदय ! इधर भी हृदय है। हे मेरे बनाए हुए मुखड़े ! मुझमें भी मुखड़ा देख। तुझमें शक्ति नहीं है और न तू मेरी शक्ति का अनुमान कर सकता है। पर प्रेम मैंने तुझको दिया है कि तू मुझसे प्रेम कर जो तेरे लिए मर चुका है।')

---

१. An epistle containing the strange the medical experience of Karsish, the Arab physician.

तत्त्वज्ञान-संपन्न प्राचीन यूनानी (यवन) जाति के बीच जब 'पाल' नामक यहूदी स्थूल सीधे-सादे प्रेममय ईसाई मत का प्रचार करने गया तब किसी प्रकार ज्ञान-गर्व से भरे यूनानियों ने उस 'असभ्य यहूदी' की बातों की पहले उपेक्षा की, पर पीछे उसके शांति-प्रदायक संदेश पर मुग्ध हुए, यह बात वर्णन करने के लिए ब्राउनिंग ने इसी प्रकार के एक और पत्र की रचना की है।

ब्राउनिंग के समान ही और यूरोपियनों की भी यही धारणा थी कि प्रेम-तत्त्व या भक्तिमार्ग का आविर्भाव पहले-पहल ईसाई मत में हुआ और ईसाई उपदेशकों द्वारा भिन्न-भिन्न देशों में फैला। भारतवर्ष के 'भागवत संप्रदाय' की प्राचीनता पूर्णतया सिद्ध हो जाने पर भी बहुतेरे अब तक उस प्रिय धारणा को छोड़ना नहीं चाहते। सच पूछिए तो 'भगवान् के हृदय' की पूर्ण भावना भारतीय भक्तिमार्ग में ही हुई। ईसाई मत को पीछे से भगवान् के हृदय का वहाँ तक आभास मिला जहाँ तक उपास्य-उपासक का सम्बन्ध है। व्यक्तिगत साधना के क्षेत्र के बाहर उस हृदय की खोज नहीं की गई। केवल इतने ही से संतोष किया गया कि ईश्वर शरणागत भक्तों के पापों को क्षमा करता है और सब प्राणियों से प्रेम रखता है। इतने से ईश्वर और मनुष्य के बीच के व्यवहार में तो वह हृदय दिखाई पड़ा, पर मनुष्य-मनुष्य के बीच के व्यवहार में अभिव्यक्त होने वाले तथा लोकरक्षा और लोक-रंजन करने वाले हृदय की ओर ध्यान न गया। लोक से जिस हृदय से दीन-दुखियों की रक्षा की जाती है, गुरुजनों का आदर-सम्मान किया जाता है, भारी-भारी अपराध क्षमा किए जाते हैं, अत्यन्त प्रबल और असाध्य अत्याचारियों का ध्वंस करने में अद्भुत पराक्रम दिखाया जाता है, नाना कर्त्तव्यों और स्नेह-सम्बन्धों का अत्यन्त भव्य निर्वाह किया जाता है, सारांश यह कि जिससे लोक का सुखद परि-चालन होता है, वह भी उसी एक 'परम हृदय' की अभिव्यक्ति है इसकी भावना भारतीय भक्ति पद्धति में ही हुई।

जिस समय 'निर्गुनिए' भक्तों की लोकधर्म से उदासीन या विमुख करने वाली वाणी सर्व-साधारण के कानों में गूंज रही थी उस समय गोस्वामी तुलसीदास ने किस प्रकार भक्ति के उपर्युक्त प्राचीन व्यापक स्वरूप की जन-साधारण के बीच प्रतिष्ठा की, यह गोस्वामीजी की आलोचना में हम दिखा चुके हैं।

सूफी लोग साधक की क्रमशः चार अवस्थाएँ कहते हैं—(१) 'शरीअत'—अर्थात् धर्मग्रंथों के विधि-निषेध का सम्यक् पालन। यह है हमारे यहाँ का कर्म-कांड। (२) 'तरीकत'—अर्थात् बाहरी क्रिया-कलाप से परे होकर केवल हृदय की शुद्धता द्वारा भगवान् का ध्यान। इसे उपासना कांड कह सकते हैं। (३) 'हकीकत'—भक्ति और उपासना के प्रभाव से सत्य का सम्यक् बोध जिससे साधक तत्त्वदृष्टि-संपन्न और त्रिकालज्ञ हो जाता है। इसे ज्ञानकांड समझिए। (४) 'मारफत'—अर्थात् सिद्धावस्था जिसमें कठिन उपवास और मौन आदि की साधना

द्वारा अन्त में साधक की आत्मा परमात्मा में लीन हो जाती है और वह भगवान् की सुन्दर प्रेममयी प्रकृति (जमाल) का अनुसरण करता हुआ प्रेममय हो जाता है।

जायसी ने इन अवस्थाओं का उल्लेख 'अखरावट' में इस प्रकार किया है :

कही 'सरीअत' चिस्ती पीरू। उधरित असरफ औ जहँगीरू॥
राह 'हकीकत' परै न चूकी। पैठि 'मारफ़त' मार बुड़ूकी॥

यह कह आए हैं कि जायसी को विधि पर पूरी आस्था थी। वे उसको साधना की पहली सीढ़ी कहते हैं जिस पर पैर रखे बिना कोई आगे बढ़ नहीं सकता :

साँची राह 'सरीअत' जेहि बिसवास न होइ।
पाँव रखै तेहि सीढ़ी, निभरम पहुँचै सोइ॥

साधक के लिए कहा गया है कि वह प्रकट में तो सब लोकव्यवहार करता रहे, सैकड़ों लोगों के बीच अपना काम करता रहे, पर भीतर हृदय में भगवान् की भावना करता रहे, जैसा कि जायसी ने कहा है :

परगट लोक-चार कहु बाता ! गुपुत भाउ मन जासौं राता॥

इसे 'खिलवत दर-अंजुमन' कहते हैं।

नफ्स के साथ जिहाद करते हुए—इंद्रिय दमन करते हुए—उस परमात्मा तक पहुँचने का जो मार्ग बताया गया है वह 'तरीका' कहलाता है। इस मार्ग का अनुसरण करने वाले क्षुत्पिपासा सहन, एकांतवास और मौन का आश्रय लेना चाहिए। इस मार्ग में कई पड़ाव हैं जो 'मुकामात' कहलाते हैं। इनमें से पहला 'मुकाम' है 'तौबा'। जायसी ने जो चार टिकान या बसेरे कहे हैं (चारि बसेरे सौं चढ़ै, सत सौं उतरै पार) वे या तो ऊपर कही हुई चार अवस्थाएँ हैं अथवा ये ही मुकामात हैं। वे 'मुकामात' या अवस्थाएँ उन आभ्यंतर अवस्थाओं के अधीन हैं जो परमात्मा के अनुग्रह से कल्ब या हृदय के बीच उपस्थित होती हैं और 'अहवाल' कहलाती हैं।[1] इसी 'अहवाल' की अवस्था का प्राप्त होना 'हाल आना' कहलाता है जिसमें भक्त अपने को बिलकुल भूल जाता है और ब्रह्मानन्द में झूमने लगता है। जायसी ने इन पद्यों में इसी अवस्था की ओर संकेत किया है :

कया जो परम तत्त मन लावा। घूम माति, सुनि और न भावा॥
जस मद पिए घूम कोइ नाद सुने पै घूम।
तेहि तें बरजे नीक हैं, चढ़े रहसि कै दूम॥

---

१. यह 'हाल' समाधि की अवस्था है जिसकी प्राप्ति सूफी एकमात्र 'ईश्वर-प्रणिधान' द्वारा ही मानते हैं।

इस 'हाल' या प्रलयावस्था के दो पक्ष हैं—त्यागपक्ष और प्राप्तिपक्ष। त्यागपक्ष के अन्तर्गत हैं—(१) फना (अपनी अलग सत्ता की प्रतीति के परे हो जाना), (२) फकद (अहंभाव का नाश) और सुक्र (प्रेममद)। प्राप्तिपक्ष के अन्तर्गत हैं—(१) बका (परमात्मा में स्थिति), (२) वज्द (परमात्मा की प्राप्ति) और (३) शह्व (पूर्ण शांति)।

बसरा और बगदाद बहुत दिनों तक सूफियों के प्रधान स्थान रहे। बसरे में 'राबिया' और बगदाद में 'मंसूर हल्लाज' प्रसिद्ध सूफी हुए हैं। मंसूर हल्लाज की पुस्तक 'किताबे तवासीफ' सूफियों का सिद्धान्त ग्रंथ माना जाता है। अतः उसके अनुसार ईश्वर और सृष्टि के सम्बन्ध में सूफियों का सिद्धांत नीचे दिया जाता है।

परमात्मा की सत्ता का सार है प्रेम। सृष्टि के पूर्व परमात्मा का प्रेम निर्विशेष भाव से अपने ऊपर था इससे वह अपने को—अकेले अपने आपको ही—व्यक्त करता रहा। फिर अपने उस एकांत अद्वैत प्रेम को, उस अपरत्वरहित प्रेम को, बाह्य विषय के रूप में देखने की इच्छा से उसने शून्य से अपना एक प्रतिरूप या प्रतिबिम्ब उत्पन्न किया जिसमें उसी के गुण और नाम-रूप थे। यही प्रतिरूप 'आमद' कहलाया जिसमें और जिसके द्वारा परमात्मा ने अपने को व्यक्त किया :

आपुहि आपुहि चाह देखावा। आदम रूप भेस धरि आवा॥

हल्लाज ने ईश्वरत्व और मनुष्यत्व में कुछ भेद रखा है। वह 'ब्रह्मैव भवति' तक नहीं पहुँचता है। साधना द्वारा ईश्वर की प्राप्ति हो जाने पर भी, ईश्वर की सत्ता में लीन हो जाने पर भी, कुछ विशिष्टता बनी रहती है। ईश्वरत्व (लाहूत) मनुष्यत्व (नासूत) में वैसे ही ओतप्रोत हो जाता है—बिल्कुल एक नहीं हो जाता जैसे शराब में पानी। इसी से ईश्वरदशा-प्राप्त मनुष्य कहने लगता है, 'अनलहक'—मैं ही ईश्वर हूँ। ईश्वरत्व का इस प्रकार मनुष्यत्व में ओतप्रोत हो जाना—हल हो जाना 'हुलूल' कहलाता है। इस हुलूल में अवतारवाद की झलक है, इससे मुल्लाओं ने इसका घोर विरोध किया। जो कुछ हो, हल्लाज ने यह प्रतिपादित किया कि अद्वैत परम सत्ता में जो भेद-विधान है, उसमें भी विशिष्टता है, जैसा कि रामानुजाचार्यजी ने किया था।

इब्न अरबी ने 'लाहूत' और 'नासूत' की यह व्याख्या की है कि दोनों एक ही परम सत्ता के दो पक्ष हैं। लाहूत नासूत हो सकता है और नासूत लाहूत। इस प्रकार उसने ईश्वर और जीव दोनों के परे ब्रह्म को रखा और वेदांतियों के उस भेद पर आ पहुँचा जो वे ब्रह्म और ईश्वर अर्थात् निर्गुण ब्रह्म और सगुण ब्रह्म में करते हैं। वेदांत में भी एक ही ब्रह्म शुद्ध सत्त्व में प्रतिबिम्बित होने पर ईश्वर और अशुद्ध सत्त्व में प्रतिबिम्बित होने पर जीव कहलाता है। परब्रह्म के नीचे एक और ज्योतिः-स्वरूप की भावना पश्चिम की पुरानी जातियों में भी थी—जैसे, प्राचीन मिस्रियों

में 'लोगस' (Logos) की, यहूदियों में 'कबाला' की और पारसियों में 'बहमन' की। ईसाइयों में भी 'पवित्रात्मा' के रूप में बना हुआ है।

सूफियों के एक प्रधान वर्ग का मत है कि नित्य पारमार्थिक सत्ता एक ही है। यह अनेकत्व जो दिखाई पड़ता है वह उसी एक का ही भिन्न-भिन्न रूपों में आभास है। यह नामरूपात्मक दृश्य जगत् उसी एक सत् की बाह्य अभिव्यक्ति है। परमात्मा का बोध इन्हीं नामों और गुणों के द्वारा हो सकता है। इसी बात को ध्यान में रखकर जायसी ने कहा है :

दीन्ह रतन विधि चारि, नैन, बैन, सरवन्न, मुख।
पुनि जब मेटिहि मारि, मुहमद तब पछिताब मैं॥
(अखरावट)

इस परम सत्ता के दो स्वरूप—नित्यत्व और अनन्तत्व, दो गुण हैं—जनकत्व और जन्यत्व। शुद्ध सत्ता में न तो नाम है, न गुण। जब वह निर्विशेषत्व या निर्गुणत्व से क्रमशः अभिव्यक्ति के क्षेत्र में आती है तब उस पर नाम और गुण लगे प्रतीत होते हैं। इन्हीं नाम रूपों और गुणों की समष्टि का नाम जगत् है। सत्ता और गुण दोनों मूल में जाकर एक ही हैं। दृश्य जगत् भ्रम नहीं है, उस परम सत्ता की आत्माभिव्यक्ति या अपर रूप में उसका अस्तित्व है। वेदान्त की भाषा में वह ब्रह्म का ही 'कनिष्ठ स्वरूप' है। हल्लाज के मत की अपेक्षा यह मत वेदान्त के अद्वैतवाद के अधिक निकट है।

सूफियों के मत का जो थोड़ा सा दिग्दर्शन ऊपर कराया गया उससे इस बात पर ध्यान गया होगा कि उनके अद्वैतवाद में दो बातें स्फुट नहीं हैं—(१) परम सत्ता चित्स्वरूप ही है, (२) जगत् अध्यास मात्र है पर जैसा कि पाठकों को पढ़ने से ज्ञात होगा, जायसी सूफियों के अद्वैतवाद तक ही नहीं रहे हैं, वेदान्त के अद्वैतवाद तक भी पहुँचे हैं। भारतीय मत-मतान्तरों की उनमें अधिक झलक है।

ज्ञानकांड के निर्गुण ब्रह्म को यदि उपासना-क्षेत्र में ले जायँगे तो उसे सगुण करना ही पड़ेगा। जिन्होंने मूर्ति के निषेध को ठीक खुदा के पास तक पहुँचा देने वाला रास्ता समझा था, वे भी उसकी देश-काल-सम्बन्ध-शून्य भावना नहीं कर सके थे। खुदा का कयामत के दिन एक जगह बैठना, चारों ओर सब जीवों का इकट्ठा होना, बगल में हजरत मुहम्मद या ईसा का होना, जड़ द्रव्य लेकर अपनी ही सूरत-शकल का पुतला बनाना और उसमें रूह फूंकना, छः दिन काम करके सातवें दिन आराम करना, ये सब बातें अव्यक्त और निर्गुण की नहीं हैं। ज्ञानेन्द्रिय-गोचर आकार के बिना चाहे किसी प्रकार काम चल भी जाय पर मन के गोचर गुणों के बिना तो किसी दशा में काम नहीं चल सकता। अतः मूर्त्तामूर्त्त सबको उस ब्रह्म का व्यक्ताव्यक्त रूप मानने वाले सूफी यदि उस ब्रह्म की भावना

अनन्त सौन्दर्य और अनन्त गुणों से सम्पन्न प्रियतम के रूप में करें तो उनके सिद्धान्त में कोई विरोध नहीं आ सकता। उपनिषदों में भी उपासना के लिए ब्रह्म की सगुण भावना की गई। सूफी लोग ब्रह्मानन्द का वर्णन लौकिक प्रेमानन्द के रूप में करते हैं और इस प्रसंग में शराब, मद आदि को भी लाते हैं।

प्रतीकोपासना (अग्नि, जल, वायु आदि के रूप में) और प्रतिमा-पूजन के प्रति जो घोर द्वेषभाव पैगम्बरी मतों में फैला हुआ था वह सूफियों की उदार और व्यापक दृष्टि में अत्यन्त अनुचित और घोर अज्ञानमूलक दिखाई पड़ा। उस कट्टरपन का शान्त विरोध प्रकट करने के लिए वे कभी-कभी अपने उपास्य प्रियतम की भावना 'बुत' (प्रतिमा) के रूप में करते थे। जितना ही इस 'बुत' का विरोध किया गया उतना ही वह फारसी की शायरी में दखल जमाता गया। सूफी बराबर 'खुदा के नूर को हुस्ने-बुताँ के परदे में' देखते रहे। सूफियों के प्राधान्य के कारण धीरे-धीरे 'बुत' और 'मै' (शराब) दोनों शायरी के अंग हो गये। शायर लोग 'खुदा खुदा करना' ओर 'बुतों के आगे सिजदः करना' दोनों बराबर ही समझने लगे।[1]

पदमावत में अद्वैतवाद की झलक स्थान-स्थान पर दिखाई पड़ती है। अद्वैतवाद के अन्तर्गत दो प्रकार के द्वैत का त्याग लिया जाता है—आत्मा और परमात्मा के द्वैत का तथा ब्रह्म और जड़ जगत् के द्वैत का। इनमें से सूफियों का जोर पहली बात पर ही समझना चाहिए। यजुर्वेद के बृहदारण्यक उपनिषद् का 'अहं ब्रह्मास्मि' वाक्य जिस प्रकार ब्रह्म की एकता और अपरिच्छिन्नता का प्रतिपादन करता है उसी प्रकार सूफियों का 'अनलहक' वाक्य भी। इस द्वैतवाद के मार्ग में बाधक होता है अहंकार। यह अहंकार यदि छूट जाय तो इस ज्ञान का उदय हो जाय कि 'सब मैं ही हूँ' मुझसे अलग कुछ नहीं है :

> हौं हौं कहत सबै मति खोई। जौ तू नाहिं आहि सब कोई॥
> आपुहि गुरु सो आपुहि चेला। आपुहि सब औ आपु अकेला॥

'अखरावट' में जायसी ने 'सोहं' इस तत्त्व की अनुभूति से ही शान्ति की प्राप्ति बताई है :

> 'सोऽहं सोऽहं' बसि जो करई। सो बूझै, सो धीरज धरई॥

वेदान्त का अनुसरण करते हुए जायसी ब्रह्म और जगत् की समस्या पर भी जाते हैं और जगत् को ब्रह्म से अलग नहीं करते। जगत् की जो अलग सत्ता प्रतीत होती है, वह पारमार्थिक नहीं है, अवभास या छाया मात्र है :

---

१. करूँ मैं सिजदः बुतों के आगे, तू ऐ बरहमन ! 'खुदा खुदा, कर।

जब चीन्हा तब और न कोई। तन मन, जिउ, जीवन सव सोई॥
'हौं हौं' कहत घोख इतराहीं। जब भा सिद्ध कहाँ परछाहीं?

चित्-अचित् की इस अनन्यता के प्रतिपादन के लिए वेदान्त 'विवर्त्तवाद' का आश्रय लेता है जिसके अनुसार यह जगत् ब्रह्म का विवर्त्त (कल्पित कार्य) है। मूल सत्य द्रव्य ब्रह्म ही है जिस पर अनेक असत्य अर्थात् सदा बदलते रहने वाले दृश्यों का अध्यारोप होता है। जो नामरूपात्मक दृश्य हम देखते हैं वह न तो ब्रह्म का वास्तव स्वरूप ही है, न ब्रह्म का कार्य या परिणाम ही है। वह है केवल अध्यास या भ्रान्ति-ज्ञान। उसकी कोई अलग सत्ता नहीं है। नित्य तत्त्व एक ब्रह्म ही है। इसी सामान्य सिद्धान्त के स्पष्टीकरण के लिए वेदान्त में प्रतिबिम्बवाद, दृष्टि सृष्टिवाद, अवच्छेदवाद, अजातवाद (प्रौढ़िवाद) आदि कई वाद चलते हैं।

'प्रतिबिम्बवाद' का तात्पर्य यह है कि नामरूपात्मक दृश्य (जगत्) ब्रह्म के प्रतिबिम्ब हैं। बिम्ब ब्रह्म है; यह जगत् उसका प्रतिबिम्ब है। इस प्रतिबिम्बवाद, की ओर जायसी ने 'पदमावत' में बड़े ही अनूठे ढंग से संकेत किया है। दर्पण में पद्मिनी के रूप की झलक देख अलाउद्दीन कहता है :

देखि एक कौतुक हौं रहा। रहा अँतरपट पै नहिं अहा॥
सरबर देख एक मैं सोई। रहा पानि औ पान न होई॥
सरग आइ धरती महँ छावा। रहा धरनि पै धरत न आवा॥

परदा था भी और नहीं भी था—अर्थात् इस विचार से तो व्यवधान था कि उस स्वरूप का हम स्पर्श नहीं कर सकते थे और इस विचार से नहीं भी था कि उस व्यवधान में उस स्वरूप की छाया दिखाई पड़ती थी। प्रकृति की दो शक्तियाँ मानी जाती हैं—आवरण और विक्षेप। आवरण द्वारा वह मूल निर्गुण सत्ता के वास्तव स्वरूप को ढांकती है और विक्षेप द्वारा उसके स्थान पर बदलने वाले नाना रूपों को निकालती है। जब कि ये नाना रूप ब्रह्म ही के प्रतिबिम्ब हैं तब हम यह नहीं कह सकते कि वह आवरण या परदा ऐसा है जिसमें ब्रह्म का आभास बिल्कुल नहीं मिल सकता। सरोवर में पानी था, पर पानी तक पहुँच नहीं होती थी—उस शीतल करने वाले तत्त्व की झलक मिलती है, पर उसकी प्राप्ति यों नहीं हो सकती। पूर्ण साधना द्वारा यदि उसकी प्राप्ति हो जाय तो भवताप से चिर-निवृत्त हो जाय और आत्मा की प्यास सब दिन के लिए बुझ जाय। "सरग आइ धरती महँ छावा'—स्वर्गीय अमृत तत्त्व इसी पृथ्वी में व्याप्त है पर पकड़ में नहीं आता। इसी भाव को जायसी ने 'अखरावट' में अधिक स्पष्ट रूप में प्रकट किया है :

आपुहि आपु जो देखै चहा। आपनि प्रभुता आप से कहा॥
सबै जगत दरपन कै लेखा। आपुहि दरपन, आपुहि देखा॥
आपुहि बन औ आपु पखेरू। आपुहि सौजा, आपु अहेरू॥
आपुहि पुहुप फूलि बन फूलै। आपुहि भँवर बास-रस भूलै॥
आपुहि घट घट महँ मुख चाहै। आपुहि आपन रूप सराहै॥
दरपन बालक हाथ, मुख देखै, दूसर गनै।
तस भा दुइ एक साथ, मुहमद एकै जानिए॥

'आपुहि दरपन, आपुहि देखा' इस वाक्य से दृश्य और द्रष्टा, ज्ञेय और ज्ञाता का एक दूसरे से अलग न होना सूचित होता है। इसी अर्थ को लेकर वेदान्त में यह कहा जाता है कि ब्रह्म जगत् का केवल निमित्त कारण ही नहीं, उपादान कारण भी है। 'आपुहि आपु जो देखै चहा' का मतलब यह है कि अपनी ही शक्ति की लीला का विस्तार जब देखना चाहा। शक्ति या माया ब्रह्म ही की है, ब्रह्म से पृथक उसकी कोई स्वतन्त्र सत्ता नहीं। 'आपुहि घट घट महँ मुख चाहै'—प्रत्येक शरीर में जो कुछ सौन्दर्य दिखाई पड़ता है वह उसी का है। किस प्रकार एक ही अखण्ड सत्ता के अलग-अलग बहुत से प्रतिबिम्ब दिखाई पड़ते हैं यह बताने के लिए जायसी यह पुराना उदाहरण देते हैं:

गगरी सहज पचास, जो कोउ पानी भरि धरै।
सूरुज दिपै अकास, मुहमद सब महँ देखिए॥

जिस ज्योति से मनुष्य उस परमहंस ब्रह्म की छाया देखता है वह स्थिर है क्योंकि वह ब्रह्म ही है। वह ब्रह्म-ज्योति अपनी माया से आच्छादित होने पर भी न उससे मिली हुई कही जा सकती है, न अलग—मिली हुई इसलिए नहीं कि नामरूपात्मक दृश्यों का उसके स्वरूप पर कोई प्रभाव नहीं पड़ सकता; अलग इसलिए नहीं कि उसके साथ ही उसकी अभिव्यक्ति छायारूप में रहती है:

देखेउ परमहंस परछाहीं। नयन-ज्योति सौं बिछुरति नाहीं॥
जगमग जल महँ दीसै जैसे। नाँहि मिला नँहि बेहरा तैसे॥

नाम रूप असत्य हैं अर्थात् बदलते रहते हैं पर उनकी तह में जो आत्मसत्ता है वह नित्य और अपरिणामी है, इसका स्पष्ट शब्दों में उल्लेख इस सोरठे में है:

बिगरि गए सब नावँ, हाथ, पाँव, मुँह, सीस धर।
तोर नावँ केहि ठावँ, मुहमद सोइ विचारिए॥
(अखरावट)

नित्य तत्त्व और नामरूप का भेद समझाने के लिए वेदांती समुद्र और तरंग का या सुवर्ण और अलंकार का दृष्टान्त लाया करते हैं। अखरावट में वह भी मौजूद है :

सुन्न-समुद्र चख माहिं जल जैसी लहरैं उठहिं।
उठि-उठि मिटि-मिटि जाहिं, मुहमद खोज न पाइए ।।

वह अव्यक्त तत्त्व यद्यपि घट-घट में व्याप्त है, नामरूपात्मक जगत् की तह में है, पर नामरूपों का उस पर कोई प्रभाव नहीं, वह निर्लिप्त और अविकारी है—न चैनं क्लेदयन्त्यापो, न शोषयति मारुतः।

चल महँ नियर, निहारत दूरी। सब घट माहँ रहा भरि पूरी ।।
पवन न उड़ै, न भीजै पानी। अगिनि जरै जस निरमल बानी ।।

ब्रह्म अपनी माया का विस्तार करके उसमें अपना प्रतिबिम्ब देखता है। इस बात को समझाने के लिए जायसी आँख की पुतली के बिन्दु की ओर संकेत करते हैं। वह बिन्दु जब अपनी शक्ति का प्रसार करता है तभी जगत् को देखता है। इस बात की ओर पूर्ण ध्यान देकर विचार करने से मनुष्य को दृग्दृश्य-विवेक प्राप्त हो सकता है और वह यह समझ सकता है कि दृश्य की प्रतीति होना अव्यक्त में अव्यक्त का समाना ही है। नित्य अव्यक्त तत्त्व ब्रह्म माया-पट का विस्तार करके—अर्थात् दिक्काल आदि का आरोप करके—अपना प्रतिबिम्ब डालता है। अव्यक्त मूल प्रतिबिम्ब प्रतीति के रूप में फिर उसी अव्यक्त नित्य चित्तत्त्व में पलटकर समाता है :

पुतरी महँ जो बिदि एक कारी। देखै जगत सो पट बिस्तारी ।।
हेरत दिस्टि उघरि तस आई। निरखि सुन्न महँ सुन्न समाई ।।

प्रसिद्ध जर्मन दार्शनिक फिक्टे (Fichte) ने भी जगत् की प्रतीति की प्रायः यही पद्धति बताई है।

ब्रह्म को 'ईश्वर' संज्ञा किस प्रकार प्राप्त होती है इसका विवरण वेदान्त के ग्रंथों में मिलता है। पहले प्रकृति रजोगुण की प्रवृत्ति से दो रूपों में विभक्त होती है—सत्त्वप्रधान और तमःप्रधान। सत्त्वप्रधान के भी दो रूप हो जाते हैं—शुद्ध सत्त्व (जिसमें सत्त्व गुण पूर्ण हो और अशुद्ध सत्त्व (जिसमें सत्त्व अंशतः हो)। प्रकृति के इन्हीं भेदों में प्रतिबिम्बित होने के अनुसार ब्रह्म कभी 'ईश्वर', कभी 'हिरण्य-गर्भ' और कभी 'जीव' कहलाता है। जब माया या शक्ति के तीन गुणों में से शुद्ध सत्त्व का उत्कर्ष होता है तब उसे 'माया' कहते हैं और इस माया में प्रतिबिम्बित होने वाले ब्रह्म को सगुण यानी व्यक्त ईश्वर कहते हैं। अशुद्ध सत्त्व की प्रधानता

को 'अविद्या' और उसमें प्रतिबिम्बित होने वाले चित् या ब्रह्म को प्राज्ञ या जीव कहते हैं। इस सिद्धान्त का भी आभास जायसी ने इस प्रकार दिया है :

भए आपु औ कहा गोसाईं। सिर नावहु सगरिउ दुनियाईं ॥

आप ही तो सब कुछ हुआ, पर माया के भेद के अनुसार एक ओर तो ईश्वर (सर्वशक्तिमान् विधायक और शासक) रूप में व्यक्त हुआ और दूसरी ओर जीव रूप में, जो उस ईश्वर को सिर नवाता है।

ब्रह्म और जीव, आत्मा और परमात्मा की एकता इस प्रकार भी समझाई जाती है कि 'जो पिंड में है वही ब्रह्मांड में है'। इस तथ्य को लेकर साधना के क्षेत्र में एक विलक्षण रहस्यवाद की उत्पत्ति हुई जिसकी प्रेरणा से योग में पिंड या घट के भीतर ही ब्रह्म का एक विशेष स्थान निर्दिष्ट हुआ और उसके पास तक पहुँचाने वाले विकट मार्ग (नाभि से चलकर) की कल्पना की गई। जायसी ने इस रहस्यमयी भावना को स्वीकार किया है :

सातौ दीप नवौ पिंड आठौ दिसा जो आहिं।
जो बरम्हंड सो पिंड है हेरत अन्त न जाहिं ॥

और एक पूरा रूपक बाँधकर पिंड को ही ब्रह्मांड बनाया है :

टा टुक झांकहुँ सातौ खंडा। खंडै खंड लखहु बरम्हंडा ॥
पहिल खंड जो सनीचर नाऊँ। लखि न अँटकु पौरी महँ ठाऊँ ॥
दूसर खंड बृहस्पति तहँवाँ। काम-दुवार भोग-घर जहँवाँ ॥
तीसर खंड जो मंगल मानहु। नाभि कँवल महँ ओहि अस्थानहु ॥
चौथ खंड जो आदित अहई। बाईं दिसि अस्तन महँ रहई ॥
पाँचवँ खंड सुक्र उपराहीं। कंठ माहँ औ जीभ तराहीं ॥
छठएँ खंड बुद्धि कर बासा। भौंहन्ह के बीच निवासा ॥
सातवँ सोम कपार महँ कहा जो दसवँ दुवार।
जो वह पवँरि उघारै सो बड़ सिद्ध अपार ॥

इसमें जायसी ने मनुष्य-शरीर के पैर, गुह्येंद्रिय, नाभि, स्तन, कंठ, दोनों भौंहों के बीच के स्थान और कपाल को क्रमशः शनि, बृहस्पति, मंगल, आदित्य, शुक्र, बुध और सोम-स्वरूप कहा है। एक और ध्यान देने की बात यह है कि कवि ने जिस क्रम से एक दूसरे के ऊपर ग्रहों की स्थिति लिखी है वह सूर्य-सिद्धान्त आदि ज्योतिष के ग्रंथों के अनुकूल है।

तत्त्वदृष्टि से 'पिंड और ब्रह्मांड की एकता' के निश्चय पर पहुँच जाने पर फिर उसी के अनुकूल साधना का मार्ग सामने आता है जो योग-शास्त्र का विषय

है। पतंजलि ने विभूतिपाद में नाभिचक्र, कंठकूप, कूर्मनाड़ी और मूर्द्ध ज्योति का ही उल्लेख किया है, पर हठयोग में काय-व्यूह का विशेष विस्तार से वर्णन है जिसकी चर्चा पहले कर आए हैं। मूर्द्ध ज्योति या ब्रह्मरंध्र को ही जायसी ने 'दसवाँ द्वार' कहा है जहाँ वृत्ति को ले जाकर लीन करने से ब्रह्म के स्वरूप का साक्षात्कार हो सकता है। जायसी ने वेदान्त के सिद्धान्तों के साथ हठयोग की बातों का भी समावेश क्यों किया इसका कारण उपर्युक्त विवेचन से स्पष्ट हो गया होगा। तत्त्वज्ञान के पश्चात् उसके अनुकूल साधना होनी चाहिए। जबकि यह सिद्ध हो गया कि जो ब्रह्म विश्व की आत्मा के रूप में ब्रह्मांड में व्याप रहा है वही मनुष्य के पिंड या शरीर में भी है तब शरीर के भीतर ही उसके साक्षात्कार की साधना का निरूपण होना ही चाहिए।

अब यह देखिए कि तत्त्व-दृष्टि से जायसी सृष्टि-विकास का किस रूप में वर्णन करते हैं। वे कहते हैं कि सृष्टि के पहले ब्रह्म अपने को अपने में समेटे हुए था—'रहा आपु महँ आपु समाना' (अखरावट)। सर्गोन्मुख होने के पहले वह 'वज्रबीज' अव्यक्त था :

बजर-बीज बीरौ अस, ओहि न रंग न भेस।

अंकुरित होने पर उसमें से दो पत्ते निकले—एक चित्तत्त्व, दूसरा पार्थिव तत्त्व :

होतैं बिरवा भए दुइ पाता। पिता सरग औ धरती माता॥

इन्हीं दो से फिर अनेक प्रकार की चराचर सृष्टि हुई :

बिरिछ एक लागी दुइ डारा। एकहिं ते नाना परकारा॥
मातु के रकत पिता के बिन्दू। उपने दुवौ तुरुक औ हिन्दू॥
रकत हुतें तन भए चौरंगा। बिन्दु हुतें जिउ पाँचौ संगा॥
जस ए चारिउ धरति बिलाहीं। तस वै पाँचहुँ सरगहिं जाहीं॥

एक ही वृक्ष की दो डालियाँ हुईं—एक चेतन तत्त्व अर्थात् जीवात्मा और दूसरा अचेतन अर्थात् जड़ द्रव्य। चित् पुरुष-पक्ष या पितृ-पक्ष है और अचित् प्रकृति-पक्ष या मातृ-पक्ष है। चित् को आकाशरूप (चिदाकाश) सूक्ष्म समझना चाहिए और अचित् को पृथ्वीस्वरूप स्थूल।

जबकि व्यक्त चित् (जीव) और व्यक्त अचित् (विकृति) दोनों एक ब्रह्म से उत्पन्न हैं तब ब्रह्म में भी ये दोनों पक्ष अव्यक्त वा सूक्ष्म रूप में होंगे। इस प्रकार जायसी के उक्त कथन में रामानुज के विशिष्टाद्वैत की झलक साफ है जिसके अनुसार ब्रह्म चिदचिद्विशिष्ट है अर्थात् चित् और अचित् दोनों उसके अंग हैं। जायसी ने आगे चलकर तो ब्रह्म को द्विकलात्मक साफ कहा है :

खा-खेलार जस है दुइ करा। उहै रूप आदम अवतरा ॥

ब्रह्म के सूक्ष्म चित् से जीवात्माओं की उत्पत्ति और सूक्ष्म अचित् से उनके शरीर और जड़ जगत् की उत्पत्ति हुई। विशिष्टाद्वैत के अनुसार ब्रह्म केवल निमित्त कारण है; उपादान हैं जड़ (स्थूल अचित्) और जीव (स्थूल चित्)। पर दूरारूढ़ वेदान्त के अद्वैतवाद में ब्रह्म सब भेदों (स्वगत, सजातीय और विजातीय) से रहित तथा जगत् का निमित्त और उपादान दोनों माना जाता है। सूफियों को भी आत्मा और परमात्मा में किसी प्रकार का पारमार्थिक भेद (जन्य-जनक का भी) मान्य नहीं है। अतः अद्वैतियों के अनुकूल यदि हम 'बिरिछि एक लागी दुइ डारा' का अर्थ करना चाहें तो जीव और जड़ को क्रमशः ब्रह्म के श्रेष्ठ और कनिष्ठ स्वरूप (जिन्हें गीतों में परा और अपरा प्रकृति कहा है) मानकर कर सकते हैं।[1] श्रेष्ठ स्वरूप निर्विकार रहता है और कनिष्ठ स्वरूप (माया) में अनेक प्रकार के भेद और विकार दिखाई पड़ते हैं। पर अद्वैतवाद के अनुकूल सृष्टि के वर्णन में अधिक जटिलता है और शब्दों के प्रयोग में सावधानी की भी बहुत आवश्यकता है। इसका निर्वाह जायसी के लिए कठिन था। इसी से आगे चलकर इन्होंने चित्तत्त्व के समुद्र से जो असंख्य प्रकार के शरीरों के भीतर जीव-बिन्दुओं की वर्षा कराई है वह शुद्ध वेदान्त के अपरिच्छिन्न चित् के अनुकूल नहीं है, विशिष्टाद्वैत भावना से ही मेल खाती है :

रहा जो एक जल गुपुत समुंदा। बरसा सहस अठारइ बुंदा ॥
सोई अंश घटिहि घट मेला। औ सोइ बरन-बरन होइ खेला ॥

इस चौपाई में 'गुपुत समुंदा' सूक्ष्म चित् है जिससे अनेक प्रकार के जीवात्माओं की उत्पत्ति हुई।

यहीं तक नहीं, उत्पत्ति का और आगे चलकर जो वर्गीकरण किया गया है वह भी विचारणीय है; जैसे :

रकत हुते तन भए चौरंगा। बिंदु हुते जिउ पाँचो संगा ॥
जस ए चारिउ धरति बिलाहीं। तस वै पाँचो सरगहि जाहीं ॥

'रक्त' से अभिप्राय यहाँ माता के रज अर्थात् प्रकृति के उपादान से है। प्रकृति के क्रमागत विकार से नाना प्रकार के शरीर संघटित हुए, यहाँ तक तो ठीक है। पर चित्तत्त्व के अन्तर्गत जीवात्मा के अतिरिक्त पाँचों ज्ञानेंद्रियाँ (या पंचप्राण अर्थ

---

१. द्वेवाव ब्रह्मणो रूपो मूर्त्तञ्चैवामूर्त्तञ्च, मर्त्यञ्चामृतं च।
(बृहदारण्यक—मूर्त्तामूर्त्त प्रकरण)

लीजिए) भी हैं यह मत भारतीय दृष्टि से शास्त्र-सम्मत नहीं है। सांख्य और वेदान्त दोनों में ज्ञानेंद्रियाँ और अन्तःकरण तथा प्राण भी प्रकृति के उत्तरोत्तर विकार माने जाते हैं। पर अन्तःकरण या मन से आत्मा भिन्न है, यह सूक्ष्म भावना पश्चिमी देशों में स्फुट नहीं थी। पर 'तस वै पाँचो सग्गहि जाहीं' का भारतीय अध्यात्म की दृष्टि से यह अर्थ ले सकते हैं कि जीवात्मा के साथ 'लिंग शरीर' लगा जाता है।

'पदमावत' के आरम्भ में सृष्टि का जो वर्णन है वह तो बिलकुल स्थूल तथा नैयायिकों, पौराणिकों तथा जनसाधारण के 'आरम्भवाद' के अनुसार है। यही तक नहीं उसमें हिन्दुओं और मुसलमानों दोनों की भावनाओं का मेल है। उसमें एक ओर तो पुराणों के 'सप्तद्वीप' और 'नवखंड' हैं, दूसरी ओर 'नूर' की उत्पत्ति और 'हिशद हंजार आलम'। उक्त वर्णन में एक बात पर और ध्यान जाता है। कवि ने सर्वत्र भूतकालिक रूप 'कीन्हेसि' का प्रयोग किया है जिसमें शामी पैगंबरी मतों (यहूदी, ईसाई और इस्लाम) की इस परिमित भावना का आभास मिलता है कि वर्तमान सृष्टि प्रथम और अन्तिम है। इन मतों के अनुसार ईश्वर ने न तो इसके पहले सृष्टि की थी और न वह आगे कभी करेगा। इसमें न तो कल्पान्तर की कल्पना है न जीवों के पुनर्जन्म की। कयामत या प्रलय आने तक सब जीवात्मा इकट्ठे होते जायँगे और अन्त में सबका फैसला एक साथ हो जायगा। जो पुण्यात्मा होंगे वे अनन्त काल तक स्वर्ग भोगने चले जायँगे और जो पापी होंगे वे अनन्त काल तक नरक भोगा करेंगे। 'पदमावत' में तो एक ही बार सृष्टि होने का थोड़ा-सा आभास मात्र है। पर 'अखरावट' में यह बात कुछ अधिक खोलकर कही गई है:

ऐस जो ठाकुर किय एक दाऊँ। पहिले रचा मुहम्मद नाऊँ ॥

हिन्दू पौराणिक भावना के अनुसार भी सृष्टि का जहाँ वर्णन होगा वहाँ यही अभिप्राय प्रकट होगा कि ईश्वर 'सृष्टि करता है' अर्थात् बराबर करता रहता है।

आदम की उत्पत्ति का और गेहूँ खाने के अपराध में आदम-हौवा के स्वर्ग से निकाले जाने का उल्लेख भी है:

जबहीं किएउ जगत सब साजा। आदि चहेउ आदम उपराजा ॥
× × ×
खाएनि गोहूँ कुमति भुलाने। परे आइ जग महँ पछिताने ॥
(अखरावट)

छोह न कीन्ह विछोही ओहू। का हम्ह दोष लाभ एक गोहूँ ॥
(पदमावत)

'स्तुति-खंड' में यह इसलामी विश्वास भी मौजूद है कि ईश्वर ने पहले नूर (पैगंबर)

या ज्योति उत्पन्न की और मुहम्मद ही की खातिर से स्वर्ग और पृथ्वी की रचना की :

कीन्हेसि प्रथम जोति परगासू। कीन्हेसि तेहि पिरीति कविलासू ।।

'कविलास' शब्द का प्रयोग जायसी ने बराबर स्वर्ग के अर्थ में किया है।

यह तो प्रसिद्ध ही है कि यहूदियों के पुराने पैगंबर मूसा की उस 'सृष्टि-कथा' को ईसाइयों ने भी माना और मुसलमानों ने भी लिया जिसके अनुसार ईश्वर ने छः दिन में आकाश, पृथ्वी, जल तथा वनस्पतियों और जीवों को अलग-अलग उत्पन्न किया और अन्त में मनुष्य का पुतला बनाकर उसमें अपनी रूह फूंकी। इसलाम में आकर सृष्टि की इस पौराणिक कथा में दो-एक बातों का अन्तर पड़ा। मूसा के खुदा को सृष्टि बनाने में छः दिन लगे थे, पर अल्लाह ने सिर्फ 'कुन' कहकर एक क्षण में सारी सृष्टि खड़ी कर दी। ज्योति की प्रथम उत्पत्ति का उल्लेख मूसा के वर्णन में भी है पर इसलाम में उस ज्योति का अर्थ 'मुहम्मद का नूर' किया जाता है।

कहने की आवश्यकता नहीं कि सृष्टि का उक्त पैगंबरी वर्णन किसी तात्त्विक क्रम पर नहीं है। जायसी ने भी आरम्भ में ज्योति का नाम लेकर फिर आगे किसी क्रम का अनुसरण नहीं किया है। वे सिर्फ वस्तुएँ गिनाते गए हैं। पर 'पदमावत' में एक स्थान पर भूतों की उत्पत्ति का क्रम इस प्रकार कहा गया है :

पवन होई भा पानी, पानी होइ भइ आगि।
आगि होई भइ भाटी, गोरखधंधै लागि ।।

यह क्रम तैत्तिरीयोपनिषद् में जो क्रम कहा गया है उससे नहीं मिलता। तैत्तिरीयोपनिषद् में यह क्रम है—आत्मा (परमात्मा) से आकाश, आकाश से वायु, वायु से अग्नि, अग्नि से जल और जल से पृथ्वी। यह क्रम इस आधार पर है कि पहले एक गुण का पदार्थ हुआ, फिर उससे दो गुणवाला और फिर उस दो गुणवाले से तीन गुणवाला, इसी प्रकार बराबर होता गया। पर जायसी का क्रम किस आधार पर है, नहीं कहा जा सकता। हाँ, पाँच भूतों के स्थान पर जायसी ने जो चार ही कहे हैं वह प्राचीन यूनानियों के विचार के अनुसार है जिसका प्रचार अरब आदि देशों में हुआ। प्राचीन पाश्चात्त्यों की भूत-कल्पना इतनी सूक्ष्म न थी कि वे भूतों के अन्तर्गत आकाश को लेते। आकाश के सम्बन्ध में अरब और फारस आदि मुसलमानी देशों के जन-साधारण की भावना भी बहुत स्थूल थी। वे उसे नक्षत्रों से जड़ा हुआ एक शामियाना समझते थे, इसी से जायसी ने कहा है :

गगन अन्तरिख राखा बाज खंभ बिनु टेक।

'अखरावट' में उपनिषद् की कुछ बातें कहीं-कहीं ज्यों की त्यों मिलती हैं। आत्मा के सम्बन्ध में जायसी कहते हैं :

पवन चाहि मन बहुत उताइल। तेहि तें परम आसु सुठि पाइल ॥
मन एक खंड न पहुँचै पावै। आसु भुवन चौदह फिरि आवै ॥

× × ×

पवनहि महँ जो आपु समाना। सब भा बरन जो आपु अमाना ॥
जेत डोलाए बेना डोलै। पवन सबद होई किछुइ न बोलै ॥

यही बात ईशोपनिषद् में कही गई है :

अनेजदेकं मनसो जवीयो नैनद्देवाऽऽप्नुवन् पूर्वमर्षत्।
तद्धावतोऽन्यानत्येति तिष्ठत्तस्मिन्नपो मातरिश्वा दधाति ॥ ४ ॥

अर्थात्—आत्मा अचल मन से अधिक वेग वाला है, इंद्रियाँ उसको नहीं पा सकतीं। वह मन, इंद्रिय आदि दौड़ने वालों से ठहरा हुआ भी, परे निकल जाता है और उसी की सत्ता रे वायु में कर्मशक्ति है।

सारांश यह है कि अद्वैत पक्ष मान्य होने पर भी जायसी ने अन्य पक्षों की भावना द्वारा उद्घाटित स्वरूपों का भी पूरे औत्सुक्य के साथ अवलोकन किया है। सूक्ष्म और स्थूल दोनों प्रकार के विचारों का समावेश उनमें है। जगह-जगह उन्होंने संसार को असत्य और माया कहा है जिससे मूल पारमार्थिक सत्ता का केवल आत्म-स्वरूप होना ध्वनित होता है। साथ ही, जगत् को दर्पण कहना, नामरूपात्मक दृश्यों को प्रतिबिम्ब या छाया कहना यह सूचित करता है कि अचित् को ब्रह्म तो नहीं कह सकते, पर है वह उसी रूप की जिस रूप में यह जगत् दिखाई पड़ता है। दूसरी ओर ईश्वर की भावना कर्ता या केवल निमित्त कारण के रूप में भी सृष्टि-वर्णन में उन्होंने की है। यहीं तक नहीं, कहीं-कहीं उन्होंने हिन्दू और मुसलिम भावना का मेल भी एक नए और अनूठे ढंग से किया है।

इस प्रकार के कई परस्पर भिन्न सिद्धान्तों की झलक से यह लक्षित होता है कि उन्होंने जो कुछ कहा है वह उनके तर्क या 'ब्रह्मजिज्ञासा' का फल नहीं है; उनकी सारग्राहिणी और उदार भावुकता का फल है, उनके अनन्य प्रेम का फल है। इसी प्रेमाभिलाष की प्रेरणा से प्रेमी भक्त उस अखंड रूपज्योति की किसी न किसी कला के दर्शन के लिए सृष्टि का कोना-कोना झाँकता है, प्रत्येक मत और सिद्धान्त की ओर आँख उठाता है और सर्वत्र जिधर देखता उधर उसका कुछ न कुछ आभास पाता है। यही उदार प्रवृत्ति सब सच्चे भक्तों की रही है। जायसी की उपासना 'माधुर्य-भाव' से, प्रेमी और प्रिय के भाव से, है। उनका प्रियतम संसार के परदे के भीतर छिपा हुआ है। जहाँ जिस रूप में उसका आभास कोई दिखाता है वहाँ उसी रूप में उसे देख वे गद्गद होते हैं। वे उसे पूर्णतया ज्ञेय या प्रमेय नहीं मानते। उन्हें यही दिखाई पड़ता है कि प्रत्येक मत अपनी पहुँच के अनुसार, अपने मार्ग

के अनुसार, उसका कुछ अंशतः वर्णन करता है। किसी मत या सिद्धान्त-विशेष का यह आग्रह कि ईश्वर ऐसा ही है, भ्रम है। जायसी कहते हैं :

सुनि हस्ती कर नावँ अँधरन टोवा धाइ कै।
जेइ टोवा जेहि ठावँ मुहमद सो तैसे कहा ॥

'एकांगदस्सिनो' (एकांगदर्शियों) का यह दृष्टान्त पहले-पहल बुद्ध ने दिया था। इसको जायसी ने बड़ी मार्मिकता से अपनी उदार मनोवृत्ति की व्यंजना के लिए लिया है। इससे यह व्यंजित होता है कि प्रत्येक मत में सत्य का कुछ न कुछ अंश रहता है। इंग्लैंड के प्रसिद्ध तत्त्वदर्शी हर्बर्ट स्पेंसर ने भी यही कहा है कि

> कोई मत कैसा ही हो, उसमें कुछ न कुछ सत्य रहता है। भूतप्रेतवाद लेकर बड़े-बड़े दार्शनिक वादों तक सबमें एक बात सामान्यतः पाई जाती है कि सबके-सब संसार का मूल कोई अज्ञेय और अप्रमेय रहस्य समझते हैं जिसका वर्णन प्रत्येक मत करना चाहता है, पर पूरी तरह कर नहीं सकता।

यह बात प्रसिद्ध है कि पहुँचे हुए साधक अपने अनुभव को गुप्त रखते हैं। उसे प्रकट करना वे ठीक नहीं समझते। जायसी भी कहते हैं :

मति ठाकुर कै सुनि कै, कहै जो हिय मझियार।
बहुरि न मत तासौं करै, ठाकुर दूजी बार ॥

इस मौन का रहस्य वही है कि अध्यात्म का विषय स्वयंवेद्य और अनिर्वचनीय है। शब्दों में उसका ठीक-ठीक प्रकाश हो नहीं सकता। शब्दों में प्रकट करने के प्रयत्न से दो बातें होती हैं—एक तो शब्द भावना को परिमित करके अनुभूति में कुछ बाधक हो जाते हैं; दूसरे श्रोता के तर्क-वितर्क से भी वृत्ति चंचल हो जाती है। जो अचिंत्य है वह शब्दों में ठीक-ठीक कैसे आ सकता है?

अचिंत्याः खलु ये भावान तांस्तकण साधयेत्।

इसी से ब्रह्म के सम्बन्ध में तीन बार प्रश्न करने पर एक ऋषि ने तीनों बार मौन ही द्वारा उत्तर दिया था।

यहाँ तक तो तत्त्व-सिद्धान्त की बात हुई। सामाजिक विचार जायसी के प्रायः वैसे ही थे जैसे उस समय जन-साधारण के थे। अरब, फारस आदि देशों में स्त्रियों का पद बहुत नीचा समझा जाता था। वे विलास की सामग्री मात्र समझी जाती थीं। प्राचीन भारत की बात तो नहीं कह सकते, पर इधर बहुत दिनों से इस देश में भी यही भाव चला आ रहा है। बादल युद्ध में जाते समय अपनी स्त्री का हाथ छुड़ाकर उससे कहता है :

तिरिया भूमि खड़ग कै चेरी। जीत जो खड़ग होइ तेसि केरी।

५

लोकजागरण के अन्य कवि

वीरगाथा काल के समाप्त होते-होते हमें जनता की बहुत कुछ असल बोलचाल और उसके बीच कहे-सुने जाने वाले पद्यों की भाषा के बहुत कुछ असली रूप का पता चलता है। पता देने वाले हैं दिल्ली के खुसरो मियाँ और तिरहुत के विद्यापति। इनके पहले की जो कुछ संदिग्ध, असंदिग्ध सामग्री मिलती है उस पर प्राकृत की रूढ़ियों का थोड़ा या बहुत प्रभाव अवश्य पाया जाता है। लिखित साहित्य के रूप में ठीक बोलचाल की भाषा या जनसाधारण के बीच कहे-सुने जाने वाले गीत, पद्य आदि रक्षित रखने की ओर मानो किसी का ध्यान ही नहीं था। जैसे पुराना चावल ही बड़े आदमियों के खाने योग्य समझा जाता है वैसे ही अपने समय से कुछ पुरानी पड़ी हुई परम्परा के गौरव से युक्त भाषा ही पुस्तक रचने वालों के व्यवहार योग्य समझी जाती थी। पश्चिम की बोलचाल, गीत, मुखप्रचलित पद्य आदि का नमूना जिस प्रकार हम खुसरो की कृति में पाते हैं उसी प्रकार बहुत पूरब का नमूना विद्यापति की पदावली में। उसके पीछे फिर भक्तिकाल के कवियों ने प्रचलित देशभाषा और साहित्य के बीच पूरा-पूरा सामंजस्य घटित कर दिया।

खुसरो

पृथ्वीराज की मृत्यु (संवत् १२४६) के ६० वर्ष पीछे खुसरो ने संवत् १३४० के आसपास रचना आरम्भ की। इन्होंने गयासुद्दीन बलबन से लेकर अलाउद्दीन और कुतुबुद्दीन मुबारकशाह तक कई पठान बादशाहों का जमाना देखा था। ये फारसी के बहुत अच्छे ग्रंथकार और अपने समय के नामी कवि थे। इनकी मृत्यु संवत् १३८१ में हुई। ये बड़े ही विनोदी, मिलनसार और सहृदय थे, इसी से जनता की सब बातों में पूरा योगदान देना चाहते थे। जिस ढंग के दोहे, तुकबन्दियाँ और पहेलियाँ आदि साधारण जनता की बोलचाल में इन्हें प्रचलित मिलीं उसी ढंग के पद्य, पहेलियाँ आदि कहने की उत्कंठा इन्हें भी हुई। इनकी पहेलियाँ और मुकरियाँ प्रसिद्ध हैं। इनमें उक्तिवैचित्र्य की प्रधानता थी, यद्यपि कुछ रसीले गीत और दोहे भी इन्होंने कहे हैं।

यहाँ इस बात की ओर ध्यान दिला देना आवश्यक प्रतीत होता है कि 'काव्य-भाषा' का ढांचा अधिकतर शौरसेनी या पुरानी ब्रजभाषा का ही बहुत काल से चला आता था। अतः जिन पश्चिमी प्रदेशों की बोलचाल खड़ी होती थी, उनमें जनता के वीच प्रचलित पद्यों, तुकबन्दियों आदि की भाषा ब्रजभाषा की ओर झुकी हुई रहती थी। अब भी यह बात पाई जाती है। इसी से खुसरो की हिन्दी रचनाओं में भी दो प्रकार की भाषा पाई जाती है। ठेठ खड़ी बोलचाल, पहेलियों, मुकरियों और दो सखुनों में ही मिलती है—यद्यपि उनमें भी कहीं-कहीं ब्रजभाषा की झलक है। पर गीतों और दोहों की भाषा ब्रज या मुखप्रचलित काव्यभाषा ही है। यही ब्रजभाषापन देख उर्दू साहित्य के इतिहास लेखक प्रो० आजाद को यह भ्रम हुआ था कि ब्रजभाषा से खड़ी बोली (अर्थात् उसका अरबी-फारसीग्रस्त रूप उर्दू) निकल पड़ी।[1]

खुसरो के नाम पर संगृहीत पहेलियों में कुछ प्रक्षिप्त और पीछे की जोड़ी पहेलियाँ भी मिल गई हैं, इसमें संदेह नहीं। उदाहरण के लिए हुक्केवाली पहेली लीजिए। इतिहास प्रसिद्ध बात है कि तम्बाकू का प्रचार हिन्दुस्तान में जहाँगीर के समय से हुआ। उसकी पहली गोदाम अँगरेजों की सूरतवाली कोठी थी जिससे तम्बाकू का एक नाम ही 'सुरती' या 'सूरती' पड़ गया। इसी प्रकार भाषा के सम्बन्ध में भी संदेह किया जा सकता है कि वह दीर्घ मुखपरम्परा के बीच कुछ बदल गई होगी, उसका पुरानापन कुछ निकल गया होगा। किसी अंश तक यह बात हो सकती है, पर साथ ही यह भी निश्चित है कि उसका ढाँचा कवियों और चारणों द्वारा व्यवहृत प्राकृत की रूढ़ियों से जकड़ी काव्यभाषा से भिन्न था। प्रश्न यह उठता है कि क्या उस समय तक भाषा घिसकर इतनी चिकनी हो गई थी जितनी पहेलियों में मिलती है।

खुसरो के प्रायः दो सौ वर्ष के पीछे की लिखी जो कबीर की बानी की हस्त-लिखित प्रति मिली है उसकी भाषा कुछ 'पंजाबी' लिए राजस्थानी है, पर इसमें पुराने नमूने अधिक हैं—जैसे, सप्तमी विभक्ति के रूप में इ (घरिघर में)। 'चल्ला', 'सामया' के स्थान पर 'चलिया', 'चल्या', 'समाइया'। 'उनई आई' के स्थान पर 'उनमिवि आई' (झुक आई) इत्यादि। यह बात कुछ उलझन की अवश्य है पर विचार करने पर यह अनुमान दृढ़ हो जाता है कि खुसरो के समय में 'इट्ठ', 'बसिट्ठ' आदि रूप 'ईठ' (इष्ट, इट्ठ, ईठ), बसीठ (विसृष्ट, बसिट्ठ, बसीट्ठ, बसीठ) हो गए थे। अतः पुराने प्रत्यय आदि भी बोलचाल से बहुत कुछ उठ गए थे। यदि 'चलिया',

---

१. देखिए मेरे 'बुद्धचरित' काव्य की भूमिका में 'काव्यभाषा' पर मेरा प्रबंध, जिसमें उसके स्वरूप का निर्णय किया गया है तथा ब्रज, अवधी और खड़ी बोली के भेद और प्रवृत्तियाँ निरूपित की गई हैं।

'मारिया' आदि पुराने रूप रखें तो पहेलियों के छन्द टूट जायँगे, अतः यही धारणा होती है कि खुसरो के समय में बोलचाल की स्वाभाविक भाषा घिसकर बहुत कुछ उसी रूप में आ गई थी जिस रूप में खुसरो में मिलती है। कबीर की अपेक्षा खुसरो का ध्यान बोलचाल की भाषा की ओर अधिक था; उसी प्रकार जैसे अँगरेजों का ध्यान बोलचाल की भाषा की ओर अधिक रहता है। खुसरो का लक्ष्य जनता का मनोरंजन था। पर कबीर धर्मोपदेशक थे, अतः उनकी बानी पोथियों की भाषा का सहारा कुछ-न-कुछ खुसरो की अपेक्षा अधिक हुए लिए है। नीचे खुसरो की कुछ पहेलियाँ, दोहे और गीत दिए जाते हैं :

एक थाल मोती से भरा। सबके सिर पर औंधा धरा॥
चारों ओर वह थाली फिरे। मोती उससे एक न गिरे॥
(आकाश)

एक नार ने अचरज किया। साँप मार पिंजड़े में दिया॥
जों जों साँप ताल को खाए। सूखे ताल साँप मर जाए॥
(दीयाबत्ती)

एक नार दो को ले बैठी। टेढ़ी होके बिल में पैठी॥
जिसके बैठे उसे सुहाय। खुसरो उसके बल बल जाय॥
(पायजामा)

अरथ तो इसका बूझेगा। मुंह देखी तो सूझेगा॥
(दर्पण)

ऊपर के शब्दों में खड़ी बोली का कितना निखरा हुआ रूप है! अब इनके स्थान पर ब्रजभाषा के रूप देखिए :

चूक भई कुछ वासों ऐसी। देस छोड़ भयो परदेसी॥

× × ×

एक नार पिया को भानी। तन वाको सगरा ज्यों पानी॥

× × ×

चाम मास वाके नहिं नेक। हाड़ हाड़ में वाके छेद॥
मोहिं अचंभा आवत ऐसे। वामे जीव बसत है कैसे॥

अब नीचे के दोहे और गीत बिलकुल ब्रजभाषा अर्थात् मुखप्रचलित काव्यभाषा में देखिए :

उज्जल बरन, अधीन तन, एक चित्त दो ध्यान।
देखत में तो साधु है, निपट पाप की खान।
खुसरो रैन सुहाग की, जागी पीके संग।
तन मेरो मन पीउ को, दोउ भए एकरंग।

गोरी सोवै सेज पर मुख पर डारे केस।
चल खुसरो घर आपने, रैन भई चहुँ देस।
× × ×
मेरा जोबना नवेलरा भयो है गुलाल।
कैसे गर दीनी बकस मोरी माल।
सूनी सेज डरावन लागै, बिरहा अगिन मोहि डस डस जाय।
× × ×
....
हजरत निजामदीन चिस्ती जरजरी बख्श पीर।
जोइ जोइ ध्यावैं तेइ तेइ फल पावैं,
मेरे मन की मुराद भर दीजै अमीर॥
× × ×
जे हाल मिसकी मकुन तगाफुल दुराय नैना, बनाय बतियाँ।
कि ताबे हिज्राँ न दारम, ऐ जाँ ! न लेहु काहे लगाय छतियाँ॥
शबाने हिज्राँ न दराज चूं जुल्फ व रोजे वसलत चूं उम्र कोतह।
सखी ! पिया को जो मैं न देखूं तो कैसे काटूं अँधेरी रतियाँ॥

विद्यापति

अपभ्रंश के अन्तर्गत इनका उल्लेख हो चुका है।[1] पर जिसकी रचना के कारण ये 'मैथिलकोकिल' कहलाए वह इनकी पदावली है। इन्होंने अपने समय की प्रचलित मैथिली भाषा का व्यवहार किया है। विद्यापति को बंगभाषा वाले अपनी ओर खींचते हैं। सर जार्ज ग्रियर्सन ने भी बिहारी और मैथिली को 'मागधी' से निकली होने के कारण हिन्दी से अलग माना है। पर केवल भाषाशास्त्र की दृष्टि से कुछ प्रत्ययों के आधार पर ही साहित्य-सामग्री का विभाग नहीं किया जा सकता। कोई भाषा कितनी दूर तक समझी जाती है, इसका विचार भी तो आवश्यक होता है। किसी भाषा का समझा जाना अधिकतर उसकी शब्दावली (वाकेबुलरी) पर अवलंबित होता है। यदि ऐसा न होता तो उर्दू और हिन्दी का एक ही साहित्य माना जाता।

खड़ी बोली, बाँगड़ू, ब्रज, राजस्थानी, कन्नौजी, बैसवारी, अवधी इत्यादि में रूपों और प्रत्ययों का परस्पर इतना भेद होते हुए भी सब हिन्दी के अन्तर्गत मानी जाती हैं। इनके बोलने वाले एक दूसरे की बोली समझते हैं। बनारस, गाजीपुर, गोरखपुर, बलिया आदि जिलों में 'आयल'-'आइल', 'गयल'-'गइल', 'हमरा'-'तोहरा' आदि बोले जाने पर भी वहाँ की भाषा हिन्दी के सिवाय दूसरी नहीं कही जाती।

---

१ देखो, 'हिन्दी साहित्य का इतिहास', पृ० १८-१९

कारण है शब्दावली की एकता। अतः जिस प्रकार हिन्दी साहित्य 'बीसलदेव रासो' पर अपना अधिकार रखता है उसी प्रकार विद्यापति की पदावली पर भी।

विद्यापति के पद अधिकतर शृंगार के ही हैं, जिनमें नायिका और नायक राधा-कृष्ण हैं। इन पदों की रचना जयदेव के गीतकाव्य के अनुकरण पर ही शायद की गई हो। इनका माधुर्य अद्भुत है। विद्यापति शैव थे। उन्होंने इन पद्यों की रचना शृंगार काव्य की दृष्टि से की है, भक्त के रूप में नहीं। विद्यापति को कृष्ण-भक्तों की परम्परा में न समझना चाहिए।

आध्यात्मिक रंग के चश्मे आजकल बहुत सस्ते हो गए हैं। उन्हें चढ़ाकर जैसे कुछ लोगों ने 'गीतगोविन्द' के पदों को आध्यात्मिक संकेत बताया है, वैसे ही विद्यापति के इन पदों को भी। सूर आदि कृष्णभक्तों के शृंगारी पदों की भी ऐसे लोग आध्यात्मिक व्याख्या चाहते हैं। पता नहीं बाललीला के पदों का वे क्या करेंगे। इस सम्बन्ध में यह अच्छी तरह समझ रखना चाहिए कि लीलाओं का कीर्तन कृष्णभक्ति का एक प्रधान अंग है। जिस रूप में लीलाएँ वर्णित हैं उसी रूप में उनका ग्रहण हुआ और उसी रूप में वे गोलोक में नित्य मानी गई हैं, जहाँ वृन्दावन, जमुना, निकुंज, कदंब, सखा, गोपिकाएँ इत्यादि सब नित्य रूप में हैं। इन लीलाओं का दूसरा अर्थ निकालने की आवश्यकता नहीं।

विद्यापति संवत् १४६० में तिरहुत के राजा शिवसिंह के यहाँ वर्तमान थे। उनके दो पद नीचे दिए जाते हैं :

सरस बसंत समय भल पावलि, दछिन पवन बह धीरे।
सपनहु रूप बचन इक भाषिय, मुख से दूरि करु चीरे॥
तोहर बदन सम चाँद हो अथि नाहिं, कैयो जतन बिह केला।
कै बेरि काटि बनोवल नव कै, तैयो तुलित नहिं भेला॥
लोचन तूअ कमल नहिं भै सक, से जग के नहिं जानै।
से फिरि जाइ लुकैलन्ह जल भएँ, पंकज निज अपमाने॥
भन विद्यापति सुनु बर जोवित ई सभ लछमि समाने।
राजा 'सिवसिंह' रूप नरायन 'लखिमा देई' प्रति भाने॥

× × ×

कालि कहल पिय साँझहि रे, जाइबि मइ मारू देस।
मोए अभागिलि नहिं जानल रे, सँग जइतवँ जोगिनि बेस॥
हिरदय बड़ दारुन रे, पिया बिनु बिहरि न जाइ।
एक सयन सखि सूतल रे, अछल बलम निसि भोर।
न जानल कत खन तजि गेल रे, बिछुरल चकवा जोर॥
सूनि सेज पिय सालइ रे, पिय बिनु घर मोए आजि।
विनती करहुँ सुसहेलिन रे, मोहि देहि अगिहर साजि॥

विद्यापति कवि गावल रे, आवि मिलत पिय तोर।
'लखिमा देइ' बर नागर रे, राय सिवसिंह नहिं भोर।।

मोटे हिसाब से वीरगाथा काल महाराज हम्मीर के समय तक ही समझना चाहिए। उसके उपरान्त मुसलमानों का साम्राज्य भारत में स्थिर हो गया और हिन्दू राजाओं को न तो आपस में लड़ने का उतना उत्साह रहा, न मुसलमानों से। जनता की चित्तवृत्ति बदलने लगी और विचारधारा दूसरी ओर चली। मुसलमानों के न जमने तक तो उन्हें हटाकर अपने धर्म की रक्षा का वीर प्रयत्न होता रहा, पर मुसलमानों के जम जाने पर अपने धर्म के उस व्यापक और हृदयग्राह्य रूप के प्रचार की ओर ध्यान हुआ जो सारी जनता को आकर्षित रखे और धर्म से विचलित न होने दे।

इस प्रकार स्थिति के साथ ही साथ भावों तथा विचारों में भी परिवर्तन हो गया। पर इससे यह न समझना चाहिए कि हम्मीर के पीछे किसी वीरकाव्य की रचना नहीं हुई। समय-समय पर इस प्रकार के अनेक काव्य लिखे गए। हिन्दी साहित्य के इतिहास की एक विशेषता यह भी रही है कि एक विशिष्ट काल में किसी रूप की जो काव्यसरिता वेग से प्रवाहित हुई, वह यद्यपि आगे चलकर मंद गति से बहने लगी, पर ९०० वर्षों के हिन्दी साहित्य के इतिहास में हम उसे कभी सर्वथा सूखी हुई नहीं पाते।

नरोत्तमदास

ये सीतापुर जिले के बाड़ी नामक कस्बे के रहने वाले थे। 'शिवसिंह सरोज' में इनका संवत् १६०२ में वर्तमान रहना लिखा है। इनकी जाति का उल्लेख कहीं नहीं मिलता। इनका 'सुदामाचरित्र' ग्रंथ बहुत प्रसिद्ध है। इनमें घर की दरिद्रता का बहुत ही सुन्दर वर्णन है। यद्यपि यह छोटा है तथापि इसकी रचना बहुत ही सरस और हृदयग्राहिणी है और कवि की भावुकता का परिचय देती है। भाषा भी बहुत ही परिमार्जित और व्यवस्थित है। बहुतेरे कवियों के समान भरती के शब्द और वाक्य इसमें नहीं हैं। कुछ लोगों के अनुसार इन्होंने इसी प्रकार का एक और खंड-काव्य 'ध्रुवचरित्र' भी लिखा है। पर वह कहीं देखने में नहीं आया। 'सुदामा-चरित्र' का यह सवैया बहुत लोगों के मुंह से सुनाई पड़ता है :

सीस पगा न झगा तन पै, प्रभु ! जानै को आहि, बसै केहि ग्रामा।
धोती फटी सी, लटी दुपटी अरु पांय उपानह को नहीं सामा।।
द्वार खड़ो द्विज दुर्बल एक रह्यो चकि सो बसुधा अभिरामा।
पूछत दीनदयाल को धाम, बतावत आपनो नाम सुदामा।।

कृष्ण की दीन-वत्सलता और करुणा का एक यह और सवैया देखिए :

कैसे बिहाल बिवाइन सों भए, कंटक जाल गड़े पग जोए।
हाय महादुख पाए सखा ! तुम आए इतै न, कितै दिन खोए।।
देखि सुदामा की दीन दसा करुना करिकै करुनानिधि रोए।
पानी परात को हाथ छुवो नहिं, नैनन के जल सों पग धोए।।

रहीम (अब्दुर्रहीम खानखाना)

ये अकबर बादशाह के अभिभावक प्रसिद्ध मोगल सरदार बैरमखाँ खानखाना के पुत्र थे। इनका जन्म संवत् १६१० में हुआ। ये संस्कृत, अरबी और फारसी के पूर्ण विद्वान् और हिन्दी काव्य के पूर्ण मर्मज्ञ कवि थे। ये दानी और परोपकारी ऐसे थे कि अपने समय के कर्ण माने जाते थे। इनकी दानशीलता हृदय की सच्ची प्रेरणा के रूप में थी, कीर्ति की कामना से उसका कोई सम्पर्क न था। इनकी सभा विद्वानों और कवियों से सदा भरी रहती थी। गंग कवि को इन्होंने एक बार छत्तीस लाख रुपए दे डाले थे। अकबर के समय में ये प्रधान सेनानायक और मंत्री थे और अनेक बड़े-बड़े युद्धों में भेजे गए थे।

ये जहाँगीर के समय तक वर्तमान रहे। लड़ाई में धोखा देने के अपराध में एक बार जहाँगीर के समय में इनकी सारी जागीर जब्त हो गई और ये कैद कर लिए गए। कैद से छूटने पर इनकी आर्थिक अवस्था कुछ दिनों तक बड़ी हीन रही। पर जिस मनुष्य ने करोड़ों रुपए दान कर दिए, जिसके यहाँ से कोई विमुख न लौटा उसका पीछा याचकों से कैसे छूट सकता था ? अपनी दरिद्रता का दुःख वास्तव में इन्हें उसी समय होता था जिस समय इनके पास कोई याचक जा पहुँचता और ये उसकी यथेष्ट सहायता नहीं कर सकते थे। अपनी अवस्था के अनुभव की व्यंजना इन्होंने इस दोहे में की है :

तबही लौं जीबौ भलो, दैबौ होय न धीम।
जग में रहिबो कुँचित गति, उचित न होय रहीम।।

सम्पत्ति के समय में जो लोग सदा घेरे रहते हैं विपद आने पर उनमें से अधिकांश किनारा खींचते हैं, इस बात का द्योतक यह दोहा है :

ये रहीम दर दर फिरैं, माँगि मधुकरी खाहिं।
यारो यारी छाँड़िए, अब रहीम वे नाहिं।।

कहते हैं कि इसी दीन दशा में इन्हें एक याचक ने आ घेरा। इन्होंने यह दोहा लिखकर उसे रीवाँ-नरेश के पास भेजा :

चित्रकूट में रमि रहे, रहिमन अवध नरेस।
जापर बिपदा परति है, सो आवत यहि देस ।।

रीवाँ-नरेश ने उस याचक को एक लाख रुपए दिए।

गोस्वामी तुलसीदास जी से भी इनका बड़ा स्नेह था। ऐसी जनश्रुति है कि एक बार एक ब्राह्मण अपनी कन्या के विवाह के लिए धन न होने से घबराया हुआ गोस्वामीजी के पास आया। गोस्वामीजी ने उसे रहीम के पास भेजा और दोहे की यह पंक्ति लिखकर दे दी :

सुरतिय नरतिय नागतिय, यह चाहत सब कोय।

रहीम ने उस ब्राह्मण को बहुत-सा द्रव्य देकर विदा किया और दोहे की दूसरी पंक्ति इस प्रकार पूरी करके दे दी :

गोद लिए हुलसी फिरै, तुलसी सो सुत होय ।।

रहीम ने बड़ी-बड़ी चढ़ाइयाँ की थीं और मोगल साम्राज्य के लिए न जाने कितने प्रदेश जीते थे। इन्हें जागीर में बहुत बड़े-बड़े सूबे और गढ़ मिले थे। संसार का इन्हें बड़ा गहरा अनुभव था। ऐसे अनुभवों के मार्मिक पक्ष को ग्रहण करने की भावुकता इनमें अद्वितीय थी। अपने उदार और ऊँचे हृदय को संसार के वास्तविक व्यवहारों के बीच रखकर जो संवेदना इन्होंने प्राप्त की है उसी की व्यंजना अपने दोहे में की है। तुलसी के वचनों के समान रहीम के वचन भी हिन्दी-भाषी भूभाग में सर्वसाधारण के मुंह पर रहते हैं। इसका कारण है जीवन की सच्ची परिस्थितियों का मार्मिक अनुभव। रहीम के दोहे वृन्द और गिरिधर के पद्यों के समान कोरी नीति के पद्य नहीं हैं। उनमें मार्मिकता है, उनके भीतर से एक सच्चा हृदय झांक रहा है। जीवन की सच्ची परिस्थितियों के मार्मिक रूप को ग्रहण करने की क्षमता जिस कवि में होगी वही जनता का प्यारा कवि होगा। रहीम का हृदय, द्रवीभूत होने के लिए, कल्पना की उड़ान की अपेक्षा नहीं रखता था। वह संसार के सच्चे और प्रयत्क्ष व्यवहारों में ही अपने द्रवीभूत होने के लिए पर्याप्त स्वरूप पा जाता था। 'बरवै नायिकाभेद' में भी जो मनोहर और रस छलकाते हुए चित्र हैं वे भी सच्चे हैं—कल्पना के झूठे खेल नहीं हैं। उनमें भारतीय प्रेमजीवन की सच्ची झलक है।

भाषा पर तुलसी का-सा ही अधिकार हम रहीम का भी पाते हैं। ये ब्रज और अवधी—पच्छिमी और पूरबी—दोनों काव्यभाषाओं में समान कुशल थे। 'बरवै नायिकाभेद' बड़ी सुन्दर अवधी भाषा में है। इनकी उक्तियाँ ऐसी लुभावनी हुई कि बिहारी आदि परवर्ती कवि भी बहुतों का अपहरण करने का लोभ न रोक सके।

यद्यपि रहीम सर्वसाधारण में अपने दोहों के लिए ही प्रसिद्ध हैं पर इन्होंने बरवै, कवित्त, सवैया, सोरठा, पद—सब में थोड़ी-बहुत रचना की है।

रहीम का देहावसान संवत् १६८३ में हुआ। अब तक इनके निम्नलिखित ग्रंथ ही सुने जाते थे—रहीम दोहावली या सतसई, बरवै नायिकाभेद, श्रृंगारसोरठ, मदनाष्टक, रासपंचाध्यायी। पर भरतपुर के श्रीयुत पंडित मयाशंकरजी याज्ञिक ने इनकी और भी रचनाओं का पता लगाया है—जैसे नगरशोभा, फुटकल बरवै, फुटकल कवित्त सवैये—और रहीम का एक पूरा संग्रह 'रहीमरत्नावली' के नाम से निकाला है।

कहा जा चुका है कि ये कई भाषाओं और विद्याओं में पारंगत थे। इन्होंने फारसी का एक दीवान भी बनाया था और 'वाकयात बाबरी' का तुर्की से फारसी में अनुवाद किया था। कुछ मिश्रित रचना भी इन्होंने की है, जैसे—'रहीम काव्य' हिन्दी-संस्कृत की खिचड़ी है। कुछ संस्कृत श्लोकों की रचना भी ये कर गए हैं। इनकी रचना के कुछ नमूने दिए जाते हैं :

(सतसई या दोहावली से)

दुरदिन परे रहीम कह, भूलत सब पहिचानि।
सोच नहीं बित हानि को, जौ न होय हित हानि ।।
कोउ रहीम जनि काहु के, द्वार गए पछिताय।
सम्पति के सब जात हैं, बिपति सबै ले जाय ।।
ज्यों रहीम गति दीप की, कुल कपूत गति सोय।
बारे उजियारो लगै, बढ़े अँधेरो होय ।।
सर सूखै पंछी उड़ैं, औरैं सरन समाहिं।
दीन मीन बिन पंख के, कहु रहीम कहँ जाहिं ।।
माँगत मुकरि न को गयो, केहि न त्यागियो साथ ?
माँगत आगे सुख लह्यौ, ते रहीम रघुनाथ ।।
रहिमन वे नर मर चुके, जे कहूँ माँगन जाहिं।
उनते पहले वे मुए, जिन मुख निकसत 'नाहिं' ।।
रहिमन रहिला की भली, जो परसै चित लाय।
परसत मन मैलो करै, सो मैदा जरि जाय ।।

× × ×

(बरवै नायिकाभेद से)

भोरहि बोलि कोइलिया बढ़वति ताप।
घरी एक भरि, अलिया ! रहु चुपचाप ।।
बाहर लैकै दियवा बारन जाइ।
सासु ननद घर पहुँचत देति बुझाइ ।।

पिय आवत अँगनैया उठि कै लीन।
बिहँसत चतुर तिरियवा बैठक दीन॥
लै कै सुघर खुरपिया पिय के साथ।
छइबे एक छतरिया बरसत पाथ॥
पीतम इक सुमिरिनियाँ मोहिं देइ जाहु।
जेहि जपि तोर बिरहवा करब निबाहु॥

× × ×

(मदनाष्टक से)

कलित ललित माला वा जवाहिर जड़ा था।
चपल चखब वाला चाँदनी में खड़ा था॥
कटितट बिच मेला पीत सेला नवेला।
अलि, बन अलबेला यार मेरा अकेला॥

× × ×

(नगरशोभा से)

उत्तम जाति है बाह्मनी, देखत चित्त लुभाय।
परम पाप पल में हरत, परसत वाके पाय॥
रूपरंग रतिराज में, छतरानी इतरान।
मानो रची बिरंचि पचि, कुसुम कनक में सान॥
बनियाइनि बनि आइकै, बैठि रूप की हाट।
पेम पेक तन हेरिकै, गरुवै टारति बाट॥
गरब तराजू करति चख, भौंह मोरि मुसकाति।
डाँड़ी मारति बिरह की, चित्त चिंता घटि जाति॥

× × ×

(फुटकल कवित्त आदि से)

बड़न सों जान पहचान कै रहीम कहा,
जो पै करतार ही न सुख देनहार है।
सीतहर सूरज सों नेह कियो याही हेत,
ताहू पै कमल जारि डारत तुषार है॥
क्षीरनिधि माहिं धँस्यो संकर के सीस बस्यों,
तऊ ना कलंक नस्यो, ससि में सदा रहै॥
बड़ो रिझवार या चकोर दरबार है, पै
कलानिधि यार तऊ चाखत अँगार है॥

× × ×

जाति हुती सखि गोहन में मनमोहन को लखि ही ललचानो।
नागरि नारि नई ब्रज की उनहूँ नँदलाल को रीझिबो जानो॥
जाति भई फिरि कै चितई, तब भाव रहीम यहै उर आनो।
ज्यों कमनैत दमानक में फिरि तीर सों मारि लै जात निसानो॥

× × ×

कमलदल नैनन की उनमानि।
बिसरति नाहिं, सखी! मो मन तें मंद मंद मुसुकानि॥
बसुधा की बस करी मधुरता, सुधापगी बतरानि॥
मढ़ी रहै चित उर बिसाल की मुकुतमाल थहरानि॥
नृत्य समय पीतांबर हू की फहर फहर फहरानि॥
अनुदिन श्रीवृन्दावन ब्रज तें आवन आवन जानि॥
अब रहीम चित ते न टरति है सकल स्याम की बानि॥

सेनापति

ये अनूपशहर के रहने वाले कान्यकुब्ज ब्राह्मण थे। इनके पिता का नाम गंगाधर, पितामह का परशुराम और गुरु का नाम हीरामणि दीक्षित था। इनका जन्मकाल संवत् १६४६ के आसपास माना जाता है। ये बड़े ही सहृदय कवि थे। ऋतुवर्णन तो इनके ऐसा और किसी श्रृंगारी कवि ने नहीं किया है। इनके ऋतुवर्णन में प्रकृति-निरीक्षण पाया जाता है। पदविन्यास भी इनका ललित है। कहीं-कहीं विरामों पर अनुप्रास का निर्वाह और यमक का चमत्कार भी अच्छा है। सारांश यह कि अपने समय के ये बड़े भावुक और निपुण कवि थे। अपना परिचय इन्होंने इस प्रकार दिया है:

दीक्षित परशुराम दादा हैं विदित नाम,
जिन कीन्हे जज्ञ, जाकी विपुल बड़ाई है।
गंगाधर पिता गंगाधर के समान जाके,
गंगातीर बसति 'अनूप' जिन पाई है॥
महा जानमनि, विद्यादान हू में चिंतामनि,
हीरामनि दीक्षित तें पाई पंडिताई है।
सेनापति सोई, सीतापति के प्रसाद जाकी,
सब कवि कान दै सुनत कविताई है॥

इनकी गर्वोक्तियाँ खटकती नहीं, उचित जान पड़ती हैं। अपने जीवन के पिछले काल में ये संसार से कुछ विरक्त हो चले थे। जान पड़ता है कि मुसलमानी दरबारों में भी इनका अच्छा मान रहा, क्योंकि अपनी विरक्ति की झोंक में इन्होंने

कहा है :

केतो करौ कोई, पैए करम लिखोई, तातें
दूसरी न होई, उर सोई ठहराइए।
आधी तें सरस बीति गई है बरस, अब
दुर्जन दरस बीच रस न बढ़ाइए॥
चिंता अनुचित, धरु धीरज उचित
सेनापति ह्वै सुचित रघुपति गुन गाइए।
चारि बर दानि तजि पायँ कमलेच्छन के,
पायक मलेच्छन के काहे को कहाइए॥

'शिवसिंह सरोज' में लिखा है कि पीछे इन्होंने क्षेत्र संन्सास ले लिया था। इनके भक्तिभाव से पूर्ण अनेक कवित्त 'कवित्तरत्नाकर' में मिलते हैं। जैसे :

महा मोह कंदनि में जगत जकंदनि में,
दिन दुख दंदनि में जात है बिहाय कै।
सुख को न लेस है कलेस सब भाँतिन को,
सेनापति याही तें कहत अकुलाय कै॥
आवै मन ऐसी घरवार परिवार तजौं,
डारौं लोकलाज के समाज बिसराय कै।
हरिजन पुंजनि में वृन्दावन कुंजनि में,
रहौं बैठि कहूँ तरवर तर जाय कै॥

यद्यपि इस कवित्त में वृन्दावन का नाम आया है पर इनके उपास्य राम ही जान पड़ते हैं क्योंकि स्थान-स्थान पर इन्होंने 'सियापति', 'सीतापति', 'राम' आदि नामों का ही स्मरण किया है। 'कवित्तरत्नाकर' इनका सबसे पिछला ग्रंथ जान पड़ता है क्योंकि उसकी रचना संवत् १७०६ में हुई है, यथा :

संवत् सत्रह सै छ में, सेइ सियापति पाय।
सेनापति कविता सजी, सज्जन सजौ सहाय॥

इनका एक ग्रंथ 'काव्यकल्पद्रुम' भी प्रसिद्ध है। जैसा कि पहले कहा चुका है, इनकी कविता बहुत मर्मस्पर्शिनी और रचना बहुत ही प्रौढ़ और प्रांजल है। जैसे एक ओर इनमें पूरी भावुकता थी वैसे ही दूसरी ओर चमत्कार लाने की पूरी निपुणता भी। श्लेष का ऐसा साफ़ उदाहरण शायद ही और कहीं मिले :

नाहीं नाहीं करै, थोरो माँगे सब दैन कहै,
मंगन को देखि पट देत बार बार है।
जिनके मिलत भली प्रापनि की घटी होनि,
सदा सुभ जनमन भावै निराधार है॥
भोगी ह्वै रहत बिलसत अवनी के मध्य,
कन कन जोरै, दानमाठ परवार है।
सेनापति बचन की रचना दिरारि देखौ,
दाता और सूम दोऊ कीन्हें इकसार है॥

भाषा पर ऐसा अच्छा अधिकार कम कवियों का देखा जाता है। इनकी भाषा में बहुत कुछ माधुर्य ब्रजभाषा का ही है, संस्कृत पदावली पर अवलंबित नहीं। अनुप्रास और यमक की प्रचुरता होते हुए भी कहीं भद्दी कृत्रिमता नहीं आने पाई है। इनके ऋतुवर्णन के अनेक कवित्त बहुत से लोगों को कंठ हैं। रामचरित सम्बन्धी कवित्त भी बहुत ही ओजपूर्ण हैं। इनकी रचना के कुछ नमूने दिए जाते हैं :

बानि सों सहित सुवरन मुँह रहैं जहाँ,
धरत बहुत भाँति अरथ-समाज को।
संख्या करि अलंकार है अधिक यामैं,
राखौ मति ऊपर सरस ऐसे साज को॥
सुनौ महाजन! चोरी होति चार चरन की,
तातें सेनापति कहै तजि उर लाज को।
लीजियो बचाय ज्यौं चुरावै नाहिं कोउ, सौंपी,
बित्त की सी थाती मैं कवित्तन के व्याज को॥

× × ×

वृष को तरनि तेज सहसौ करनि तपै,
ज्वालनि के जाल विकराल बरसत है।
तचति धरनि, जग झुरत झुरनि, सीरी
छाँह को पकरि पंथी पंछी बिरमत हैं॥
सेनापति नेक दुपहरी ढरकत होत
घमका विषम जो न पात खरकत हैं।
मेरे जान पौन सीरे ठौर को पकरि काहू
घरी एक बैठि कहूँ घामै बितवत है॥

× × ×

सेनापति उनए नए जलद सावन के
चारिहू दिसान घुमरत भरे तोय कै।

सोभा सरसाने न बखाने जात कँहूँ भाँति
आने हैं पहार मानो काजर के ढोय कै ।।
घन सों गगन छप्यो, तिमिर सघन भयो,
देखि न परत मानों रबि गयो खोय कै ।
चारि मास भरि स्याम निसा को भरम मानि,
मेरे जान याही तें रहत हरि सोय कै ।।

× × ×

दूरि जदुराई सेनापति सुखदाई देखौ,
आई ऋतु पावस न पाई प्रेम पतियाँ ।
धीर जलधर की सुनत धुनि धरकी औ
दरकी सुहागिन की छोहभरी छतियाँ ।।
आई सुधि बर की, हिए में आनि खरकी,
सुमिरि प्रानप्यारी वह प्रीतम की बतियाँ ।
बीती औधि आवन की लाल मनभावन की,
डग भई बावन की सावन की रतियाँ ।।

× × ×

बालि को सपूत कपिकुल पुरहूत,
रघुबीर जू को दूत धरि रूप विकराल को ।
युद्धमद गाढ़ो पाँव रोपि भयो ठाढ़ो, सेना-
पति बल बाढ़ो रामचन्द्र भुवपाल को ।।
कच्छप कहलि रह्यो, कुंडली टहलि रह्यो,
दिग्गज दहलि त्रास परो चकचाल को ।
पांव के धरत अति भार के परत भयो—
एक ही परत मिलि सप्त पताल को ।।

× × ×

रावन को वीर, सेनापति, रघुबीर जू की
आयो है सरन, छाँड़ि ताहि मद-अंध को ।
मिलत ही ताको राम कोप कै करी है ओप
नाम जोय दुर्जनदलन दीनबंध को ।।
देखौ दानवीरता निदान एक ही में,
दीन्हें दोऊ दान, को बखानै सत्यसंध को ।
लंका दसकंधर की दीनी है विभीषन को,
संका विभीषन की सो दीनी दसकंध को ।।

सेनापतिजी के भक्तिप्रेरित उद्गार भी बहुत अनूठे और चमत्कारपूर्ण हैं। 'आपने

करम करि हौं ही निवाहौंगो तौ तौ, हौं ही करतार, करतार तुम काहे के?' वाला प्रसिद्ध कवित्त इन्हीं का है।

आलम

ये जाति के ब्राह्मण थे पर शेख नाम की रँगरेजिन के प्रेम में फँसकर पीछे से मुसलमान हो गए और उसके साथ विवाह करके रहने लगे। आलम को शेख से जहान नामक एक पुत्र भी हुआ। ये औरंगजेब के दूसरे बेटे मुअज्जम के आश्रय में रहते थे जो पीछे बहादुरशाह के नाम से गद्दी पर बैठा। अतः आलम का कविताकाल संवत् १७४० से संवत् १७६० तक माना जा सकता है। इनकी कविताओं का एक संग्रह 'आलमकेलि' के नाम से निकला है। इस पुस्तक में आए पद्यों के अतिरिक्त इनके और बहुत से सुन्दर और उत्कृष्ट पद्य ग्रंथों में संगृहीत मिलते हैं और लोगों के मुँह से सुने जा हैं।

शेख रँगरेजिन भी अच्छी कविता करती थी। आलम के साथ प्रेम होने की विचित्र कथा प्रसिद्ध है। कहते हैं कि आलम ने एक बार उसे पगड़ी रँगने को दी जिसकी खूंट में भूल से कागज का एक चिट बँधा चला गया। उस चिट में दोहे की यह आधी पंक्ति लिखी थी : 'कनक छरी सी कामिनी काहे को कटि छीन'। शेख ने दोहा इस तरह पूरा करके 'कटि को कंचन काटि विधि कुचन मध्य धरि दीन', उस चिट को फिर ज्यों का त्यों पगड़ी की खूंट में बाँधकर लौटा दिया। उसी दिन से आलम शेख के पूरे प्रेमी हो गए और अन्त में उसके साथ विवाह कर लिया। शेख बहुत ही चतुर और हाजिरजवाब स्त्री थी। एक बार शाहजादा मुअज्जम ने हँसी में शेख से पूछा, 'क्या आलम की औरत आप ही हैं?' शेख ने चट उत्तर दिया, 'हाँ, जहाँपनाह, जहान की माँ मैं ही हूँ।' 'आलमकेलि' में बहुत से कवित्त शेख के रचे हुए हैं। आलम के कवित्त सवैयों में भी बहुत-सी रचनाएँ शेख की मानी जाती हैं। जैसे, नीचे लिखे कवित्त में चौथा चरण शेख का बनाया कहा जाता है :

> प्रेमरंग-पगे जगमगे जगे जामिनी के,
> जोबन की जोति जगि जोर उमगत हैं।
> मदन के मतवारे ऐसे घूमत हैं,
> झूमत हैं झुकि झुकि झँपि उघरत हैं॥
> आलम सो नवल निकाई इन नैनन की,
> पाँखुरी पदुम पै भँवर थिरकत हैं।
> चाहत हैं उड़िबे को, देखत मयंकमुख,
> जानत हैं रैनि तातें ताहिं में रहत हैं॥

आलम रीतिबद्ध रचना करने वाले कवि नहीं थे। ये प्रेमोन्मत्त कवि थे और अपनी

तरंग के अनुसार रचना करते थे। इसी से इनकी रचनाओं में हृदय-तत्त्व की प्रधानता है। 'प्रेम की पीर' या 'इश्क का दर्द' इनके एक एक वाक्य में भरा पाया जाता है। उत्प्रेक्षाएँ भी इन्होंने बड़ी अनूठी और बहुत अधिक कही हैं। शब्द-वैचित्र्य, अनुप्रास आदि की प्रवृत्ति इनमें विशेष रूप से कहीं नहीं पाई जाती। शृंगार रस की ऐसी उन्मादमयी उक्तियाँ इनकी रचना में मिलती हैं कि पढ़ने और सुनने वाले लीन हो जाते हैं। यह तन्मयता सच्ची उमंग में ही सम्भव है। रेखता या उर्दू भाषा में भी इन्होंने कवित्त कहे हैं। भाषा भी इस कवि की परिमार्जित और सुव्यवस्थित है पर उसमें कहीं-कहीं 'कीन, दीन, जौन' आदि अवधी या पूरबी हिन्दी के प्रयोग भी मिलते हैं। कहीं-कहीं फारसी की शैली के रस-बाधक भाव भी इनमें मिलते हैं। प्रेम की तन्मयता की दृष्टि से आलम की गणना 'रसखान' और 'घनआनन्द' की कोटि में ही होनी चाहिए। इनकी कविता के कुछ नमूने नीचे दिए जाते हैं :

जा थल कीने बिहार अनेकन ता थल काँकरी बैठि चुन्यो करैं।
जा रसना सों करी बहु बातन ता रसना सों चरित्र गुन्यो करैं॥
आलन जौन से कुंजन में करी केलि तहाँ अब सीस धुन्यो करैं।
नैनन में जे सदा रहते तिनकी अब कान कहानी सुन्यौ करैं॥

× × ×

कैधौं मोर सोर तजि गए री अनत भाजि,
कैधौं उत दादुर न बोलत है, ए दई।
कैधौं पिक चातक महीप काहू मारि डारे,
कैधौं बगपाँति उत अंतगति ह्वै गई?
आलम कहै, आली! अजहूँ न आए प्यारे
कैधौं उत रीत बिपरीत बिधि ने ठई?
मदन महीप की दुहाई फिरबे तें रही,
जूझि गए मेघ, कैधौं बीजुरी सती भई?

× × ×

रात के उनींदे अरसाते, मदमाते राते
अतिकजरारे दृग तेरे यों सुहात हैं।
तीखी तीखी कोरनि करोरि लेत काढ़े जीउ,
केते भए घायल औ केते तलफात हैं॥
ज्यों ज्यों लै सलिल चख 'सेख' धोवै बार बार,
त्यों त्यों बल बुंदन के बार झुकि जात हैं।
कैबर के भाले, कैधौं नाहर नहनवाले,
लोहू के प्यासे कहूँ पानी तें अघात हैं?

दाने की न पानी की, न आवै सुध खाने की,
यां गली महबूब की अराम खुसखाना है।
रोज ही से है जो राजी यार की रजाय बीच,
नाज की नजर तेज तीर का निशाना है॥
सूरत चिराग रोसनाई आसनाई बीच,
बार बार बरै बलि जैसे परवाना है।
दिल से दिलासा दीजै हाल के न ख्याल हूजै,
बेखुद फकीर, वह आशिक दिवाना है॥

घनआनन्द

ये साक्षात् रसमूर्ति और ब्रजभाषा काव्य के प्रधान स्तम्भों में हैं। इनका जन्म संवत् १७४६ के लगभग हुआ था और ये संवत् १७९६ में नादिरशाही में मारे गए। ये जाति के कायस्थ और दिल्ली के बादशाह मुहम्मदशाह के मीरमुंशी थे। कहते हैं एक दिन दरबार में कुछ कुचक्रियों ने बादशाह से कहा कि मीरमुंशी साहब गाते बहुत अच्छा हैं। बादशाह से इन्होंने बहुत टालमटोल किया। इस पर लोगों ने कहा कि इस तरह न गाएंगे, यदि इनकी प्रेमिका सुजान नाम की वेश्या कहे तब गाएँगे। वेश्या बुलाई गई। इन्होंने उसकी ओर मुँह और बादशाह की ओर पीठ करके ऐसा गाना गाया कि सब लोग तन्मय हो गए। बादशाह इनके गाने पर जितना ही खुश हुआ उतना ही बेअदबी पर नाराज। उसने इन्हें शहर से निकाल दिया। जब ये चलने लगे तब सुजान से भी साथ चलने को कहा पर वह न गई। इस पर इन्हें विराग उत्पन्न हो गया और ये वृन्दावन जाकर निम्बार्क सम्प्रदाय के वैष्णव हो गए और वहीं पूर्णविरक्त भाव से रहने लगे। वृन्दावन भूमि का प्रेम इनके इस कवित्त में झलकता है :

गुरनि बतायो, राधा मोहन हू गायो सदा,
सुखद सुहायो वृन्दावन गाढ़े गहि रे।
अद्भुत अभूत महिमंडन, परे तें परे,
जीवन को लाहु हा हा क्यों न ताहि लहि रे॥
आनँद कौ घन छायो रहत निरन्तर ही,
सरस सुदेय सो, पपीहापन बहि रे।
जमुना के तीर केलि कोलाहल भीर ऐसी,
पावन पुलिन पै पतित परे रहि रे॥

संवत १७९६ में जब नादिरशाह की सेना के सिपाही मथुरा तक आ पहुँचे तब कुछ लोगों ने उनसे कह दिया कि वृन्दावन में बादशाह का मीरमुंशी रहता है;

उसके पास बहुत कुछ माल होगा। सिपाहियों ने इन्हें आ घेरा और 'जर जर जर' (अर्थात् धन, धन, धन लाओ) चिल्लाने लगे। घनआनन्दजी ने शब्द को उलट कर 'रज रज रज' कहकर तीन मुट्ठी वृन्दावन की धूल उन पर फेंक दी। उनके पास सिवा इसके और था ही क्या! सैनिकों ने क्रोध में आकर इनका हाथ काट डाला। कहते हैं कि मरते समय इन्होंने अपने रक्त से यह कवित्त लिखा था :

बहुत दिनान को अवधि आसपास परे,
खरे अरबरनि भरे हैं उठि जान को।
कहि कहि आवन छबीले मनभावन को,
गहि गहि राखति ही दै दै सनमान को॥
झूठी बतियानि की पत्यानि तें उदास ह्वै कै,
अब ना घिरत घन आनँद निदान को।
अधर लगे हैं आनि करि कै पयान प्रान,
चाहत चलन ये संदेसो लै सुजान को॥

घनआनन्द जी के इतने ग्रंथों का पता लगता है—सुजानसागर, बिरहलीला, कोकसागर, रसकेलिवल्ली और कृपाकन्द। इसके अतिरिक्त इनके कवित्त सवैयों के फुटकल संग्रह डेढ़ सौ से लेकर सवा चार सौ कवित्तों तक के मिलते हैं। कृष्णभक्ति सम्बन्धी इनका एक बहुत बड़ा ग्रंथ छत्रपुर के राज-पुस्तकालय में है जिसमें प्रियाप्रसाद, ब्रजव्यवहार, वियोगवेली, कृपाकन्दनिबन्ध, गिरिगाथा, भावनाप्रकाश, गोकुलविनोद, धामचमत्कार, कृष्णकौमुदी, नाममाधुरी, वृन्दावनमुद्रा, प्रेमपत्रिका, रसबसन्त इत्यादि अनेक विषय वर्णित हैं। इनकी 'विरहलीला' ब्रजभाषा में पर फारसी के छन्द में है।

इनकी सी विशुद्ध, सरस और शक्तिशालिनी ब्रजभाषा लिखने में और कोई कवि समर्थ नहीं हुआ। विशुद्धता के साथ प्रौढ़ता और माधुर्य भी अपूर्व ही है। विप्रलंभ शृंगार ही अधिकतर इन्होंने लिखा है। ये वियोग शृंगार के प्रधान मुक्तक कवि हैं। 'प्रेम की पीर' ही लेकर इनकी वाणी का प्रादुर्भाव हुआ। प्रेममार्ग का ऐसा प्रवीण और धीर पथिक तथा जबाँदानी का ऐसा दावा रखने वाला ब्रजभाषा का दूसरा कवि नहीं हुआ। अतः इनके सम्बन्ध में निम्नलिखित उक्ति बहुत ही संगत है :

नेही महा, ब्रजभाषाप्रवीन औ सुंदरताहु के भेद को जानै।
योग वियोग की रीति में कोविद, भावना भेद स्वरूप को ठानै॥
चाह के रंग में भीज्यो हियो, बिछुरे मिले प्रीतम सांति न मानै।
भाषाप्रबीन सुछंद सदा रहै सो घन जू के कवित्त बखानै॥

इन्होंने अपनी कविताओं में बराबर 'सुजान' को सम्बोधन किया है जो शृंगार में नायक के लिए और भक्तिभाव में भगवान् कृष्ण के लिए प्रयुक्त मानना चाहिए। कहते हैं कि इन्हें अपनी पूर्व प्रेयसी 'सुजान' का नाम इतना प्रिय था कि विरक्त होने पर भी इन्होंने उसे नहीं छोड़ा। यद्यपि अपने पिछले जीवन में घनआनन्द विरक्त भक्त के रूप में वृन्दावन जा रहे पर इनकी अधिकांश कविता भक्तिकाव्य की कोटि में नहीं आएगी, शृंगार की ही कही जाएगी। लौकिक प्रेम की दीक्षा पाकर ही ये पीछे भगवत्प्रेम में लीन हुए। कविता इनकी भावपक्ष-प्रधान है। कोरे विभाव-पक्ष का चित्रण इनमें कम मिलता है। जहाँ रूपछटा का वर्णन इन्होंने किवा भी है वहाँ उसके प्रभाव का ही वर्णन मुख्य है। इनकी वाणी की प्रवृत्ति अन्तर्वृत्ति-निरूपण की ओर ही विशेष रहने के कारण बाह्यार्थनिरूपक रचना कम मिलती है। होली के उत्सव, मार्ग में नायक-नायिका की भेंट, उनकी रमणीय चेष्टाओं आदि के वर्णन के रूप में ही वह पाई जाती है। संयोग का भी कहीं-कहीं बाह्य वर्णन मिलता है, पर उसमें भी प्रधानता बाहरी व्यापारों की चेष्टाओं की नहीं है, हृदय के उल्लास और लीनता की ही है।

प्रेमदशा की व्यंजना ही इनका अपना क्षेत्र है। प्रेम की गूढ़ अन्तर्दशा का उद्घाटन जैसा इनमें है वैसा हिन्दी के अन्य शृंगारी कवि में नहीं। इस दशा का पहला स्वरूप है हृदय या प्रेम का आधिपत्य और बुद्धि का अधीन पद, जैसा कि घनआनन्द ने कहा है :

रीझ सुजान सची पटरानी, बची बुधि बापुरी ह्वै करि दासी।

प्रेमियों की मनोवृत्ति इस प्रकार की होती है कि वे प्रिय की कोई साधारण चेष्टा भी देखकर उसका अपनी ओर झुकाव मान लिया करते हैं और फूले फिरते हैं। इसका कैसा सुन्दर आभास कवि ने नायिका के इस वचन द्वारा दिया है जो मन को सम्बोधन करके कहा गया है :

रुचि के वे राजा जान प्यारे हैं आनँदघन,
होत कहा हेरे, रंक ! मानि लीनो मेल सो।

कवियों की इसी अन्तर्दृष्टि की ओर लक्ष्य करके एक प्रसिद्ध मनस्तत्त्ववेत्ता ने कहा है कि भावों या मनोविकारों के स्वरूप-परिचय के लिए कवियों की वाणी का अनुशीलन जितना उपयोगी है उतना मनोविज्ञानियों के निरूपण का नहीं।

प्रेम की अनिर्वचनीयता का आभास घनआनन्द ने विरोधाभासों के द्वारा दिया है। उनके विरोधमूलक वैचित्र्य की प्रवृत्ति का कारण यही समझना चाहिए। यद्यपि इन्होंने संयोग और वियोग दोनों पक्षों को लिया है, पर वियोग की अन्तर्दशाओं की ओर ही दृष्टि अधिक है। इसी से इनके वियोग सम्बन्धी पद्य ही

प्रसिद्ध हैं। वियोगवर्णन भी अधिकतर अन्तर्वृत्तिनिरूपक हैं, बाह्यार्थनिरूपक नहीं। घनआनन्द ने न तो बिहारी की तरह विरहताप को बाहरी माप से मापा है, न बाहरी उछलकूद दिखाई है। जो कुछ हलचल है वह भीतर की है—बाहर से वह वियोग प्रशान्त और गम्भीर है, न उसमें करवटें बदलना है, न सेज का आग की तरह तपना है, न उछल-उछल कर भागना है। उनकी 'मौनमधि पुकार' है।

यह निस्संकोच कहा जा सकता है कि भाषा पर जैसा अचूक अधिकार इनका था वैसा और किसी कवि का नहीं। भाषा मानो इनके हृदय के साथ जुड़कर ऐसी वशवर्तिनी हो गई थी कि ये उसे अपनी अनूठी भावभंगी के साथ-साथ जिस रूप में चाहते थे उस रूप में मोड़ सकते थे। इनके हृदय का योग पाकर भाषा को नूतन गतिविधि का अभ्यास हुआ और वह पहले से कहीं अधिक बलवती दिखाई पड़ी। जब आवश्यकता होती थी तब ये उसे बँधी प्रणाली पर से हटाकर अपनी नई प्रणाली पर ले जाते थे। भाषा की पूर्व अर्जित शक्ति से ही काम न चलाकर इन्होंने उसे अपनी ओर से नई शक्ति प्रदान की है। घनआनन्द जी उन विरले कवियों में हैं जो भाषा की व्यंजना बढ़ाते हैं। अपनी भावनाओं के अनूठे रूपरंग की व्यंजना के लिए भाषा का ऐसा बेधड़क प्रयोग करने वाला हिन्दी के पुराने कवियों में दूसरा नहीं हुआ। भाषा के लक्षक और व्यंजक बल की सीमा कहाँ तक है, इसकी पूरी परख इन्हीं को थी।

लक्षणा का विस्तृत मैदान खुला रहने पर भी हिन्दी कवियों ने उसके भीतर बहुत ही कम पैर बढ़ाया। एक घनआनन्द ही ऐसे कवि हुए हैं जिन्होंने इस क्षेत्र में अच्छी दौड़ लगाई। लाक्षणिक मूर्तिमत्ता और प्रयोगवैचित्र्य की जो छटा इनमें दिखाई पड़ी, खेद है कि वह फिर पौने दो सौ वर्ष पीछे जाकर आधुनिक काल के उत्तरार्द्ध में, अर्थात् वर्तमानकाल की नूतन काव्यधारा में ही, 'अभिव्यंजनावाद' के प्रभाव से कुछ विदेशी रंग लिए प्रकट हुई। घनआनन्द का प्रयोगवैचित्र्य दिखाने के लिए कुछ पंक्तियाँ नीचे उद्धृत की जाती हैं :

(क) अरसानि गही वह बानि कछू, सरसानि सों आनि निहोरत है।

(ख) ह्वै है सोऊ घरी भाग उघरी अनन्दघन सुरस बरसि, लाल ! देखिहौ हरी हमें ! ('खुले भाग्यशाली घड़ी' में विशेषण-विपर्यय)।

(ग) उघरो जग, छाय रहे घन आनँद, चातक ज्यों तकिए अब तौ। (उघरो जग=संसार जो चारों ओर घेरे था वह दृष्टि से हट गया)।

(घ) कहिए सु कहा, अब मौन भली, नहिं खोवते जौ हमैं पावते जू। (हमें=हमारा दृश्य)

विरोधमूलक वैचित्र्य भी जगह-जगह बहुत सुन्दर मिलता है, जैसे :

(च) झूठ की सचाई छाक्यो, त्यो हित कचाई पाक्यो, ताकें गुनगन घनआनंद कहा गनौं।

(छ) उजरनि बसी है हमारी अँखियानि देखों, सुबस सुदेस जहाँ रावरे बसत हो।

(ज) गति सुनि हारी, देखि थकनि मैं चली जाति, थिर चर दसा कैसी ढकी उघरति है।

(झ) ते रे ज्यौ न लेखो, मोहिं मारत परेखों महा, जान घनआनंद पै खोयबो लहत हैं।

इन उद्धरणों से कवि की चुभती हुई वचनवक्रता पूरी-पूरी झलकती है। कहने की आवश्यकता नहीं कि कवि की उक्ति ने वक्र पथ हृदय के वेग के कारण पकड़ा है।

भाव का स्रोत जिस प्रकार टकराकर कहीं-कहीं वक्रोक्ति के छींटे फेंकता है उसी प्रकार कहीं-कहीं भाषा के स्निग्ध, सरल और चलते प्रवाह के रूप से भी प्रकट होता है। ऐसे स्थलों पर अत्यन्त चलती और प्रांजल ब्रजभाषा की रमणीयता दिखाई पड़ती है :

कान्ह परे बहुतायत में, इकलैन की वेदन जानौ कहा तुम ?
हौ मनमोहन, मोहे कहूँ न बिथा बिमनैन की मानौ कहा तुम ?
बौरे बियोगिन्ह आप सुजान ह्वै, हाय कछू उर आनौ कहा तुम ?
आरतिवंत पपीहन को घनआननंद जू ! पहिचानौ कहा तुम ?

× × ×

कारी कूर कोकिल कहाँ को बैर काढ़ति री,
कूकि कूकि अबही करेजो किन कोरि लै।
पैंड़ परै पापी ये कलापी निसि द्यौस ज्यौं ही,
चातक रे घातक ह्वै तुहू कान फोरि लै॥
आनंद के घन प्रान जीवन सुजान बिना,
जानि कै अकेली सब घरोदल जोरि लै।
जौ लौं करें आवन बिनोद बरसावन वे,
तौ लौं रे डरारे बजमारे घन घोरि लै॥

इस प्रकार की सरल रचनाओं में कहीं-कहीं नादव्यंजना भी बड़ी अनूठी है। एक उदाहरण लीजिए :

ए रे बीर पौन ! तेरो सबै ओर गौन, वारि
तो सों और कौन मनै ढरकौंही पानि दै।

जगत के प्रान, ओछे बड़े को समान, घन
आनँदनिधान सुखदान दुखियानि दै।
जान उजियारे, गुनभारे अति मोहि प्यारे
अब ह्वै अमोही बैठे पीठि पहिचान दै।
बिरहबिथा की मूरि आँखिन में राखौं पूरि,
धूरि तिन्ह पायँन की हा हा ! नैकु आनि दै॥

ऊपर के कवित्त के दूसरे चरण में आए हुए 'आनँदनिधान सुखदान दुखियानि दै' में मृदंग की ध्वनि का बड़ा सुन्दर अनुकरण है।

उक्ति का अर्थगर्भत्व भी घनआनन्द का स्वतन्त्र और स्वालम्बी होता है, बिहारी के दोहों के समान साहित्य की रूढ़ियों (जैसे नायिकाभेद) पर आश्रित नहीं रहता। उक्तियों की सांगोपांग योजना या अन्विति इनकी निराली होती है। कुछ उदाहरण लीजिए :

पूरन प्रेम को मंत्र महा पन जा मधि सोधि सुधारि है लेख्यो।
ताही के चारु चरित्र बिचित्रनि यों पचि कै रचि राखि बिसेख्यो॥
ऐसो हियो हित पत्र पवित्र जो आन कथा न कहूँ अवरेख्यो।
सो घनआनँद जान अजान लौं टूक कियो, पर बाँचि न देख्यो॥

× × ×

आनाकानी आरसी निहारिबो करौगे कौलौं ?
कहा मो चकित दसा त्यों न दीठि डोलि है ?
मौन हूँ सों देखिहौं कितेक पन पालिहौ जू,
कूकभरी मूकता बुलाय आप बोलि है॥
जान घनआनँद यों मोहि तुम्हें पैज परी,
जानियैगो टेक टरें कौन धौं मलोलिहै।
रुई दिए रहौगे कहाँ लौं बहरायबे की ?
कबहूँ तौ मेरियै पुकार कान खोलिहै॥

× × ×

अंतर में बासी पै प्रवासी कैसो अंतर है,
मेरी न सुनत, दैया ! आपनीयौ ना कहौ।
लोचननि तारे ह्वै सुझायो सब, सूझौ नाहिं
बूझि न परति ऐसी सोचनि कहा दहौ।
हौ तौ जानराय, जाने जाहु न, अजान यातें,
आनँद के घन छाया छाय उघरे रहौ॥
मूरति मया की हा हा ! सूरति दिखैए नैकु,
हमैं खोय या बिधि हो ! कौनधौं लहालहौ॥

मूरति सिंगार की उजारी छबि आछी भाँति,
दीठि लालसा के लोयननि लै लै आँजिहौं ॥
रतिरसना सवाद पाँवड़े पुनीतकारी पाय,
चूमि चूमि कै कपोलनि सों माँजिहौं ॥
जान प्यारे प्रान अंग अंग रुचि रंगिन में,
बोरि सब अंगन अनंग दुख भाँजिहौं।
कब घनआनँद ढरौही बानि देखें,
सुध हेत मनघट दरकनि सुठि राँजिहौं ॥
(राँजना = फूटे बरतन में जोड़ या टाँका लगाना।)

निसि द्यौस खरी उर माँझ अरी छबि रंगभरी मुरि चाहनि की।
तकि मोरनि त्यों चख ढोरि रहैं, ढरिगो हिय ढोरनि बाहनि की ॥
चट दै कटि पै बट प्रान गए गति सों मति में अवगाहनि की।
घनआनँद जान लख्यो जब तें जक लागियै मोहि कराहनि की ॥

इस अन्तिम सवैये के प्रथम तीन चरणों में कवि ने बहुत सूक्ष्म कौशल दिखाया है। 'मुरि चाहनि' और 'तकि मोरनि' से यह व्यक्त किया गया है कि एक बार नायक ने नायिका की ओर मुड़कर देखा फिर देखकर मुड़ गए और अपना रास्ता पकड़ा। देखकर जब वे मुड़े तब नायिका का मन उनकी ओर इस प्रकार ढल पड़ा जैसे पानी नाली में ढल जाता है। कटि में बल देकर प्यारे नायिका के मन में डूबने के ढब से निकल गए। घनआनन्द के ये दो सवैये बहुत प्रसिद्ध हैं :

परकारज देह को धारे फिरौ परजन्य ! जथारथ ह्वै दरसौ।
निधि नीर सुधा के समान करौ, सबही बिधि सुंदरता सरसौ ॥
घनआनँद जीवनदायक हो, कबौं मेरियौ पीर हिये परसौ।
कबहूँ वा बिसासी सुजान के आँगन मो अँसुवान को लै बरसो ॥

× × ×

अति सूधो सनेह को मारग है, जहँ नैकु सयानप बाँक नहीं।
तहँ साँचे चलैं तजि आपनपौ, झिझकैं कपटी जो निसाँक नहीं ॥
घनआनँद प्यारे सुजान सुनौ, इत एक तें दूसरो आँक नहीं।
तुम कौन सी पाटी पढ़े हौं लला, मन लेहु पै देहु छटाँक नहीं ॥

('विरहलीला' से)

सलोने स्याम प्यारे क्यों न आवौ। दरस प्यासी मरैं तिनकों जिवावौ ॥
कहाँ हौ जू, कहाँ जू, कहाँ हो। लगे ये प्रान तुमसों हैं जहाँ हो ॥
रहौ किन प्रान प्यारे नैन आगैं। तिहारे कारनै दिनरात जागैं ॥
सजन ! हित मान कै ऐसी न कीजै। भई हैं बावरी सुध आय लीजै ॥

६

लोकजागरण और आधुनिक काव्य

वर्तमान काव्यधाराएँ

द्वितीय उत्थान के समाप्त होते-होते खड़ी बोली में बहुत कुछ कविता हो चुकी थी। इन २५-३० वर्षों के भीतर वह बहुत कुछ मँजी, इसमें सन्देह नहीं पर इतनी नहीं जितनी उर्दू काव्य क्षेत्र के भीतर जाकर मँजी है। जैसा पहले कह चुके हैं, हिन्दी में खड़ी बोली के पद्यप्रवाह के लिए तीन रास्ते खोले गए—उर्दू या फारसी की बह्रों का, संस्कृत के वृत्तों का और हिन्दी के छन्दों का। इनमें से प्रथम मार्ग का अवलम्बन तो मैं नैराश्य या आलस्य समझता हूँ। वह हिन्दी काव्य का निकाला हुआ अपना मार्ग नहीं। अतः शेष दो मार्गों का ही थोड़े में विचार किया जाता है।

इसमें तो कोई सन्देह नहीं कि संस्कृत के वर्णवृत्तों का सा माधुर्य अन्यत्र दुर्लभ है, पर उनमें भाषा इतनी जकड़ जाती है कि वह भावधारा के मेल में पूरी तरह से स्वच्छन्द होकर नहीं चल सकती। इसी से संस्कृत के लम्बे समासों का बहुत कुछ सहारा लेना पड़ता है। पर संस्कृत पदावली के अधिक समावेश से खड़ी बोली की स्वाभाविक गति के प्रसार के लिए अवकाश कम रहता है। अतः वर्णवृत्तों का थोड़ा बहुत उपयोग किसी बड़े प्रबन्ध के भीतर बीच-बीच में ही उपयुक्त हो सकता है। तात्पर्य यह कि संस्कृत पदावली का अधिक आश्रय लेने से खड़ी बोली के मँजने की सम्भावना दूर ही रहेगी।

हिन्दी के सब तरह के प्रचलित छन्दों में खड़ी बोली की स्वाभाविक वाग्धारा का अच्छी तरह खपने के योग्य हो जाना ही उनका मँजना कहा जायगा। हिन्दी के प्रचलित छन्दों में दंडक और सवैया भी हैं। सवैया यद्यपि वर्णवृत्त है पर लय के अनुसार लघु-गुरु का बन्धन उसमें बहुत कुछ उसी प्रकार शिथिल हो जाता है जिस प्रकार उर्दू के छन्दों में। मात्रिक छन्दों में तो कोई अड़चन ही नहीं है। प्रचलित मात्रिक छन्दों के अतिरिक्त कविजन इच्छानुसार नए-नए छन्दों का विधान भी बहुत अच्छी तरह कर सकते हैं।

खड़ी बोली की कविताओं की उत्तरोत्तर गति की ओर दृष्टिपात करने से यह पता चल जाता है कि किस प्रकार ऊपर लिखी बातों की ओर लोगों का ध्यान

क्रमशः गया है और जा रहा है। बाबू मैथिलीशरण गुप्त की कविताओं में चलती हुई खड़ी बोली का परिमार्जित और सुव्यवस्थित रूप गीतिका आदि हिन्दी के प्रचलित छन्दों में तथा नए गढ़े हुए छन्दों में पूर्णतया देखने में आया। ठाकुर गोपालशरणसिंह जी कवित्तों और सवैयों में खड़ी बोली का बहुत ही मँजा हुआ रूप सामने ला रहे हैं। उनकी रचनाओं को देखकर खड़ी बोली के मँज जाने की पूरी आशा होती है।

खड़ी बोली का पूर्ण सौष्ठव के साथ मँजना तभी कहा जाएगा जबकि पद्यों में उसकी अपनी गतिविधि का पूरा समावेश हो और कुछ दूर तक चलने वाले वाक्य सफाई के साथ बैठें। भाषा का इस रूप में परिमार्जन उन्हीं के द्वारा हो सकता है जिनका हिन्दी पर पूरा अधिकार है, जिन्हें उसकी प्रकृति की पूरी परख है। पर जिस प्रकार बाबू मैथिलीशरण गुप्त और ठाकुर गोपालशरणसिंह ऐसे कवियों की लेखनी से खड़ी बोली को मँजते देख आशा का पूर्ण संचार होता है उसी प्रकार कुछ ऐसे लोगों को जिन्होंने अध्ययन या शिष्ट-समागम द्वारा भाषा पर पूरा अधिकार नहीं प्राप्त किया है, संस्कृत की विकीर्ण पदावली के भरोसे पर या अँगरेजी पद्यों के वाक्यखण्डों के शब्दानुवाद जोड़-जाड़कर, हिन्दी कविता के नए मैदान में उतरते देख आशंका भी होती है। ऐसे लोग हिन्दी जानने या उसका अभ्यास करने की जरूरत नहीं समझते। पर हिन्दी भी एक भाषा है, जो आते-आते आती है। भाषा बिना अच्छी तरह जाने वाक्यविन्यास, मुहावरे आदि कैसे ठीक हो सकते हैं?

नए-नए छन्दों के व्यवहार और तुक के बन्धन के त्याग की सलाह द्विवेदी जी ने बहुत पहले दी थी। उन्होंने कहा था कि 'तुले हुए शब्दों में कविता करने और तुक, अनुप्रास आदि ढूँढ़ने से कवियों के विचारस्वातन्त्र्य में बाधा आती है।'

नए-नए छन्दों की योजना के सम्बन्ध में हमें कुछ नहीं कहना है। यह बहुत अच्छी बात है। 'तुक' भी कोई ऐसी अनिवार्य वस्तु नहीं। चरणों के भिन्न-भिन्न प्रकार के मेल चाहे जितने किए जाएँ, ठीक हैं। पर इधर कुछ दिनों से बिना छन्द (मीटर) के पद्य भी—बिना तुकान्त के होना तो बहुत ध्यान देने की बात नहीं—निराला जी ऐसे नई रंगत के कवियों में देखने में आते हैं। यह अमेरिका के एक कवि वाल्ट ह्विटमैन (Walt Whitman) की नकल है जो पहिले बँगला में थोड़ी-बहुत हुई। बिना किसी प्रकार की छन्दोव्यवस्था की अपनी पहली रचना 'लीव्स आव ग्रास' उसने सन् १८५५ ई० में प्रकाशित की। उसके उपरान्त और भी बहुत रचनाएँ इस प्रकार की मुक्त या स्वच्छन्द पंक्तियों में निकलीं, जिनके सम्बन्ध में एक समालोचक ने लिखा है :

'A chaos impressions, thought or feelings thrown together without thyme, which matters little, without metre, which matters more; and often without reason, which matter's much."[1]

सारांश यह कि उसकी ऐसी रचनाओं में छन्दोव्यवस्था का ही नहीं, बुद्धितत्त्व का भी प्रायः अभाव है। उसकी वे ही कविताएँ अच्छी मानी और पढ़ी गईं जिनमें छन्द और तुकान्त की व्यवस्था थी।

पद्यव्यवस्था से मुक्त काव्य-रचना वास्तव में पाश्चात्य ढंग के गीतकाव्यों के अनुकरण का परिणाम है। हमारे यहाँ के संगीत में बँधी हुई राग-रागिनियाँ हैं। पर योरोप में संगीत के बड़े-बड़े उस्ताद (कंपोजर्स) अपनी अलग-अलग नादयोजना या स्वरमैत्री चलाया करते हैं। उस ढंग का अनुकरण पहले बंगाल में हुआ। वहाँ की देखादेखी हिन्दी में भी चलाया गया। 'निराला' जी का तो इसकी ओर प्रधान लक्ष्य रहा। हमारा इस सम्बन्ध में यही कहना है कि काव्य का प्रभाव केवल नाद पर अवलम्बित नहीं।

छन्दों के अतिरिक्त वस्तुविधान और अभिव्यंजन शैली में भी कई प्रकार की प्रवृत्तियाँ इस तृतीय उत्थान में प्रकट हुईं जिससे अनेकरूपता की ओर हमारा काव्य कुछ बढ़ता दिखाई पड़ा। किसी वस्तु में अनेकरूपता आना विकास का लक्षण है यदि अनेकता के भीतर एकता का कोई एक सूत्र बराबर बना रहे। इस समन्वय से रहित जो अनेकरूपता होगी वह भिन्न-भिन्न वस्तुओं की होगी, एक ही वस्तु की नहीं। अतः काव्यत्व यदि बना रहे तो काव्य का अनेक रूप धारण करके भिन्न-भिन्न शाखाओं में प्रवाहित होना उसका विकास ही कहा जाएगा। काव्य के भिन्न-भिन्न रूप एक दूसरे के आगे-पीछे भी आविर्भूत हो सकते हैं और साथ-साथ भी निकल और चल सकते हैं। पीछे आविर्भूत होने वाला रूप पहले से चले आते हुए रूप से अवश्य ही श्रेष्ठ या समुन्नत हो, ऐसा कोई नियम काव्य क्षेत्र में नहीं है। अनेक रूपों को धारण करने वाला तत्त्व यदि एक है तो शिक्षित जनता की बाह्य और आभ्यंतर स्थिति के साथ सामंजस्य के लिए काव्य अपना रूप भी कुछ बदल सकता है, और रुचि की विभिन्नता का अनुसरण करता हुआ एक साथ कई रूपों में भी चल सकता है।

प्रथम उत्थान के भीतर हम देख चुके हैं कि किस प्रकार काव्य को भी देश की बदली हुई स्थिति और मनोवृत्ति के मेल में लाने के लिए भारतेन्दु मण्डल ने कुछ प्रयत्न किया।[2] पर यह प्रयत्न केवल सामाजिक और राजनीतिक स्थिति की ओर हृदय को थोड़ा प्रवृत्त करके रह गया। राजनीतिक और सामाजिक भावनाओं को

---

१. Literature in the Century (Nineteenth Century Series), by A. B, de Mille.

२. देखो, 'हिन्दी साहित्य का इतिहास', पृ० ३०६-१०

व्यक्त करने वाली वाणी भी दबी-सी रही। उसमें न तो संकल्प की दृढ़ता और न्याय के आग्रह का जोश था, न उलटफेर की प्रबल कामना का वेग। स्वदेश-प्रेम व्यंजित करने वाला यह स्वर अवसाद और खिन्नता का स्वर था, आवेश और उत्साह का नहीं। उसमें अतीत के गौरव का स्मरण और वर्तमान ह्रास का वेदनापूर्ण अनुभव ही स्पष्ट था। अभिप्राय यह कि यह प्रेम जगाया तो गया, पर कुछ नया-नया-सा होने के कारण उस समय काव्यभूमि पर पूर्ण रूप से प्रतिष्ठित न हो सका।

कुछ नूतन भावनाओं के समावेश के अतिरिक्त काव्य की परम्परागत पद्धति में किसी प्रकार का परिवर्तन भारतेन्दु-काल में न हुआ। भाषा ब्रजभाषा ही रहने दी गई और उसकी अभिव्यंजना शक्ति का कुछ विशेष प्रसार न हुआ। काव्य को बँधी हुई प्रणालियों से बाहर निकालकर जगत् और जीवन के विविध पक्षों की मार्मिकता झलकाने वाली धाराओं में प्रवाहित करने की प्रवृत्ति भी न दिखाई पड़ी।

द्वितीय उत्थान में कुछ दिन ब्रजभाषा के साथ-साथ चलकर खड़ी बोली क्रमशः अग्रसर होने लगी; यहाँ तक कि नई पीढ़ी के कवियों को उसी का समय दिखाई पड़ा। स्वदेश-गौरव और स्वदेश-प्रेम की जो भावना प्रथम उत्थान में जगाई गई थी उसका अधिक प्रसार द्वितीय उत्थान में हुआ और 'भारत-भारती' ऐसी पुस्तक। निकली इस भावना का प्रसार तो हुआ पर इसकी अभिव्यंजना में प्रातिभ प्रगल्भता न दिखाई पड़ी।

शैली में प्रगल्भता और विचित्रता चाहे न आई हो, पर काव्यभूमि का प्रसार अवश्य हुआ। प्रसार और सुधार की जो चर्चा नागरीप्रचारिणी सभा की स्थापना के समय से ही रह-रहकर थोड़ी बहुत होती आ रही थी वह 'सरस्वती' निकलने के साथ ही कुछ अधिक ब्योरे के साथ हुई। उस पत्रिका के प्रथम दो-तीन वर्षों के भीतर ही ऐसे लेख निकले जिनमें साफ कहा गया कि अब नायिकाभेद और श्रृंगार में ही बँधे रहने का जमाना नहीं है; संसार में न जाने कितनी बातें हैं जिन्हें लेकर कवि चल सकते हैं। इस बात पर द्विवेदी जी भी बराबर जोर देते रहे और कहते रहे कि 'कविता के बिगड़ने और उसकी सीमा परिमित हो जाने से साहित्य पर भारी आघात होता है।' द्विवेदी जी 'सरस्वती' के सम्पादन-काल में कविता में नयापन लाने के बराबर इच्छुक रहे। नयापन आने के लिए वे नए-नए विषयों को नयापन या नानात्व प्रधान समझते रहे और छन्द, पदावली, अलंकार आदि का नयापन उसका अनुगामी। रीतिकाल की श्रृंगारी कविता की ओर लक्ष्य करके उन्होंने लिखा :

इस तरह की कविता सैकड़ों वर्ष से होती आ रही है। अनेक कवि हो चुके

> जिन्होंने इस विषय पर न मालूम क्या-क्या लिख डाला है। इस दशा में नए कवि अपनी कविता में नयापन कैसे ला सकते हैं? वही तुक, वही छन्द, वही शब्द, वही उपमा, वही रूपक! इस पर भी लोग पुरानी लकीर बराबर पीटते जाते हैं। कवित्त, सवैये, दोहे, सोरठे लिखने से बाज नहीं आते।

द्वितीय उत्थान के भीतर हम दिखा आए हैं कि किस प्रकार काव्य क्षेत्र का विस्तार बढ़ा, बहुत से नए-नए विषय लिए गए और बहुत से कवि कवित्त, सवैये लिखने से बाज आकर संस्कृत के अनेक वृत्तों में रचना करने लगे। रचनाएँ चाहे अधिकतर साधारण गद्य निबन्धों के रूप में ही हुई हों, पर प्रवृत्ति अनेक विषयों की ओर रही, इसमें सन्देह नहीं। उसी दितीय उत्थान में स्वतन्त्र वर्णन के लिए मनुष्येतर प्रकृति को कवि लोग लेने लगे पर अधिकतर उसके ऊपरी प्रभाव तक ही रहे। उसके रूप व्यापार कैसे सुखद, सजीले और सुहावने लगते हैं, अधिकतर यही देख-दिखाकर उन्होंने सन्तोष किया। चिर साहचर्य से उत्पन्न उनके प्रति हमारा राग व्यंजित न हुआ। उनके बीच मनुष्य जीवन को रखकर उसके प्रकृत स्वरूप पर व्यापक दृष्टि नहीं डाली गई। रहस्यमयी सत्ता के अक्षर-प्रसार के भीतर व्यंजित भावों और मार्मिक तथ्यों के साक्षात्कार तथा प्रत्यक्षीकरण की ओर झुकाव न देखने में आया। इसी प्रकार विश्व के अत्यन्त सूक्ष्म और अत्यन्त महान् विधानों के बीच जहाँ तक हमारा ज्ञान पहुँचा है वहाँ तक हृदय को भी पहुँचाने का कुछ प्रयास होना चाहिए था, पर न हुआ। द्वितीय उत्थान काल का अधिकांश भाग खड़ी बोली को भिन्न-भिन्न प्रकार के पद्यों में ढालने में ही लगा।

तृतीय उत्थान में आकर खड़ी बोली के भीतर काव्यत्व का अच्छा स्फुरण हुआ जिस देशप्रेम को लेकर काव्य की नूतन धारा भारतेन्दु काल में चली थी वह उत्तरोत्तर प्रबल और व्यापक रूप धारण करता आया। शासन की अव्यवस्था और अशान्ति के उपरान्त अँगरेजों के शान्तिमय और रक्षापूर्ण शासन के प्रति कृतज्ञता का भाव भारतेन्दु काल में बना हुआ था। इससे उस समय की देशभक्ति-सम्बन्धी कविताओं में राजभक्ति का स्वर भी प्रायः मिला पाया जाता है। देश की दुःखदशा का प्रधान कारण राजनीतिक समझते हुए भी उस दुःखदशा से उद्धार के लिए कवि लोग दयामय भगवान् को ही पुकारते मिलते हैं। कहीं-कहीं उद्योग-धन्धों को न बढ़ाने, आलस्य में पड़े रहने और देश की बनी वस्तुओं का व्यवहार न करने के लिए वे देशवासियों को भी कोसते पाए जाते हैं। सरकार पर रोष या असन्तोष की व्यंजना उनमें नहीं मिलती। कांग्रेस की प्रतिष्ठा होने के उपरान्त भी बहुत दिनों तक देशभक्ति की वाणी में विशेष बल और वेग न दिखाई पड़ा। बात यह थी कि राजनीति की लम्बी-चौड़ी चर्चा भर साल में एक बार धूमधाम के साथ थोड़े से शिक्षित बड़े आदमियों के बीच हो जाया करती थी जिसका कोई स्थायी

और क्रियोत्पादक प्रभाव नहीं देखने में आता था। अतः द्विवेदीकाल की देशभक्ति सम्बन्धी रचनाओं में शासन पद्धति के प्रति असन्तोष तो व्यंजित होता था पर कर्म में तत्पर कराने वाला, आत्मत्याग कराने वाला जोश और उत्साह न था। आन्दोलन भी कड़ी याचना के आगे नहीं बढ़े थे।

तृतीय उत्थान में आकर परिस्थिति बहुत बदल गई। आन्दोलनों ने सक्रिय रूप धारण किया और गाँव-गाँव राजनीतिक और आर्थिक परतन्त्रता के विरोध की भावना जगाई गई। सरकार से कुछ माँगने के स्थान पर अब कवियों की वाणी देशवासियों को ही 'स्वतन्त्रता देवी की वेदी पर बलिदान' होने को प्रोत्साहित करने में लगी। अब जो आन्दोलन चले वे सामान्य जनसमुदाय को भी साथ लेकर चले। इससे उनके भीतर अधिक आवेश और बल का संचार हुआ। सबसे बड़ी बात यह हुई कि ये आन्दोलन संसार के और भागों में चलने वाले आन्दोलनों के मेल में लाए गए, जिससे ये क्षोभ की एक सार्वभौम धारा की शाखाओं से प्रतीत हुए। वर्तमान सभ्यता और लोक की घोर आर्थिक विषमता से जो असन्तोष का ऊंचा स्वर पश्चिम में उठा उसकी गूंज यहाँ भी पहुँची। दूसरे देशों का धन खींचने के लिए योरप में महायन्त्र-प्रवर्तन का जो क्रम चला उससे पूंजी लगाने वाले थोड़े से लोगों के पास तो अपार धनराशि इकट्ठी होने लगी पर अधिकांश श्रमजीवी जनता के लिए भोजन-वस्त्र मिलना भी कठिन हो गया। अतः एक ओर तो योरप में मशीनों की सभ्यता के विरुद्ध टालस्टाय की धर्मबुद्धि जगाने वाली वाणी सुनाई पड़ी, जिसका भारतीय अनुवाद गांधीजी ने किया; दूसरी ओर इस घोर आर्थिक विषमता की ओर प्रतिक्रिया के रूप में साम्यवाद और समाजवाद नामक सिद्धान्त चले जिन्होंने रूस में अत्यन्त उग्र रूप धारण करके भारी उलटफेर कर दिया।

अब संसार के प्रायः सारे सभ्य भाग एक दूसरे के लिए खुले हुए हैं। इससे एक भूखण्ड में उठी हुई हवाएँ दूसरे भूखण्ड में शिक्षित वर्गों तक तो अवश्य ही पहुँच जाती हैं। यदि उनका सामंजस्य दूसरे भूखण्ड की परिस्थिति के साथ हो जाता है तो उस परिस्थिति के अनुरूप शक्तिशाली आन्दोलन चल पड़ते हैं। इसी नियम के अनुसार शोषक साम्राज्यवाद के विरुद्ध राजनीतिक आन्दोलन के अतिरिक्त यहाँ भी किसान आन्दोलन, मजदूर आन्दोलन, अछूत आन्दोलन इत्यादि कई आन्दोलन एक विराट् परिवर्तनवाद के नाना व्यावहारिक अंगों के रूप में चले। श्री रामधारीसिंह 'दिनकर', बालकृष्ण शर्मा 'नवीन', माखनलाल चतुर्वेदी आदि कई कवियों की वाणी द्वारा ये भिन्न-भिन्न प्रकार के आन्दोलन प्रतिध्वनित हुए। ऐसे समय में कुछ ऐसे भी आन्दोलन दूसरे देशों की देखादेखी खड़े होते हैं जिनकी नौबत वास्तव में नहीं आई रहती। योरप में जब देश देश बड़े-बड़े कल कारखानों से भर गए हैं और जनता का बहुत-सा भाग उनमें लग गया है तब मजदूर आन्दोलन की नौबत आई है। यहाँ अभी कल-कारखाने केवल चल खड़े हुए हैं

और उनमें काम करने वाले थोड़े से मजदूरों की दशा खेत में काम करने वाले करोड़ों अच्छे-अच्छे किसानों की दशा से कहीं अच्छी है। पर मजदूर आन्दोलन साथ लग गया। जो कुछ हो, इन आन्दोलनों का तीव्र स्वर हमारी काव्यवाणी में सम्मिलित हुआ।

जीवन के कई क्षेत्रों में जब एक साथ परिवर्तन के लिए पुकार सुनाई पड़ती है तब परिवर्तन एक 'वाद' का व्यापक रूप धारण करता है और बहुतों के लिए सब क्षेत्रों में स्वतः एक चरम साध्य बन जाता है। 'क्रान्ति' के नाम से परिवर्तन की प्रबल कामना हमारे हिन्दी काव्य क्षेत्र में प्रलय की पूरी पदावली के साथ व्यक्त की गई। इस कामना के साथ कहीं-कहीं प्राचीन के स्थान पर नवीन के दर्शन की उत्कंठा भी प्रकट हुई। सब बातों में परिवर्तन ही परिवर्तन की यह कामना कहाँ तक वर्तमान परिस्थिति के स्वतन्त्र पर्यालोचन का परिणाम है और कहाँ तक केवल अनुकृत है, नहीं कहा जा सकता। इतना अवश्य दिखाई पड़ता है कि इस परिवर्तन-वाद के प्रदर्शन की प्रवृत्ति अधिक हो जाने से जगत् और जीवन के नित्य स्वरूप की यह अनुभूति नए कवियों में कम जग पाएगी जिसकी व्यंजना काव्य को दीर्घायु प्रदान करती है।

यह तो हुई काल के प्रभाव की बात। थोड़ा यह भी देखना चाहिए कि चली आती हुई काव्य-परम्परा की शैली से अतृप्ति या असन्तोष के कारण परिवर्तन की कामना कहाँ तक जगी और उसकी अभिव्यक्ति किन-किन रूपों में हुई। भक्ति-काल और रीतिकाल की चली आती हुई परम्परा के अन्त में किस प्रकार भारतेन्दु-मंडल के प्रभाव से देशप्रेम और जाति-गौरव की भावना को लेकर एक नूतन परम्परा की प्रतिष्ठा हुई, इसका उल्लेख हो चुका है। द्वितीय उत्थान में काव्य की नूतन परम्परा का अनेक विषयस्पर्शी प्रसार अवश्य हुआ पर द्विवेदी जी के प्रभाव से एक ओर उसमें भाषा की सफाई आई, दूसरी ओर उसका स्वरूप गद्यवत् रूखा, इतिवृत्तात्मक और अधिकतर बाह्यार्थनिरूपक हो गया। अतः इस तृतीय उत्थान में जो प्रतिवर्तन हुआ और पीछे 'छायावाद' कहलाया वह उसी द्वितीय उत्थान की कविता के विरुद्ध कहा जा सकता है। उसका प्रधान लक्ष्य काव्यशैली की ओर था, वस्तुविधान की ओर नहीं। अर्थभूमि या वस्तुभूमि का तो उसके भीतर बहुत संकोच हो गया। समन्वित विशाल भावनाओं को लेकर चलने की ओर ध्यान न रहा।

द्वितीय उत्थान की कविता में काव्य का स्वरूप खड़ा करने वाली दोनों बातों की कमी दिखाई पड़ती थी—कल्पना का रंग भी बहुत कम या फीका रहता था और हृदय का वेग भी खूब खुलकर नहीं व्यंजित होता था। इन बातों की कमी परम्परागत ब्रजभाषा काव्य का आनन्द लेने वालों को भी मालूम होती थी और बँगला या अँगरेजी कविता का परिचय रखने वालों को भी। अतः खड़ी बोली

की कविता में पदलालित्य, कल्पना की उड़ान, भाव की वेगवती व्यंजना, वेदना की विवृति, शब्दप्रयोग की विचित्रता इत्यादि अनेक बातें देखने की आकांक्षा बढ़ती गई।

सुधार चाहने वालों में कुछ लोग नए-नए विषयों की ओर प्रवृत्त खड़ी बोली की कविता को ब्रजभाषा काव्य की सी ललित पदावली तथा रसात्मकता और मार्मिकता से समन्वित देखना चाहते थे। जो अंगरेजी की या अँगरेजी के ढंग पर चली हुई बँगला की कविताओं से प्रभावित थे वे कुछ लाक्षणिक वैचित्र्य, व्यंजक चित्रविन्यास और रुचिर अन्योक्तियाँ देखना चाहते थे। श्री पारसनाथ सिंह के किए हुए बँगला कविताओं के हिन्दी अनुवाद 'सरस्वती' आदि पत्रिकाओं में संवत् १९६७ (सन् १९१०) से ही निकलने लगे थे। ग्रे, वर्ड्सवर्थ आदि अँगरेजी कवियों की रचनाओं के कुछ अनुवाद भी (जैसे, जीतनसिंह द्वारा अनूदित वर्ड्सवर्थ का 'कोकिल') निकले। अतः खड़ी बोली की कविता जिस रूप में चल रही थी उससे सन्तुष्ट न रहकर द्वितीय उत्थान के समाप्त होने से कुछ पहले ही कई कवि खड़ी बोली काव्य को कल्पना का नया रूपरंग देने और उसे अधिक अन्तर्भाव-व्यंजक बनाने में प्रवृत्त हुए जिनमें प्रधान थे सर्वश्री मैथिलीशरण गुप्त, मुकुटधर पांडेय और बदरीनाथ भट्ट। कुछ अँगरेजी ढर्रा लिए हुए जिस प्रकार की फुटकर कविताएँ और प्रगीत मुक्तक (लिरिक्स) बँगला में निकल रहे थे उनके प्रभाव से कुछ विशृंखल वस्तुविन्यास और अनूठे शीर्षकों के साथ चित्रमयी, कोमल और व्यंजक भाषा में इनकी नए ढंग की रचनाएँ संवत् १९७०-७१ से ही निकलने लगी थीं जिनमें से कुछ के भीतर रहस्य भावना भी रहती थी।

मैथिलीशरण गुप्त

गुप्तजी की नक्षत्रनिपात (सन् १९१४), अनुरोध (सन् १९१५), पुष्पांजलि (१९१७), स्वयं आगत (१९१८) इत्यादि कविताएँ ध्यान देने योग्य हैं। 'पुष्पांजलि' और 'स्वयं आगत' की कुछ पंक्तियाँ आगे देखिए :

(क) मेरे आँगन का एक फूल।
सौभाग्य भाव से मिला हुआ, श्वासोच्छ्वासन से हिला हुआ,
संसार-विटप से खिला हुआ,
झड़ पड़ा अचानक झूल झूल।

(ख) तेरे घर के द्वार बहुत हैं किससे होकर आउँ मैं ?
सब द्वारों पर भीड़ बड़ी है कैसे भीतर जाऊँ मैं।

इसी प्रकार गुप्त जी की और भी बहुत-सी गीतात्मक रचनाएँ हैं, जैसे :

(ग) निकल रही है उर से आह,
ताक रहे सब तेरी राह।
चातक खड़ा चोंच खोले है, संपुट खोले सीप खड़ी,
मैं अपना घट लिए खड़ा हूँ, अपनी अपनी हमें पड़ी।

(घ) प्यारे! तेरे कहने से जो यहाँ अचानक मैं आया।
दीप्ति बढ़ी दीपों की सहसा, मैंने भी ली साँस, कहा।
सो जाने के लिए जगत् का यह प्रकाश है जाग रहा।
किन्तु उसी बुझते प्रकाश में डूब उठा मैं और बहा।
निरुद्देश नख रेखाओं में देखी तेरी मूर्ति, अहा!

मुकुटधर पांडेय

गुप्त जी तो, जैसा पहले कहा जा चुका है, किसी विशेष पद्धति या 'वाद' में न बंधकर कई पद्धतियों पर अब तक चले आ रहे हैं। पर मुकुटधर जी बराबर नूतन पद्धति ही पर चले। उनकी इस ढंग की प्रारम्भिक रचनाओं में 'आँसू', 'उद्धार' इत्यादि ध्यान देने योग्य हैं। कुछ नमूने देखिए:

(क) हुआ प्रकाश तमोमय मग में,
मिला मुझे तू तत्क्षण जग में,
दम्पति के मधुमय विलास में,
शिशु के स्वप्नोत्पन्न हास में,
वन्य कुसुम के शुचि सुबास में,
था तव क्रीड़ा स्थान। (१९१७)

(ख) मेरे जीवन की लघु तरणी,
आँखों के पानी में तर जा।
मेरे उर का छिपा खजाना,
अहंकार का भाव पुराना;
बना आज तू मुझे दिवाना,
तप्त श्वेत बूंदों में ढर जा। (१९१७)

(ग) जब संध्या को हट जावेगी भीड़ महान्।
तब जाकर मैं तुम्हें सुनाऊँगा निज गान।
शून्य कक्ष के अथवा कोने में ही एक।
बैठ तुम्हारा करूँ वहाँ नीरव अभिषेक। (१९१०)

पं० बदरीनाथ भट्ट

भट्ट जी भी सन् १९१३ के पहले से ही भावव्यंजक और अनूठे गीत रचते आ रहे थे। दो पंक्तियाँ देखिए :

> दे रहा दीपक जलकर फूल,
> रोपी उज्ज्वल प्रभापताका अंधकार हिय हूल।

पदुमलाल पुन्नालाल बख्शी

बख्शी जी के भी इस ढंग के कुछ गीत सन् १९१५-१६ के आसपास मिलेंगे।

ये कवि जगत् और जीवन के विस्तृत क्षेत्र के बीच नई कविता का संचार चाहते थे। ये प्रकृति के साधारण, असाधारण सब रूपों पर प्रेमदृष्टि डालकर, उसके रहस्य भरे सच्चे संकेतों को परखकर, भाषा को अधिक चित्रमय, सजीव और मार्मिक रूप देकर कविता का एक अकृत्रिम, स्वच्छन्द मार्ग निकाल रहे थे। भक्ति क्षेत्र में उपास्य की एकदेशीय या धर्म विशेष में प्रतिष्ठित भावना के स्थान पर सार्वभौम भावना की ओर बढ़ रहे थे जिसमें सुन्दर रहस्यात्मक संकेत भी रहते थे। अतः हिन्दी कविता की नई धारा का प्रवर्तक इन्हीं को—विशेषतः श्री मैथिलीशरण गुप्त और श्री मुकुटधर पांडेय को—समझना चाहिए। इस दृष्टि से छायावाद का रूपरंग खड़ा करने वाले कवियों के सम्बन्ध में अँगरेजी या बँगला की समीक्षाओं से उठाई हुई इस प्रकार की पदावली का कोई अर्थ नहीं कि 'इन कवियों के मन में एक आँधी उठ रही थी जिसमें आन्दोलित होते हुए वे उड़े जा रहे थे; एक नूतन वेदना की छटपटाहट थी जिसमें सुख की मीठी अनुभूति भी लुकी हुई थी; रूढ़ियों के भार से दबी हुई युग की आत्मा अपनी अभिव्यक्ति के लिए हाथ-पैर मार रही थी।' न कोई आँधी थी, न तूफान; न कोई नई कसक थी, न वेदना; न प्राप्त युग की नाना परिस्थितियों का हृदय पर कोई नया आघात था, न उसका आहत नाद। इन बातों का कुछ अर्थ तब हो सकता था जब काव्य का प्रवाह ऐसी भूमियों की ओर मुड़ता जिन पर ध्यान न दिया गया रहा होता। छायावाद के पहले नए-नए मार्मिक विषयों की ओर हिन्दी कविता प्रवृत्त होती आ रही थी। कसर थी तो आवश्यक और व्यंजक शैली की, कल्पना और संवेदना के अधिक योग की। तात्पर्य यह कि छायावाद जिस आकांक्षा का परिणाम था उसका लक्ष्य केवल अभिव्यंजना की रोचक प्रणाली का विकास था जो धीरे-धीरे अपने स्वतन्त्र ढर्रे पर श्री मैथिलीशरण गुप्त, श्री मुकुटधर पांडेय आदि के द्वारा हो रहा था।

गुप्त जी और मुकुटधर पांडेय आदि के द्वारा स्वच्छन्द नूतन धारा चली ही

थी कि श्री रवीन्द्रनाथ ठाकुर की उन कविताओं की धूम हुई जो अधिकतर पाश्चात्त्य ढाँचे का आध्यात्मिक रहस्यवाद लेकर चली थीं। पुराने ईसाई सन्तों के छायाभास (फैंटासमाटा) तथा योरपीय काव्य क्षेत्र में प्रवर्तित आध्यात्मिक प्रतीकवाद (सिंबालिज़्म) के अनुकरण पर रची जाने के कारण बंगाल में ऐसी कविताएँ 'छायावाद' कही जाने लगी थीं। यह 'वाद' क्या प्रकट हुआ, एक बने-बनाए रास्ते का दरवाजा-सा खुल पड़ा और हिन्दी के कुछ नए कवि उधर एकबारगी झुक पड़े। यह अपना क्रमशः बनाया हुआ रास्ता नहीं था। इसका दूसरे साहित्य क्षेत्र में प्रकट होना, कई कवियों का इस पर एक साथ चल पड़ना और कुछ दिनों तक इसके भीतर अँगरेजी और बँगला की पदावली का जगह-जगह ज्यों का त्यों अनुवाद रखा जाना ये बातें मार्ग की स्वतन्त्र उद्भावना नहीं सूचित करतीं।

'छायावाद' नाम चल पड़ने का परिणाम यह हुआ कि बहुत से कवि रहस्यात्मकता, अभिव्यंजना के लाक्षणिक वैचित्र्य, वस्तुविन्यास की विशृंखलता, चित्रमयी भाषा और मधुमयी कल्पना को ही साध्य मानकर चले। शैली की इन विशेषताओं की दूरारूढ़ साधना में ही लीन हो जाने के कारण अर्थभूमि के विस्तार की ओर उनकी दृष्टि न रही। विभावपक्ष या तो शून्य अथवा अनिर्दिष्ट रह गया। इस प्रकार प्रसरणोन्मुख काव्य क्षेत्र बहुत कुछ संकुचित हो गया। असीम और अज्ञात प्रियतम के प्रति अत्यन्त चित्रमयी भाषा में अनेक प्रकार के प्रेमोद्गारों तक ही काव्य की गतिविधि प्रायः बँध गई। हृत्तंत्री की झंकार, नीरव सन्देश, अभिसार, अनन्त प्रतीक्षा, प्रियतम का दबे पाँव आना, आँखमिचौली, मद में झूमना, विभोर होना इत्यादि के साथ-साथ शराब, प्याला, साकी आदि सूफी कवियों के पुराने सामान भी इकट्ठे किए गए। कुछ हेरफेर के साथ वही बँधी पदावली, वेदना का वही प्रकांड प्रदर्शन, कुछ विशृंखलता के साथ प्रायः सब कविताओं में मिलने लगा।

अज्ञेय और अव्यक्त को अज्ञेय और अव्यक्त ही रखकर कामवासना के शब्दों में प्रेमव्यंजना भारतीय काव्यधारा में कभी नहीं चली, यह स्पष्ट बात 'हमारे यहाँ यह भी था, वह भी था' की प्रवृत्ति वालों को अच्छी नहीं लगती। इससे भिन्न होकर वे उपनिषद् से लेकर तंत्र और योगमार्ग तक की दौड़ लगाते हैं। उपनिषदों में आए हुए आत्मा के पूर्ण आनन्दस्वरूप के निर्देश, ब्रह्मानन्द की अपरिमेयता को समझाने के लिए स्त्री-पुरुष सम्बन्ध वाले दृष्टान्त या उपमाएँ, योग के सहस्रदल कमल आदि की भावना के बीच वे बड़े सन्तोष के साथ उद्धृत करते हैं। यह सब करने के पहले उन्हें समझना चाहिए कि जो बात ऊपर कही गई है उसका तात्पर्य क्या है। यह कौन कहता है कि मतमतान्तरों की साधना के क्षेत्र में रहस्यमार्ग नहीं चले ? योग रहस्यमार्ग है, तंत्र रहस्यमार्ग है; रसायन भी रहस्यमार्ग है। पर ये सब साधनात्मक हैं; प्रकृत भावभूमि या काव्यभूमि के भीतर चले हुए मार्ग नहीं। भारतीय परम्परा का कोई कवि मणिपूर, अनाहत आदि चक्रों को लेकर तरह-तरह

के रंगमहल बनाने में प्रवृत्त नहीं हुआ।

'संहिताओं में तो अनेक प्रकार की बातों का संग्रह है। उपनिषदों में ब्रह्म और जगत्, आत्मा और परमात्मा के सम्बन्ध में कई प्रकार के मत हैं। वे काव्यग्रंथ नहीं हैं। उनमें इधर-उधर काव्य का जो स्वरूप मिलता है वह ऐतिह्य, कर्मकांड, दार्शनिक चिन्तन, साम्प्रदायिक गुह्य साधना, मंत्र-तंत्र, जादू-टोना इत्यादि बहुत-सी बातों में उलझा हुआ है। विशुद्ध काव्य का निखरा हुआ स्वरूप पीछे अलग हुआ। रामायण का आदिकाव्य कहलाना साफ यही सूचित करता है। संहिताओं और उपनिषदों को कभी किसी ने काव्य नहीं कहा। अब सीधा सवाल यह रह गया कि क्या वाल्मीकि से लेकर पण्डितराज जगन्नाथ तक कोई एक भी ऐसा कवि बताया जा सकता है जिसने अज्ञेय और अव्यक्त को अज्ञेय और अव्यक्त ही रखकर प्रियतम बनाया हो और उसके प्रति कामुकता के शब्दों में प्रेम-व्यंजना की हो। कबीरदास किस प्रकार हमारे यहाँ के ज्ञानवाद और सूफ़ियों के भावात्मक रहस्यवाद को लेकर चले, यह हम पहले दिखा आए हैं।[१] उसी भावात्मक रहस्य-परम्परा का यह नूतन भावभंगी और लाक्षणिकता के साथ आविर्भाव है। बहुत रमणीय है, कुछ लोगों को अत्यन्त रुचिकर है, यह और बात है।

प्रणयवासना का यह उद्‌गार आध्यात्मिक पर्दे में ही छिपा न रह सका। हृदय की सारी कामवासनाएँ, इन्द्रियों के सुखविलास की मधुर और रमणीय सामग्री के बीच, एक बँधी हुई रूढ़ि पर व्यक्त होने लगीं। इस प्रकार रहस्यवाद से सम्बन्ध न रखने वाली कविताएँ भी छायावाद ही कही जाने लगीं। अतः 'छायावाद' शब्द का प्रयोग रहस्यवाद तक ही न रहकर काव्यशैली के सम्बन्ध में भी प्रतीकवाद (सिंबालिज़्म) के अर्थ में होने लगा।

छायावाद की इस धारा के आने के साथ-ही-साथ अनेक लेखक नवयुग के प्रतिनिधि बनकर योरप के साहित्य क्षेत्र में प्रवर्तित काव्य और कला सम्बन्धी अनेक नए-पुराने सिद्धान्त सामने आने लगे। कुछ दिन 'कलावाद' की धूम रही और कहा जाता रहा, 'कला का उद्देश्य कला ही है। इस जीवन के साथ काव्य का कोई सम्बन्ध नहीं; उसकी दुनिया ही और है। किसी काव्य के मूल्य का निर्धारण जीवन की किसी वस्तु के मूल्य के रूप में नहीं हो सकता। काव्य तो एक लोकातीत वस्तु है। कवि एक प्रकार का रहस्यदर्शी (सीयर) या पैगम्बर है।'[२] इसी प्रकार क्रोचे के अभिव्यंजनावाद को लेकर बताया गया कि 'काव्य में वस्तु या वर्ण्यविषय कुछ नहीं; जो कुछ है वह अभिव्यंजना के ढंग का अनूठापन है।'[३] इन दोनों वादों के

---

१. देखो, 'हिन्दी साहित्य का इतिहास', पृ० ४५-४७

२. विशेष देखो, वही, पृ० ३८५-८६

३. देखो, वही, पृ० ३८८-८६

अनुसार काव्य का लक्ष्य उसी प्रकार सौन्दर्य की सृष्टि या योजना कहा गया जिस प्रकार बेलबूटे या नक्काशी का। कवि-कल्पना प्रत्यक्ष जगत् से अलग एक स्मरणीय स्वप्न घोषित किया जाने लगा और कवि सौन्दर्य-भावना के मद में झूमनेवाला एक लोकातीत जीव। कला और काव्य की प्रेरणा का सम्बन्ध स्वप्न और कामवासना से बताने वाला मत भी इधर-उधर उद्धृत हुआ। सारांश यह कि इस प्रकार के अनेक वाद-प्रवाद पत्र-पत्रिकाओं में निकलते रहे।

छायावाद की कविता की पहली दौड़ तो बंगभाषा की रहस्यात्मक कविताओं के सजीले और कोमल मार्ग पर हुई। पर उन कविताओं की बहुत कुछ गतिविधि अँगरेजी वाक्यखंडों के अनुवाद द्वारा संघटित देख, अँगरेजी काव्यों से परिचित हिन्दी कवि सीधे अँगरेजी से ही तरह-तरह के लाक्षणिक प्रयोग लेकर उनके ज्यों-के-त्यों अनुवाद जगह-जगह अपनी रचनाओं में जड़ने लगे। 'कनक प्रभात', 'विचारों में बच्चों की साँस', 'स्वर्ण समय', 'प्रथम मधुबाल', 'तारिकाओं की तान', 'स्वप्निल कांति' ऐसे प्रयोग अजायबघर के जानवरों की तरह उनकी रचनाओं के भीतर इधर-उधर मिलने लगे। निराला जी की शैली कुछ अलग रही। उसमें लाक्षणिक वैचित्र्य का उतना आग्रह नहीं पाया जाता जितना पदावली की तड़क-भड़क और पूरे वाक्य के वैलक्षण्य का। केवल भाषा के प्रयोग वैचित्र्य तक ही बात न रही। ऊपर जिन अनेक योरपीय वादों और प्रवादों का उल्लेख हुआ है उन सबका प्रभाव भी छायावाद कही जाने वाली कविताओं के स्वरूप पर कुछ-न-कुछ पड़ता रहा।

कलावाद और अभिव्यंजनावाद का पहला प्रभाव यह दिखाई पड़ा कि काव्य में भावानुभूति के स्थान पर कल्पना का विधान ही प्रधान समझा जाने लगा और कल्पना अधिकतर अप्रस्तुतों की योजना करने तथा लाक्षणिक मूर्तिमत्ता और विचित्रता लाने में ही प्रवृत्त हुई। प्रकृति के नाना रूप और व्यापार इसी अप्रस्तुत योजना के काम में लाए गए। सीधे उनके मर्म की ओर हृदय प्रवृत्त न दिखाई पड़ा। पन्त जी अलबत प्रकृति के कमनीय रूपों की ओर कुछ रुककर हृदय रमाते पाए गए।

दूसरा प्रभाव यह देखने में आया कि अभिव्यंजना प्रणाली या शैली की विचित्रता ही सब कुछ समझी गई। नाना अर्थभूमियों पर काव्य का प्रसार रुक-सा गया। प्रेमक्षेत्र (कहीं आध्यात्मिक, कहीं लौकिक) के भीतर ही कल्पना की चित्र-विधायिनी क्रीड़ा के साथ प्रकांड वेदना, औत्सुक्य, उन्माद आदि की व्यंजना तथा क्रीड़ा से दौड़ी हुई प्रिय के कपोलों पर की ललाई, हावभाव, मधुस्राव तथा अश्रु-प्रवाह इत्यादि के रँगीले वर्णन करके ही अनेक कवि अब तक पूर्ण तृप्त दिखाई देते हैं। जगत् और जीवन के नाना मार्मिक पक्षों की ओर उनकी दृष्टि नहीं है। बहुत से नए रसिक प्रस्वेद-गंधयुक्त, चिपचिपाती और भिनभिनाती भाषा को ही सब

कुछ समझने लगे हैं। लक्षणा शक्ति के सहारे अभिव्यंजना प्रणाली या काव्यशैली का अवश्य बहुत अच्छा विकास हुआ है; पर अभी तक कुछ बँधे हुए शब्दों की रूढ़ि चली चल रही है। रीतिकाल की शृंगारी कविता की भरमार की तो इतनी निन्दा की गई पर वही शृंगारी कविता—कभी रहस्य का पर्दा डाल कर, कभी खुले मैदान —अपनी कुछ अदा बदलकर फिर प्रायः सारा काव्यक्षेत्र छेंककर चल रही है।

'कलावाद' के प्रसंग में बार-बार आने वाले 'सौन्दर्य' शब्द के कारण बहुत से कवि बेचारी स्वर्ग की अप्सराओं को पर लगाकर कोहकाफ की परियों या बिहिश्त के फरिश्ता की तरह उड़ाते हैं; सौन्दर्यचयन के लिए इन्द्रधनुषी बादल, उषा, विकच कलिका, पराग, सौरभ, स्मित, आनन; अधरपल्लव इत्यादि बहुत-सी सुन्दर और मधुर सामग्री प्रत्येक कविता में जुटाना आवश्यक समझते हैं। स्त्री के नाना अंगों के आरोप के बिना वे प्रकृति के किसी दृश्य के सौन्दर्य की भावना ही नहीं कर सकते। 'कला-कला' की पुकार के कारण योरप में प्रगीत मुक्तकों (लिरिक्स) का ही अधिक चलन देखकर यहाँ भी उसी का जमाना यह बताकर कहा जाने लगा कि अब ऐसी लम्बी कविताएँ पढ़ने की किसी को फुरसत कहाँ जिनमें कुछ इतिवृत्त भी मिला रहता हो। अब तो विशुद्ध काव्य की सामग्री जुटाकर सामने रख देनी चाहिए जो छोटे-छोटे प्रगीत मुक्तकों में ही सम्भव है। इस प्रकार काव्य में जीवन की अनेक परिस्थितियों की ओर ले जाने वाले प्रसंगों या आख्यानों की उद्भावना बन्द सी हो गई।

ख़ैरियत यह हुई कि कलावाद की उस रसवर्जिनी सीमा तक लोग नहीं बढ़े जहाँ यह कहा जाता है कि रसानुभूति के रूप में किसी प्रकार का भाव जगाना तो वक्ताओं का काम है; कलाकार का काम तो केवल कल्पना द्वारा बेलबूटे या बरात की फुलवारी की तरह की शब्दमयी रचना खड़ी करके सौन्दर्य की अनुभूति उत्पन्न करना है। हृदय और वेदना का पक्ष छोड़ा नहीं गया है, इससे काव्य के प्रकृत स्वरूप के तिरोभाव की आशंका नहीं है। पर छायावाद और कलावाद के सहसा आ धमकने से वर्तमान काव्य का बहुत-सा अंश एक बँधी हुई लीक के भीतर सिमट गया, नाना अर्थभूमियों पर न जाने पाया, यह अवश्य कहा जाएगा।

छायावाद की शाखा के भीतर धीरे-धीरे काव्यशैली का बहुत अच्छा विकास हुआ, इसमें सन्देह नहीं। उसमें भावावेश की आकुल व्यंजना, लाक्षणिक वैचित्र्य, मूर्त प्रत्यक्षीकरण, भाषा की वक्रता, विरोध, चमत्कार, कोमल पदविन्यास इत्यादि काव्य का स्वरूप संघटित करने वाली प्रचुर सामग्री दिखाई पड़ी। भाषा के परि-मार्जनकाल में किस प्रकार खड़ी बोली की कविता के रूखे-सूखे रूप से ऊबकर कुछ कवि उसमें सरसता लाने के चिह्न दिखा रहे थे, यह कहा जा चुका है।[1] अतः

१. देखो, 'हिन्दी साहित्य का इतिहास', पृ० ४१०

आध्यात्मिक रहस्यवाद का नूतन रूप हिन्दी में न आता तो भी शैली और अभिव्यंजना पद्धति की उक्त विशेषताएँ क्रमशः स्फुरित होतीं और उनका स्वतन्त्र विकास होता। हमारी काव्यभाषा में लाक्षणिकता का कैसा अनूठा आभास घनआनन्द की रचनाओं में मिलता है, यह हम दिखा चुके हैं।[1]

छायावाद जहाँ तक आध्यात्मिक प्रेम लेकर चला है वहाँ तक तो रहस्यवाद के ही अन्तर्गत रहा है। उसके आगे प्रतीकवाद या चित्रभाषावाद (सिंबालिज़्म) नाम की काव्यशैली के रूप में गृहीत होकर भी वह अधिकतर प्रेमगान ही करता रहा है। हर्ष की बात है कि अब कई कवि उस संकीर्ण क्षेत्र से बाहर निकल कर जगत् और जीवन के और-और मार्मिक पक्षों की ओर भी बढ़ते दिखाई दे रहे हैं। इसी के साथ ही काव्यशैली में प्रतिक्रिया के प्रदर्शन या नयेपन की नुमाइश का शौक भी घट रहा है। अब अपनी शाखा की विशिष्टता को विभिन्नता की हद पर ले जाकर दिखाने की प्रवृत्ति का वेग क्रमशः कम तथा रचनाओं को सुव्यवस्थित और अर्थ-गर्भित रूप देने की रुचि क्रमशः अधिक होती दिखाई पड़ती है।

स्वर्गीय जयशंकर प्रसाद जी अधिकतर तो विरहवेदना के नाना सजीले शब्द-पथ निकालते तथा लौकिक और अलौकिक प्रणय का मधुगान ही करते रहे, पर इधर 'लहर' में कुछ ऐतिहासिक वृत्त लेकर छायावाद की चित्रमयी शैली को विस्तृत अर्थभूमि पर ले जाने का प्रयास भी उन्होंने किया और जगत् के वर्तमान दुःख-द्वेषपूर्ण मानव जीवन का अनुभव करके इस 'जले जगत् के वृन्दावन बन जाने' की आशा भी प्रकट की तथा 'जीवन के प्रभात' को भी जगाया। इसी प्रकार श्री सुमित्रानन्दन पंत ने 'गुंजन' में सौन्दर्यचयन से आगे बढ़ जीवन के नित्य स्वरूप पर भी दृष्टि डाली है; सुख-दुःख दोनों के साथ अपने हृदय का सामंजस्य किया है और 'जीवन की गति में भी लय' का अनुभव किया है। बहुत अच्छा होता यदि पन्त जी उसी प्रकार जीवन की अनेक परिस्थितियों को नित्य रूप में लेकर अपनी सुन्दर, चित्रमयी प्रतिभा को अग्रसर करते जिस प्रकार उन्होंने 'गुंजन' और 'युगांत' में किया है। 'युगवाणी' में उनकी वाणी बहुत कुछ वर्तमान आन्दोलनों की प्रतिध्वनि के रूप में परिणत होती दिखाई देती है।

निराला जी की रचना का क्षेत्र तो पहले से ही कुछ विस्तृत रहा। उन्होंने जिस प्रकार 'तुम और मैं' में उस रहस्य 'नाद वेद आकार सार' का गान किया, 'जूही की कली' और 'शेफालिका' में उन्मद प्रणय-चेष्टाओं के पुष्पचित्र खड़े किए उसी प्रकार 'जागरणवीणा' बजाई; इस जगत् के बीच विधवा की विधुर और करुण मूर्ति खड़ी की और इधर आकर 'इलाहाबाद के पथ पर' एक पत्थर तोड़ती दीन स्त्री के माथे पर के श्रमसीकर दिखाए। सारांश यह कि अब शैली के

---

१. देखो, 'हिन्दी साहित्य का इतिहास', पृ० २३२-३३

वैलक्षण्य द्वारा प्रतिक्रिया-प्रदर्शन का वेग कम हो जाने से अर्थभूमि के रमणीय प्रसार के चिह्न भी छायावादी कहे जाने वाले कवियों को रचनाओं में दिखाई पड़ रहे हैं।

इधर हमारे साहित्य क्षेत्र की प्रवृत्तियों का परिचालन बहुत कुछ पश्चिम से होता है। कला में 'व्यक्तित्व' की चर्चा खूब फैलाने से कुछ कवि लोक के साथ अपना मेल न मिलने की अनुभूति की बड़ी लम्बी-चौड़ी व्यंजना, कुछ मार्मिकता और कुछ फक्कड़पन के साथ, करने लगे हैं। भाव क्षेत्र में असामंजस्य की इस अनुभूति का भी एक स्थान अवश्य है, पर यह कोई व्यापक या स्थायी मनोवृत्ति नहीं। हमारा भारतीय काव्य उस भूमि की ओर प्रवृत्त रहा है जहाँ जाकर प्राय: सब हृदयों का मेल हो जाता है। वह सामंजस्य को लेकर—अनेकता में एकता को लेकर—चलता रहा है, असामंजस्य को लेकर नहीं।

उपर्युक्त परिवर्तनवाद और छायावाद को लेकर जलने वाली कविताओं के साथ-साथ और दूसरी धाराओं की कविताएँ भी विकसित होती हुई चल रही हैं। द्विवेदी काल में प्रवर्तित विविध वस्तुभूमियों पर प्रसन्न प्रवाह के साथ चलने वाली काव्यधारा सर्वश्री मैथिलीशरण गुप्त, ठाकुर गोपालशरण सिंह, अनूप शर्मा, श्यामनारायण पाण्डेय, पुरोहित प्रतापनारायण, तुलसीराम शर्मा 'दिनेश' इत्यादि अनेक कवियों की वाणी के प्रसाद से विविध प्रसंग, आख्यान और विषय लेकर निथरती तथा प्रौढ़ और प्रगल्भ होती चली चल रही हैं। उसकी अभिव्यंजना-प्रणाली में अब अच्छी सरसता और सजीवता तथा अपेक्षित वक्रता का भी विकास होता चल रहा है।

यद्यपि कई वादों के कूद पड़ने और प्रेमगान की परिपाटी (लव लिरिक्स) का फैशन चल पड़ने के कारण अर्थभूमि का बहुत कुछ संकोच हो गया और हमारे वर्तमान काव्य का बहुत-सा भाग कुछ रूढ़ियों को लेकर एक बँधी लीक पर बहुत दिनों तक चला, फिर भी स्वाभाविक स्वच्छन्दता (ट्रू रोमांटिसिज्म) के उस नूतन पथ का ग्रहण करके कई कवि चले जिसका उल्लेख पहले हो चुका है। पण्डित रामनरेश त्रिपाठी के सम्बन्ध में द्वितीय उत्थान के भीतर कहा जा चुका है। तृतीय उत्थान के आरम्भ में मुकुटधर पाण्डेय की रचनाएँ छायावाद के पहले किस प्रकार नूतन, स्वच्छन्द मार्ग निकाल रही थीं यह भी हम दिखा आए हैं। मुकुटधर जी की रचनाएँ नरेतर प्राणियों की गतिविधि का भी राग रहस्यपूर्ण परिचय देती हुई स्वाभाविक स्वच्छन्दता की ओर झुकती मिलेंगी। प्रकृति-प्रांगण के चर-अचर प्राणियों का रागपूर्ण परिचय, उनकी गतिविधि पर आत्मीयता व्यंजक दृष्टिपात, सुख-दुःख में उनके साहचर्य की भावना, ये सब बातें स्वाभाविक स्वच्छन्दता के पथचिह्न हैं। सर्वश्री सियारामशरण गुप्त, सुभद्राकुमारी चौहान, ठाकुर गुरुभक्त सिंह, उदयशंकर भट्ट इत्यादि कई कवि विस्तृत अर्थभूमि पर स्वाभाविक स्वच्छन्दता

का मर्मपथ ग्रहण करके चल रहे हैं। वे न तो केवल नवीनता के प्रदर्शन के लिए पुराने छन्दों का तिरस्कार करते हैं, न उन्हीं में एकबारगी बँधकर चलते हैं। वे प्रसंग के अनुकूल परम्परागत पुराने छन्दों का व्यवहार और नए ढंग के छन्दों तथा चरण-व्यवस्थाओं का विधान भी करते हैं, व्यंजक चित्रविन्यास, लाक्षणिक वक्रता और मूर्तिमत्ता, सरस पदावली आदि का भी सहारा लेते हैं, पर इन्हीं वातों को सब कुछ नहीं समझते। एक छोटे से घेरे में इनके प्रदर्शनमात्र से वे सन्तुष्ट नहीं दिखाई देते हैं। उनकी कल्पना इस व्यक्त जगत् और जीवन की अनन्त वीथियों में हृदय के साथ लेकर विचरने के लिए आकुल दिखाई देती है।

तृतीयोत्थान की प्रवृत्तियों के इस संक्षिप्त विवरण से ब्रजभाषा काव्य-परम्परा के अतिरिक्त इस समय चलने वाली खड़ी बोली की तीन मुख्य धाराएँ स्पष्ट हुई होंगी—द्विवेदी-काल की क्रमशः विस्तृत और परिष्कृत होती हुई धारा, छायावाद कही जानेवाली धारा, तथा स्वाभाविक स्वच्छन्दता को लेकर चलती हुई धारा जिसके अन्तर्गत राजनीतिक और सामाजिक परिवर्तन की लालसा व्यक्त करने वाली शाखा भी हम ले सकते हैं। ये धाराएँ वर्तमान काल में चल रही हैं और अभी इतिहास की सामग्री नहीं बनी हैं। इसलिए इनके भीतर की कुछ कृतियों और कुछ कवियों का थोड़ा-सा विवरण देकर ही हम सन्तोष करेंगे। इनके बीच मुख्य भेद वस्तुविधान और अभिव्यंजन कला के रूप और परिमाण में है। पर वाक्य की भिन्न-भिन्न धाराओं के भेद इतने निर्दिष्ट नहीं हो सकते कि एक की कोई विशेषता दूसरी में कहीं दिखाई ही न पड़े। जबकि धाराएँ साथ-साथ चल रही हैं तब उनका थोड़ा बहुत प्रभाव एक दूसरे पर पड़ेगा ही। एक धारा का कवि दूसरी धारा की किसी विशेषता में भी अपनी कुछ निपुणता दिखाने की कभी-कभी इच्छा कर सकता है। धाराओं का विभाग सबसे अधिक सामान्य प्रवृत्ति देखकर ही किया जा सकता है फिर भी दो-चार कवि ऐसे रह जाएँगे जिनमें सब धाराओं की विशेषताएं समान रूप से पाई जाएँगी, जिनकी रचनाओं का स्वरूप मिलाजुला होगा। कुछ विशेष प्रवृत्ति होगी भी तो व्यक्तिगत होगी।

७

लोकहृदय और रस-दशा

भावुकता की प्रतिष्ठा करने वाले मूल आधार या उपादान प्रत्यक्ष रूप ही हैं। इन प्रत्यक्ष रूपों की मार्मिक अनुभूति जिनमें जितनी ही अधिक होती है उतने ही रसानुभूति के उपयुक्त होते हैं। जो किसी मुख के लावण्य, वनस्थली की सुषमा, नदी या शैलतटी की रमणीयता, कुसुमविकास की प्रफुल्लता, ग्रामदृश्यों की सरल माधुरी देख मुग्ध नहीं होता; जो किसी प्राणी के कष्टव्यंजक रूप और चेष्टा पर करुणार्द्र नहीं होता; जो किसी पर निष्ठुर अत्याचार होते देख क्रोध से नहीं तिलमिलाता, उसमें काव्य का सच्चा प्रभाव ग्रहण करने की क्षमता कभी नहीं हो सकती। जिसके लिए ये सब कुछ नहीं हैं, उसके लिए सच्ची कविता की अच्छी-से-अच्छी उक्ति भी कुछ नहीं है। वह यदि किसी कविता पर वाह-वाह करे तो समझना चाहिए कि या तो भावुकता या सहृदयता की नकल कर रहा है अथवा उस रचना के किसी ऐसे अवयव की ओर दत्तचित्त है जो स्वतः काव्य नहीं है। भावुकता की नकल करने वाले श्रोता या पाठक ही नहीं, कवि भी हुआ करते हैं। वे सच्चे भावुक कवियों की वाणी का अनुकरण बड़ी सफाई से करते हैं और अच्छे कवि कहलाते हैं। पर सूक्ष्म और मार्मिक दृष्टि उनकी रचना में हृदय की निश्चेष्टता का पता लगा लेती है। किसी काल में जो सैकड़ों कवि प्रसिद्ध होते हैं उनमें सच्चे कवि—ऐसे कवि जिनकी तीव्र अनुभूति ही वास्तव कल्पना को अनुकूल रूपविधान में तत्पर करती है—दस-पांच ही होते हैं।

'प्रत्यक्ष' में हमारा अभिप्राय केवल चाक्षुष ज्ञान से नहीं है। 'रूप' शब्द के भीतर शब्द, गंध, रस और स्पर्श भी समझ लेना चाहिए। वस्तु व्यापार वर्णन के अन्तर्गत ये विषय भी रहा करते हैं। फूलों और पक्षियों के मनोहर आकार और रंग का ही वर्णन कवि नहीं करते; उनकी सुगन्ध, कोमलता और मधुर स्वर का भी वे बराबर वर्णन करते हैं। जिन लेखकों या कवियों की घ्राण शक्ति तीव्र होती है वे ऐसे स्थलों की गंधात्मक विशेषता का वर्णन कर जाते हैं जहाँ की गंधविशेष का थोड़ा-बहुत अनुभव तो बहुत से लोग करते हैं पर उसकी ओर स्पष्ट ध्यान नहीं देते। खलियानों और रेलवे-स्टेशनों पर जाने से भिन्न-भिन्न प्रकार की गंध का

अनुभव होता है। पुराने कवियों ने तुरन्त की जोती हुई भूमि से उठी हुई सोंधी महक का,[1] हिरनों द्वारा चरी हुई दूब की ताजी गमक का उल्लेख किया है। फरांसीसी उपन्यासकार जोला की गंधानुभूति बड़ी सूक्ष्म थी। उसने योरप के कई नगरों और स्थानों की गंध की पहचान बताई है। इसी प्रकार बहुत से शब्दों का अनुभव भी बहुत सूक्ष्म होता है। रात्रि में, विशेषत: वर्षा की रात्रि में, झींगुरों और झिल्लियों के झंकारमिश्रित सीत्कार का बँधा तार सुनकर लड़कपन में मैं यही समझता था कि रात बोल रही है। कवियों ने कलियों के चटकने तक के शब्द का उल्लेख किया है।[2]

ऊपर गिनाए हुए तीन प्रकार के रूपविधानों में से अन्तिम (कल्पित) ही काव्य-समीक्षकों और साहित्य-मीमांसकों के विचार क्षेत्र के भीतर लिए गए हैं और लिए जाते हैं। बात यह है कि काव्य शब्द व्यापार है। वह शब्द-संकेतों के द्वारा ही अन्तस् में वस्तुओं और व्यापारों का मूर्तिविधान करने का प्रयत्न करता है। अत: जहाँ तक काव्य की प्रक्रिया का सम्बन्ध है वहाँ तक रूप और व्यापार कल्पित ही होते हैं। कवि जिन वस्तुओं और व्यापारों का वर्णन करने बैठता है वे उस समय उसके सामने नहीं होते, कल्पना में ही होते हैं। पाठक या श्रोता भी अपनी कल्पना द्वारा ही उनका मानस साक्षात्कार करके उनके आलम्बन से अनेक प्रकार के रसानुभव करता है। ऐसी दशा में यह स्वाभाविक था कि कविकर्म का निरूपण करने वालों का ध्यान रूपविधान के कल्पना पक्ष पर ही रहे; रूपों और व्यापारों के प्रत्यक्ष बोध और उससे सम्बद्ध वास्तविक भावानुभूति की बात अलग ही रखी जाय।

उदाहरण के रूप में ऊपर लिखी बात यों कहीं जा सकती है। एक स्थान पर हमने किसी अत्यन्त रूपवती स्त्री का स्मित आनन और चंचल भ्रूविलास देखा और मुग्ध हुए अथवा किसी पर्वत के अंचल की सरस सुषमा देख उसमें लीन हुए। इसके उपरान्त किसी प्रतिमालय और चित्रशाला में पहुँचे और रमणी की वैसी ही मधुर मूर्ति अथवा उसी प्रकार के पर्वतांचल का चित्र देख लुब्ध हुए। फिर एक तीसरे स्थान पर जाकर कविता की कोई पुस्तक उठाई और उसमें वैसी ही नायिका अथवा वैसे ही दृश्य का सरस वर्णन पढ़ रसमग्न हुए। पिछले दो स्थलों की अनुभूतियों को ही कलागत या काव्यगत मान प्रथम प्रकार की (प्रत्यक्ष या वास्तविक)

---

१. मेघदूत, पूर्वमेघ, १६

२. (क) मदन महीप जू को बालक बसन्त ताहि
प्रातहि जगावत गुलाब चटकारी दै। (देव)

(ख) तुव जस सीतल पौन परसि चटकी गुलाब की कलियाँ।
(भारतेन्दु हरिश्चन्द्र)

अनुभूति का विचार एकदम किनारे रखा गया। यहाँ तक कि प्रथम से शेष दो का कुछ सम्बन्ध ही न समझा जाने लगा। कोरे शब्द-व्यवसायी केशवदास जी को कमल और चन्द्र को प्रत्यक्ष देखने में कुछ भी आनन्द नहीं आता था; केवल काव्यों में उपमा, उत्प्रेक्षा आदि के अन्तर्गत उनका वर्णन या उल्लेख ही भाता था :

देखे मुख भावै अनदेखेई कमल चन्द;
ताते मुख मुखै, सखी ! कमलौ न चन्द री।
—रामचन्द्र चन्द्रिका, ९-४३।

इतने पर भी उनके कवि होने में कोई सन्देह नहीं किया गया। यही बात योरप में भी बढ़ती-बढ़ती बुरी हद को पहुँची। कलागत अनुभूति को वास्तविक या प्रत्यक्ष अनुभूति से एकदम पृथक् और स्वतन्त्र निरूपित करके वहाँ कवि का एक अलग 'काल्पनिक जगत्' कहा जाने लगा। कला-समीक्षकों की ओर से यह धारणा उत्पन्न की जाने लगी कि जिस प्रकार कवि के 'काल्पनिक जगत्' के रूपव्यापारों की संगति प्रत्यक्ष या वास्तविक जगत् के रूपव्यापारों से मिलाने की आवश्यकता नहीं, उसी प्रकार उसके भीतर व्यंजित अनुभूतियों का सामंजस्य जीवन की वास्तविक अनुभूतियों में ढूंढ़ना अनावश्यक है। इस दृष्टि से काव्य का हृदय पर उतना ही और वैसा ही प्रभाव स्वीकार किया गया जितना और जैसा किसी परदे के बेल-बूटे, मकान की नक्काशी, सरकस के तमाशे तथा भाँड़ों की लफ्फाजी, उछलकूद या रोने-धोने का पड़ता है। इस धारणा के प्रचार से जान में या अनजान में कविता का लक्ष्य बहुत नीचा कर दिया गया। कहीं-कहीं तो वह अमीरों के शौक की चीज समझी जाने लगी। रसिक और गुणग्राहक बनने के लिए जिस प्रकार वे तरह-तरह की नई-पुरानी, भली-बुरी तसवीरें इकट्ठी करते, कलावंतों का गाना-बजाना सुनते, उसी प्रकार कविता की पुस्तकें भी अपने यहाँ सजाकर रखते और कवियों की चर्चा भी दस आदमियों के बीच बैठकर करते। सारांश यह कि 'कला' शब्द के प्रभाव से कविता का स्वरूप तो हुआ सजावट या तमाशा और उद्देश्य हुआ मनोरंजन या मनबहलाव। यह दशा देख कुछ पुराने मनोविज्ञानियों ने भी काव्य द्वारा प्रेरित विविध भावों के संचार को एक प्रकार की क्रीड़ा-वृत्ति (Play impulse) ठहराया। यह 'कला' शब्द आजकल हमारे यहाँ भी साहित्य-चर्चा में बहुत जरूरी सा हो रहा है। इससे न जाने कब पीछा छूटेगा ? हमारे यहाँ के पुराने लोगों ने काव्य को ६४ कलाओं में गिनना ठीक नहीं समझा था।

अब यहाँ पर रसात्मक अनुभूति की उस विशेषता का विचार करना चाहिए जो उसे प्रत्यक्ष विषयों की वास्तविक अनुभूति से पृथक् करती प्रतीत हुई है। इस विशेषता का निरूपण हमारे यहाँ साधारणीकरण के अन्तर्गत किया गया है।

किसी काव्य का श्रोता या पाठक जिन विषयों को मन में लाकर रति, करुणा,

क्रोध, उत्साह इत्यादि भावों तथा सौन्दर्य, रहस्य, गाम्भीर्य आदि भावनाओं का अनुभव करता है वे अकेले उसी के हृदय से सम्बन्ध रखने वाले नहीं होते; मनुष्य मात्र की भावात्मक सत्ता पर प्रभाव डालने वाले होते हैं। इसी से उक्त काव्य को एक साथ पढ़ने या सुनने वाले सहस्रों मनुष्य उन्हीं भावों या भावनाओं का थोड़ा या बहुत अनुभव कर सकते हैं। जब तक किसी भाव का कोई विषय इस रूप में नहीं लाया जाता कि वह सामान्यतः सबके उसी भाव का आलंबन हो सके तब तक उसमें रसोद्बोधन की पूर्ण शक्ति नहीं आती। इसी रूप में लाया जाना हमारे यहाँ 'साधारणीकरण' कहलाता है। यह सिद्धान्त यह घोषित करता है कि सच्चा कवि वही है जिसे लोकहृदय की पहचान हो, जो अनेक विशेषताओं और विचित्रताओं के बीच से मनुष्य जाति के सामान्य हृदय को अलग करके देख सके। इसी लोक-हृदय में हृदय के लीन होने की दशा का नाम रस-दशा है।

आलंबन के जिस साधारणीकरण का ऊपर उल्लेख हुआ है उसका अभिप्राय स्पष्ट हो जाना चाहिए। मेरे विचार में साधारणीकरण प्रभाव का होता है, सत्ता या व्यक्ति का नहीं। जैसे किसी काव्य में यदि औरंगजेब की घोर निष्ठुरता और क्रूरता पर शिवाजी के भीषण क्रोध की व्यंजना हो तो पाठक का रसात्मक क्रोध औरंगजेब नामक व्यक्ति ही पर होगा; औरंगजेब से अलग क्रूरता की किसी आरोपित सामान्य मूर्ति पर नहीं। रौद्र रस की अनुभूति के समय कल्पना औरंगजेब की ही रहेगी, किसी भी निष्ठुर या क्रूर व्यक्ति की सामान्य और धुँधली भावना नहीं। पाठक या श्रोता के मन में रह-रहकर यही आएगा कि औरंगजेब सामने होता तो उसे खूब पीटते। मतलब यह कि भावना व्यक्तिविशेष की ही रहती है; उसमें प्रतिष्ठा सामान्य स्वरूप की—ऐसे स्वरूप की जो सबके भावों को जगा सके—कर दी जाती है। विभावादि सामान्य रूप में प्रतीत होते हैं, इसका तात्पर्य यही है कि रसमग्न पाठक के मन में यह भेदभाव नहीं रहता कि ये आलंबन मेरे हैं या दूसरे के। थोड़ी देर के लिए पाठक या श्रोता का हृदय लोक का सामान्य हृदय हो जाता है। जब कि आश्रय के साथ अभिन्नता हो गई तब उसके आलंबन भी अपने आलंबन हो ही जायेंगे।

किसी काव्य में वर्णित किसी पात्र का किसी कुरूप और दुःखशील स्त्री पर प्रेम हो सकता है पर उस स्त्री के वर्णन द्वारा श्रृंगार रस का आलंबन नहीं खड़ा हो सकता। अतः काव्य केवल भावप्रधान ही होगा, विभावविधायक कभी नहीं हो सकता। इसी प्रकार रौद्र रस के वर्णन में जब तक आलंबन का चित्रण इस रूप में न होगा कि वह मनुष्य मात्र के क्रोध का पात्र हो सके तब तक वह वर्णन भावप्रधान ही रहेगा, उसका विभाव पक्ष या तो शून्य अथवा अशक्त होगा। पर भाव और विभाव दोनों पक्षों के सामंजस्य के बिना पूरी और सच्ची रसानुभूति हो नहीं सकती। भावप्रधान काव्यों में होता यह है कि पाठक या श्रोता अपनी ओर से

अपनी भावना के अनुसार आलंबन का आरोप रहता है।[1]

प्राचीन काल में भट्ट और चारण युद्धस्थल में वीर रस की कविताएँ पढ़-पढ़कर वीरों को अस्त्र-संचालन के लिए उत्तेजित किया करते थे। योद्धाओं के सामने कर्मक्षेत्र और शत्रु दोनों प्रत्यक्ष रहते थे। फड़कती हुई कविता सुनकर वे उपस्थित कर्मक्षेत्र विशेष की ओर उन्मुख होते थे। इसी प्रकार आधुनिक काल में भी गत योरपीय महायुद्ध के समय कैसर और जर्मनों के अत्याचार की न जाने कितनी कहानियाँ फैलाई गईं और उनकी क्रूरता और नृशंसता पर अनेक कविताएँ पत्रिकाओं में इधर-उधर निकली थीं जिन्हें पढ़-पढ़कर न जाने कितने अमेरिकनों का खून उबल उठा होगा और वे जर्मनी के विरुद्ध युद्धक्षेत्र में कूदे होंगे। ऐसी अवस्था में क्या कोई कह सकता है कि उन कविताओं के पाठकों के क्रोध का आलंबन कैसर विलियम नामक व्यक्तिविशेष और जर्मन नामक जातिविशेष नहीं थी? क्या उनकी कल्पना में किसी अनिर्दिष्ट अत्याचारी या क्रूरकर्मा का सामान्य रूप ही था? हमारा निश्चय तो यह है कि अत्याचारी या क्रूरकर्मा का लोकसामान्य स्वरूप जब कैसर में आरोपित कर दिया गया तब पाठक या श्रोता के क्रोध नामक भाव का आलंबन वही व्यक्ति विशेष हो गया। अतः सिद्धान्त यही निकला कि साधारणीकरण स्वरूप का ही होता है, व्यक्ति या वस्तु का नहीं। इस सिद्धान्त का पूर्ण सामंजस्य उस सिद्धान्त के साथ हो जाता है जिसका निरूपण मैं अपने पिछले प्रबन्धों में कर चुका हूँ।[2] वह सिद्धान्त यह है कि मन में आलंबनों का मार्मिक ग्रहण बिम्बग्रहण के रूप में होता है; केवल अर्थग्रहण के रूप में नहीं।

इस प्रकार 'साधारणीकरण' का अभिप्राय यह है कि किसी काव्य में वर्णित आलंबन केवल भाव की व्यंजना करने वाले पात्र (आश्रय) का ही आलंबन नहीं रहता बल्कि पाठक या श्रोता का भी—एक ही नहीं अनेक पाठकों और श्रोताओं का भी—आलंबन हो जाता है। अतः उस आलंबन के प्रति व्यंजित भाव में पाठकों या श्रोताओं का भी हृदय योग देता हुआ उसी भाव का रसात्मक अनुभव करता है। तात्पर्य यह कि रस-दशा में अपनी पृथक् सत्ता की भावना का परिहार हो जाता अर्थात् काव्य में प्रस्तुत विषय को हम अपने व्यक्तित्व से सम्बद्ध रूप में नहीं देखते, अपनी योगक्षेम वासना की उपाधि से ग्रस्त हृदय द्वारा ग्रहण नहीं करते; बल्कि निर्विशेष शुद्ध और मुक्त हृदय द्वारा ग्रहण करते हैं; इसी को पाश्चात्त्य समीक्षा-पद्धति में अहं का विसर्जन और निःसंगता (Impersonality and Detachment) कहते हैं। इसी को चाहे रस का लोकोत्तरत्व या ब्रह्मानंदसहोदरत्व कहिए चाहे विभावन व्यापार का अलौकिकत्व। अलौकिकत्व का अभिप्राय इस लोक से सम्बन्ध

---

१. मिलाइए, 'चिन्तामणि', पहला भाग, पृ० ३०६, ३३८

२. देखिए, 'चिन्तामणि', दूसरा भाग, काव्य में प्राकृतिक दृश्य, पृ० १-२

न रखने वाली कोई स्वर्गीय विभूति नहीं। इस प्रकार के केवल भावव्यंजक (तथ्य-बोधक नहीं) और स्तुतिपरक शब्दों को समीक्षा के क्षेत्र में घसीटकर पश्चिम में इधर अनेक प्रकार के अर्थशून्य वागाडम्बर खड़े किए गए थे। 'कला कला के लिए' नामक सिद्धान्त के प्रसिद्ध व्याख्याकार डाक्टर ब्रैडले बोले—'काव्य आत्मा है'।[1] डा० मकेल साहब ने फरमाया—'काव्य एक अखंड तत्त्व या शक्ति है जिसकी गति अमर है।'[2] बंगभाषा के प्रसाद से हिन्दी में भी इस प्रकार के अनेक मधुर प्रलाप सुनाई पड़ा करते हैं।

अब प्रस्तुत विषय पर आते हैं। हमारा कहना यह है कि जिस प्रकार काव्य मे वर्णित आलंबनों के कल्पना में उपस्थित होने पर साधारणीकरण होता है, उसी प्रकार हमारे भावों के कुछ आलंबनों के प्रत्यय सामने आने पर भी उन आलंबनों के सम्बन्ध में लोक के साथ—या कम-से-कम सहृदयों के साथ—हमारा तादात्म्य रहता है। ऐसे विषयों या आलंबनों के प्रति हमारा जो भाव रहता है वही भाव और भी बहुत से उपस्थित मनुष्यों का रहता है। वे हमारे और लोक के सामान्य आलंबन रहते हैं। साधारणीकरण के प्रभाव से काव्यश्रवण के समय व्यक्तित्व का जैसा परिहार हो जाता है वैसा ही प्रत्यक्ष या वास्तविक अनुभूति के समय भी कुछ दशाओं में होता है। अतः इस प्रकार की प्रत्यक्ष या वास्तविक अनुभूतियों को रसानुभूति के अन्तर्गत मानने में कोई बाधा नहीं। मनुष्य जाति के सामान्य आलंबनों के आँखों के सामने उपस्थित होने पर यदि हम उनके प्रति अपना भाव व्यक्त करेंगे तो दूसरों के हृदय भी उस भाव की अनुभूति में योग देंगे और यदि दूसरे लोग भाव व्यक्त करेंगे तो हमारा हृदय योग देगा। इसके लिए आवश्यक इतना ही है कि हमारी आँखों के सामने जो विषय उपस्थित हों वे मनुष्यमात्र या हृदयमात्र के भावात्मक सत्व पर प्रभाव डालने वाले हों। रस में पूर्णतया मग्न करने के लिए काव्य में भी यह आवश्यक होता है। जब तक किसी भाव का कोई विषय इस रूप में नहीं लाया जाता कि वह सामान्यतः सबके उसी भाव का आलंबन हो सके तब तक रस में पूर्णतया लीन करने की शक्ति उसमें नहीं होती।

जैसा कि ऊपर कह आए हैं रसात्मक अनुभूति के दो लक्षण ठहराए गए हैं :

(१) अनुभूतिकाल में अपने व्यक्तित्व के सम्बन्ध की भावना का परिहार, और
(२) किसी भाव के आलंबन का सहृदय मात्र के साथ साधारणीकरण अर्थात् उस आलंबन के प्रति सारे सहृदयों के हृदय में उसी भाव का उदय।

यदि हम इन दोनों बातों को प्रत्यक्ष उपस्थित आलंबनों के प्रति जगने वाले भावों की अनुभूतियों पर घटाकर देखते हैं तो पता चलता है कि कुछ भावों में तो ये बातें

---

1. Poetry is a Spirt—Bradley.
2. Poetry is a continuous substance or energy whose progress is immortal.--Mackal.

कुछ ही दशाओं में या कुछ अंशों तक घटित होती हैं और कुछ में बहुत दूर तक या बराबर।

'रति भाव' को लीजिए। गहरी प्रेमानुभूति की दशा में मनुष्य रसलोक में ही पहुँचा रहता है। उसे अपने तन-बदन की सुध नहीं रहती, वह सब कुछ भूल कभी फूला-फूला फिरता है, कभी खिन्न पड़ा रहता है। हर्ष, विषाद, स्मृति इत्यादि अनेक संचारियों का अनुभव वह बीच-बीच में अपना व्यक्तित्व भूला हुआ करता है। पर अभिलाष, औत्सुक्य आदि कुछ दशाओं में अपने व्यक्तित्व का संबंध जितना ही अधिक और घनिष्ठ होकर अंतःकरण में स्फुट रहेगा प्रेमानुभूति उतनी ही रसकोटि के बाहर रहेगी। 'अभिलाष' में जहाँ अपने व्यक्तित्व का सम्बन्ध अत्यन्त अल्प या सूक्ष्म रहता है—जैसे, रूप-अवलोकन मात्र का अभिलाष; प्रिय जहाँ रहे रस के किनारे तक पहुँची हुई होती है। आलम्बन के साधारणीकरण के सम्बन्ध में यह समझ रह ा चाहिए कि रति भाव की पूर्ण पुष्टि के लिए कुछ काल अपेक्षित होता है। पर अत्यन्त मोहक आलम्बन को सामने पाकर कुछ क्षणों के लिए तो प्रेम के प्रथम अवयव[1] का उदय एक साथ बहुतों के हृदय में होगा। वह अवयव है, अच्छा या रमणीय लगना।

'हास' में भी यही बात होती है कि जहाँ उसका पात्र सामने आया कि मनुष्य अपना सारा सुख-दुःख भूल एक विलक्षण आह्लाद का अनुभव करता है, जिसमें बहुत से लोग एक साथ योग देते हैं।

अपने निज के लाभ वाले विकट कर्म की ओर जो उत्साह होगा वह तो रसात्मक न होगा, पर जिस विकट कर्म को हम लोककल्याणकारी समझेंगे उसके प्रति हमारे उत्साह की गति हमारी व्यक्तिगत परिस्थिति के संकुचित मंडल से बद्ध न रहकर बहुत व्यापक होगी। स्वदेशप्रेम के गीत गाते हुए नवयुवकों के दल जिस साहस भरी उमंग के साथ कोई कठिन या दुष्कर कार्य करने के लिए निकलते हैं, वह वीरत्व की रसात्मक अनुभूति है।[2]

---

१. देखिए, 'लोभ और प्रीति' नामक प्रबन्ध 'चिन्तामणि', पहला भाग, पृ० ६४

२. आजकल के बहुत गम्भीर अँगरेज समालोचक रिचर्ड्स (I. A. Richards) को भी कुछ दशाओं में वास्तविक अनुभूति के रसात्मक होने का आभास-सा हुआ है, जैसा कि इन पंक्तियों से प्रकट होता है—

There is on such gulf between poetry and life as overliterary persons sometimes suppose. There is no gap between our every day emotional life and the material of poetry. The verbal expression of this life, at its finest, is forced to use the technique of poetry × × × If we do not live in consonancew ith good poetry we must live in consonance with bad poetry. I do not see how we can avoidt he conclusion that a general insensitivity to poetry does witness a low level of general imaginative life.

Practical Criticism (Summary)

क्रोध, भय, जुगुप्सा और करुणा के सम्बन्ध में साहित्यप्रेमियों को शायद कुछ अड़चन दिखाई पड़े क्योंकि इनकी वास्तविक अनुभूति दुःखात्मक होती है। रसास्वाद आनन्दस्वरूप कहा गया है, अतः दुःखरूप अनुभूति रस के अन्तर्गत कैसे ली जा सकती है, यह प्रश्न कुछ गड़बड़ डालता दिखाई पड़ेगा। पर 'आनन्द' शब्द को व्यक्तिगत सुखभोग के स्थूल अर्थ में ग्रहण करना मुझे ठीक नहीं जँचता। उसका अर्थ मैं हृदय का व्यक्तिबद्ध दशा से मुक्त और हलका होकर अपनी क्रिया में तत्पर होना ही उपयुक्त समझता हूँ। इस दशा की प्राप्ति के लिए समय-समय पर प्रवृत्त होना कोई आश्चर्य की बात नहीं। करुण रस-प्रधान नाटक के दर्शकों के आँसुओं के सम्बन्ध में यह कहना कि 'आनन्द में भी तो आँसू आते हैं' केवल बात टालना है। दर्शक वास्तव में दुःख ही का अनुभव करते हैं। हृदय की मुक्ति दशा में होने के कारण वह दुःख भी रसात्मक होता है।

अब क्रोध आदि को अलग-अलग देखिए। यदि हमारे मन में किसी ऐसे के प्रति क्रोध है जिसने हमें या हमारे किसी सम्बन्धी को पीड़ा पहुँचाई है तो उस क्रोध में रसात्मकता न होगी।

पर किसी लोकपीड़क या क्रूरकर्मा अत्याचारी को देख सुनकर जिस क्रोध का संचार हममें होगा वह रसकोटि का होगा जिसमें प्रायः सब लोग योग देंगे। इसी प्रकार यदि किसी झाड़ी से शेर निकलता देख हम भय से काँपने लगे तो यह भय हमारे व्यक्तित्व से इतना अधिक सम्बद्ध रहेगा कि आलम्बन के पूर्ण स्वरूपग्रहण का अवकाश न होगा और हमारा ध्यान अपनी ही मृत्यु, पीड़ा आदि परिणामों की ओर रहेगा। पर जब हम किसी वस्तु की भयंकरता को, अपना ध्यान छोड़, लोक से सम्बद्ध देखेंगे तब हम रसभूमि की सीमा के भीतर पहुँचे रहेंगे। इसी प्रकार किसी सड़ी-गली दुर्गन्धयुक्त वस्तु के प्रत्यक्ष सामने आने पर हमारी संवेदना का जो क्षोभपूर्ण संकोच होगा वह तो स्थूल होगा; पर किसी ऐसे घृणित आचरण वाले के प्रति जिसे देखते ही लोकरुचि के विघात या आकुलता की भावना हमारे मन में होगी, हमारी जुगुप्सा रसमयी होगी।

'शोक' को लेकर विचार करने पर हमारा पक्ष बहुत स्पष्ट हो जाता है। अपनी इष्ट-हानि या अनिष्ट-प्राप्ति से जो 'शोक' नामक वास्तविक दुःख होता है वह तो रसकोटि में नहीं आता, पर दूसरों की पीड़ा, वेदना देख जो 'करुणा' जगती है उसकी अनुभूति सच्ची रसानुभूति कही जा सकती है। 'दूसरों' से तात्पर्य ऐसे प्राणियों से है जिनसे हमारा कोई विशेष सम्बन्ध नहीं। 'शोक' अपनी निज की इष्टहानि पर होता है और करुणा दूसरों की दुर्गति या पीड़ा पर होती है। यही दोनों में अन्तर है। इसी अन्तर को लक्ष्य करके काव्यगत पात्र (आश्रय) के शोक की पूर्ण व्यंजना द्वारा उत्पन्न अनुभूति को आचार्यों ने शोक रस न कहकर 'करुण रस' कहा है। करुणा ही एक ऐसा व्यापक भाव है जिसकी प्रत्यक्ष या वास्तविक

अनुभूति सब रूपों और सब दशाओं में रसात्मक होती है। इसी से भवभूति ने करुण रस को ही रसानुभूति का मूल माना[1] और अँगरेज कवि शेली ने कहा कि 'सबसे मधुर या रसमयी वाग्धारा वही है जो करुण प्रसंग लेकर चले।'[2]

अब प्रकृति के नाना रूपों पर आइए। अनेक प्रकार के प्राकृतिक दृश्यों को सामने प्रत्यक्ष देख हम जिस मधुर भावना का अनुभव करते हैं क्या उसे रसात्मक न मानना चाहिए ? जिस समय दूर तक फैले हरे-भरे टीलों के बीच से घूम-घूमकर बहते हुए स्वच्छ नालों, इधर-उधर उभरी हुई बेडौल चट्टानों और रंग-बिरंगे फूलों से गुछी हुई झाड़ियों की रमणीयता में हमारा मन रमा रहता है, उस समय स्वार्थमय जीवन की शुष्कता और विरसता से हमारा मन कितनी दूर रहता है। यह रस-दशा नहीं तो और क्या है ? उस समय हम विश्वकातू के एक पृष्ठ के पाठक के रूप में रहते हैं। इस अनन्त दृश्य काव्य के हम सदा कठपुतली की तरह काम करने वाले अभिनेता ही नहीं बने रहते; कभी-कभी सहृदय दर्शक की हैसियत को भी पहुँच जाते हैं। जो इस दशा को नहीं पहुँचते उनका हृदय बहुत संकुचित या निम्न कोटि का होता है। कविता उनसे बहुत दूर की वस्तु होती है; कवि वे भले ही समझे जाते हों। शब्दकाव्य की सिद्धि के लिए वस्तुकाव्य का अनुशीलन परम आवश्यक है।

उपर्युक्त विवेचन से यह सिद्ध है कि रसानुभूति प्रत्यक्ष या वास्तविक अनुभूति से सर्वथा पृथक् कोई अन्तर्वृत्ति नहीं है बल्कि उसी का एक उदात्त और अवदात स्वरूप है। हमारे यहाँ के आचार्यों ने स्पष्ट सूचित कर दिया है कि वासना रूप में स्थित भाव ही रस रूप में जगा करते हैं। यह वासना या संस्कार वंशानुक्रम से चली आती हुई दीर्घ भाव-परम्परा का मनुष्य जाति की अन्तःप्रकृति में निहित संचय है।

□□□

---

१. श्लोक के लिए देखिए 'काव्य के विभाग' में पादटिप्पणी।

२. अवर स्वीटेस्ट सांग्स आर दोज दैट टेल ऑव् सैडेस्ट थॉट 'टु ए स्काइलार्क' से उद्धृत।